"大学堂"开放给所有向往知识、崇尚科学,对宇宙和人生有所追问的人。

"大学堂"中展开一本本书,阐明各种传统与新兴的学科,导向真理与智慧。既有接引之台阶,又具深化之门径。无论何时,无论何地,请你把它翻开……

A Brief Introduction, 8e （插图第 8 版）

［美］布赖恩·费根——著　　杨宁　周幸　冯国雄——译

Brian M. Fagan

世界史前史

WORLD PREHISTORY

献给维多利亚·普约尔
感谢她极富创意的启发和处处的善意

此时还没有一个人,没有一只动物……
只有天空孤悬,大地的面目尚不清晰。
所有的天空下只有成畦的海水相连,没有任何东西。

——选自德尼斯·泰德洛克(Dennis Tedlock):
《基彻玛雅,造物的传奇》
(*Quiche Maya*, *Legend of the Creation*,1985,p.127)

目 录

前 言 ··· 1
关于年代和度量单位 ··· 5
致中国读者 ·· 6

第一部分　史前史

第1章　世界史前史导论 ··· 2

  1.1　"天地之初"　4
  1.2　伪考古学　6
  1.3　史前史、考古学和世界史前史　6
  1.4　人类史前时期的重要发展　8
  1.5　循环和线性时间　10
  1.6　文字记录、口述历史和考古学　13
  1.7　学习世界史前史　15
  1.8　文 化　16
 1.9　文化史、时间和空间，以及"对民族志的现在的迷思"　17
  背 景　17
  时 间　18
  空 间　20
  类型学和"民族志的现在"　21
  科学专题：为过去测年　23
 1.10　文化进程和过去的生活方式　23
 1.11　文化变迁机制　25
 1.12　文化作为适应　27
  多重线性文化进化　27
  遗址专题：古埃及底比斯战争灾难　28

科学专题：古代社会组织形式 29
　　　　文化传统与文化变迁 30
　1.13 诉诸无形：意识形态和互动关系 31
　　　　意识形态和信仰 32
　　　　互动关系 33
　1.14 小　结 33

第二部分　地球上最早的人类

第2章　人类的起源 ………………………………… 36
　2.1 大冰期（180万年—15 000年前） 38
　2.2 早期灵长目动物的进化和适应 40
　　　　灵长目 40
　　　　"从树上下来" 42
　2.3 人类进化的化石证据（700万年—150万年前） 44
　　　　最早的人族？ 44
　　　　科学专题：钾氩测年法 46
　　　　什么是南方古猿？ 47
　　　　拉密达猿人 48
　　　　从地猿到南方古猿 49
　2.4 各种南方古猿（300万年—250万年前） 52
　　　　纤细型南方古猿：非洲南方古猿 52
　　　　粗壮型南方古猿：埃塞俄比亚南猿（A.aethiopicus）、鲍氏南猿（A.boisei）和粗壮南猿 52
　　　　南方古猿惊奇种 52
　2.5 早期人属：能人（250万年—200万年前） 53
　　　　急剧的骤变？ 56
　2.6 谁是最早的人类？ 56
　　　　遗址专题：坦桑尼亚的奥杜瓦伊峡谷 58
　2.7 最早的会制造工具的人类 60

2.8　是猎人还是清道夫？　62

2.9　最早的人类心智　64

2.10　语言的发展　66

2.11　最早的社会组织　67

2.12　小　结　67

第3章　走出非洲 …………………………………………… 69

3.1　背景：冰期　71

3.2　非洲匠人（约190万年—60万年前）　74

3.3　从非洲辐射出去的人类　76

　　欧洲和亚洲的直立人　77

3.4　直立人的生活方式　79

　　古人的生活方式　79

　　遗址专题：德国舒宁根遗址　80

　　热带森林的竹器和砍砸器　83

　　语　言　84

3.5　古智人（约60万年—13万年前）　85

3.6　尼安德特人（约20万年—3万年前）　85

　　科学专题：DNA 与考古学　88

3.7　现代人的起源（约18万年—15万年前）　92

　　连续还是替代？　93

　　分子生物学技术与智人　94

　　生态与智人　96

3.8　走出热带非洲　97

3.9　小　结　99

第三部分　现代世界的诞生

第4章　大流散 …………………………………………… 102

4.1　冰期晚期的世界（距今50 000年—15 000年）　105

4.2　居住在东南亚和澳大利亚的居民（距今45 000年—15 000年）　106

遗址专题：外邦岛民弗洛雷斯人 108
　　科学专题：放射性碳测年 109
4.3 冰期晚期的欧洲：克鲁马努人（约距今43 000年—15 000年） 109
　　克鲁马努人的生活 109
　　克鲁马努人的技术 111
　　世界上最早的艺术 113
　　遗址专题：法国肖维岩洞 116
4.4 欧亚大陆的狩猎-采集者（距今45 000年—15 000年） 116
4.5 东亚地区（距今35 000年—15 000年） 119
　　中国型牙和巽他型牙 120
4.6 西伯利亚东北部的早期人居（？距今25 000年—15 000年） 120
4.7 最早的美洲人（？距今15 000年—公元前11 000年） 121
　　30 000年前的聚落？ 122
　　遗址专题：智利的蒙特沃德遗址 123
　　距今15 000年以后的聚落？ 123
4.8 克洛维斯人（约公元前11 200年—前11 000年） 125
4.9 小　结 127

第5章　食物生产的起源 128

5.1 全新世（公元前10 000年以后） 131
5.2 狩猎-采集型社会的变革 131
5.3 狩猎-采集者的社会复杂性 135
5.4 农业起源理论 137
　　早期理论：绿洲和侧翼丘陵区 138
5.5 复兴革命 139
5.6 多重起因理论 139
　　人口和资源理论 139
　　科学专题：浮选法和植物遗存 140
　　生态理论 141
　　科学专题：AMS放射性碳测年法 142
5.7 食物生产的影响 143
　　进度的不同和原因 143

人类生活的改变　144
　5.8　营养与早期的食物生产　148
　5.9　小　结　149

第6章　最初的农民 ……………………………………………… 150
　6.1　动物的驯养　152
　6.2　小麦和大麦的栽培　154
　6.3　亚洲西南部的农民（约公元前10 000年—前5000年）　155
　　遗址专题：叙利亚阿布·胡赖拉人的劳作　158
　　遗址专题：土耳其东南部的宗教仪式建筑　160
　6.4　埃及和非洲的早期农民（公元前7000年—前1000年）　162
　　遗址专题：英国的伊斯顿石圈和埃夫伯里怪石圈　164
　6.5　欧洲的农民（约公元前6500年—前3000年）　164
　6.6　亚洲的早期农业（公元前6000年以前）　168
　　中国南方的水稻栽培　168
　　中国北方的最早农民　170
　6.7　美洲的早期农业（公元前8000年以前）　171
　　美索美洲：古伊拉·纳奎兹和早期耕作　172
　　玉　米　172
　　安第斯山地区的农民　174
　6.8　小　结　176

第7章　酋长及酋邦 ……………………………………………… 178
　7.1　互惠原则及"大人物"　180
　7.2　太平洋上的酋长和领航员（公元前2000年至现代）　182
　7.3　美国西南部的酋长们（公元前300年至现代）　187
　　霍霍坎文化、莫戈隆文化和史前普韦布洛印第安文化　188
　　科学专题：树木年代学（年轮测年法）　189
　7.4　北美东部的造墩人（公元前2000年—公元1650年）　194
　　阿登纳文化和霍普韦尔人　195

密西西比传统　197
　　遗址专题：阿拉巴马州的芒德维尔遗址　200
7.5　小　结　203

第四部分　早期文明

第8章　国家组织型社会 ……… 206

8.1　什么是国家组织型社会？　208
8.2　城　市　209
8.3　国家起源理论　211
　　"城市革命"　211
　　早期生态模式　212
　　技术与贸易　213
　　科学专题：黑曜石探源　214
　　战　争　216
　　文化体系和文明　217
　　环境变化　218
8.4　社会路径：权力的三个范畴　218
8.5　派系之争和意识形态　220
8.6　作为变革主体的人类　222
8.7　文明的衰落　224
8.8　小　结　225

第9章　美索不达米亚和东地中海世界 ……… 226

9.1　起源（公元前 5500 年—前 3000 年）　229
　　遗址专题：埃利都神庙　230
　　最早的城市：乌鲁克　232
　　文字和冶金术　232
　　声音专题：苏美尔文学　234
9.2　苏美尔文明（约公元前 3100 年—前 2334 年）　235
9.3　阿卡德人和巴比伦人（公元前 2334 年—前 1650 年）　238

9.4 赫梯人和海上商人(公元前1650年—前1200年) 239
   赫梯人 239
   乌鲁布伦和海上贸易 241
   冶铁技术 242
9.5 米诺斯人和迈锡尼人(公元前1900年—前1200年) 242
   米诺斯文明(公元前1900年—前1400年) 242
   迈锡尼文明(公元前1600年—前1200年) 244
9.6 海上民族和腓尼基人(公元前1200年—前800年) 246
   亚述人和巴比伦人(公元前900年—前539年) 247
9.8 小 结 248

第10章 埃及和非洲 250

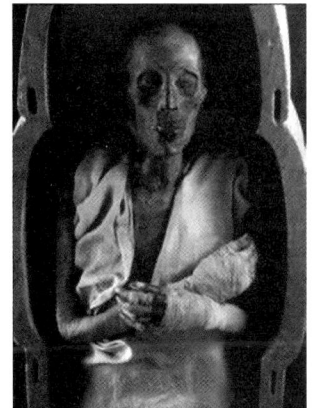

10.1 前王朝时期的埃及：古代"大富翁"(公元前5000年—前3100年) 252

科学专题：阿比多斯的古代佳酿 254

10.2 王朝时期的埃及文明(约公元前3000年—前30年) 256

古风时期与"伟大文化"(公元前3000年—前2575年) 257

遗址专题：埃及萨卡拉阶梯金字塔 258

古王国时期(约公元前2575年—前2134年) 258

中王国时期(公元前2134年—前2040年) 261

新王国时期(公元前1530年—前1075年) 263

声音专题：阿巴纳之子——阿赫摩斯 264

近代时期(公元前1070年—前30年) 265

10.3 埃及和非洲中心论 265

10.4 努比亚：库什之地(公元前3000年—前663年) 266

10.5 麦罗埃和阿克苏姆 268

麦罗埃(公元前593年—公元350年) 268

阿克苏姆(公元100—1000年) 270

10.6 古代非洲王国 272

铁器的传播(约公元前500年—公元250年) 272

加纳、马里和桑海王国（约公元 800—1550 年） 273
　　　大津巴布韦（Great Zimbabwe，公元 1100—1500 年） 275
　10.7 小　结 276

第 11 章　南亚、东南亚和东亚 278

　11.1 南亚：哈拉帕文明（约公元前 2700 年—前 1700 年） 281
　　　成熟的哈拉帕文明 283
　11.2 哈拉帕之后的南亚（公元前 1700 年—前 180 年） 286
　11.3 中国文明的起源（公元前 2600 年—前 1100 年） 287
　　　王　都 287
　　　皇家墓地 289
　　　青铜器制作 289
　　　商朝勇士 290
　11.4 诸侯争霸（公元前 1100 年—前 221 年） 291
　　　遗址专题：秦始皇陵 292
　11.5 东南亚文明（公元 1—1500 年） 292
　　　吴哥王朝（公元 802—1430 年） 293
　　　遗址专题：柬埔寨的吴哥窟 294
　11.6 小　结 297

第 12 章　美索美洲低地文明 298

　12.1 起源：前古典时期的低地人（公元前 2000 年—公元 300 年） 300
　12.2 奥尔梅克文明（公元前 1500 年—前 500 年） 302
　　　遗址专题：圣巴托洛的玛雅壁画 304
　12.3 玛雅文明的起源（公元前 1000 年以前—公元 300 年） 306
　　　圣巴托洛、纳克贝和埃尔·米拉多尔（约公元前 1000 年—前 300 年） 306
　　　王权、象形文字和政治周期 308
　　　玛雅文字 309
　　　政治周期 309

12.4 古典玛雅文明(公元 300—900 年) 310
　　蒂卡尔和乌科克滕的崛起 311
　　卡拉科尔和卡拉克穆尔 313
　　帕伦克和科潘 313
12.5 古典玛雅的衰落 317
　　遗址专题：圣萨尔瓦多的赛伦惨剧 318
　　科学专题：从科潘看玛雅文明的衰落 321
12.6 后古典时期的玛雅文明(公元 900—1517 年) 322
12.7 小　结 323

第 13 章　**美索美洲高地文明** 324

13.1 高地文明的崛起：瓦哈卡河谷(公元前 2000 年—前 500 年) 326
13.2 阿尔班山(公元前 500 年—公元 750 年) 328
13.3 墨西哥河谷：特奥蒂瓦坎(公元前 200 年—公元 750 年) 329
　　遗址专题：特奥蒂瓦坎的聚集区 331
13.4 托尔特克人(公元 650—1200 年) 333
13.5 阿兹特克文明(公元 1200—1521 年) 335
　　特诺奇蒂特兰 336
　　遗址专题：特诺奇蒂特兰的马约神庙 337
　　声音专题：阿兹特克人眼中的人类 339
　　第五太阳纪 339
　　阿兹特克国家 340
　　西班牙人的征服(公元 1517—1521 年) 342
13.6 小　结 343

第 14 章　**安第斯诸文明** 344

14.1 安第斯文明的海洋基础 347
14.2 沿海初创期(公元前 2600 年—前 900 年) 348
14.3 初升期和查文·德·万塔尔(公元前 900 年—前 200 年) 350
14.4 起始期 353

  沿海地区（公元前 1800 年以后） 353
  的的喀喀湖盆地：奇里帕和皮卡拉（公元前 1000 年—公元 100 年） 353
  遗址专题：秘鲁西潘诸王 354
14.5 莫希王国（公元前 200 年—公元 700 年） 356
14.6 中兴期：蒂亚瓦纳科和瓦里王国（公元 600—1000 年） 357
  蒂亚瓦纳科 357
  瓦　里 358
14.7 晚期中间期：西坎文化和奇穆文化（公元 700—1460 年） 359
14.8 晚期：印加帝国（公元 1476—1534 年） 362
14.9 西班牙人的征服（公元 1532—1534 年） 365
  遗址专题：印加帝国的首都——库斯科 366
14.10 小　结 368

后　记 370
科技词汇 373
考古遗址和文化词汇 378
延伸阅读 390
出版后记 402

前　言

> 自人类最后一次驻足你身处的这方土地以来，三四千年已经过去了。然而，放眼四周，处处尽是鲜活的生命迹象——放在门口的半碗灰泥浆，熏黑的油灯，壁画上新鲜的指印，遗落在门槛上的告别的花环——让你感觉恍若昨天……如此这般的小细节顿时令时间消弭于无形，你觉得自己竟像个闯入者。
> ——埃及考古学家霍华德·卡特(Howard Carter)笔记中的"图坦卡蒙墓"条
> 1922年11月26日

黄金法老，失落的城市，龇牙咧嘴的头骨：考古学是一门有关传奇的学问！许多人仍然视考古学家为冒险家和寻宝人，就像好莱坞电影中的印第安纳·琼斯(Indiana Jones)寻找那失落已久的圣杯。这种根深蒂固的印象可以追溯至19世纪晚期，那时的考古学家，如海因里希·施里曼(Heinrich Schliemann)尚能发现失落的文明如特洛伊，并在一个星期之内发掘出三座宫殿。今天的考古学家们不像印第安纳·琼斯那般行事，他们是科学家，而不是冒险家，他们能在偏僻的田野里发掘，也能舒服地待在冷气充足的实验室里搞研究。肇始于维多利亚时期的科学考古学的发展，涵盖了20世纪最伟大的科技成就。

考古学以多种深刻的方式改变了我们对人类经验的了解。一个世纪以前，大多数科学家相信人类的历史至多不超过10万年，但今天我们知道，人类的起源至少可上溯至500万年前。我们的先辈们认为美洲最早的定居者大约出现在公元前8000年，而农业起源于公元前4000年，但新的考古发掘证明，最早的一批美洲人出现在至少公元前12 000年，农业则出现于公元前10 000年。最重要的是，考古学改变了对我们自身，尤其是我们的生物多样性和文化多元性的假设。欢迎来到考古学的神奇世界！

《世界史前史》第8版延续了之前各版的传统，继续带领读者穿梭于500万年的时空中，进行一次人类历史风景之旅，趣味盎然，毫不晦涩。希望你也能享受这字里行间的穿越。

第8版特色

为反映最前沿的考古学领域的发展，《世界史前史》第8版进行了通篇修订。许多曾经使用过之前版本的考古学工作者和师生找到我并提出建议,对此,本版都将一一加以体现。

就书写考古学来说,眼下可真是一个令人激动的时机。很多科学进步改变了我们对过去的认知。第 8 版里包含了许多关于早期人类进化、冰期晚期以及农业起源的重要新发现。每章都会涉及相关领域全新以及更新的进展,书末则添加了最新的延伸阅读、科技词汇及考古遗址和文化词汇。

更新和重写

- **世界史前史的新观念**　第 1 章包含了考古学上的重要论述以及有关过去的一些替代观念,并反映了关于这一重要论题的新考量。
- **早期人类进化**　第 2 章讨论了人类起源研究的最新进展,包括埃塞俄比亚和肯尼亚的最新化石发现。
- **现代人类的起源**　第 3 章涵盖了有关现代人起源之争的新研究,以及关于尼安德特人世系和行为的新见解。
- **食物生产的起源**　第 5 章广泛吸收了有关农业和动物驯养起源的一系列最新理论;第 6 章讨论了最早的农民,并提供了通过加速器质谱(AMS)放射性碳测年法得到的有关早期农业的最新资料,以及有关在土耳其东部发现的世界上最早一批农业定居遗存的最新研究成果。
- **国家和文明的起源**　第 8 章涉及目前关于国家组织型社会之起源的方法论争论,其中包括派系之争以及卡里斯玛型领导(charismatic leadership)议题;第 9—14 章提供了有关最早一批文明的最新描述和分析,其中广泛涉及古埃及文明和东亚、东南亚诸国家。第 12、13 章就中美洲高地和低地文明给出了比以往版本更为综合的分析。
- **全书修订与更新**　本版的全部正文和延伸阅读都已逐页进行修订和更新。

特色专栏

为进一步增强本书的叙事性,第 8 版专门设计了三种特色专栏:

- **科学专题**　这一专题介绍了重要的测年方法和其他一些科学方法,如放射性碳测年法、AMS 测年法,以及(遗址)环境重建等。
- **遗址专题**　本书大多数章都有至少一个专栏来描述一些极其重要的遗址,以及某些遗址不同寻常且备受关注的特点。
- **声音专题**　有关美索不达米亚、埃及和中美洲高地的章会有一些特殊的专栏,其中将引用古代文献中的一些篇章,以便它们发出自己独特的"声音"。

最新修订的图文部分

第 8 版中的图文部分增加了新的图片,同时对线条图进行了补充和修订。新的插图为最近的发现提供了更多的背景,强化了其叙事功能,同时淘汰了旧版图片。一些扩展的图片说明使得插图更紧密地与正文结合在了一起。

辅助材料

为强化本书所讨论的主题,我们精心制作了配套的辅助材料。

· 培生的 MyAnthroKit 是一个网络学习资源库,有助于学生更好地学习和理解,比如练习测验、了解图片和文本用到的抽认卡、时间轴等。它还有丰富的视听互动学习工具。因而,请联系培生的销售代表了解更多相关信息或者点击 www.myanthrokit.com。

· 教师测试指南(Instructor's Manual with Tests,0-205-01804-1)对本书每一章都进行了简要总结,并且列出了学习目标和用以讨论的问题。此外,每章均有多项选择题和简答题;而所有问题的答案都会标注文中页码。为了方便起见,点击 www.pearsonhighered.com/irc 就能获得这份指南。

· 我的测验(My Test,0-205-01796-7)是一个电脑软件,能使教师设计他们自己想要的测验,能够编辑任何一个或者所有已有的测试问题,也能增加新问题。它还可以随意生成测试题目,为同一场考试提供可被替换的测验版本,也能打乱题目的顺序,并且在打印之前还能预览测验卷子。为了方便起见,点击 www.pearsonhighered.com/irc 就能获得这份补充材料。

· 幻灯片演示(PowerPoint Presentation,0-205-01797-5)使得每章的文字和图片联系起来,有助于教师以一种清楚和吸引人的方式向学生传授人类学的原则。为了方便起见,点击 www.pearsonhighered.com/irc 就能获得这些幻灯片。

致　谢

许多同事曾就本版向我提出建议,这里恕难一一致谢。对于他们的鼓励和支持,我深表感激。我想感谢下列在本版修订过程中曾给予我帮助的同仁们,感谢他们中肯的评价:弗吉尼亚州立邦联大学的亚历山大·斯腾休斯(Alexandre Steenhuyse)、亚克朗大学的伊丽莎白·曼切(Elizabeth Mancz)、得克萨斯理工大学的布雷特·霍克(Brett Houk)和塔姆拉·沃尔特(Tamra Walter),以及加州大学圣巴巴拉分校的斯图尔特·史密斯(Stuart Smith)。

最后,向我的编辑南希·罗伯茨(Nancy Roberts)及其在普伦蒂斯·霍尔出版社

（Prentice Hall）的同事们表示感谢。他们将一份复杂的手稿打造成了一部令人赏心悦目的书，并尽他们所能解决编辑过程中遇到的难题。

像往常一样，我非常真诚地欢迎针对新版的一切批评、评论和细节，请将邮件发送至 brian@brianfagan.com。

布赖恩·费根

关于年代和度量单位

本书中有关史前史的叙事既采用了线性编年叙事方式，又遵循了实用原则。年代的确定基于碳-14测年法、钾氩测年法、年轮测年法以及历史文献。尽管我们竭尽所能以确保数据的准确性，但读者仍需了解这些数据的本质——统计学上的近似值。史前史的时间标度在本书中以两种方式呈现：

• 大多数章的开头都会给出一个时间线（time line），向读者展示本章所涉及的时期在整个史前史的广阔时间框架中所处的相对位置。

• 书中在一些具有战略意义的点上设置了年代表（chronological table），以比较世界上不同地区的历史发展。每个年代表都会起到承上启下的作用，从而为本书的叙事提供背景上的连续性。

书中用下列常用缩写来表示纪年：

B. P.——距今若干年。大体上，距今40 000年前的年代用B. P.表示，距今12 000年以后的年代一般使用A. D.和B. C.表示，语境一目了然的除外；

Mya——数百万年前；

B. C. /A. D.——为避免引起误解，我使用常见的B. C. /A. D.来表示年代，而没有采用另一种约定俗成的表述法B. C. E. / C. E.（公元前[Before the Common Era]/公元[Common Era]）；

Present——科学常用术语中，"present"一般指的是公元1950年。

为明晰起见，本书所引用的放射性碳测年法和钾氩测年法都没有提及其统计学误差。尽管如此，读者应了解本书的所有精密测年法都存在这种考虑。

本书所有的度量都采用米制，并佐以对应的英里、码、英尺、英寸等，这些已经成为常用的科学惯例。

放射性碳测年法的校准

放射性碳测年法的校准已经有了巨大改进，而科学家们也发明了针对过去15 000年的更精确的年表，如使用年轮、珊瑚和冰核等。

需要强调的是，这些基于统计数据的校准是暂时的，以修订为标准，尤其是公元前7000年的数据。

致中国读者

后浪出版公司邀我为这部《世界史前史》的中文版写一篇序,对此我真的深感荣幸,因为长久以来我一直觉得,中国在早期人类历史上的重要意义始终未被更广大的世界所了解。这本小书最先于1979年在美国出版,从那时起便历经多个版本的修订。其写作初衷旨在为从人类起源直至城市文明诞生及其后一段时期的人类历史上的一系列重要发展提供一个简明扼要的介绍,自付梓以来便被普遍用于本科生教学当中,尤其在人类学、历史学等人文学科中得到更为广泛的应用。

本书简单讲述了史前时期世界各地的概貌,并不追求细节方面面面俱到,但格外关注古代世界的一系列广泛的议题,如人类的起源、现代人的传播,以及食物生产的出现和文明的起源等。本书的视野是国际性的,因为我相信我们人类无一例外都是从热带非洲繁衍而来的。在那里,最晚在300万年前——可能还要更早——出现了第一批会制作工具的人,而在500万—700万年前,我们与人类现存最密切的亲属黑猩猩的祖先分道扬镳。也是在热带非洲,早在距今20万年前,完全意义上的现代人出现了。而到了距今6万年前,已经完全拥有智力能力的现代人——智人,也就是我们,终于走出热带非洲,并传播到了世界各地的每个角落。哈佛大学伟大的生物学家斯蒂芬·杰·古尔德(Stephen J. Gould)曾断言,所有的人类都是从进化树上的同一根非洲枝繁衍而来的。他对此几乎可说是深信不疑。

我们对世界史前历史的了解尚处于婴儿期,所以本书所呈现的有关过去的图景很有可能在未来几年里发生急剧变化。在概貌已相对清晰的情况下,古代气候、测年等考古学各领域中的革命性进展都将带来崭新的观点和发现。这一点在中国远古时期的研究中体现得再真切不过了,尽管历经一个多世纪的考古探索,人们对这一阶段的了解依然非常有限。毫无疑问,未来几代学人的探索定能就中国对古代世界的贡献做出更重要的补充和完善。

自从20世纪20年代在北京附近的周口店山洞中发现直立人化石以来,中国就被视为早期人类进化史上的一支重要力量。近年来涌现出了一些重大的化石发现,其中的蓝田人生活在距今约60万年前,遗址中还可能出土了一些年代更早的考古发现,包括至少80万年前的人工器物。目前,在中国还没有发现有关南方古猿和早期人属的线索,因此,直立人这一更早期非洲人类形式的后裔,看来应该是东亚最早的移民。不过随着新发现的出现,这一结论随时都有可能被更改。

围绕着完全意义上的现代人在中国的出现这一主题产生了激烈的争论。到底是智人从非洲来到亚洲,还是中国和东南亚地区独立进化出了解剖学意义上的现代人?所谓的"走出非洲"和"多地起源"(multiregional)两种假说已论战多年,二者都建立在古代DNA研究以及对化石碎片进行的精确检视基础之上。目前大多数分子生物学家和考古学家都倾向于走出非洲理论,这在很大程度上是因为东亚还没有距今10万年以前曾出现过现代人的考古学和遗传学上的证据。或许将来人们可以在中国发现更早的人类,但是目前我们依然不得其门而入。

中国许多最令人振奋的考古研究都是围绕着食物生产起源——谷物的耕种以及动物的驯养——这一课题进行的。考古学家多年来一直坚称从狩猎采集型经济向农业和动物驯养的最初转变发生于东地中海地区——在土耳其东南部,以及叙利亚境内的幼发拉底河两岸。按照他们的假说,食物生产就是从这里向外扩散传播至世界各地的。这一东地中海理论建立之时,科学测年法几乎还不存在,罕有考古学家在欧洲和近东以外的地区研究早期农耕村落。然而今天,考古学已经发展成为一项真正的全球性事业,所以我们了解到农业和动物驯养是在许多不同地区——印度、东南亚、中美洲和南美洲——以及中国相当独立地发展起来的。现在我们知道,在中国曾经存在过两个早期农耕中心,其中以黄河流域为主的北方中心种植黍及其他谷物,位于气候更温润潮湿的长江流域的南方中心则实行稻作农业。上述两个地区农业起源的具体时间尚无从得知,但应该都早于距今9000年前,可能还要早得多,而且肯定与农业起源于西方的时间相差无几。南方稻作农业的历史很可能尤其悠久,因为许多工作队采集到的野生水稻年代远早于最早的栽培水稻。冰期结束后日益干燥温暖的气候条件很可能在上述两地从狩猎采集向农业转变过程中扮演了相当重要的角色。随着干旱的频繁来袭,人们很有可能会返回去有意耕种野生五谷来增加食物供给,因此,气候的变化作为一个因素,很可能导致中国出现了最重要的进展之一,实际上在全球范围内皆如是。

《世界史前史》用大量篇幅讨论了5000年前出现于近东的世界上最早的一批文明,它们拥有文字,且通常实现了某种程度的产业化。肇始于华北的中国文明有着漫长的历史,但本书不可避免地没有过多涉及。近年来,围绕国家型社会在北方的起源以及文字的发明产生了很多争论,举例来说,学界多年来一直坚信文字最早诞生于商朝统治者所使用的甲骨文中,然而近年来的研究将商文字与更早些时候的一些符号联系起来,这些符号可能在7000年前的北方仰韶农耕文化中用来做简单的记录。

本书中有关中国的部分结束于公元前221年秦始皇统一中国。而守护着秦始皇陵的兵马俑则堪称过去半个世纪里最令人震惊的考古发现之一。始皇陵迄今尚未被发掘，据传墓中包含一张中国地图，其上所有的主要河流中均注满水银。因此，当局明智地决定在掌握足够的知识、资源和技术之前将不予发掘。然而，一经发掘，这必将跻身有史以来最重要的考古发掘之列。

秦以后中国各个朝代都有大量的考古发现涌现出来，其中颇为引人注目者包括汉代贵族戴夫人墓，这位女性生活在公元前193年—前141年，其墓葬位于河南省一座小山之巅，为长方形竖井墓。墓主戴夫人的木棺被置于重重外椁之中，棺椁内外均饰有色彩艳丽的漆绘。这位50岁的贵族妇女身上裹缠有超过20层由精美丝带固定起来的衣物，尸身上还覆盖有两条华丽异常的尸罩。尸检显示墓主死于心脏疾病，生前走路时姿态佝偻，并且心脏不好。

就其本质来说，最重大的考古发现大多都是葬品丰富的华丽墓葬或辉煌的城址，但是普通人的生活偶尔也会重新进入人们的视野。近来，也是在河南，就出现了这样一个例子。公元二三世纪和公元11世纪，黄河两岸先后两次在毫无预警的情况下暴发大规模洪荒，河水泛滥之时，附近三阳庄的农民正在农田里埋头劳作，不远处就是他们排列得密密麻麻的村落。刹那间，洪水夹杂着淤泥汹涌袭来，以雷霆万钧之势横扫整片波状平原。农民们纷纷携家带口逃命而去，能丢下的全丢下了，炉火尚未熄灭，锅碗瓢盆也都被留在原处。磨盘、铁斧、镰刀和犁头等被大水带走，不出几个小时，一度生机勃勃的村落便完全覆盖于淤泥之下。直到几个世纪之后，三阳庄才建起一座新的村落。

直到2003年，由于挖掘灌溉渠，这座深埋于河流泥沙下至少70厘米的遗址才重新暴露于世人面前。在当地考古学家的努力下，这座被遗弃的村落遗址成功揭露了有关2000年前繁荣的乡村生活的大量信息。一座被冰封于时空隧道中的古代村落通过发掘被揭露出来。目前，已经发掘了4处居住区，以及与其伴存的几畦得到良好照管的良田，并揭露出同时期的一段汉代道路。经过谨慎的钻探，发现至少还有10座类似的居住区，其中一些年代要更早些。有两座外围筑有一圈土夯墙的完整居住区现已发掘完毕。其中一面土夯墙两侧均伴有一道外壕沟。两座居住区的前门均向南而开，而居住区南面都有一口井，北面则都有一座公厕。村民们居住的瓦房位于宽敞的庭院当中。除日常食用的黍等谷类之外，发掘者还揭露出曾被用来养蚕造丝的若干棵桑树遗存。而从和人类脚印一起被保留在柔软的地表中的马蹄印和车辙痕迹来看，当时这里的村民是用马来拉车的。

三阳庄遗址曾是一座秩序井然的繁荣聚落，以其居住区的砖铺面和砖地基闻名。这种房址均包含两到三个房间，烹饪区与房址的其他部分隔离开来。房间内外散落着各种各样的器物——磨石、石容器，以及包括镰刀、铁刀、铁斧和铁头犁在内的各种各样的铁器。在其中一处居住区内,一堆烧制瓦片整齐地垒成一垛,仿佛随时待命要去修补不远处的屋顶。显然,没有人预见到一场滔天大水将不期而至。

我曾经非常详尽地描述过三阳庄遗址,因为它象征了摆在中国考古学家面前的一系列振奋人心的考古探索。随着新发现的一一涌现,我们将对中国漫长的历史建立起更为完善、复杂和令人着迷的认识。本书将来的版本毫无疑问将以更多的笔墨描述中国考古学,因为21世纪最精彩的发现无疑将会出现于亚洲。

考古学重建了漫长的人类历史。就这点而论,它毫无疑问是一门特殊的学科,能够帮助我们更好地理解作为人类的我们自身。如果本书能够提供一种新的见解以理解人类的生物和文化多样性,理解我们人类是何其相似,又是何其不同,那么它的使命便可说是圆满达成。

请好好享受这趟世界史前史的探索之旅!

布赖恩·费根
美国加州,圣巴巴拉
2010年12月

PART I 史前史

> 600万年是一个巨大的时间沟壑。要想综合理解这样长的一个时间跨度，领会期间事件发生的显著模式，把这些事件想象成一出关于我们的过去的戏剧将会大有助益。这是一出没有脚本的特殊戏剧：600万年以来，一切都是即兴演出。我们的先辈都是演员，他们的工具就是道具，而他们繁衍生息的环境的持续改变就是舞台背景的变换。但是，这出戏不像"惊险小说"那样，情节和结局就是一切。因为结局我们已经知道——那就是我们眼下所生活的世界。……石器时代的演员们都已灰飞烟灭，只有一种幸存了下来，那就是智人。
>
> ——英国雷丁大学考古学家史蒂文·米琛
> （Steven Mithen, 1996:17）

第 1 章　世界史前史导论

从秘鲁的胡亚卡·罗洛(Huaca Loro)遗址出土的黄金面具

1.1 "天地之初"
1.2 伪考古学
1.3 史前史、考古学和世界史前史
1.4 人类史前时期的重要发展
1.5 循环和线性时间
1.6 文字记录、口述历史和考古学
1.7 学习世界史前史
1.8 文　化
1.9 文化史、时间和空间，以及"对民族志的现在的迷思"
1.10 文化进程和过去的生活方式
1.11 文化变迁机制
1.12 文化作为适应
1.13 诉诸无形：意识形态和互动关系

埃及：帝王谷，1922年11月。有两个人在盖着死去已久的法老印的门口停了下来。1917—1922年，经过了漫长的6年，他们终于等到了这个时刻。霍华德·卡特（Howard Carter）悄悄地在这古代的灰泥上凿开了一个洞。一股热气顿时从洞中涌出，直扑向卡特的脸。借助射向洞中的手电筒发出的光，卡特向坟墓望去。金制品涌到他的眼前，卡特被所见的景象惊呆了。

卡尔纳冯伯爵（Lord Carnarvon）迫不及待地来到呆若木鸡的卡特身后。

"能看见什么吗？"他问道，嘶哑的声音中充满了兴奋。

"是的，妙极了。"卡特转身离开门口，边往回走边低声说道。

两人很快便打通那扇门。带着对眼前这片神奇景象的震惊，卡特和卡尔纳冯伯爵穿过了图坦卡蒙法老墓的前室。他们的手指拂过金色的墓床，赞叹着有着华丽镶嵌物的棺身，检视了堆在墙角的法老的战车。到处都是金子——在木雕像上，在王冠和宝箱上，在珠宝首饰上，甚至在给小孩子坐的凳子上。很快，图坦卡蒙就以"黄金法老"而为人所知，而考古学也被看作一门关于被埋葬的宝藏和皇室墓穴的事业。从此，图坦卡蒙之墓便成为考古学刺激和传奇的象征。

自远古以来,人类就对自身的起源,对他们所生存的这个神秘而又不时充满威胁的世界怀有一股强烈的好奇。他们知道自己的祖先曾生活在这片土地上,而他们的子孙后代也将在他们死后继续生活下去。但是,这个世界是怎么来的?谁创造了这些大同小异的山川、田野、植物和动物?谁缔造了海洋、海岸、激流和深湖?最重要的是,陆地上的第一个男人和女人是如何定居下来的?谁创造了他们?又是如何创造了他们?每一个社会都有自己的创世神话。然而,考古学和体质人类学以持续250万年的人类进化和文化发展的错综复杂的历史,取代了传说。本章我们将了解考古学家是如何研究和解释人类史前史的。

1.1 "天地之初"

在那场天火将世界毁灭之后,奇人印坎楚(Icanchu)在离开前曾踏遍整个荒原去寻找那片"初地"(First Place)。故乡已经面目全非,然而,印坎楚的食指却自然而然地指认出了那块土地。在那里,他找到一段被烧焦的树墩,遂以之为鼓。就这样,印坎楚带着他的鼓开始了辗转流浪,伴着伤心的鼓声,口中永远吟唱……新的一天,黎明破晓之时,一株鲜嫩的绿苗竟破鼓而出,并很快长成了参天的初生之树(Firstborn Tree)……从它的枝叶中诞生了各种生命,遂在新的世界里繁衍扩散开去……(Sullivan, 1988:92)

西方人总是视过去为理所当然,接受人类进化是一个延续上千年甚至数万年的进程。科学为我们了解古代提供了一个漫长的视野。相反,南美洲的马塔科印第安人(Mataco Indians)讲述的印坎楚之鼓的故事则是一个典型的关于天火的起源神话。所有这类传说中都有这样一个**起源**(primordium),其中会有一个神话人物(就像引文中的印坎楚)创造世界上相似的动植物和景观,以及人类。印坎楚和他在全世界无数人类文化中的"同仁"一起,在最初的一片混沌中创造出了秩序,如同上帝在《创世记》(*Genesis*)第1章中所做的那样。

神话及其相关仪式和宗教遗存的功能在于为一个社会的全部象征生活提供一个语境,这种象征生活恰是人类存在的基石。最早的人类建造了一种神圣秩序,人类生活遂从中一代一代延续下去。这种奠基于传说和神话的历史本身就是一种象征性存在。创世

图 1-1　冰期晚期的杰作:法国蒂多杜贝尔(Le Tuc D'Audoubert)洞穴内的黏土雕塑

神话讲述了诸神与恶魔的结盟,见证了人们从连接宇宙各层空间的神树上爬下来后,出现在地球上的洞穴中。它们在人类与其他生命形式如动物、植物和天人(celestial beings)之间,创造了一种无法分离的象征性关联。

自从人类第一次掌握了创造性思维和推理能力以来,这个栩栩如生的永存的象征世界便影响了人类生活的进程。冰期晚期的欧洲克鲁马努人(the Cro-Magnon)在 3 万多年前的洞穴壁画中描绘了神兽和他们的象征主义生活(见第 4 章)。他们在地表以下很深的暗室里将黏土塑成了野牛的形状(图 1-1)。在举行声势浩大的仪式时,这些雕塑会在火光中摇曳。宇宙和居住于其中的诸神们所具备的神秘能量具有如此强大的影响力,以至玛雅等中美洲文明为了纪念他们神话中的宇宙,会以象征手法建造一个又一个仪式中心(见第 12、13 章)。

今天,西方科学已将 250 万年的史前史写入了编年史,那是一段可向前追溯成百上千年有关人类各种尝试的叙事史。这是一个立足于科学研究的故事,与人们用来定义自身与自然界和精神世界之间复杂关系的创世传说大相径庭。这些传说深入人心,是文化认同的重要来源。它们在人与其历史之间培养出了一种非常不同的关系,因而与力图理解我们普遍的生物根基、文化根基以及人性的多样性的考古学所提供的关系大不一样。

1.2 伪考古学

黄金法老,失落的文明,被埋葬的宝藏——考古学就像一个传奇的世界,充满着高度的冒险性和诸多激动人心的发现。一个世纪以前,考古学的确关乎到偏荒之地进行充满异域色彩的旅行。那时,通过几个星期的挖掘,的确有可能发现当时未知的文明。今天,考古学已是一门高度科学化的学科,与灿烂的发现相比,更关心古代生活中的小细节。但是,那些未解的神秘现象和英雄人物仍然拥有一种特殊的光环,始终是许多人关注的中心——有些人甚至到了痴迷的地步。

历史的谜团令很多人着迷,尤其是那些喜爱冒险、空想和科幻小说的人们。这些人创作了华丽的冒险故事——几乎一成不变的都是建立于虚幻资料上的史诗般的旅行或远航。举例来说,英国记者葛瑞姆·汉卡克(Graham Hancock)曾宣称,12 000 年前,在南极的冰山下曾有一个繁盛的文明。(当然,那些壮丽的城市已经被深埋于冰原之下,要发掘是不可能的了!)从南极出发的殖民者的足迹遍布世界各地,建立了像玻利维亚高地上的**蒂亚瓦纳科**(Tiwanaku)遗址那样广为人知的殖民地,并在尼罗河畔筑起了斯芬克斯像。通过把各种自相矛盾的地质数据和孤立的考古发现拼接在一起,汉卡克编织了一个充满想象力的故事。考古学家公开质疑埃及等地的古代殖民地和文明遗迹到底是在哪里发现的,但汉卡克对此不屑一顾,他坚信这些牵强的理论,作为一名优秀的大众读物作家,他成功地把一个业余侦探写出来的疑似"惊险小说"拼贴成了一部畅销书。

汉卡克拥护的这类虚浮的伪考古学(pseudoarchaeology)永远吸引那些不耐于科学的步步为营,而宁愿相信最微弱的可能性的人们。这无异于一名科学家试图借助在丹麦、新西兰、南非、西班牙和塔希提发现的器物来重建一座美式大宅。

类似这样伪科学的无稽之谈有很多种。有些人相信失落的亚特兰蒂斯大陆曾经坐落于巴哈马群岛的水下,几千年前,亚特兰蒂斯人逃离他们沉没的家园,来到美洲定居。还有一些人幻想,早在哥伦布以前,古埃及的战船和罗马战舰就已经穿越了大西洋。所有这些怪诞的考古宣言都有一个共同点:它们都对过去复杂的事件进行了过分简单、省事儿的解释,虽然作者们使用了一些考古数据作为基础。

这些伪考古学属于宗教信仰和科幻的范畴,真正关于过去的科学必须建立在缜密的程序和一丝不苟的资料收集之上,来自将其不断修正的假设理论化的过程之中,并接受来自田野和实验室的信息——简言之即考古学、生物学及其他证据——的检验。

1.3 史前史、考古学和世界史前史

人类是少数具有直立行走功能,从而解放双手以实现其他行为的动物之一。我们的

图1-2 埃及吉萨金字塔

大脑具有强大的抽象思维能力,能够控制上述生理特征。同样,大脑还能让我们以语言的形式进行象征性的和口头的交流,并且发展出高度多样性的文化——通过学习而掌握各种行为方式,并适应我们的自然环境。这些历经千百年进化而来的特性使人成为人。

有关历史的科学研究旨在为人类起源的基本问题寻求答案。人类出现于多久以前?何时进化?又如何进化?我们如何解释人类之间显著的生物差异和文化多元性?早期的人类是如何在这个世界上定居的?又是如何创造出这么多不同而又复杂程度各异的社会的?为什么有些社会仍旧过着狩猎和采集生活,而另一些社会已经开始耕种作物和驯养牲口?为什么当非洲南部的桑族(San)觅食者和北美大盆地(Great Basin)的肖肖尼族人(Shoshone)还以小家庭的形式聚集生存时,古埃及人和墨西哥的阿兹特克人(Aztecs)已发展出了高度复杂的文明(图1-2)?更复杂的人类社会是何时演变而来的?为什么?这些问题的答案也是研究世界史前史的科学工作者们所关心的。

考古学家将**史前史**(prehistory)定义为人类历史上从250万年前,一直持续到文字记录出现之前的这段时期。相反,通过文献研究人类经验的**历史**(history)时间则要短得多。在西亚,文字记录出现于5000年前,几个世纪以后,世界上其他地区也出现了文字和文字记录,但是在亚洲和非洲的一些地区,甚至直到19世纪,当欧洲国家吞并了大量新的疆界并开始在那里进行统治时,才第一次出现文字。史前史研究是一项跨学科工程,不仅关乎考古学家,还涉及许多其他学科的科学工作者,仅举几例来说,如生物学家、植物学家、地理学家、地质学家和动物学家等。但是考古学家是人类史前史信息的最主要来源。

考古学家是一类特殊的人类学家,不仅关心鲜活的社会,而且研究古代的文明。**考**

考古学（Archaeology）包含一系列用来研究过去的科学方法和技术，它们被受过训练的人们仔细地加以使用。考古学家通过幸存的物质遗存来研究那些遥远和晚近时期的人类社会。就研究过去的人类文化来说，考古学是一种高度有效的研究，他们的研究方法改变了很长一段历史时期的面目。它涵盖了整个人类历史跨度，从 250 多万年前，一直延续到 19 世纪的火车站和现代化工业城市里的垃圾堆。

一个世纪以前，大多数考古学家都在欧洲和西亚工作。他们看待人类史前史的眼光是非常保守的，坚信所有关键性的进步，如农业和文明，都发端于美索不达米亚和尼罗河之间的这片区域。今天，考古学家的足迹遍及世界各地，从非洲、阿拉斯加到澳大利亚。由于出现了像放射性碳测年这样通用的测年方法，我们可以比较世界上相隔遥远的地区在史前发展上的异同。例如，我们知道，在叙利亚，农业出现于公元前 10 000 年前，在中非则是 2 000 年前。我们可以将欧洲出现的第一个人类遗址的时间测定在 50 万年前，在北美则出现于距今约 15 000 年前。这就是**世界史前史**（world prehistory）研究，其中对人类史前时期的评估不仅局限于单个地区（如西亚）视野，而是从一个全球性的视角出发。

世界史前史的发展应归功于考古学上的两个重要进步。首先是芝加哥大学的化学家维拉德·利比（Willard Libby）和 J. R. 阿诺德（J. R. Arnold）于 1949 年发展出的**放射性碳测年法**（radiocarbon dating）。历史上第一次，考古学家们能够自由地使用一种有可能获得全球普及的测年方法，这使得他们不仅能够为世界上任何一个角落的遗址测年，而且可以进行年代的比较，比如东南亚和美洲农业起源的先后（见第 4 章科学专题"放射性碳测年"）。

在那以前，没有人能够在相隔万里的地区之间做出简单而直接的年代比较，也没人能找到一种方法用以衡量文化变革的时间进度。在利比和阿诺德做出这项杰出贡献的 15 年间，从数百个遗址中提取出来的放射性碳测年结果使得第一批可靠的全球性年表得以建立，与此同时出现的是全球范围内职业考古学家数量的激增。

今天，考古探险存在于世界的每一个角落和每一个能够想象到的环境中：在西伯利亚偏僻的荒野中，在南美洲亚马孙河流域的热带雨林中，在太平洋的复活节岛上，在干旱的撒哈拉沙漠中部，以及世界各大洋水下。

第二个重要进展出现于 1961 年。这一年，剑桥大学考古学家格雷厄姆·克拉克（Grahame Clark）发表了其经典著作《世界史前史》（*World Prehistory*, 3e, 1977），这是第一部全面考察放射性碳年代学以及全球性考古学研究的综合性考古著作。正是这部开山之作使考古学在思想上从一门局域性学科转变成如今这样的全球性事业。

1.4 人类史前时期的重要发展

本书所探讨的世界史前史广泛涉猎人类的过去，尤其关注四个主要发展（见表 1-1）：

- 约250万年前的人类起源。我们将讨论最早一批人类的祖先、人类起源的化石证据,以及最早的人类在行为上的转变和创新。
- 古人(如直立人[*homo erectus*])和解剖学意义上的现代人(即我们)的起源。这些进化过程持续了很长时间,从大约180万年前到距今17万年前。我们还将探讨完整意义上的现代人从旧世界进入美洲的过程,这一过程大约完成于距今15 000年前。
- 大约12 000年前更复杂的采集社会(forager society)、农业和动物驯养(有时也被称为**食物生产**[food production])的出现。我们将评估那些关于更大的文化和社会复杂性,以及人们为何发明农业的不同理论,并且描述早期农业及其在西亚、欧洲、亚洲和美洲的传播。
- 约公元前3100年西亚城市化和文明社会(国家组织型社会)的起源,以及在下一

表1-1 人类历史上的重要发展阶段

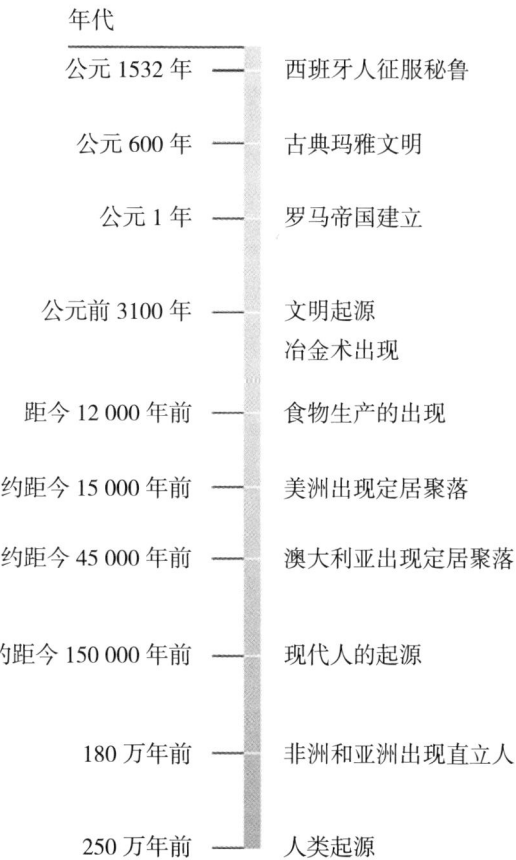

个千年里世界其他地区相似的复杂社会的发展。这些重要发展为我们谈论史前故事构建了一个广阔的框架。这一框架的核心在于时间和空间的概念,即历史上生物和文化发展的背景。(关于考古学研究流程,见图 1-3 给出的简略小结。)

1.5 循环和线性时间

所有的人类社会都对过去怀有兴趣。过去一直都存在于他们的生活当中,阴魂不散,令人迷惑,惹人遐思,有时又会为现在和未来提供潜在的教训。过去之所以重要,是因为社会生活是在时间中展开,同时被嵌入文化期许和价值的框架之中的。在北极的极寒地带,因纽特人始终保持着他们传统的态度、技能和应对某些地球上最严酷环境的机制,其途径就是将过去的教训与现在相结合。在许多社会中,祖先就是土地的捍卫者,象征了过去、现在和未来。对于古代社会,西方人有着强烈的科学意义上的兴趣,部分是出于天生的好奇心,但也出于一种对历史认同的需要。试图为早先的时光保存一份精确记录有许多原因,任何人——尤其是考古学家——都不应该想当然地认为自己在这种兴趣中享有独一无二的特权。

或许,我们在对过去感兴趣这一点上是一致的,但我们思考和运用过去的方式却是不同的,就像我们对时间有不同的认识一样。

尽管考古学的确是西方科学中研究历史上的文化变革的不二途径,但那并不意味着考古学家在对过去的解释上享有毋庸置疑的权威。许多社会都将历史视为一种重要的文化商品,但其方式与考古学家的视角有着本质的不同。古代知识的传播掌握在那些备受尊敬的长辈手中,他们孜孜不倦地口耳相传以保存传统。这些传统极其重要,并被严格地遵守着,因为它们定义并保存了一个群体代代相传的认同。过去不存在于科学中,而是体现在家庭里、社区里、族群中以及领地中。例如,在澳大利亚北领地(Northern Territory)的雍古族原住民(Yolngu Aborigines)中,只有最古老家族的成员才能掌握最重要的历史知识。就像澳大利亚原住民和美洲印第安人所指出的那样,西方科学和其他社会在对过去的视野上存在着一种根本性的对立。过去,这种对立性是以线性时间(linear time)这一概念为中心的。

西方人认为,人类经验是沿着一条笔直(虽然时有分叉)的时间高速路而前行的。19世纪德国伟大的政治家奥托·冯·俾斯麦(Otto von Bismarck)称之为"时间的溪流",其中所有的人类社会都曾风光一时。我们都有一种清晰的线性历史意识,它穿越 5000 年有记载的历史,一直回溯到早期的埃及和美索不达米亚:古埃及文明开始于公元前 3100 年;罗马建成于公元前 753 年;克里斯托弗·哥伦布于 1492 年 10 月 12 日登陆巴哈马群岛;《独立宣言》诞生于 1776 年 7 月 4 日。这些都是编年史上的重要坐标,在我们繁衍生

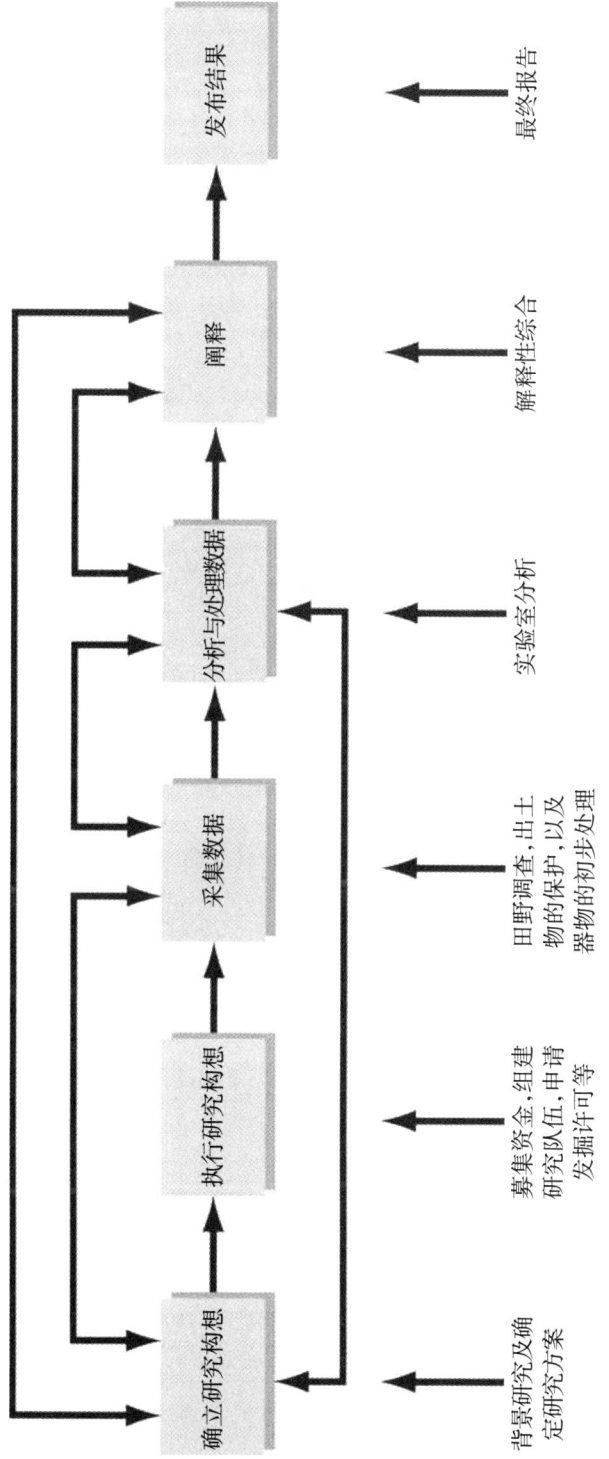

图1-3 考古研究流程。遗址的发现是第一步,接下来依次进行的是研究方案、田野调查、实验室分析、阐释,以及最终结果的发布。

图1-4 发现于西非尼日利亚贝宁城的一座青铜牌饰,刻画了一位奥巴的坐像,两名随从跪立在侧。这种器物通常被当作王室统治和谱系的重要历史记录而保存在皇宫里。

息时,这种编年史不动声色地将每一天、每个月和每一年持续展开。

一种开放的线性历史不是将古代概念化的唯一方式。许多非西方社会——不论现代还是古代——认为时间基本上是一种循环现象,有时也呈现为线性与循环相结合的形式。循环观来自季节的转换和天体的流变,来自采集者和村落农民与他们的自然环境之间的密切关系。它还立足于人类生命的永恒真理:受孕与生育、生命、成长和死亡。种植和收获,狩猎季的轮回,鲑鱼季节性地产卵,野生食物的成熟……永无止境的季节重复以一种非凡的方式支配着人类的生存。古代玛雅人将世俗历和宗教历结合起来,发明了详尽复杂的循环历,用来记录季节的流逝并规范宗教仪式(见第 12 章)。

然而,我们不应假设持有循环时间观的社会就没有线性编年史。著名的玛雅长历法(Long Count)①就是一种线性编年史,并且是玛雅统治者和宇宙之间紧密关系的一个不可或缺的组成部分。古代埃及人也曾为便于管理而发展出一种线性编年史,但是总的来说,那些社会只有在他们需要的时候才会采用。举例来说,西方社会使用线性时间是为了规范祈祷次数,控制工作日,以及协调航线日程安排。虽然很难一概而论,但是拥有中央集权型政体的社会倾向于将首领或国王的统治作为线性时间架构中的标志。举例来说,西非**贝宁**(Benin)统治者的历史就显示了时间概念的巨大转变。公元 14 世纪以前,贝宁的历史基本上是神话学的,编年记录模糊,国王的数量变化不一。但是,随着约鲁巴(Yoruba)王朝的建立,每一位奥巴(oba,即国王)的统治时间和事件都附以精确的年代而被详细地记载下来,一直延续至现代(见图 1-4)。

许多非西方社会都相信自己生活在一个流变不居的世界里。他们在"晚近"和"远古"之间做出了根本性的划分,前者尚存于鲜活的记忆当中,后者在有记忆之前便已存在。例如,生活在澳大利亚昆士兰东北部的原住民将过去划分为三个阶段:库玛(kuma),由活着的人见证的一系列事件;安桑特纳玛(anthantnama),很久以前;伊拉姆(yilamu),创世时期。更进一步说,许多社会也接受在过去存在着文化变迁这一事实,比如印度教的历史传统就认为早期的人们是不会驯养动物和种植植物的,而东非的哈德萨(Hadza)狩猎采集者则认为他们土地上的第一群定居者是不会使用火和工具的巨人。这种关于过去的范式以多种形式呈现,并总是伴有神化了的文化创建者,通常是最初的祖先、女神或神兽建立了现在的社会风俗和古今无差的景观;或者是一个更遥远的不连续的英雄时代,就像古希腊,从而允许埃斯库罗斯(Aeschylus)那样的剧作家评判今人的行为。

1.6 文字记录、口述历史和考古学

人类历史上的大多数社会都不是文字社会,这也就意味着他们都是靠口头语言以口述的形式传播知识和历史的。文字记录是有关过去的最广泛的信息来源,但它们通常严格遵循线性年表。文字记录还被当作教育工具来使用。不说别的,文字记录首先被用来指示人们记住各种标准化的历史、仪式和神话。在埃及、美索不达米亚和玛雅等早期诸文明中,抄书吏(史官)具有相当高的威望,因为他们掌管着知识和信息(图 1-5)。实际上,这些抄书吏的地位是如此重要,以至于玛雅王们在征服一地之后,会把捉来的抄书吏的手指切掉,以废掉他们的功能。

---

① 也叫长期积日制历法。——译者

图 1-5 约公元前 490 年埃及卡尔纳克神庙的一位抄书吏坐像

部分确定于 15 世纪西班牙征服之后的阿兹特克口述历史，是一个关于口头语言传递历史的绝佳范例。这一历史按照定义清晰的叙事情节加以传诵，主要围绕重要人物、关键事件（如 1487 年在阿兹特克都城的太阳神维齐洛波奇特利［Huitzilopochtli］神庙的献祭）及某些神佑家族的历史来讲述。在这些口述历史中都存在一个模式和主题，借此形成故事的内核，使即使在每一个讲述者的具体叙述存在巨大差异的情况下，故事的本质内涵仍能保持一致。许多口述历史都是实际数据和寓言故事的混合物，它们传递着道德和政治价值观。但对那些听众来说，它们就是被公众认可的历史，要在一众挑剔的听众面前演绎，随时面临那些之前或曾听到过类似故事的人可能给出的苛刻评价。

无论是文字记录还是口述历史都存在各种各样的偏见。两者都无法宣称完全客观，至少一点也不比考古学客观。考古学家的问题在于将考古发掘得来的数据和口述历史提供的资料联系起来,从而批判性地确立什么是历史事实,什么又是神话或者道德训诫。因为难以确立其年代,所以我们很难使用口述历史。有些情况下,比如在澳大利亚,就存在口述历史与考古发现大体上相互印证的例子。举例来说,传统历史认为本地的第一批居民来自海外,比如来自被洪水淹没的沿海地区,或为追猎巨大的有袋目哺乳动物(marsupial,比如袋鼠)。因此,可以说澳大利亚的历史来自两个渠道:考古学数据和口述传统。在某些例子中,考古学家和当地人会对过去怀有共同的兴趣,并通过合作来寻找神迹和历史遗迹,以保证这类地点得到保护。有时,这两个群体会就某个特定地点的"重要性"产生巨大的分歧,一些考古学家毫无发现的地方却被当地人视为"神迹"。

但是比较常见的情况是,考古学家和当地社区会对过去怀有不同的旨趣。对考古学家来说,过去就是必须严格按照现代科学的严谨性来加以研究的科学数据,而对当地土生土长的人们来说,过去通常被视为是祖先的财产,是高度个人化的。这种历史,作为历史的有效的非正统版本,应当得到尊重和理解,因为它们在文化认同的创造和再确认过程中扮演了至关重要的角色。

考古学家既不是重视过去的唯一群体,也无法免疫于不时围绕于各种历史解释的政治因素。许多西方人可能认为依据考古学和许多其他资源写就的"世界史前史",是有关人类过去的最可靠的描述。但是,我们永远都不应忘记,有关古代的非正统的,有时甚至颇具说服力的描述是确乎存在的;在西方人到来之前,这些描述在帮助一些社会保持其传统遗产方面起到了难以磨灭的作用。

以最新科学考古学研究为基础,这部《世界史前史》描述了一个长达 250 万年的人类历史,但与此同时,本书亦对持有不同历史视野的文化和历史怀有高度的尊重。

1.7 学习世界史前史

对人类史前时期的研究通常从现代一直回溯至遥远的过去。这就好像我们从望远镜的另一头回望史前时光。我们能够相对清晰地认识较近时期的文化,如阿兹特克文明和 16 世纪美国西南部的普韦布洛印第安人(Pueblo Indians)[①],即使我们的知识残缺得可怜。越往前回溯,关于过去的概念就越模糊,范围也越小。我们不能用现代北极觅食者或者危地马拉玛雅人的生活方式去解释更遥远的过去。15 000 年前的第一批美洲印第安人,25 000 年前繁盛于欧洲的冰期晚期觅食者——这些人们生活在一个距离我们无比遥远的世界里。而史前史早期古人所生活的那个距今 25 万年甚至更早的世界,距离我们是如此的遥远,以至于我们很难以一种现实主义的修辞去理解它们。那么,世界史前

---

① 即本书第 7 章论及的史前普韦布洛印第安人的后裔。——译者

史的目标就是理解史前时期的人类行为,他们不仅在时间上与我们相隔万千年,而且所面对的环境和社会挑战也与我们有着天壤之别。

世界史前史可以被比作一棵枝权繁茂的参天编年巨树,其根基可最终追溯至五六百万年前,当人类最早的先辈从我们现如今最亲近的类猿(ape-like)亲属——黑猩猩的祖先当中分离出来的那个至关重要的时刻。人们可能都把人类的过去想象成线性的,但是树的比喻才是恰当的,因为甚至最早的人族及其文化也在大约250万年前,第一批会制作工具的人类出现以前就已经迅速地分化了。要研究这棵有待证实的编年树上的诸多分支,我们需要使用一种基础性的理论概念,即文化的概念。

1.8 文 化

跟人类学家一样,考古学家研究的也是人类文化及其在时间中的演变。

文化(culture)是一个被人类学家发展出来以描述人类所使用的不同适应系统的概念。文化可以被看作一个社会关于信仰和行为的传统体系,这种体系被个体和社会集团的成员所理解,并呈现于个人和集体的行为当中。它也是我们对环境的适应方式的组成部分。工具和住所也是文化的组成部分。人类是唯一会以此为目的制作工具的动物,虽然有些其他的动物,如黑猩猩,的确也会为了达到某些特定目的而制作"工具"。

通常情况下,动物死后,其经验也随之消亡。但是,人类却可以通过语言的象征系统将其思想和文化、感受和经验一代代地传递下去。这就是为什么在有些社会里口述历史是如此的重要。我们既通过有目的的教育,也通过反复试验和简单模仿来学习文化。人们可以分享思想,这种思想转而变成行为模式被一遍遍地重复——这一点在史前史最初的一百多万年里始终流行的石手斧这一多功能工具上得到了很好的体现(见第3章)。所有的考古研究都是建立在一个原则之上的,即文化是一种随时间逐渐发生变迁的持续现象。

与生物适应性不同,文化是不能遗传的,而且它能使人们更快地分享一些应对环境的想法。恰是文化的这种适应性,使得考古学家可以假设考古遗址中出土的器物便是针对环境的适应模式。

文化体系(cultural system)是一种由一系列互动的变量——工具、葬俗、食物获取方式、宗教信仰、社会组织等——所组成的复杂系统,其功能在于保证某个团体始终与环境保持一个均势的状态。当这一体系中的某个元素发生变化时(比如漫长的干旱导致狩猎行为的出现),许多其他元素也会对此做出适应性调整。原则就在于,没有哪个文化体系是永远稳定不变的。它始终处于或大或小的变化当中,其中的一些可以通过考古遗址来研究。一个文化体系可以被分解成各种各样的子系统:宗教和仪式子系统、经济子系统等。这些子系统之间彼此相连。一个系统的变化,如从驯养家畜转变成种植小麦,会在其他许多系统中引起反应。这种关系为考古学家提供了一种衡量人类文化中的持续变化和变量的标准,这种标准可以在文化体系应对内外刺激的漫长历史中得以累积。许多这类互动元素是极易腐的。到目前为止,还没有人能发掘出一个宗教哲学或者口头语言来。

考古学家终日与人类行为的具体遗存打交道,它们历经多年依然幸存于地下,如黏土陶器碎片和房屋地基等。但这些具体遗存却从根本上受到人类文化抽象方面的影响。例如,生活在秘鲁沿海的**莫希人**(Moche)会用华美的金器、铜器、纺织品和复杂的王室徽章为诸王陪葬。秘鲁考古学家沃尔特·阿尔瓦(Walter Alva)在秘鲁西潘(Sipán)大土墩的发掘,让我们了解到其中一个王埋葬于公元 400 年,随葬的金响板上描绘了一个身着全套行头的莫希武士正在用他的战棍击打犯人的头部(见第 14 章)。西潘王这件杰出的随葬艺术品反映了一种有着复杂象征主义和宗教信仰的文化,正是这些象征和信仰部分构成了莫希人的抽象世界。

1.9 文化史、时间和空间,以及"对民族志的现在的迷思"

历史可向前追溯千百万年直至遥远的史前时期,彼时在一片平凡无奇的景观中存在着考古学意义上的人和文化,各自都有其独特的时空背景。研究这些背景的文化史便是考古学的一个基本组成部分。

文化史(culture history)是对历史上绵延数千年的人类文化的描述。文化史脱胎于在时空背景中对考古遗址及其包含的**器物**(artifacts)和结构的研究。通过考察遗址群及其出土器物,就有可能建立跨越世纪甚至千纪的人类文化的局部性和区域性序列。对文化史的研究有赖于另一个重要原则,即背景。

背　景

考古背景(context)[①]指的是某个考古发现在时间和空间中的位置,它通过发掘、记录和调查得以建立。考古背景融合了时间和空间的维度,这里的空间指的不是宇宙中无限的空间,而是在考古调查和发掘过程中为每个发现而精确定义的位置。每一个考古发现,不管是一枚针还是一座宫殿,都有一个确切的经纬度坐标和深度,这些数据结合起来就为空间中的任何一点提供了一个绝对的、独一无二的身份。考古学家在展开地面调查和发掘时会使用特殊的手段以记录下每一个遗址、器物、居址和其他发现的精确位置。他们会在一张准确的调查地图上标出每一个遗址的位置,以便运用地图上的网格坐标对遗址

---

① 也被译为"层位""共存单位"。——译者

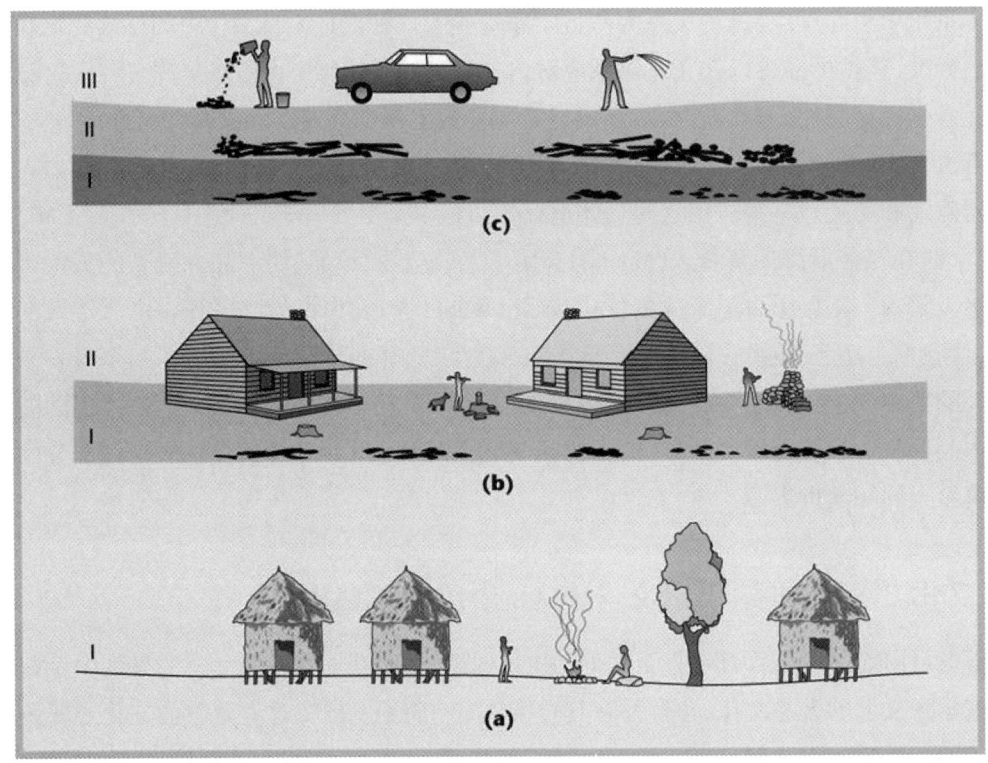

图1-6a 地层和伴存关系是考古学的两个基本原则。(a)重叠和地层:一座农庄建在了没有文化堆积的底土上,过了一段时间,农庄被废弃,房屋被破坏,其废墟被日渐增多的土壤和植被覆盖。(b)经过一段时间后,同一个地点上又建起了第二座农庄,不过这次是不同的建筑风格。这座农庄最终也被废弃了,房屋倒塌后留下的成堆的碎石瓦砾渐渐被土壤覆盖。(c)到了20世纪,在这两个农庄遗址之上建起了一个停车场,里面有人们丢弃的垃圾和硬币,这样当它们被发掘出来时,考古学家便能得知最上面的一层是现代文化层。考古学家挖掘此处遗址时会发现,现代文化层下面的是两个史前文化层,并且两个文化层中的上层是一座方形房屋,也就是说,晚一点的文化遵循的是重叠原则。因此,农庄Ⅰ就比农庄Ⅱ早,但是在没有更进一步数据的情况下很难得知二者的具体年代,以及隔多久才能把农庄Ⅰ文化层从农庄Ⅱ文化层中分离出来。

的位置做出精确定义。在进行遗址调查时,考古学家会将整个遗址均分成网格状,然后用这些坐标来记录遗址表面或探沟(trench)中每一个出土物的确切位置,亦即一个时空背景,这种时空背景是由地层数据(见图1-6a)、年代测定和伴存关系(law of association)共同决定的(见图1-6b)。

时　间

人类历史的时间刻度是很难想象的。自冰期结束,巨大的冰原覆盖了欧洲和北美洲大部分地区以来,我们的历史又过去了15 000年。自从第一个解剖学意义上的现代人出

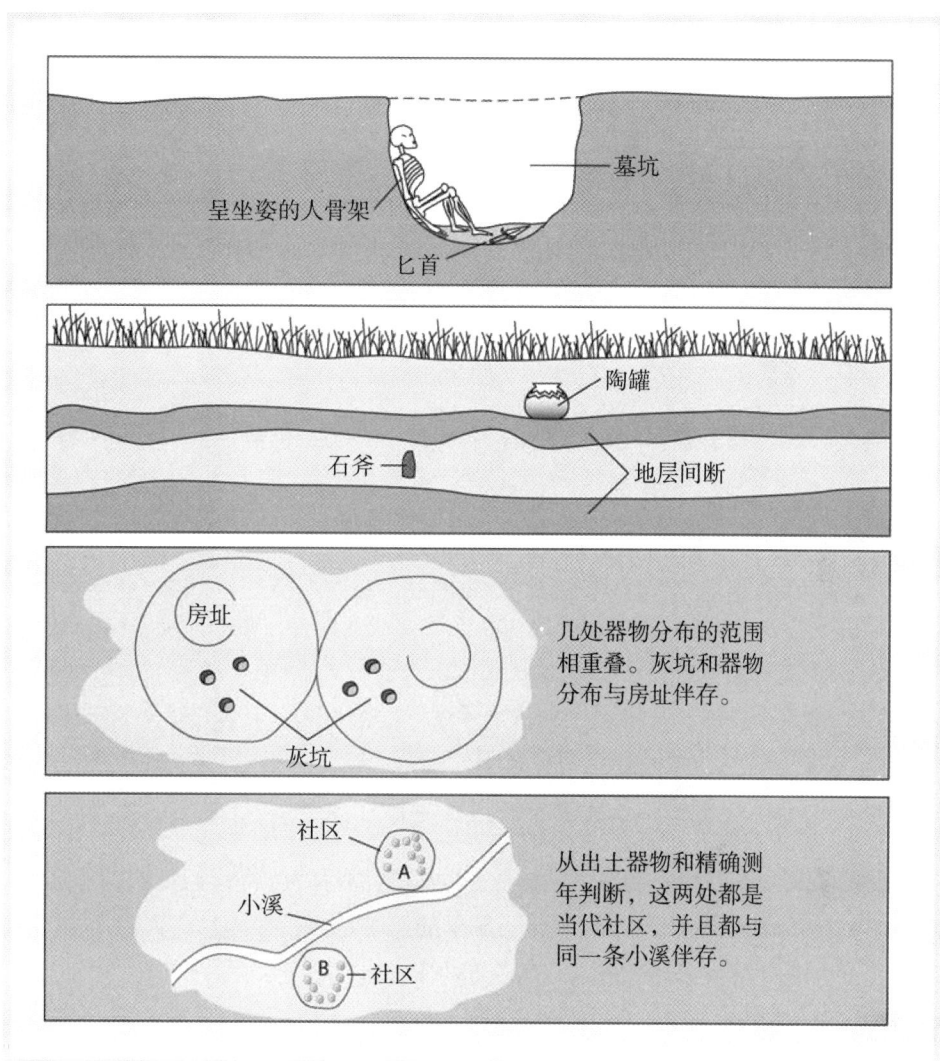

图 1-6b 考古关系:(1)在从最上层的文化层暴露出来的一个墓坑中出土了一具人骨,紧靠人骨脚边出土了一把匕首。匕首与骨架伴存,二者又与墓坑及墓坑所在的文化层伴存。(2)相比之下,在两个不同的文化层分别发现了一只陶罐和一把石斧,二者中间是一层没有任何出土物的无菌土壤层。这两个器物之间不存在伴存关系。(3)两处不同的房址群,各有相互关联的灰坑和散落的器物。这些遗存相互伴存。(4)两处当代社区之间的伴存。

现在非洲以来,至少 17 万年已经过去了。数量不足 100 万的古人散居于非洲、亚洲和欧洲,而美洲在 25 万年以前是没有人居住的。200 万年前,地球上唯一的人类居住在热带非洲。我们可以将 100 枚硬币卷成一卷来理解史前时间刻度。如果整卷硬币代表人类及其文化出现于地球上的全部时间的话,历史记录所涵盖的时间长度恐怕连一枚硬币的厚度都不够。

表 1-2　测年法与人类史前史

时间	测年法	重要进程
现代（公元1年后）	历史文献；树木年代学；外来物	哥伦布发现新大陆；罗马帝国
公元前 2500 年		城市的起源 食物生产的出现 殖民新大陆 殖民澳大利亚
公元前 40 000 年	放射性碳测年（有机物质）	
公元前 75 000 年	铀系测年法	
公元前 100 000 年	钾氩测年法（火山物质）	智人
公元前 500 000 年		早期人类
公元前 5 000 000 年		

那么，考古学家是如何为过去测年的呢？世界史前史的年代学是建立在对不同文化层的观察以及一系列精密测年方法之上的，这些测年方法将我们带回到遥远的过去，远远早于5000年前出现于西亚的世界上最早的历史记录（表1-2）。人类历史上99%的时间都处于史前时期，并且只能以千年记，偶尔以百年记。

空　间

空间位置对于考古学家来说是必不可少的，因为他们借此可以建立起考古对象和聚落之间、整个聚落之间、聚落和主要植被带以及路标之间的距离。这些距离可能只有毫米之微，但如果是奢侈品贸易在数十个聚落之间的分布轨迹的话也可能长达数百英里。因此，考古学家大体从两个层面来考虑空间：单个聚落内器物的分布（见图1-7），以及**聚落形态**（settlement pattern），即聚落本身在地貌当中的分布。

空间背景是与人们的行为紧密相连的。考古学家会检视器物本身及其与其他器物的关联以洞察人类行为。例如，比利时考古学家调查了位于该国北部**梅尔**（Meer）一处沙土空地上一个有着9000年历史的狩猎营地。通过标识出古代文化层出土的所有石器残片，他们不仅为此处营地定了性，而且根据石器残片散落的形态推断出，当时曾有一两个人

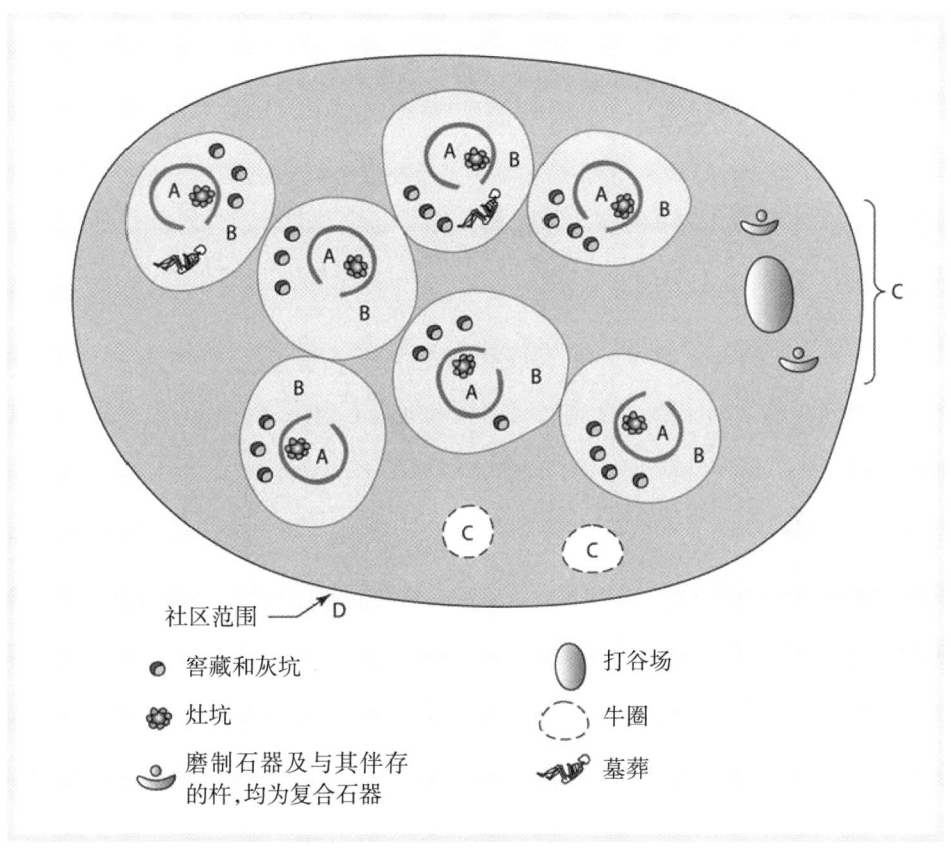

图 1-7 假设这是一座古代农耕村落,其中 A 代表房屋,B 代表住宅区,C 代表活动区,D 代表整个社区。

坐在那里并制作了几件燧石制品。这些残片的空间关系使得考古学家能够极其详细地重建 9000 年前发生的事情。通过将残片进行拼接,他们成功地复制了当时的石器制作技巧,甚至指出其中一位工匠是左撇子!

类型学和"民族志的现在"

文化史研究严重依赖**民族学类比法**(ethnographic analogy),即将鲜活的现代社会的器物和文化与古代的相比较。当然,在当代和古代的狩猎武器之间有时存在巨大且非常明显的相似性,在现代玛雅人及其远祖所使用的磨石(凹面磨盘[metate])之间也一样。但是如果因此而假设史前觅食者对环境的看法与南部非洲现代桑族人的一致,或者生活在冰期晚期的北极猎人在很多方面都与当代爱斯基摩人类似的话,那就没有任何意义了。

一种方法是**民族考古学**(ethnoarchaeology),有时也被称为"活的考古学",即通过研究活的社会对考古资料加以理解和诠释。例如,考古学家约翰·叶伦(John Yellen)曾经在南部非洲的卡拉哈里沙漠(Kalahari Desert)和当地的昆桑族(!Kung San)觅食者一起生活了几个月。他回到他们的露营地,记录下零星的废弃物、灌木居址遗存(brush shelter)、灶坑及睡觉的地方。叶伦甚至发掘了其中的一些遗址,并收集了一批研究古代觅食者的有价值的信息。例如,昆桑族遗址中的大多数器物形态都是家庭活动的结果,而一些公共活动如跳舞或者第一次分肉仪式等则都在公共空地上进行,因此没有留下任何考古线索。在东非坦桑尼亚的哈德萨人的狩猎-采集型社会(hunter-gatherer)中也开展过类似的调查(图1-8)。

考古学家的身影遍布全世界,从美国西南部的普韦布洛历史聚落到现代非洲村落,再到当代澳大利亚原住民营地,他们孜孜不倦地从已知的现在往回追溯遥远的过去。阿兹特克、印加(Inca)、普韦布洛、祖鲁(Zulu)——这些社会代表着通常被称为**民族志的现在**(ethnographic present)的传统文化,它们尚处于被西方文明的破坏性影响永远改变之前的所谓原始状态。尽管如此,这种民族志的现在只是一种迷思(myth),因为所有的人类社会都处于持续的变迁当中。对任何一个处于原始状态的古代文化来说,没有一刻是静止不动的,更别提与欧洲人接触时了。

举例来说,欧洲人遇到并描述的整个北美的美洲印第安人都已经受到了广泛传播的西方接触的影响。早在外来者真正来到这片土地之前,天花和其他一些疾疫就已经深入传播到了内陆,致使当地人大量死亡。所以,甚至第一批来到美国东南部内陆的探险家

图1-8　在坦桑尼亚的哈德萨人中进行的民族考古学研究。照片中记录了哈德萨人狩猎技巧的种种细节。

> **科学专题**
>
> ## 为过去测年
>
> 有四种方法可以用来为人类 250 万年的历史测年（见表 1-2）：
>
> **历史文献法**（historical records，公元前 3000 年至今）
>
> 历史文献法只能用来测定最早至书写和文字记录出现以后的年代。文字最早于公元前 3000 年出现于西亚，比世界上很多事物出现得都晚。
>
> **树轮年代学**（dendrochronology，公元前 8000 年至今）
>
> 像红杉（sequoia）、狐尾松（bristlecone pine）和欧洲栎（European oak）这类树龄较长的树木，常被古人用作房梁、屋柱，以及其他用途，因此在美国西南部、地中海地区和西欧等地的遗址中可以依据其年轮进行测年。采用年轮序列测年的**树轮年代学**在为西南部的印第安人村庄测年时首次被采用，同时也被用来校准放射性碳测年数据（参见第 7 章的"树轮测年法"专题）。
>
> **放射性碳测年法**（radiocarbon dating，40 000 年前至约公元 1500 年）
>
> **放射性碳测年法**依据的是对木炭、贝壳、树木、毛发等有机物中碳–14（14C）原子的衰变率（decay rate）的测定。当与**加速器质谱**（AMS）测年法相结合时，这种方法可以为小的样本测年，然后如果可能的话，再与树轮测年法相比对以在历年（calendar year）中得出一个年代。放射性碳年代学可以为自现代人第一次出现在非洲以来直至距今 40 000 年前的大部分史前时期测年（参见第 4 章专题"放射性碳测年"）。
>
> **钾氩测年法**（potassium argon dating，生命的起源至 25 万年前）
>
> 该方法通过测定火山岩中钾–40（40K）原子的衰变率来测年，用于史前史早期的年代测定（参见第 2 章的专题"钾氩测年法"）。对东非的人类化石来说，**钾氩测年法**是最佳测年法，因为那里的人类化石大多都是在火山岩中发现的。
>
> 其他测年法包括黑曜石水合法（obsidian hydration）断代、古地磁（paleomagnetic）断代、热释光（thermoluminescence）测年法，以及铀–钍（uranium–thorium）测年法等，但无一能获得广泛应用。

在和印第安人接触时也会经常视其为自己前身的影子。没有人会把自己已死的社会称作"民族志的现在"。

1.10 文化进程和过去的生活方式

文化进程（culture process）指的是文化体系中的变迁和互动。文化进程研究在考古学家当中引起了激烈的理论争论，他们认为考古学远不只是一项描述性行为，用考古学来解释文化如何在遥远的过去发生变化是可能的。

所有的文化体系都是处于持续的变迁当中的，其各种政治、社会和技术子系统不断调整以适应变化着的环境。我们自己就生活在一个文化迅速变迁的时代,代际文化有着巨大的差异,更别说世纪与世纪之间了。想想汽车设计在过去几十年中发生的一些细小的变化。这些变化本身并不明显,但是多年来以提高安全性能为目标进行的稳定改革累积起来的成果却是非常突出的——安全气囊、吸能式保险杠、真皮方向盘、防抱死制动,等等。今天的汽车和20世纪60年代的大为不同,许多变化都得益于政府更严格的安全规范,以及由此而来的驾驶者安全意识的提高(图1-9)。这里我们看到了社会庞大的技术子系统的一个重要的累积性变化。通过检视这些技术变化与政治和社会子系统之间的关系,我们得以理解这些文化在其中发生变化的进程。

人类史前时期的大多数文化变迁进程都是渐增性的,作为适应持续变化的外部环境的结果,它们在一个很长的时期内缓慢地发生着。作为对内外部反馈(包括自然环境的变化)的反应,文化体系在不停地做出调整和进化。对历史生活方式(即过去的人是如何生活的)的研究包括考察史前环境背景下的史前文化。环境数据有多种来源,包括古代植物遗存、花粉化石,以及动物骨骸。通过像动物骨骸、碳化的种子及鱼骨这样的食物残余物,我们可以重建古代的生活形态,甚至日常饮食。这也是一种描述性的考古学,但它将聚落、生活以及环境影响复杂而持续变化的模式与**考古文化**(archaeological cultures)联系起来。

有关史前时期的根本性问题围绕着文化变迁展开。智人(*homo sapiens*,解剖学意义上的现代人)是如何形成更高级的文化的?当人们开始耕作,或者当5000年前西亚发展出复杂的城市社会时,究竟是什么样的文化进程在起作用?显然,在文化体系中没有哪个单个因素可以成为文化变迁的主因,因为一系列复杂的因素——聊举几例来说,如雨水、植被、技术、社会约束、人口密度等——相互联系,相互影响,并对体系中任一元素的变化做出反应。

图1-9 汽车样式的变化体现了设计的进步与对安全性能的考虑,以及不断变化的潮流。

1.11 文化变迁机制

文化史是描绘过去的一条合理可靠的路径，但就研究不同史前文化中的变量，以及回答有关过去的文化变迁的本质这一根本性问题来说，它就没多大作用了。但是，考古资料并不总是反映出一个秩序井然的平静的文化变迁编年史。有可能在多个遗址的当代文化层中突然出土了一系列全新的器物，而更早的工具却忽然消失了。当犁具促使一个文化的农耕方式发生革命时，该文化的经济会在一个世纪内发生快速的变化。这些变化是如何发生的？当考古资料所反映的大大小小的变化发生时，是什么样的文化变迁机制在发挥作用？考古学家使用四种描述性模式来描绘文化变迁的特征：不可避免的变量、创新、传播和迁徙。

图 1-10　克里特岛上的克诺索斯出土的米诺斯陶壶

- **不可避免的变量**（inevitable variation）　当人们学习其社会的行为模式时，一些学习到的行为差异不可避免地代代相传下去。这些差异尽管本身微不足道，却可以在很长的一段时间内累积下去，这在偏远人口中尤为明显。在地处偏远的低密度人口中，这种不可避免的变量的雪球效应是非常显著的。举例来说，公元前4000年，北美大平原上生活着许多相互隔绝的不同狩猎群体，其石镞的形制在不同的群体间差别很大，尽管它们都使用同样的技巧追猎同样的动物。
- **创新**（invention）　人类永远都是充满好奇心的，他们不断创新，不断有新的想法。创新指的是创造出或者发展出一个新的想法。创新这个词谈论的是或有心或无意间产生于某个人类文化内部的新思想。人类社会的所有创新都可以追溯到这类情节或偶发事件，但是只有非常少的一些创新是真正独一无二，并且不是被其他文化从外部引介进来的。发明一样东西是一回事儿，让整个社会全盘接受则是另外一回事儿。大体上来说，与社会性或宗教性创新相比，人们更乐于接受像犁那样的技术性革新，因为它们较不可能与现存的价值体系发生冲突。人性的天才之处就

图 1-11 墨西哥特奥蒂瓦坎的韦拉克鲁斯飞地复原图

在于,机会来临时他们总能及时抓住并使之适应新的现实,这一点在许多即使相隔千里的地区都很相似,结果便是极为相似的想法导致了各自的创新,如农耕。

- **传播**(diffusion) 思想在大大小小范围内的散播流传即传播。无论是思想还是技术创新的交换都不必然真的涉及人类行为。相邻社区之间常规的贸易交换也能导致传播。任何一种商业关系都必然包含一种双边关系,双方交换货物、服务,当然还有思想,例如宗教信仰。举例来说,盛满了橄榄油和酒且色彩亮丽的米诺斯(Minoan)陶壶,从克里特岛(Crete)出发,航行于爱琴海诸岛屿之间,最远曾到达埃及(图 1-10)。

- **迁徙**(migration) 指的是整个社会为刻意扩展其影响范围而做出的行为。西班牙征服者占领墨西哥,波利尼西亚人小心翼翼地航行于太平洋上诸岛之间。在上述两个例子中,目标明确的探索发现了新土地上的人民,并对其实行殖民。较小规模的迁徙更为常见,墨西哥的商队从地处低地的韦拉克鲁斯(Veracruz)迁移到高地城市**特奥蒂瓦坎**(Teotihuacán),建立了自己的聚居区,并形成了独具特色的奶油色陶器和茅草圆顶土坯房屋(图1-11)。当然也有其他形式的迁徙,如奴隶、工匠以及逃避宗教迫害的人们所进行的无组织的移动。

创新、传播和迁徙只是普遍意义上的文化机制,远不足以解释人类文化与环境之间永恒变化的关系。这类机制的确在很大程度上是一种以器物及其他物质遗存为基础的描述性行为。要解释文化变迁,就需要一些能够反映人类社会与自然环境之间互动关系的研究模型,这种模型要精细复杂得多。

1.12 文化作为适应

20世纪50年代,美国人类学家朱利安·斯图尔德(Julian Steward)和莱斯利·怀特(Leslie White)发展出一门他们称为**文化生态学**(cultural ecology)的学科,专门研究人类适应和改变其环境的总体方式。研究文化生态学的考古学家关心的是作为体系的史前文化是如何与其他系统——如其他人类文化、生物群落(biotic community,人类周遭的生物),以及他们的自然环境——相互影响的。这就是通常被称为文化作为适应(culture-as-adaptation)的人类史前史研究路径。

文化作为适应这一术语的出现比世界史前史研究中最晚近的术语都要晚。莱斯利·怀特把文化称为"人类的体外适应方式"(man's extrasomatic means of adaptation)。人类具有一种独一无二的能力,能够为事件和对象创造出可以被欣赏、破解和理解的意义,注入意识形态以及其他,文化便是这种能力的结果。因此,不同地区和时代的人类文化面貌差异极大,从而导致史前物质文化——即研究史前史的数据——的多样性。

在文化作为适应的含义中,人类行为不但是对单个地点,而且是对环境区域的适应。因此,考古学家不仅要研究单个遗址,还要研究整个区域。考古资料就不仅是一个结构化的遗址系统,还是一处景观上器物分布和密度的持续形态。当个人或集体在某片区域中狩猎、觅食或耕作时,他们会留下一些证明自身存在的物质遗存,从而形成了反映人类在该区域持续行为的记录。

多重线性文化进化

"文化作为适应"试图解释某个区域在很长一段时期内的文化变异和适应。这一策略意味着考古学家必须密切关注生态系统和社会系统之间的关系。在**多重线性文化进化**

遗址专题

古埃及底比斯战争灾难

考古学不仅研究声名显赫的统治者，也关注籍籍无名的普通人。但关于普通人的传说很少会像埃及学家赫伯特·温洛克（Herbert Winlock）1911年在底比斯的中王国时期法老孟图霍特普（Mentuhotep，公元前2061年—前2010年）墓附近发现的一座墓葬那般生动。60名在战争中丧命的战士身着亚麻裹尸布，被堆积在墓中。他们风干的身体被保存得如此完好，以至于刚被移出坟墓便开始腐化。温洛克使用生物和考古数据重建了那场最后的战役。这些战士都是正当青春年华的年轻人，个个头顶一头厚厚的拖把样的重发，在后颈处剪成方形。在一场城堡攻坚战中，他们战死沙场，有的被上方射下的箭射死，有的则被防御工事里扔下来的石头击中而毙命。

据同时代的画面显示，来犯的敌人总是一边以弱不禁风的盾牌为掩护，一边在"枪林弹雨"中试图突破防线。而在我们的案例中，战火太激烈，以至士兵们不得不跑出射程之外。但是，一阵箭雨还是射中了其中一些士兵，至少有一名士兵被敌箭从背部穿身而过。他向前倒下，倒地时弄断了脆弱的箭杆，士兵流血而死。防守的一方突围而出，毫不留情地将十余名受伤的士兵重击致死，然后等着秃鹫和渡鸦前来光顾，好用它们尖锐的鹰钩喙撕咬死尸身上的肉。第二轮进攻终于得胜而归。人们掩盖起面目全非的死尸，并把他们光荣地埋葬在紧邻法老的一座专门墓穴中。我们不知道这次进攻具体发生在什么位置，但一定就在埃及某处，因为射穿来犯者的箭具有鲜明的埃及风格。在众多发现中，很少有像这处墓葬一般如此栩栩如生地描绘了历史上的那些无名角色。

（multilinear cultural evolution，即沿着多重轨道进化）理论中，每一个人类社会都在追求自己的进化路线，这一路线由通过技术和社会制度以适应其自然环境的长期成就决定。在解释充满偶然性的文化变迁事件的世界史前史时，多重线性进化理论作为一种通用框架而被广泛应用。

某些社会与其环境之间形成了一种广泛的均势，其中，适应性改变至多包含一些技术上的改进和组织结构的微调。而另一些社会则陷入一种或由外部环境变化引起，或来自社会内部的循环变换中。如果这类变化表现为更多的食物供应或者人口的增长，那么为了养活更多的人口或者调度过剩的食物供应，可能会加速变革的发生。公元前10 000年发生在西南亚部分地区的大概就属于这种情况。当时生活在优良自然环境中的许多群体为了扩展其食物供应而开始种植野生禾谷植物（见第6章）。在第一批农业试验的几个世代里，许多社会严重依赖谷类作物。随之而来的是一些重要的技术性和社会性变革。现在，各种社会环境中的人们纷纷开始在永久性村落里定居下来。

每个社会都会受到来自环境和可利用技术的发展限制，而某些环境（如埃及的尼罗河谷）相比其他有着更大的生长潜力。某些类型的社会政治组织（如对专门化劳动的集中控制）相比其他更加有效。适应性变革引发了技术革命，继而带来食物供给的增加和人口

科学专题

古代社会组织形式

前国家社会（prestate society）是建立在社群、游团或村落基础之上的一种小型社会。它们依其政治一体化的程度而有很大的不同。我们可以将其大体划分为三类：

1. **游团**（band）是一种家庭的联合，人数一般在25—60之间。他们依靠紧密的社会联系结合在一起。从史前史的最早期一直到10 000年前食物生产的出现，这种形式一直是史前史大部分时期里最主要的社会组织形式。

2. **部落**（tribe）是依靠宗族关系（正式的家族群）联系在一起的一组游团。一个宗族（clan）不能形成部落，部落必须由多个家族（即氏族）组成。宗族是一个由同一祖先繁衍而来的人类集团，其中共同的祖先将广泛分布的社区联系起来。宗族的重要性在于，作为一种正式的社会联系，它为人们在直系家庭和亲属以外更广阔的世界里提供了一种共同的认同感。全世界有许多早期农业社会都可以被视为部落社会。

3. **酋邦**（chiefdom）这一范畴存在争议，因为它们在组织和社会复杂程度上存在很大的差异，因此很难精确定义。从本质上来讲，酋邦就是一组由具备不同寻常的仪式性技巧、政治技巧和开拓精神的个体所领导的社会，通常很难与部落区分开来。这种社会仍然是建立在家族基础上的，但等级体系更鲜明，权力被掌握在那些负责获取食物和其他资源并将其在整个集团内部进行重新分配的家族领导者手中。酋邦的人口密度更高，复杂程度不一；它们在政治上反复无常，权力的转手经常是转眼间的事。

国家组织型社会（state-organized society，前工业化文明[preindustrial civilizations]）是一种具备中央集权政治和社会组织的大规模运作的社会形式。一小撮精英统治着这样的社会，垄断着多种战略资源，如食物盈余，并使用武力以维持权威。这种社会组织可以用金字塔来形象化，位于顶端的是统治者个人，以下按层级分别是贵族、祭司、官僚、商人、工匠及最底层的普通人。大多数人都生活在人口至少在5000以上的大城市里。

国家组织型社会是建立在集约型农业生产基础之上的，往往严重依赖灌溉（irrigation）和沼地农耕（swamp farming）——通过细心浇灌从而使一块土地在一年内生产出多种丰富的庄稼。社会正是通过兢兢业业地管理和控制农业生产而得以养活成千上万的非农业人口：工匠、官僚、商贩、祭司，以及城市居民。以贡品和税收为途径的资本和社会地位的集中积累，正是整个国家经济的立足之本。早期国家的特征通常还包括长途贸易、劳动力的分工及职业的专门化，这些都促成了保存记录、科学、数学及某种形式的文字的出现。

密度的提高。多重线性进化理论假设人类社会是沿着多条路径发展的。

作为一种解释机制，多重线性进化理论被广泛采用导致许多考古学家将史前社会划分成两个阶段：前国家社会（prestate）阶段和国家组织型社会（state-organized society）阶段。这些阶段并非普世性的，它们并非如一些维多利亚时代的人类学家所争辩的那般，是所有社会都将经历的,而是在不同环境下,不同集团独立获得的社会发展程度(参见科学专题"古代社会组织形式")。

多重线性文化进化理论将人类文化和文化生态学的系统路径整合成一个严密紧凑又具有高度灵活性的方法,用来研究和解释文化进程。作为适应研究路径,文化要求研究者把文化变迁放到多种变量相互影响的背景中。因此,在研究古叙利亚的农业产生或**美索美洲**(Mesoamerica,这里有许多繁荣的史前国家)①玛雅文明诞生等文化演进时,并不存在哪个首要因素导致了上述变化,而毋宁说是有一系列重要的变量,如人口的增长、食物的不足、漫长的干旱,以及集团内部的竞争等,共同发生作用,从而导致了文化变迁。

当我们为史前时期的主要和次要事件寻求解释时,我们需要考虑变革发生的方式、过程和机制,以及激发这些机制的社会和经济压力(人口压力、猎物不足等)。这种多重起因的模式与描绘古埃及人横穿大西洋的或才华横溢的隐居发明家的冒险故事大为不同。为了明确许多相关因素,它们需要明晰的方法论,最常使用的数据包括像碎陶片和石器这样的物质遗存。

文化传统与文化变迁

文化作为适应的研究路径主要关心的是找出古代各种人类文化中的种种变化,解释长时段中的文化变迁。拥护这一路径的考古学家如此专注于对文化变迁的解释以及寻求人与环境之间的关系,以至于许多人抱怨说这一方法太过关心文化变迁的进程,而忽视了这些变革背后的人。所有的人类社会都是由单个个体组成的,男人、女人、儿童、成人、家庭、社群及其远亲近邻。他们的生活时时处处互相影响,有时达成一致,有时意见相左,有时妥协或争吵,有时则和平相处。从这种相互影响中产生了文化传统,从而为处理与大自然的关系提供指导。这一传统有时会成为一股强大的保守势力而遏制革新,但有时在重压之下反而激励创新。

生态上的及其他一些外部局限性可以通过文化得以调和,但是它们独立地对人类行为发生作用,因此如果用进化理论或其他类似理论来解释的话非常容易理解。文化传统的特殊性和偶然性要大得多,这使得很难把进化顺序加诸人类历史之上,因为即使不考

---

① 又译"美索亚美利加",在希腊语中意为"美洲中部",是最早由德国人类学家保罗·基尔霍夫(Paul Kirchhoff)提出的一个文化单元,指包括墨西哥、危地马拉、伯利兹、萨尔瓦多、西洪都拉斯、尼加拉瓜太平洋低地和哥斯达黎加西北部在内的一片美洲区域,这里在西班牙人于15、16世纪殖民美洲之前曾出现过一系列分享若干文化相似性的前哥伦比亚社会。——译者

虑外部限制,许多文化变迁都是偶然发生于流变不居的环境和文化传统中的。通过研究单个的文化传统,考古学家们试图以一种进化论者和文化生态学家从未设想过的方式解释文化的不同特征。我们逐渐尝试从外部(环境)局限和内部(社会)局限两个方面来解释过去。内部局限包括知识、信仰、价值观等受文化制约的习惯,所有这些都因不同的文化而异,但是其中有些却是许多相隔千里的文化所共享的,举例来说,地理上天各一方的两个文化可能在了解了相关技术的公共知识的基础上掌握了青铜冶金术,但是有关这项技术的文化背景却大相径庭,就像中国的商文化(第 11 章)和秘鲁沿海的莫希文化(第 14 章)。许多地区都发展出了一些类似的象征手法,例如酋长或者国王登台的惯例,或者统治者与太阳之间的联系,但那并不意味着它们之间必然存在关联。

新一代考古学研究已经不再专注于文化进程和文化生态学,而是首先谨慎地探寻早期人类的思维世界,有时被称作**认知考古学**(cognitive archaeology),即研究思维的考古学。这一新的研究路径既充满争议,又新鲜刺激,因为它从多门学科中提取证据,其中就包括进化心理学(evolutionary psychology)。

1.13 诉诸无形:意识形态和互动关系

考古学家通过少量的人类化石和人类行为的遗存(器物、食物遗存等)来研究遥远的过去。而人类的大脑、我们的语言、思维过程、信仰以及人际交往都是无形的,无法通过考古资料流传下来。尽管如此,考古资料也可以为 250 万年来人类行为的进化和思维能力的强化提供激动人心的证据。距今 250 万年前工具制作技术在东非的出现可以被视为一个划时代的时刻。很难用巧合来解释人类大脑容量在接下来的 100 万年里发生的戏剧性的增加。另一个重要时刻发生于 60 000—30 000 年前,完全意义上的现代大脑已经发育完成,智人发展出了更复杂的技巧、艺术,以及最早的宗教信仰。

这里就提出了一些关于过去的本质性问题:在人类大脑容量发生上述激变的过程中,人类的思维世界里究竟发生了什么?语言和人类意识首次出现于何时?在现代大脑出现之前和之后的人类智力的本质到底是什么?我们对文化的力量和局限性以及认知问题日渐了解,使得考古学家们越来越把关注的焦点从文化变迁的进程转移到人和群体身上。许多新的研究试图超越考古资料的物质性的一面,而去寻找古代社会背后复杂而无形的思想观念。这一激发出大量理论争辩(通常都是冗长繁复而毫不相关)的研究方法有时被称为**后过程主义考古学**(post-processual archaeology)。尽管理论争辩仍在继续,但的确已成功地将关注的焦点转移到了两个重要的主题上:古代意识形态和信仰,以及群体与个人之间的互动关系。

意识形态和信仰

古人的意识形态和信仰是很难通过人工器物、艺术和建筑这样的物质遗存来重建的。我们只能猜测隐藏在冰期晚期的洞穴艺术（参见第4章），或者出土于约旦杰里科的早期农业定居遗址的著名人像（图1-12）背后的信仰和动机，但是如果像埃及文书或玛雅象形符号那样的文字记录能够和考古发掘结合起来的话，古代意识形态和信仰的研究就具备了极大的潜力。这类研究的一个绝佳案例是美国玛雅学家琳达·谢勒（Linda Schele）和大卫·弗里德尔（David Freidel）对中美洲古代玛雅图像所做的杰出研究，他们的研究建立在将破解了的玛雅符号与考古数据相结合的基础上（参见第12章）。他们的工作显示了宗教仪式、神殿和寺庙建筑是如何有助于塑造古代生活的。"玛雅人相信过去会一直按照一种不断重复的模式无尽地循环下去，……这种模式早已被设定在了纵横交错的时空网络中"，在两人合著的《王的森林》（*A Forest of Kings*）一书中，他们这样写道，"我们的挑战在于……将这段保存于文字、图像和废墟中的历史以一种现代思维能够理解，但同时也忠实于玛雅人自己的观念的方式加以解读。"（Schele and Freidel, 1990:18）

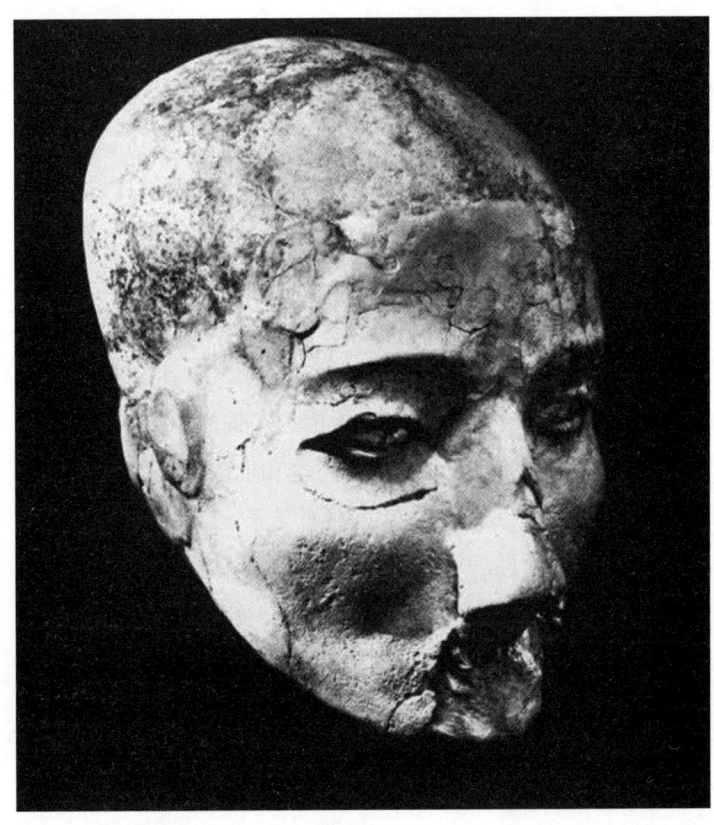

图1-12 巴勒斯坦杰里科出土的人像，上色灰泥。

互动关系

最后要分析的是，分享文化的主体是人，是群体和个人在为每天的生活做出决定。男人与女人相互影响，儿童和成人相互作用；家族内部争吵不和，派系林立；民族间为争夺财富和政治权力而相互竞争——这些个体与个体之间、个体与群体之间以及群体与群体之间的行为，就构成了束缚或者激发文化变迁的力量。究其本质来讲，考古资料通常都是非人性化的，可以为年代学所采用的考古器物和食物遗存所处理的不是个人的行为，而是较为模糊的群体甚至某个范畴的人群的行为，如历史上某个特定时期的女性。

考古学家只能在少数情况下越过人工器物和食物遗存去研究群体和个人的角色、他们承担的工作，以及他们影响事件进程的委婉方式。举例来说，生物人类学家缇娅·摩尔森（Theya Molleson）在叙利亚**阿布·胡赖拉**（Abu Hureyra）的一处公元前9700年的早期农业村落里发现，所有成年女性的骨骼中都存在畸形的趾骨、膝盖骨，以及脊椎低垂，几乎可以肯定，这一情况是长时间地碾磨谷物造成的（见图6-4）。男性尸骨不存在这种磨损。这可作为人类历史上有关男女分工的最早证据之一。

研究古代信仰这类历史上的不可捉摸之物，就好像研究一系列没有说明文字的图片。这里就涉及考古学最大的败笔之一。我们可以赞叹法国西南部**拉斯科**（Lascaux）洞穴里出自15 000年前石器时代艺术家之手的巨大公牛壁画（参见第4章），可以漫步于英格兰的巨石阵中（见图1-13），或者观摩美国东南部密西西比文化中镌刻在淡水贝壳上错综复杂的雕刻（参见第7章）。但是，尽管可以欣赏图像背后的艺术趣味，我们却很少能识别出最终造就这些灿烂成就的复杂信仰和动机。我们不能与古人对话，我们只能试图理解他们的多样性社会那才华横溢却通常令人泄气的复杂性之一二。

英国考古学家史蒂文·米琛（Steven Mithen）是一位研究古代人类思维的专家，他将我们长达数千年的历史比作一出考古多幕剧，并将高潮定在大约12 000年前农耕出现之时。在短短的十个千纪里，人类走出了简单的村落，走向了一个到处是汽车、飞机、工业化大城市的世界，一个全球化方兴未艾的电脑化社会。占据了这出戏大部分时间的是世界史前史，它终结于西班牙人对墨西哥和秘鲁的征服，并在公元16世纪早期西方人和最后一个前工业文明相遇时达到高潮。

我们的这出戏开始于250多万年前。

1.14 小　结

考古学是使用古人行为的物质遗存对人类过去进行研究的学科。这些物质遗存构成了考古资料，即史前时期的档案。历史学家考察文献，考古学家面对的则是一个无

图 1-13 英格兰南部的巨石阵

名的过去。考古学在众多科学学科中的独特性就在于,它具备研究长时段内文化变迁的能力。文本辅助考古学(text-aided archaeology)将考古证据与文献资源相结合,而史前考古学研究的是史前史,即文字发明以前的人类历史。发展于 20 世纪 50 年代的世界史前史研究,是一门借助考古数据和其他资源,以全球化视野来研究人类史前时期的专业领域。

所有人类社会都对过去感兴趣,但是他们的历史解释和使用历史的目的各不相同。考古学家(其中大多是西方人)视时间为一种线性进程,而许多非西方群体则按照季节更替和天体运动来衡量时间。只有在有用时他们才会使用线性时间。考古学并不是研究历史的不二法门,许多社会都有口述历史,即一种对保存传统文化和价值观具有极大重要性的非正统历史视野。

人类史前史的理论方法有很多,但是大体上可以被划分为过程和后过程两个路径。过程考古学(文化作为适应)使用多重线性文化进化和文化生态学为世界史前史研究提供一个总体框架,其基本假设认为人类社会通过多种不同的方式进化。

作为框架的一部分,考古学家通常在前国家社会和国家组织型社会之间做出区分。进化生态学使用自然选择机制和最佳觅食策略从能源消耗(成本)和风险管理两方面解释狩猎-采集型社会。近年来,考古学家针对文化变迁的外部局限(如环境因素)和内部局限(由个体和群体的行为造成)做出区分。新一代的研究聚焦于意识形态、人类互动关系、性别关系及其他主题,结合过程和后过程两种路径来研究内外两种局限性及其对过去的影响。

地球上最早的人类

> 当时一切尚处于黑暗当中,天空中还没有太阳照耀,没有黎明破晓,据说,众神聚在特奥蒂瓦坎一起商议。他们发言,争吵,互相问道:"诸神们,快上前来!谁来担此重任?谁愿当仁不让去做太阳,好带来黎明?"
>
> ——取自阿兹特克人的创世传说
> (Anderson & Dibble,1963:4)

第 2 章　　人类的起源

约 350 万年前,两个猿人在东非的莱托里(Laetoli)走过一条干涸的水道。

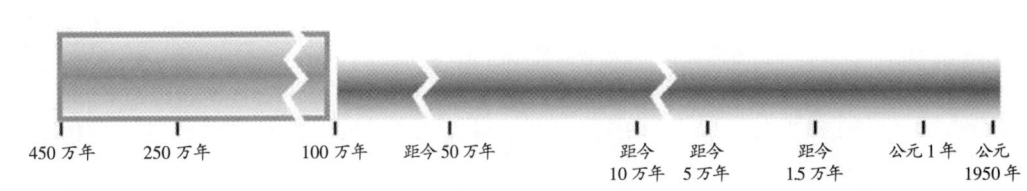

450 万年　250 万年　　100 万年　距今 50 万年　　距今　距今　　距今　　公元 1 年　公元
　　　　　　　　　　　　　　　　　　　10 万年　5 万年　15 万年　　　　　1950 年

2.1 大冰期（180万年—15 000年前）	2.4 各种南方古猿（300万年—250万年前）	2.7 最早的会制造工具的人类
2.2 早期灵长目动物的进化和适应	2.5 早期人属：能人（250万年—200万年前）	2.8 是猎人还是清道夫？
2.3 人类进化的化石证据（700万年—150万年前）	2.6 谁是最早的人类？	2.9 最早的人类心智
		2.10 语言的发展
		2.11 最早的社会组织

1959年，东非奥杜瓦伊峡谷（Olduvai Gorge）。

这真是异常炎热的一天。回到营地后，路易斯·利基（Louis Leakey）躺在帐篷里，忍受流感的折磨。与此同时，在深谷里，在一把沙滩遮阳伞的保护下，玛丽·利基（Mary Leakey）正忙着发掘一小处散落的碎骨和粗糙器物遗存。在花了几个小时刷掉表面的干土后，她突然发现了一段上颌骨，上面的牙齿极似人类。玛丽拿到眼前细细端详了一会儿，旋即便跳上她那辆路虎，飞快地开回营地。"路易斯，路易斯，"她大喊着冲进帐篷，"我终于找到'篮球男孩'（Dear Boy）了！"路易斯一听立刻翻身下来，顿时将流感抛诸脑后。之后，两人一起发掘出一具令人震惊的人类头盖骨残余。利基夫妇将其命名为鲍氏东非人（Zinjanthropus boisei），即东非人鲍氏种，因为他们的赞助人是鲍伊斯先生。利基夫妇的这一戏剧性发现，使人类进化研究从一门业余科学成为一部国际性的侦探小说。

人类和与其亲缘关系最近的如大猩猩(gorilla)和黑猩猩(chimpanzee)之间确切关系的本质,即人类起源的问题,被生物学家托马斯·赫胥黎(Thomas Huxley)称为"问题的问题"。自科学诞生之日起,科学家们在从人类起源之初开始追溯其复杂多变的进化史时,便被卷入了公开的论战当中。起初,他们使用的是简单的阶梯式进化体系。现在,这些理论已经让位于一种高度试验性的早期人类进化研究,该研究借助化石样本重建进化关联,但在处理原始碎骨时往往困难重重。这里涉及细致谨慎的鉴定,详尽的解剖学比较,不同特征性质的权衡,以及年代学和地层学的评估。使问题更加复杂的是,距今500万—100万年前的化石资料异常稀缺,它们仅仅代表了不足2000个个体,其中的大多数是发现于化石遗存丰富的南非洞穴中的单个牙齿化石。头骨碎片和下颌骨非常少,而二者是所有化石发现中最具价值的。我们的祖先在这400万年间所经历的巨大变迁,如今只能透过残缺不全的古生物学镜头窥见一斑。我们知道,这一时期的热带非洲地区涌现了许多种人族(hominin)形式。但是,它们中的哪些是人类的直系祖先呢?我们只有通过了解尽可能多的物种才能在人类的进化这一问题上达成共识,而这一任务几乎才刚刚起步。在本章中,我们将检视围绕人类的生物和文化进化展开的一些争论,探讨我们最初的祖先是如何生活和行为的。

2.1 大冰期(180万年—15 000年前)

人类的故事开始于地质学年代上的早期,即新生代(Cenozoic)较晚一些时候,哺乳动物(mammals)的年代。在地质学年代的大多数时间里,气候都比现在要温暖。在约3500万年前的渐新世(Oligocene),随着南极洲周围一条浮冰带的形成,全球降温的最初迹象出现了。紧随这一变化而来的是距今1400万—1100万年间全球气温大幅度下降。随着温度的降低,高纬度地区的高地上开始形成巨大的冰原。约320万年前,北方大陆上也出现了大冰原。然后,约250万年前,正当人类首次出现在热带非洲时,冰河作用(glaciation)加剧了,地球进入了一个气候频繁变动的时期,并且一直持续到现在。这些变化在**第四纪**(Quaternary period)即**更新世**(Pleistocene)时期达到极致,这一时期始于至少180万年前,是地球历史上距今最近的一个间歇期,有时也被称作"人类时代"(Age of Humanity)。也就是在这一时期,即大冰期(the Great Ice Age),地球上的大多数地区都出

表 2-1 冰期的重要事件表

气温 较低 ← → 较高	时间 (B.P.)	周期	时期	冰期	人类进化	史前史
		全新世	全新世	全新世		城市和农业的出现
	10 000			武木冰期（北美的威斯康星）	智人	人类涉足新大陆
	118 000		松山－布容古地磁界限	萨勒冰期		
	128 000	第四纪	更新世			
				一些寒冷时期	古智人	
	780 000				直立人	
			奥杜瓦伊地磁事件			
	1 600 000	第三纪	上新世		早期人族	

130 000 年前不确定气候细节

现了最早的人类。冰期的这些重要的气候和环境变化,为进化史上最重要的几个时期提供了背景。

"冰期"一词为人们描绘了这样一幅画面:冰封大地,寒气入骨,低至零下的气温将地球拖入了一个漫长的深度严寒期。实际上,更新世间,全球气候经历了从温暖到极寒之间的频繁变动。上升的深海岩心(deep sea cores)为冰期气候制造了一幅复杂的图景(表2-1)。这些岩心显示,直到80万年前,气候冷暖变动幅度还是相对较小的。但从80万年前开始,每隔9万年(误差为2万—4万年)就会出现一个极寒期。许多科学家认为,引发上述变化的是长期的天体循环,尤其是地球公转轨道上那些影响地球接收太阳辐射的季节性和南北性变化的天体循环。

在至少九个冰期中,北欧和北美都被巨大的冰原覆盖,其中最后一个冰期仅仅在约15 000年前才消退。间冰期(interglacial)并不频繁,期间气温与当今持平或略高,持续的变动迫使植物和动物,包括人类,迁离其最初的栖息地。当寒冷期到来时,动植物逐渐迁徙到海拔更低、更温暖的纬度。动物们慢慢朝着更适宜生存的地区扩展,并与当地动物相融合,出现了由新的生物组合构成的新群落。在过去的300万年里,欧洲和亚洲邻近地区进化的哺乳动物物种有113种之多。这种不断重复的融合自然从多个方面影响了人类的进化。

实际上,人类的进化在真正进入更新世之前就已经开始了,这段时期的气候变化相对较小。400万年—200万年前,当时的世界气候要比后来稍微暖和一些,也更为稳定。在非洲稀树草原这块可能是人类摇篮的土地上,有许多大大小小的哺乳动物物种,其中包括一系列灵长目动物,人类即在其中占有一席之地。

2.2 早期灵长目动物的进化和适应

灵长目

我们都是灵长目动物(order primate)中的一员,这个大家族里还包括大多数生活在树上的有胎盘哺乳动物。灵长目动物包含两个亚目:**类人猿**(anthropoid,猿、人类和猴子)和**原猴亚目灵长类动物**(prosimian,包括狐猴、眼镜猴和其他所谓的前猴动物 [pre-monkeys])。**人亚科**(hominins,人科[Hominidae]包括现代人、早期人亚种及其直系祖先,人亚科即人科中的灵长类)和**猩猩科**(Pongidae,与我们亲缘最近的非人灵长类)在行为和体格上存在一些相似性,这种相似性可以通过这两个群体从数百万年前的共同祖先那里继承而来的共同特性而加以解释。换句话说,人类及其与我们亲缘最近的非人灵长类来自共同的祖先,分别沿着几条平行的路线进化而来(表2-2)。

表 2-2　灵长动物的进化

地质年代	公元前（百万年）	旧世界猴	猿	人类
更新世				
	1.7			
上新世				
	5.2			
中新世				
	23.5			
渐新世				
	36			
古新世				
	50			

人类是何时从非人灵长类动物中分离出来的呢？关于这个问题的答案，专家们之间存在激烈的争论。在非洲，人类和猿从猴子中分离出来，但没人知道具体的发生时间。在大约 2400 万年前地球刚刚进入中新世（Miocene）的时候，非洲涌现了许多种类型的猿。巨型人族的基本解剖特征出现于中新世中期，大约 1800 万年—1200 万年前。第二次辐射发生于中新世晚期，800 万年—500 万年前之间。这次辐射最终产生了四个世系，其中至少一个，即人类，在很大程度上是被修正了的。在一些食草动物（如大象）身上也出现了类似的进化模式。在这两个案例中，模式本身都反映了变化着的气候和栖息之地——从温暖的、缺乏季节性变化的林木茂盛的环境，向寒冷的、四季分明的林木稀疏的环境转变，它们同样也反映了陆地、山系和南极原冰层面貌的改变。

对于人族来说，1000 万年—500 万年前的这段时间是一个关键期，期间非洲人族世系的一部分向外辐射而产生了大猩猩、黑猩猩和人族。不幸的是，这段历时 500 万年的时期是我们关于早期人类进化认识上的一个黑洞。关于这一时期非洲涌现出的一些类猿动物的本质，我们只能猜测。

我们现已知道,这些动物大多是生活在树上的,有着长臂、长腿和巨大的胸腔。它们在树上时需要使用四肢,但偶尔也会爬到平地上来,有时甚至能靠两条后腿直立起来。在大约500万年前,人科世系(hominoid lineage)分化成西方和东方两支,其中西方一支,即原始黑猩猩(proto-chimpanzees)还依赖水果和其他树上产的食物等一些广泛分散的资源,它们需要灵活的社会组织才可获得。围绕人类与黑猩猩、大猩猩的关系产生了激烈的争论,但是很多生物学家一致认为,黑猩猩是与人类亲缘最近的。借助分子钟,他们推算出上述三种灵长动物形式在六七百万年前曾拥有一个共同的祖先。

"从树上下来"

距今2000万年前之后,全球气温的下降导致热带地区大片空地的增多。这种林地的大量减少有可能带来一种适应地面环境的物种增多的趋势。灵长动物中的许多物种(包括幸存至今的和现已灭绝的),在距今1000万年前以后开始适应这一转变。换句话说,它们"从树上下来"了。

约500万年前,非洲的稀树草原上有着许多小块的林地和广袤的草原,这里密布着许多哺乳动物、一些分化出来的树居动物,以及其他灵长类动物。其中,许多小群体非常繁盛,可能已经可以直立行走,可以肯定它们已经可以制造石质和木质工具。

从树上下来产生了三个直接问题。首先是在空地上四处移动的困难。为此,人族在至少400万年前发展出了两足行走的姿势。我们的祖先历经漫长的时间才学会了**两足行走**(bipedal,即用两只脚走路),这可能是花越来越多的时间在地上寻觅食物来源所带来的结果。由于新陈代谢的速度更快,人类的体形更大,而且有着更多的食物需求,这也就意味着每个人族必须在更大的范围内更加有效地组织安排以获取食物。与小的哺乳动物相比,体形大的移动性更强,活动范围也更广,这就使得它们可以获得不同空间和不同季节里分布不均的食物来源。移动性使得体形更大的哺乳动物,比如人类,能够将一些不可预测的,通常是季节性的来源纳入其食谱当中。它们能够忍耐极冷和极热,这种能力可能为史前史后期人类在热带以外地区中的散播起到了作用。两足行走的人类拥有汗腺,并且特别依赖水分的供给,这些腺体是两足行走的直接产物,因为它们使得人类长距离觅食的忍耐力得到加强。两足行走大大降低了身体重心的移动,使得走路效率更高。直立姿态和两足行走是人族最具特点的身体特征。

直立姿态之所以重要,是因为它将双手解放出来以从事其他活动,比如制作工具。这与**指关节拄地行走**(knuckle walking)不同,后者为猛力跃上树和短距离冲刺提供了绝佳的力量(这就好比美式足球中的前锋)。将指背贴向地面并作为主要的承重面,是一种专门化的移动方式。指关节拄地行走在丛林中的盛行是因为长手、长臂和可抓握的足对爬

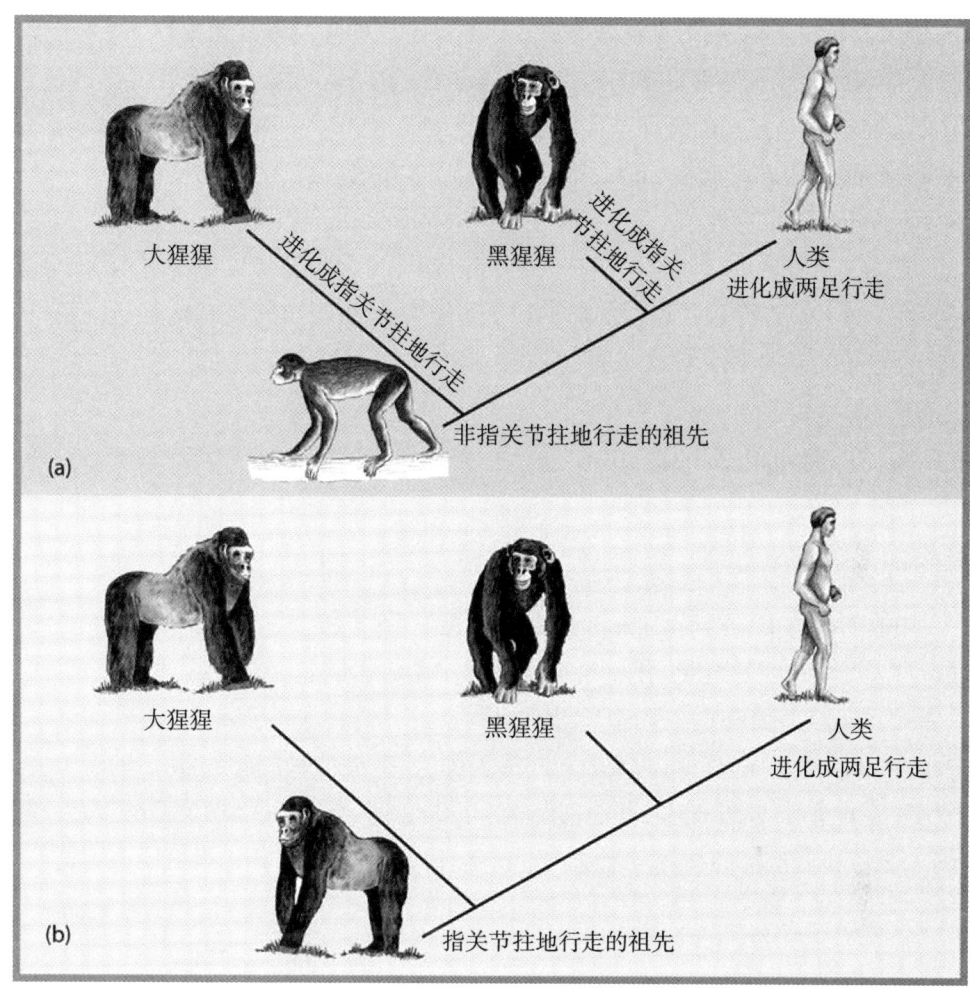

图 2-1　指关节拄地行走和四足姿势。关于两足行走的进化存在两种主要理论：(a)如果大猩猩、黑猩猩和人类最后的共同祖先不是指关节拄地行走者(身体重心位于四肢连接区的中间)的话，那么，这种行走方式就会在黑猩猩和大猩猩身上独立进化而来。在这一理论中，人类继承自祖先的运动力就不是指关节拄地行走。(b)如果大猩猩、黑猩猩和人类的共同祖先是指关节拄地行走者，那么，人类继承自祖先的条件便是指关节拄地行走。

树来说是十分关键的(图 2-1)。人类臂长太短，不适宜采用这种姿势。两足行走有助于承受长距离的移动，而这在空地上是一个重要的考虑因素。就人类狩猎、采集和工具制作而言，两足行走是一个关键性的前提。

其次，稀树大草原上活跃着的大量食肉动物常常使得灵长类动物难以安眠。大型人族动物会建造一个"大本营"以抵御烈日严寒，并提供安全的休息环境。这些大本营采取何种形式，仍存在很大争论。最后，丛林里丰富的高品质食物广泛分布于稀树大草原各处。令人惊叹的是,后来的觅食者能依靠一系列广泛的猎物和植物生存下去。作为人类进化的一部分,人族祖先将更多的肉类纳入其食谱当中,这可能归因于长时间的植物稀缺。就哺乳动物而言,它们的特征与大脑容量的不断扩大有关。而且随着脑容量的扩充,进化中的人族的生活方式也就与猿类渐行渐远,而越来越接近于人类觅食者,这一过程持续了数十万年才得以完成。

上述以及其他一些因素——例如寿命的延长和大脑的扩大——就要求更大的行为灵活性。这种灵活性包括智力的提高和学习能力的加强,父母保育的强化以及更新层次的社会互动关系的出现。

2.3 人类进化的化石证据(700万年—150万年前)

最早的人族?

中非乍得德乍腊沙漠(Djurab Desert)的托罗-梅奈拉(Toro-Menalla)地区是一片适宜进行古人类学研究的蛮荒之地。2001年,法国学者米歇尔·布吕内(Michel Brunet)、帕特里克·维格诺德(Patrick Vignaud)及其同事发现了一个六七百万年前(不过这一年代的测定非常模糊)的黑猩猩大小的人族动物头盖骨。这个头骨非常奇怪。从后面看上去像是一个黑猩猩的头骨,从前面看,其面部结构和牙齿的排列却像距今175万年的人族的特征(图2-2)。头骨底部的枕骨显示这一生物是直立行走的。布吕内及其团队将这个重要的

图2-2 萨赫勒人乍得种头骨化石

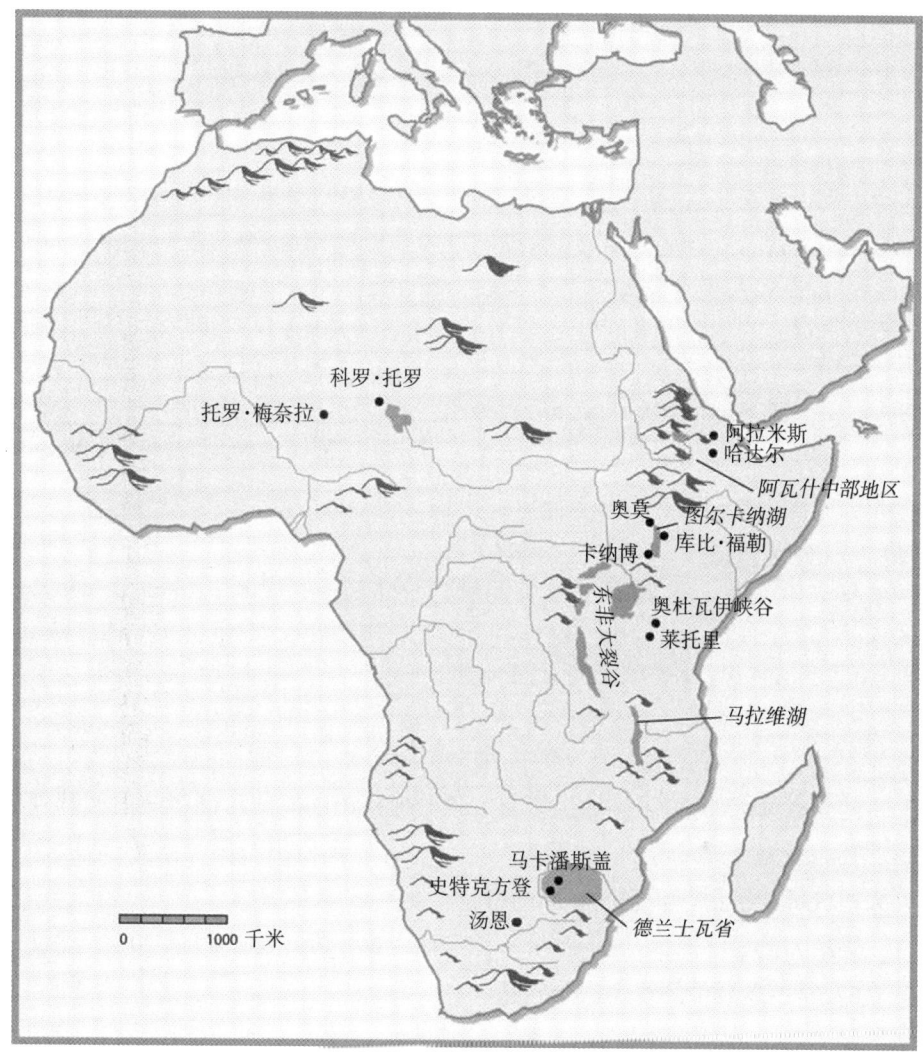

图 2-3　第 2 章所涉及的考古遗址

头骨化石命名为萨赫勒人乍得种(Sahelanthropus tchadensis,即乍得沙赫人)。

萨赫勒人乍得种的发现证明人族动物的进化要比上一代学者所设想的复杂得多。各种可能性表明,在距今 800 万年—500 万年前,热带非洲涌现出一系列种类繁多的古猿(其中一些脑容量更大些),却只发现了乍得种这一支。在研究的早期阶段,古人类学家们并不能确定乍得种(通常称为图迈[Toumaï]①)到底是人族还是古猿。大多数人认为,它可能是一个非常早的人族,甚至可能是距今 500 万年以后发现于埃塞俄比亚的人类的祖

---

① 在乍得当地 Dazaga 语中意为"生命的希望"。——译者

科学专题

钾氩测年法

世界上最早的考古遗址年代之久，远远超过放射性碳测年所能测定的年代上限（第1章）。钾氩测年法能够测定200万年—10万年之久的火山岩。年代最早的许多人族动物遗址都位于火山活动活跃的地区。有些人类工具与冷却下来的熔岩碎片或同时期火山爆发所产生的火山灰有着直接的伴存关系，这使得东图尔卡纳遗存、奥杪瓦伊峡谷等一些著名的早期遗址的测年成为可能。

钾（potassium, K）是一种大量存在于地壳中的元素，几乎所有矿物质中都存在钾。天然形式的钾中只含有少量的钾-40原子。每100个衰变的钾-40原子中，有11%会变成氩-40，这是一种惰性气体，能在火山熔岩和其他火成岩（igneous rocks）形成的时候轻易地挥发。当通过结晶作用形成火山岩时，氩-40的含量几乎跌至零，但是钾-40的衰变过程依旧继续，所以每100个钾-40原子中有11%能变成氩-40。因此，可以使用分光仪（spectrometer）来测量火山岩形成过程中积累起来的氩-40的含量。钾氩测年法的最新进展包括计算机化激光聚变法（computerized laser fusion），是使用激光束来分析被辐射的火山灰颗粒方法的一个变种，即释放出一种纯净的气体及其氩原子成分以供分光仪检测。这种方法能从与化石伴存的地层中提取出火山物质的结晶体，从而为最早的人族化石做出更为精确的测年。

钾氩测年法首次为人类进化的最早期阶段以及地球上最早的一些人类文化建立年代学，提供了一种相对可靠的方法。

先。同样有可能的是，人类的祖先与古猿分道扬镳的时间可能得向前回溯到稍早一些时候。Toumaï 的发现者坦陈，他们尚未为自己的发现做出精确的测年，所以这一重大发现将来很有可能被证明是别的不同的古物。

无论人们最终对 Toumaï 做出何种定位，这一发现都证明早期的人类进化是有多种分支的，绝不是简单的线性进化问题。

大多数古人类学家相信，东非是早期人类进化的主要冶炼炉，这主要是因为在那里发现了种类最多的原始人族化石。四五百万年前，埃塞俄比亚一些现已变成沙漠的地区和肯尼亚北部地区还是一片广阔的大草原，其上活跃着很多羚羊及其他一些哺乳动物，它们不仅被一些食肉动物追猎，也是我们的人族远祖的盘中餐。也是在这里，人们发现了已知最早的人族化石（图2-3）。

分子生物学告诉我们，最后的共同祖先人科家族分化出了两个主要世系，它们在距今900万—400万年前这段时间里分别进化成为古猿和人族动物。这次分化的细节至今仍完全是一个谜，主要是因为能够测年到这个重要时期的化石群（fossil bed）在东非还非常罕见。到了距今500万年时，化石的数量多了起来，但仍然是非常不完整且充满争议的。毫无疑问的是，有关人族化石的所有总结不出几年就会过时（图2-11就一些分类学上的定性和基本的年代学做出了指引）。

图 2-4　非洲南方古猿头骨化石

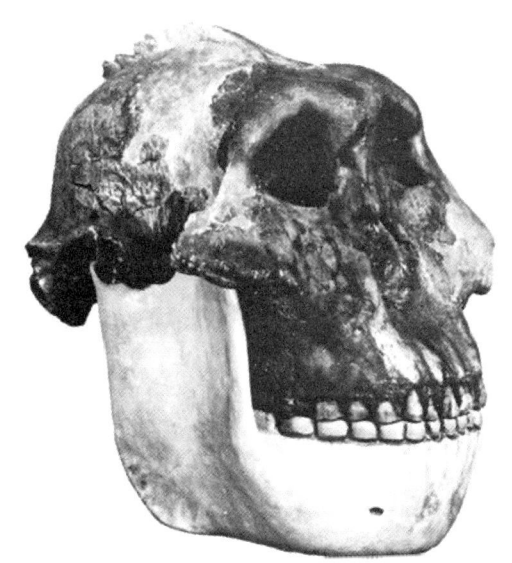

图 2-5　粗壮型南方古猿头骨化石

距今500万年—200万年前，东非大平原诞生了大量的人族动物。古人类学家把它们分成两个大组，分别是南方古猿（australopithecine，也叫更新纪灵长动物）和人属（homo）（关于其测年，参见专题"钾氩测年法"）。

什么是南方古猿？

"南方古猿"（Australopithecus①）是由解剖学家雷蒙德·达特（Raymond Dart）于1925年在南非的汤恩（Taung）遗址首次做出确认。达特描述了一种兼具人类和类猿特征的纤

---

① 拉丁文，意为"南方的猿"。——译者

图 2-6　拉密达猿人化石

长的小型灵长动物,并将其发现命名为非洲南方古猿(Australopithecus africanus),就重量而言,它们与另一种更为健壮的南方古猿相比更轻,后者随后相继出现于南非和东非的一些遗址(图 2-4 和图 2-5),并被命名为粗壮型南方古猿(Australopithecus robustus),一种矮壮、结实、长有冠毛的灵长动物。

多年来,古人类学家一直认为非洲南方古猿是人类的直系祖先,并且相信人类的进化是沿着相对线性的方式进行的。新近东非的更多发现使这一图景变得模糊,并揭露了人类进化史上久远得多的一些灵长动物。

拉密达猿人

最早为人们所知的人族是一种小的物种,会直立行走,牙釉质较薄,头骨接近猿类,显示出与祖先黑猩猩的密切关系。在埃塞俄比亚阿瓦什(Awash)地区的一块不毛之地阿

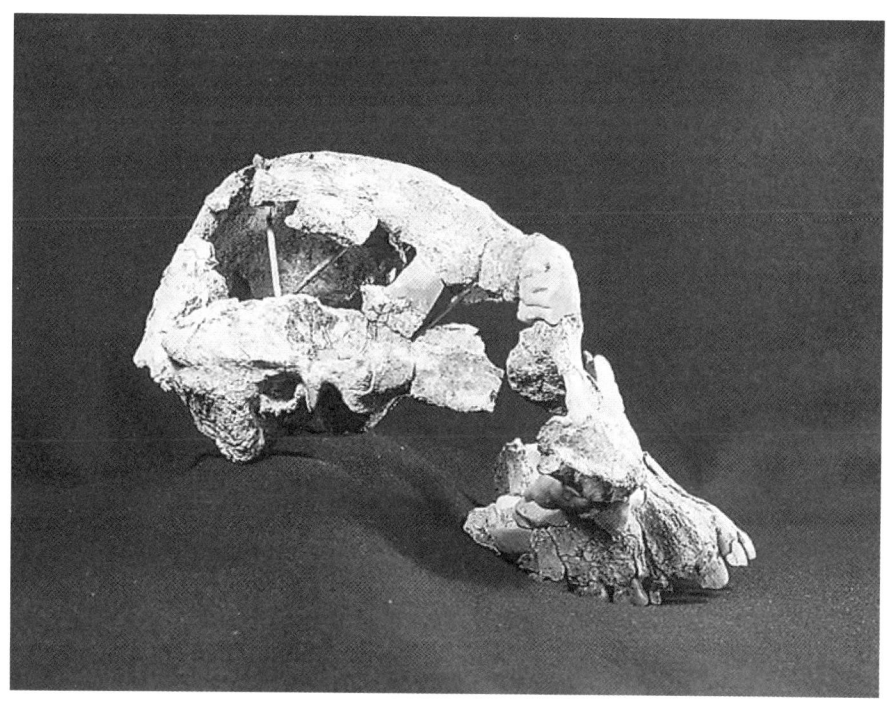

图 2-7 著名的阿法南方古猿化石——"露西"

拉米斯(Aramis),古人类学家蒂姆·怀特(Tim White)在一个 440 万年之久的地层里发现了大脑较小的远祖,对此,我们知之甚少(图 2-6)。怀特及其同事将这一发现命名为拉密达猿人(Ardipithecus ramidus,又称始祖地猿),以区别于后来发现的不同类别的南方古猿。目前已知的化石碎片约属于 17 个个体。

与其许多后代相比,拉密达猿人的生活环境林木更为茂盛,它们在第一个人族从非洲古猿中分化出来前后消亡。在阿拉米斯这一我们所知有限的可能两足行走的猿人所出土的地层之上的两个地层中,人们发现了拉密达猿人的后代,分别是湖畔南方古猿(Australopithecus anamensis,也称"南方古猿湖畔种")和阿法南方古猿(Australopithecus afarensis,也称"南方古猿阿法种")。

从地猿到南方古猿

阿拉米斯的湖畔南方古猿距今约 410 万年,而由古生物学家米芙·利基①(Meave Leakey)和艾伦·沃克(Alan Walker)发现于肯尼亚北部的图尔卡纳湖畔**埃里亚湾**(Allia

---

① 路易斯和玛丽·利基的儿媳、理查德·利基的妻子。——译者

Bay)和**卡纳博**(Kanapoi)的同类化石则距今约 400 万年。这一湖畔南方古猿(anamensis 中的"anam"在图尔卡纳语中是"湖畔"的意思)的化石碎片来自一个牙齿巨大的猿人,它在许多类猿特征的基础上又有了更多更为进化的特征。这个个体的后腿强壮到足够支撑两足行走所带来的多余体重,但是与现代人相比,湖畔南猿的行走效率并不高。后腿的尺寸显示,这一个体的重量在 47—55 千克之间。

拉密达地猿和湖畔南猿是稍晚的一支更有名的南方古猿的祖先,这种南猿发现于距离阿拉米斯以南 72 千米的**哈达尔**(Hadar),同样位于阿瓦什河谷中部地区。正是在埃塞俄比亚北部的哈达尔,莫里斯·泰伯(Maurice Taieb)和唐纳德·约翰森(Donald Johanson)发现了一个属于一个小的灵长动物(著名的"**露西**")的不寻常且完整的头骨,一起被发现的还有至少属于 13 名男性、女性和儿童的碎片。露西距今约 320 万年,直立身高不足 1.2 米,年龄在 19—21 岁之间(图 2-7)。露西是一位强壮、肌肉发达的灵长动物,已经能够完全两足行走,臂长就其体形来说较人类为长。露西及其同代人的手与人类的很像,脑容量与黑猩猩相仿。约翰逊和蒂姆·怀特将露西定位为阿法南方古猿,即稍晚的南猿的直系祖先。毫无疑问,他们的划分是正确的。

图 2-8　发现于坦桑尼亚莱托里地区的人族动物脚印

一个真正的 3 岁阿法南猿的头骨发现于埃塞俄比亚东北部的迪基卡(Dikika)地区。虽然不可避免地被命名为"露西之子",但是迪基卡的阿法南猿的测年大约在距今 330 万年前,两足行走,但是其肩胛骨和上肢接近猿类,看上去似乎已在树上生活了很长时间。借助阿瓦什流域的其他发现,我们了解到,阿法南猿至晚在 300 万年前出现了一个繁盛期,他们发展出了相当不同的体形。有些个体直立身高达 1.5 米,重约 68 千克,与个头较小、身形更苗条的露西大不相同。

这些早期的非洲南猿是一些肌肉发达的力量型个体,被认为像黑猩猩一般强壮。与它们的前辈一样,阿法非洲南猿是解剖学意义上的混合体,腰部以下可以两足行走,身体上半部则显示出树上生活特征。它们完全可以两足行走,有着让人联想到可用于爬树的强壮且轮廓分明的上肢,就其体形来说臂长较现代人的长。

有关两足行走的更重要的证据来自坦桑尼亚**莱托里**(Laetoli)地区出产化石的地层,在那里,玛丽·利基不仅发现了与哈达尔出土物相类似的人族化石,甚至还发现了一些属于 360 万年前的大型猎物和一些体型相当大的两足行走灵长动物的足印。脚印分别属于一名成年男性和一名成年女性,后者因为怀着宝宝所以脚印更深(图 2-8)。"这些脚印展示了一种摇晃的,而且可能移动缓慢的步法",玛丽·利基这样写道(Leakey and Harris,1990:49)。一些科学家相信莱托里脚印来自生活在哈达尔以南 1600 千米的阿法非洲南猿。

哈达尔和莱托里的发现证明,人类对两足行走的基本适应,早于最早的有关工具制作的证据,而且其大脑的扩展超过和我们关系最密切的近亲——非洲猿。两足运动还表明,后来的人族动物充分进化了其双手以用来制造工具。

起初,专家们认为阿法非洲南猿仅仅局限于东非。后来,米歇尔·布吕内在撒哈拉沙漠南边的乍得**科罗·托罗**(Koto Toro)发现了一段 300 万年—350 万年之久的下颌化石,上面附着有 7 颗牙齿。这种乍得人喜欢的是一种热带稀树草原林地环境,比之今天的干旱地带要潮湿得多。科罗·托罗是东非大裂谷(East African Rift Valley)以西第一个出土南猿的地点,这反驳了一个长期以来的理论,即认为东非大裂谷作为一道障碍,将古猿分隔开来,并致使那些生活在空地上的古猿从树上下到地面上来。

阿法南方古猿是南方古猿的原始种,它们不仅发展出可观的解剖学上的变种,而且凭借极强的耐寒性和适应性,在严酷多变的稀树草原环境下繁衍了将近 100 万年。毫无疑问,300 万年前的非洲东部曾经有过多种人族类型,然而,其中大多数对我们来说仍是一片空白。

大约 300 万年前,阿法非洲南猿的后代分成了不同的若干支。就在此时,进化史变得复杂起来。其中一支由更为纤弱的非洲南方古猿组成,这种南猿最早由雷蒙德·达特于

1925年发现,并且全部来自南非,而远离东非这一公认的人类摇篮。第二支至少包含三种强壮型南方古猿,这种南猿稍晚于100万年前灭绝的非洲南猿。很可能还有其他未被定义的支线。伴随着这种多元性,我们掀开了人类进化史上一个更为错综复杂的篇章,地理和生物上的多样性以及多种理论的针锋相对是这一阶段的重要特征。

2.4 各种南方古猿(300万年—250万年前)

纤细型南方古猿:非洲南方古猿

非洲南方古猿是一种纤长的移动性极强的古猿,其化石呈现头骨小巧近乎精致及脸部下颌突出的特征(图2-4)。全部发现于南非的非洲南猿被视为进化史上的一个未解之谜,因为迄今为止还没有人在阿法非洲南猿繁盛的东非发现过这种南猿,虽然它最终是从这一广泛分布的祖先那里进化而来的。这很可能只是一个无疾而终的进化试验,甚至可能是在劫难逃的强壮南猿世系中的首当其冲者。

粗壮型南方古猿:埃塞俄比亚南猿(A.aethiopicus)、鲍氏南猿(A.boisei)和粗壮南猿

包含若干种分类标签的粗壮型南猿生活在距今300万年—100万年前。这些身形粗壮的南猿在东部和南部非洲均有发现(图2-5)。这类南猿拥有巨大的牙齿,大脑很小,解剖特征已经适应了以粗糙的纤维植物为食。作为一个群体,这种矮壮、结实的南猿具有明显的多样性。

南方古猿惊奇种

一支由来自13个国家的40名工作者组成的队伍在埃塞俄比亚阿瓦什沙漠的干旱地带发现了来自另一种人族类型的牙齿和头骨碎片,距今约250万年。这种新发现的南猿被命名为南方古猿惊奇种(Australopithecus garhi,garhi在当地方言中是"惊奇"的意思),直立身高约1.46米,有着和黑猩猩相似的前突特征(图2-9)。其下颌臼齿有现代人的3倍之大,犬齿则几乎一样大;腿很长,类人腿;臂也很长,但类猿。这种南猿是一种效率很高的食腐动物。仅相隔几米出土的羚羊和其他大型猎物的骨骼化石显示有被石器切割的痕迹,这是所知最早的能够屠宰动物的人族。不幸的是,在这处化石遗存附近并没有发现任何石器,倒是在附近的一处湖床地层上发现了一些距今250万年的粗糙石片和卵石。

南方古猿惊奇种是一项具有重要意义的发现,它使围绕着最早制作石器的人类的归

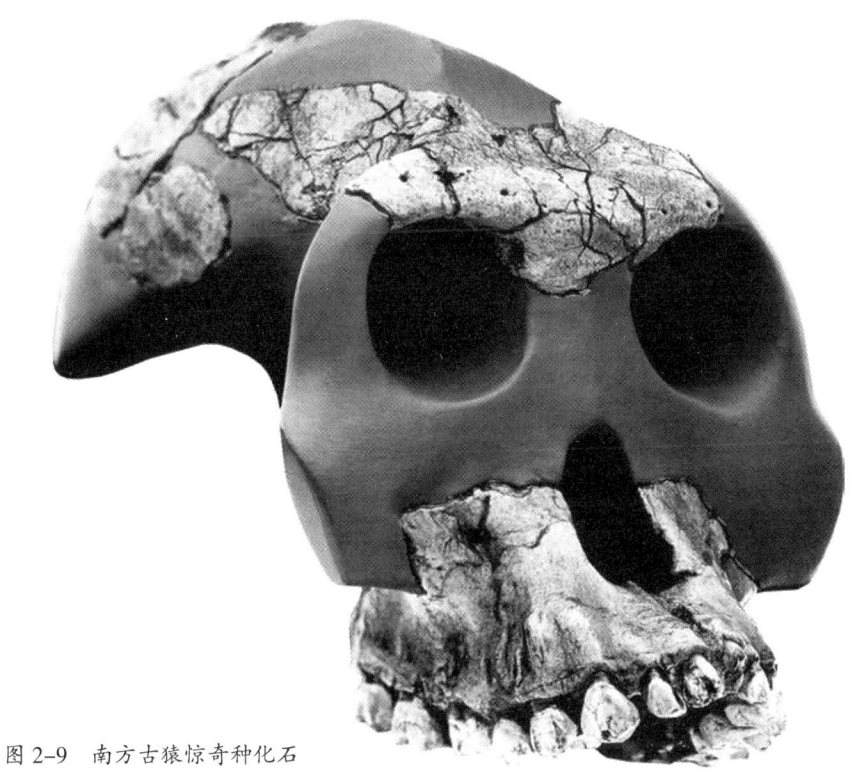

图 2-9　南方古猿惊奇种化石

属问题所产生的争论得以更新。这种牙齿巨大、脑容量很小，又有着类猿面孔的人族既无法被归类于纤细型南猿，也无法被归类于粗壮型南猿。它们吃肉这一事实表明，这些南猿的食谱正在朝着高热量、高脂肪的肉类转化，这反过来在 10 万年后促进了脑容量的增大。从其明显的制作工具和食肉的习性来看，南方古猿惊奇种很有可能就是人属家族里唯一的祖先，并且是理论上最早的人类。但现在还没有人，尤其是蒂姆·怀特，有信心在如此有限的化石证据基础上得出这样的结论。我们能够确定的是，一支并不强壮的南猿从阿法南猿中分化出来，并繁衍生存至距今 250 万年前。但是，这一类型是否参与了进化上的一个或一系列迅速的转变而进化成人属的早期类型，始终是一个谜。当然，人族头骨和脸部在进入距今 250 万年时发生了显著变化，其中许多变化都是脑容量增大的直接后果。人类进化史上的这一短暂但极其关键的时期，与使用石器以获取更多肉类和动物脊髓相关的新的行为模式，可能起到了至关重要的作用。

2.5　早期人属：能人（250 万年—200 万年前）

20 世纪 60 年代，路易斯和玛丽·利基首先在坦桑尼亚奥杜瓦伊峡谷发现了可归为

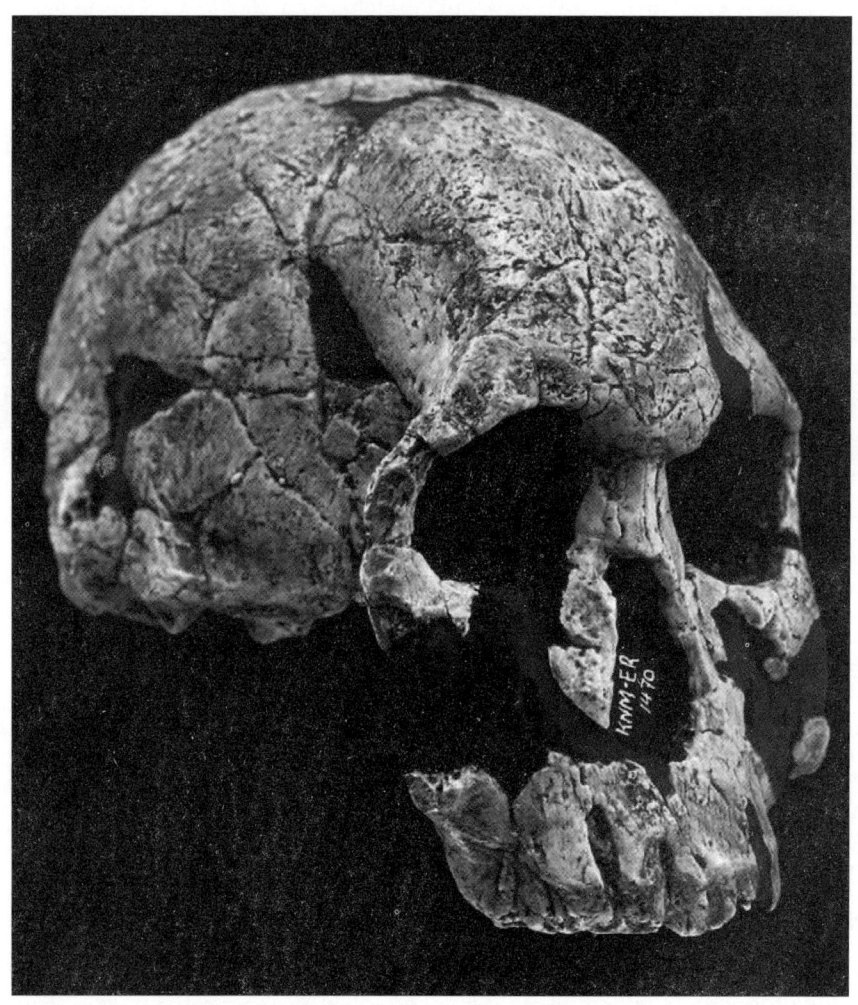

图 2-10　出土于肯尼亚北部东图尔卡纳地区的 1470 号头骨,是早期人属的最佳代表,有时也被称为"能人"。

早期人属的第一个人族。他们将其发现命名为能人(Homo habilis),即"巧手之人",以此来纪念这些人族可能具备的制造工具的能力。随后,古生物学家理查德·利基①(Richard Leakey)在东图尔卡纳发现了著名的 1470 号头骨,一个脑容量巨大的圆形头盖骨,它确切无疑地证明了能人的存在(图 2-10)。

如果你能回到 200 万年前邂逅一个能人,你可能看不出它们和南方古猿有什么显著的区别。它们体重相似,约 40 千克;身高相仿,约 1.3 米高。二者都会两足行走,但是从面

---

① 路易斯和玛丽·利基之子。——译者

部和头骨来看,能人与猿的相似性可能更少,它们的头部更高、更圆,面部不那么前突,下颌小一些。一些重要的解剖学上的差异还包括更平整、分工不那么明确的牙齿。臼齿更窄,前臼齿更小,门牙更大,更呈铲状,仿佛曾被用来切割食物。尽管如此,据微观磨损(microscopic wear)研究显示,南方古猿和能人都是以水果为主食的,因此,看上去二者在食谱上并没有很大差异。能人的大脑要大一些,脑容量也更大,600—700立方厘米,而南方古猿的脑容量则在400—500立方厘米之间。

从肯尼亚的库比·福勒(Koobi Fora)以及坦桑尼亚的奥杜瓦伊发现的大腿骨和肢骨证实,能人是直立行走的,但其手骨却比现代人的更弯曲、更有力。这是一双强壮的善于抓握的手,更接近于黑猩猩和大猩猩的手而不是人类的手。这样的手对爬树来说再理想不过了。相对的拇指(opposable thumbs)使得它们能够有力地抓握并精确地操控物体。后一种能力使得能人能够制造复杂的工具。男女两性的手掌可能在大小上存在巨大差异。

能人的骨骼解剖结构显示了原始特征和高级特征的结合,描绘了一个既能两足行走,又全面保留了人科动物爬树能力的人族动物。一条有意义的线索来自奥杜瓦伊人的臂骨,与露西一样,长度相当于大腿骨的95%。黑猩猩的臂骨和大腿骨几乎一样长,而现代人的臂骨长度只占大腿骨的70%。几乎可以肯定的是,能人在树上度过的时间相当可观,这种适应使得他们在行为,很有可能在其社会结构方面,比几年前人们所推断的要更不像人类。

与许多分类学标签一样,能人中至少包含两种可能的早期人类。因而导致的人族名目的增多反映了人们热衷于证明存在着一个解剖学变种,其变化远多于可能的男女差异。为了表述清楚,我们在这里仍旧采用"能人"这一通用术语,但强调它会伪装成很多不同的形态学变种,尤其在进入距今200万年前以后,那时非洲,可能还有亚洲,进化出了新的人类形式。195万年前,两种来自南非北部的马拉帕早期人类的脑容量不大,可能与能人有关。发现者将其中一种命名为"南方古猿源泉种"(Australopithecus Sediba),因为它

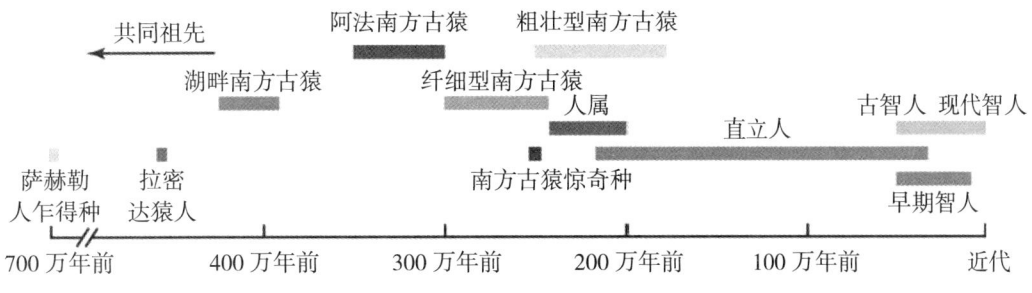

图2-11 早期人类进化路线简图

同时具备南方古猿和人类的特征。另一个则是矮胖的原始人类，被命名为"豪登人"（Homo gautengensis）。它们与能人的关系依然是个谜。

急剧的骤变？

我们的前辈科学家们曾相信进化是一个渐进的上升机制，然而早期的东非化石则为我们呈现了一幅非常不同的图景，目前的观点认同间断平衡论（punctuated equilibrium）——一段很长的相对稳定期之后，会出现一个由新的选择性压力（selective pressure）所造成的急剧骤变，这种选择性压力是由于条件的改变，比如环境或机体自身的变化所带来的。

这种急剧的骤变很可能发生在南方古猿惊奇种从能人中分离出去的短暂的 50 万年间。不管是谁第一个学会了制造工具，石器制作技术的发展都使其发明者掌握了相对其他人族类型的优势。石斧和石片使得他们能够捕猎到食肉动物，从而获得能量更丰富的高脂肪食物，这导致了各种进化上的重大成果的发生。在早期人属（能人）从直立人（H.erectus，190 万年前出现在东非）中分离出来的那个千年里发生了许多重要的解剖学进展。脑容量从阿法南猿的大约 450 立方厘米增加到直立人的 1000 立方厘米。为适应两足行走，髋部和大腿也发生了更进一步的改变，性别二态性（sexual dimorphism，即大小因性别而异）也有所减弱。身体结构的原始性和早期人族的性别二态性特征，只有在更高级的直立人出现时才消失（见第 3 章）。但是，是什么造成了进化节奏的改变仍是一个谜，不过气候的变化，尤其是气温的降低起到了一定的作用。

2.6 谁是最早的人类？

一代人以前，人们认为人类的进化是历史长河中的一条阶梯，底端是类猿祖先，顶端则是现代人。就人类来说，工具制造的出现标志着人的诞生。这一推断在 20 世纪 60 年代引起了关于"谁是最早的工具制造者"的几场大规模争论。是南方古猿，还是某种关系密切的人族类型，比如被寄予厚望的能人？随着各种发现涌现出来的速度越来越快，很快人们就发现，在工具制造开始出现时，活跃着许多人族动物，从而使第一个"人"（human）的确定问题变得更具挑战性。

近年来，普遍采用以下四种标准来定义人属化石：
- 脑容量须达到 600 立方厘米；
- 对语言的掌握，可通过头盖骨内大脑模式的特征加以确定；
- 拥有现代人精确抓握的能力以及可相对的拇指；
- 制造石器的能力。

所有这些标准都存在严重问题。绝对依靠大脑功能在生物学上的重要性是不可靠的。现在，我们知道语言的证据是不能从头盖骨中提取出来的，而且我们仍然对早期人族中有关精确抓握的发现所知甚少。石器这条标准的使用尚无定论，因为在260万年前最早的人工器物出土的地方，既有早期人属，也活跃着粗壮型南猿。

人族的进化过程中所涉及的物种多样性，远比人们之前所认为的要多得多。人类进化应被视为一个或多个**适应辐射**（adaptive radiation，即一个进化骤变期，期间一个单一的物种分化以适应不同的生态位，从而导致各种新物种的产生），而不是一个简单的单线连续性进化过程。这种观点来自**遗传分类学**（cladistics），一套旨在重建进化关系的分析体系，这一体系在20世纪50年代首先被提出。经典进化论是以不同生命体的形态相似性为基础的。遗传分类学也是如此，不同的是，遗传分类学分析不仅专注于共同祖先的鉴别特征，而且专注于那些独立分化的、具体世系所独有的特征。显然，遗传分类学倾向于强调多样性多过共性。

遗传分类学认为，人属是一组关系相对其他属的物种更为密切的物种。这种诠释坚持认为人属是**单源的**（monophyletic），其所有的成员最终都是由一个共同祖先分化而来的。伍德（Bernard Wood）和马克·考拉德（Mark Collard）将人属定义为"其成员单独占据一个适应带的物种，或者单系群（德语 monophylum，英语 monophylu）"（1999：66）。借助这一定义，他们对所有已知的人属物种化石做了一个遗传分类学分析，并设计出一棵进化树（cladogram），分别将所有类型的南猿、能人和后来的人类归入同一个属；然后以匠人（Homo ergaster）为起点为人类设计另一棵进化树（图2-11）。这一错综复杂的统计分析显示，我们对身形大小、行动能力、发育情况和咀嚼器官的相对大小已经有了充分了解，从而能够将人族化石的适应策略划分为两个大组：

- 南方古猿和能人属于同一组人族，这组人族体重相对较轻，体形更适合相对较封闭的环境，其颅后骨骼使得陆上两足行走和爬树本领得以结合起来。这类人族的牙齿和下颌很好地适应了咀嚼和撕咬一系列需要反复咀嚼的各种食物。对南猿的牙齿和臂骨进行研究发现，这个组里年轻成员的发育速度和依赖性与现代非洲猿非常相近。能人和卢多尔夫人的牙齿发育似乎也与非洲猿近似，它们的发育期也比现代人的要短。
- 匠人、直立人、现代人和后来的人类属于第二组，其特征是高体重，体格现代，类人，更适应在空旷地带生存，颅后骨骼已进化成完全适应了陆上两足行走。这一组在树上四处移动的能力是非常有限的，牙齿和下颌的物理特性也似于现代人。发育速度和我们一样。

对人属的这一定义在早于190万年前的人族和直立人及其在距今190万年前以后

遗址专题

坦桑尼亚的奥杜瓦伊峡谷

奥杜瓦伊峡谷是位于坦桑尼亚北部塞伦盖蒂平原（Serengeti Plains）上一处拥有丰富猎物的大裂谷，形成于10万多年前的一场地震，被旅游者们称为小科罗拉多大峡谷（图2-12）。地球运动使很长一段古代湖床（其中最早可追溯至距今200万年前）暴露出来，从而使峡谷壁出现分层。地理学家区分了四层主要湖床，湖床 I 到湖床 IV，前者位于底部，后者则形成了与今天非常接近的半干旱环境。奥杜瓦伊遗址是由德国昆虫学家（蝴蝶猎手）卡特温寇（Wilhelm Kattwinkel）于第一次世界大战之前发现的。20世纪20年代，古生物学家汉斯·赖克（Hans Reck）对这里进行了调查，并在此处发现了大量动物骨头化石，包括一头久已灭绝的大象，被汉斯以自己的名字命名。今天，奥杜瓦伊遗址为世人贡献了超过150种已灭绝动物的物种，从大象到小鸟和一些啮齿目动物，不一而足。但是，最终能和奥杜瓦伊遗址一起被铭记的还是路易斯和玛丽·利基夫妇，是他们认识到了奥杜瓦伊峡谷在记录早期人类进化史方面所具备的巨大潜力。路易斯·利基首先于1931年在峡谷里发现了石斧。1935—1959年间，利基夫妇勘察并发掘了数量众多的遗址，并发表了一部关于奥杜瓦伊石器的重要专论。书中，他们追溯了石器的演进史，从被他们命名为奥杜韦（Oldowan）文化的以火山岩为原料的简单技术，到日益复杂和完善的手斧和石片工具（阿舍利文化）。1959年，他们发现了鲍氏东非人，从此永远改变了人类进化年谱。接着，利基夫妇主持的大规模发掘发现了其他人族化石，其中包括被他们视为第一位会制造工具的人的能人。著名的"露西"的发现者唐纳德·约翰森（Don Johanson）也曾在奥杜瓦伊峡谷工作过，并且在这里发现了更多能人的残片。

最重要的奥杜瓦伊人族化石发现于湖床 I 和湖床 II。湖床 I 是位于一层火山基岩之上的凝灰岩，通过钾氩测年法测定为距今200万年前。凝灰岩为其上的湖床序列提供了一个完美的基础。这些湖床本身距离一座随季节而扩张和收缩的大浅水湖的湖岸很近。后来被水覆盖的地点，人族动物曾在那里停留，去附近寻找被食肉动物猎杀的动物腐肉来吃，并留下了石器残片和破碎的动物骨头，偶尔人们还会在原处发现人族化石。发掘这些地面需要极大的耐心和技巧。一旦对某个地点做出鉴别，调查人员就会通过仔细的筛查对原有发现周围的地面进行细查，寻找意义重大的化石。然后，他们对湖床进行发掘，并且在器物和骨头暴露在水平面之前建立起古

进化而来的继承者之间做出了明确区分。它暗示了一种行为上和进化上的差别将人类从距今200万年前繁盛于非洲的许多其他人族中分立出来。是什么导致人类进化过程中的这一适应性转变仍是未知的。它是与气候和环境的巨大改变有关，还是和其他大型哺乳动物群体中相对应的进化性改变有关，或者应归因于人族文化的具体转变？答案仍有待新一代的研究。

人族的进化，可以被视作在至少500万年的时间里发生的一系列适应辐射。第一次辐射属于大多数生活在非洲干旱地带的两足行走的猿。之后的两次辐射导致了目前仍被称为早期人属的物种以及粗壮型南方古猿，二者均有各自的适应主题。就早期人属来说，

图 2-12 奥杜瓦伊峡谷

代地表和周围湖床地层之间的地层学关系。这一过程进展非常缓慢,并且要求每个残片的发掘和记录都要异常小心谨慎,哪怕小到一颗蛇的牙齿化石,只要暴露出来,就要记录下其精确的位置,然后才能取出。在历经数月的工作之后形成的成品,便是针对器物和骨头散落物而形成的一个准确的三维平面图,从而保证以最高的精确度建立起石器残片与其他发现,包括人族化石(幸运的话)之间的关系。

利基夫妇在奥杜瓦伊发掘中所使用的颇具开拓性的发掘方法在图尔卡纳湖和哈达尔地区的发掘中得到了使用和完善,在上述两处遗址中,考古学家和人类古生物学家、地理学家、地貌学家以及其他专家协同合作,共同就最早的人类行为展开了多学科联合调查。

脑容量的增大起到了关键作用;就粗壮型南方古猿来说,则在于它们的牙齿出现了分工。尽管后者在形态上差异巨大,后来的人类在地理上的辐射要甚于其在形态上的辐射,他们从非洲向外扩散,并产生了许多不同的地理人口。这一人族类型的四处开花正是进化的真谛所在:"一个在情况发生转换和变化时,不断产生新的行事方式、探索替代方案以及尝试新的策略的无止境的过程,一切皆在自然选择的驱动之下。"(Foley,1995:103)人族与其他哺乳动物没有不同,后者也是以单一起源开始,然后辐射形成不同的分支。关于这些分支之间的关系我们至今仍知之甚少。

同样的适应辐射模式可能一直持续到史前史稍晚些的一个千年里,那时非洲、亚洲

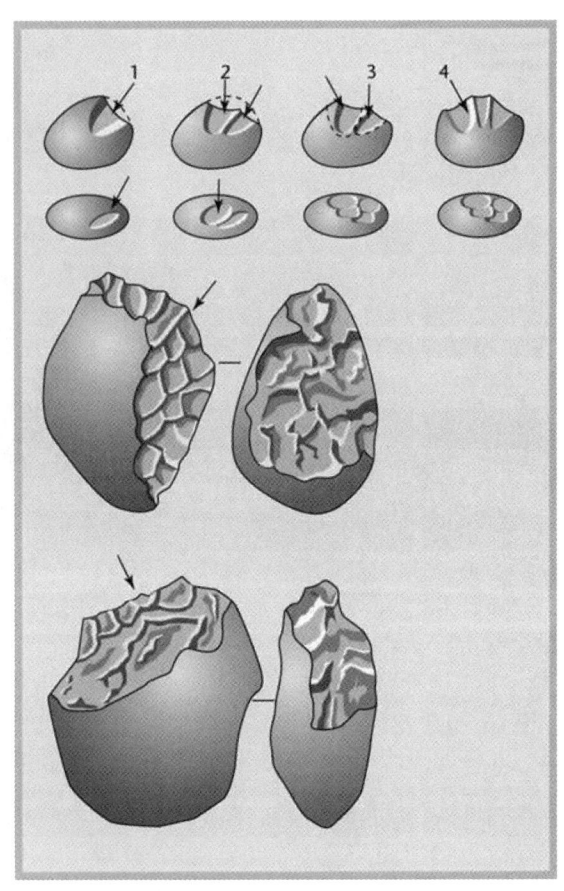

图 2-13 以奥杜瓦伊峡谷命名的奥杜韦石器体现了人类最早掌握的技术。库比·福勒和奥杜瓦伊遗址出土的许多卵石曾被当作石核制作锋利的石片。第一步，先迅速击打卵石的自然刃口附近以将石片剥离。然后将卵石翻转过来，在之前击打带来的疤痕形成的突起处继续多次击打。一个很可能被当作砍砸器来使用的刃部粗糙的"石核"就做成了。大量的石核被采集以制作尽可能多的石片。图上显示的是奥杜瓦伊峡谷出土的奥杜韦石核的侧面和正面图（相当于实际大小的五分之二）。箭头表示的是石片的刃。

和欧洲都涌现出很多匠人和直立人，但这一进化过程中只有很小的一部分最终成就了现代人，这很有可能发生在非洲。

2.7 最早的会制造工具的人类

"会制造工具的人类……"，这样一个短语将最早会制造工具的人类同历史上所有其他灵长动物区分开来。制造工具的能力清晰地彰显了人类所独有的一个属性，即文化（第1章）。其他动物如黑猩猩会为了寻找食物或其他特定目的而制造工具，但只有人类才会常规性地、习惯性地制造工具，而且其形制也复杂得多。在制造工具这方面，我们比其他灵长动物走得都远。一个原因就是我们的大脑允许我们能提前对自己的行为做出安排。

最早的人类工具很可能是用易腐烂的木头制成的，比如一些简单的棍棒，掘土用的棍子，或鱼叉，但这些都没有留存下来。终于，在大约260万年前，通过敲击两个石块得到的简单石器出现在了东非，这个年代是惯常所公认的人类文化起源的时间。在东部和南部非洲都发现了大量这类石器,其中东图尔卡纳地区和奥杜瓦伊峡谷还发现了与之伴存的动物残骨。这些石器往往来自附近的卵石,有些如果移除一两片石片的话就能当作简单的石斧来使用(图 2-13)。

石器专家尼古拉斯·图斯(Nicholas Toth)提出,最重要的人工制品并不是卵石,甚至也不是粗糙的石斧,而是那些被移除的刃部锋利的石片(flake)。有棱角的石片和火山岩块可以用来制作武器、刮削器(scrapper)和切割工具,用以切肉、宰杀动物,可能还用来切割木头。常规工具很少,但据图斯的受控试验显示,第一批工具制造者已经非常清楚地意识到石料有潜力成为一门日后逐渐复杂起来的简单高效的技术的基础。最终,简单的砍砸器(chopper)进化成了双面呈片状的粗糙的斧形器,即在距今 100 万年前曾广泛使用的手斧。最早的人类技术是以奥杜瓦伊峡谷命名的奥杜韦石器,那里第一次对这一技术给出了详细的描述。

尼古拉斯·图斯复制了上千件奥杜韦石器,并通过试验表明,刃部锋利的石片在被用来撕裂兽皮、宰杀猎物时效率非常高。通过在显微镜下对这些工具的工作刃(working edge)进行研究,图斯发现了三种可能的用途所造成的磨损:屠宰和切肉,锯木和刮木,以及切割软木物质。图斯相信,我们最早的祖先非常了解石器制作技巧,他们能够准确地找到合适的角度,击打石料以剥除石片。甚至现代的初学者都没有这一能力,他们往往需要几个小时的紧张练习才能掌握这一技巧。

黑猩猩很少能把它们使用的小棍子或者石头带出几米之外,与它们不同,能人可以携带那些石片和卵石移动很远的距离,最远可达 14 千米之外。这种行为代表的是一种简单的保存形式,不仅仅是像黑猩猩那样随机地利用就近能取得的石头,还会保留工具以为将来之用。

图斯假设,这些人族会在河床等一些地点测试原材料,然后把最好的材料转移到活动区域;有时会把它们丢在那儿,剩下的则随身带走。他还指出,他们一定非常依赖其他原材料,如木料和骨料,而石器并不必然为早期人族的认知能力提供一幅精确的图景。

奥杜韦文化有何意义? 早期的工具制造者是否拥有一种原始人类文化,并以其简单石器作为迈向现代人类漫长进化之路的第一步? 又或者,奥杜韦人族的行为是不是处于一种类猿的级别? 毕竟,制造奥杜韦工具所必需的概念能力和悟性,也同样出现在猿类制作的钓白蚁用的工具以及专用睡眠区中。更进一步说,奥杜韦人族和黑猩猩都寻食腐肉,追捕猎物——抓获一些小型动物,携带肉类进行大范围的活动,并且使用方便的物体来敲开动物骨骼和坚果。

与早期人族一样,黑猩猩也会反复地使用同一块地方,在同一个地点敲击坚果,然后把食物搬到它们最喜欢的进食地点。即使在一些例子中存在一些具体细节上的差异,而且自然环境也不尽相同,但奥杜韦人族的行为模式基本上是与猿类似的。但是,在猿和早期人族之间还存在着两种行为上的差异:第一,人族的一个优势是他们是两足行走的,这种姿势就搬运物体来说要比四肢行走效率高得多;第二,奥杜韦人要适应稀树草原的生活环境,与那些生活在丛林中的灵长类亲属们相比,在开阔地带里生活的他们所要组织和覆盖的地域要广大得多。从长远来看,这可能导致了新的空间概念和空间组织概念,毫无疑问,这种新概念会反映在距今 100 万年以后复杂得多的石器类型中。

脑容量更大的早期人族的行为方式很可能与现代猿不同。可以肯定的是,在非人灵长类动物和 200 万年前的人族之间存在着显著差异,但这些变化可能不会反映在石器上。毫无疑问,我们的祖先是越来越依赖技术了。原始石器制作技术的机会主义本质,与后人设计更精良、更标准化的石器形成了鲜明对比。

2.8 是猎人还是清道夫?

糟糕的保存状况,以及我们与远祖之间巨大的时间沟壑,使得对早期人族行为的研究变得复杂无比。在东非,有两种早期人类行为的信息来源得以幸存,一种是人工制品,另一种则是在东图尔卡纳的库比·福勒、肯尼亚北部和奥杜瓦伊峡谷等地发现的一系列散落的工具和食物遗存。

人们在上述及其他一些地区集中发掘出很多动物碎骨和石器,并对其进行了一丝不苟的研究。这些集中区通常只有 6—9 米宽,有些是一次性的,有些则曾在多种场合下使用。后来的史前觅食者则习惯性地在中心区开展活动,他们在这里睡觉休息、烹煮食物,或参与各种社会活动。那么,我们是不是据此就可以假设,来自库比·福勒和奥杜瓦伊峡谷的证据足以证明这些最早的祖先也像其后来的继承者那样使用中心区?他们也猎杀大型猎物吗?还是说他们仅仅扮演了打扫肉食动物残余的清道夫的角色?

在库比·福勒,180 万年前的一群人族动物在河床上发现了一只河马(hippopotamus)的尸体,他们聚集起来,用小石片把骨头和肉从死去的动物身上剔出来。这些器物所处的沙质沉积层遗存非常丰富,以至于我们可以确定每一块被运来的卵石都被用来以动物骨骼制造工具,有些卵石甚至来自 14 千米之外。遗址中包含有关动物宰杀和工具制造的丰富证据,但是我们不知道这些动物是不是被人族杀死的。

库比·福勒的 FxJj50 遗址也位于一个古代的水道中,那里可以为人族提供荫凉以躲避烈日,靠近水源,并且拥有大量可用来制造工具的石头。这个遗址出土了一系列石器和碎片,包括锋利的石片、砍砸器和刮削器。与工具伴存的有至少属于 17 个哺乳动物物种的 2000 多块骨头,其中大多来自羚羊。有些骨头曾被土狼等食肉动物啃食过。有确凿证据显示这些骨头曾被人族敲碎和切割,因为经复原后的碎片呈现出被石斧击打的痕迹,以及只有通过石片切割骨头才能留下的完整的槽。FxJj50遗址的许多骨头的关节端（articular end）都被食肉动物咬断了，这是食肉动物的猎杀所造成的骨质堆积物的一个特征。可能人族动物只是驱赶走那些狮子或其他食肉动物，然后继续进行新的猎杀，我们对此也无法确定。

玛丽·利基标绘出了奥杜瓦伊峡谷古代湖床最早堆积层中出土器物和骨头的分布情况。许多器物和骨头集中在一块4.6米宽的区域。其中有一处遗址，在其不远处堆放着一堆残骨和碎石，骨堆很可能是人们吸食骨髓时形成的。最近，对奥杜瓦伊散落遗存进行的显微镜研究表明，这些骨头中有很多已经严重风化了。它们在地表存在了相当长的一段时间，有些可能达十年之久。散落遗存中所包含的骨骼来自许多不同的动物，其中部分动物曾生活在迥然不同的若干种生态环境中。骨骼中最多的是四肢骨，似乎这些部位曾被多次拖至遗址。

在库比·福勒和奥杜瓦伊峡谷都发现有富含骨髓和肉的骨骼，和石器一起集中在小块区域里。那里食肉动物所占的比例要比自然界中的稍高些，似乎在人族和其他食肉动物之间存在着激烈的竞争。可能这类食肉动物的存在限制了奥杜瓦伊人族的活动。或许，他们从新鲜的食肉动物身上取下肉，然后把这些战利品带到他们存放石器的地方，那个地方离水源和其他一些可预见的食物来源很近。在那里他们匆忙地切下肉，取出骨髓，然后把新鲜的骨头丢给附近逡巡的食肉动物。科学家们相信，在没有火和家养动物的年代里，能人很有可能要严重依赖机会主义地觅食以获取肉类。在开放的水道或湖床上安营扎寨对他们来说是很危险的。在奥杜瓦伊峡谷发现了一个被食肉动物咬过的人族动物骨骼，但这一发现意义不大。

奥杜瓦伊峡谷的大部分骨骼都是来自那些能够容易追猎的小型动物。这更像猿的行为模式，尽管据观察猿总是以腐肉为食。对奥杜瓦伊出土的骨头进行显微镜研究显示，人族很少屠杀大型动物并将其扯碎，然后拖回其营地。他们可能无须切割太多的动物死尸便可获得肉类，因为他们会觅得被肢解的食肉动物猎物。在某些例证中会有食肉动物的牙印被人族切割的痕迹所覆盖的现象，这应是人族食用已被其他动物杀死的动物所致。在其他情况下，食肉动物则曾啃食人族所丢弃的骨头。

考古学家罗伯特·布卢门沙因（Robert Blumenschine）曾在坦桑尼亚北部野生动物云集的塞伦盖蒂平原对食肉动物做过几年的田野研究。在这块半干旱的草原上，零星分布着一些沿岸栽有树木的河流，这里曾是早期人族和狮子、土狼等食肉动物的共存之地。布卢门沙因观察了数十只食肉动物的猎物，研究了被遗弃的碎骨，并将其与奥杜瓦伊峡谷的考古发现相比较。这些观察的结果使得布卢门沙因相信，人族动物可能充分利用了两种寻找腐肉的机会。第一种是在河流附近，因为在旱季，狮子往往在水源附近寻找猎物。

有时土狼的推进可能需要不只一天的时间,所以布卢门沙因相信人族有足够的时间抢占他们那一份。豹子也会把小羚羊藏在树上,虽高于地面,但人却能够得到。在干旱的日子里,由于猎物(及食肉动物)往往只在永久性水源附近活动,而且植物供应短缺,所以食腐行为是最常见的。到了雨季,羚羊和食肉动物都会在平原上广泛活动,所以土狼很容易就可以找到狮子的猎物。但这些都发生在人族在树木更加繁茂的环境中依赖植物和水果之时。布卢门沙因主张食腐和采集是同时存在的,并在一年中不同的时间里互相补充。机会主义作为人的一个非常重要的特征,自古有之。然而,毫无疑问的是,植物和各种蔬菜是早期人类食谱上一个重要的(即使不是最重要的)组成部分。只有指出清道夫理论是围绕最早人类的捕猎能力的激辩主题,才是合理的。

2.9 最早的人类心智

直至200万年前,世界上还存在好几种早期人属,但是为方便起见,我们可以将其归入同一个会制造工具的人种,即能人。那么,与更早的不会制造工具的人族相比,在最早的人类中究竟发现了何种专门化的心智过程(mental processes)呢?

我们可以从石器的制造中寻得一些线索。黑猩猩会就近取一些树木残枝,然后用牙齿把它咬成够白蚁的小细枝;它们会扯掉树叶,好把这个"人工制品"伸进小洞里。石器的制造需要良好的手眼协调能力,识别石料锐角的能力,以及使用一个工具来塑造另一个工具所必需的心智过程。但是,奥杜韦的石器制造者们所做的只是简单的工作,他们把石头塑造成可以一手抓握的形状,然后以之击打骨头,将那些刃部锋利的石片打掉。这种人工制品很难被划归为后人对石器的严格分类,例如砍砸器、刮削器、刀之类。奥杜韦石器中的石块和石片呈现出持续的多样性,这表明他们已经对基本的断裂力学(fracture mechanics)有所了解,但还不具备采用标准化形式,或者挑选简单加工过的原材料的能力。黑猩猩能够如人们所设想地制造出这样的工具吗?当尼古拉斯·图斯试图训练一个名叫坎兹(Kanzi)的倭黑猩猩制造奥杜韦工具时,他发现坎兹能够制造出锋利的石片,但它怎么都学不会鉴别石料或其他石片中的锐角。考古学家史蒂文·米琛(Steven Mithen)提出了两种可能:要么就是进化出了一种更普遍的智力,要么就是出现了一些基本石器制造所需的心智过程——即能人的直觉性物理心智。奥杜韦石器主要用于处理动物尸体,剥皮,切割关节和肉,敲碎中空的骨骼。但是,能人是如何与自然界互动的呢?

从距今200万年前的考古资料中可以发现,能人和黑猩猩之间存在显著而重要的区别,即肉类消耗的剧增。实际上,能人很可能是一种行为灵活的非专业觅食者,他们的生活方式充满多样性,从狩猎到觅腐,从食物的分享到行动中进食,不一而足。能人脑容量更大,因而需要消耗更多的能量,对食谱质量的要求也更高。内脏的变小使基本代谢速度得以维持稳定,因为富含纤维的食谱会加速肠道的运动,所以导致内脏缩小的原因只能是食谱中肉类的增多。

史蒂文·米琛相信,相对于制造工具,这种对肉类的需求需要另一种认知能力,即一种能够使用自己对环境的知识来完善有关到何处寻找食肉动物的猎物,以及何处动物更多的认知。他论证说,在距石料来源地10千米之外的地方发现了石器,标志着能人不仅会搬运石头,而且会把肉类转移到不同地点。与只能把"工具"转移到固定地点的黑猩猩相比,这种能力显示了一种相对复杂高级的与环境的互动关系。

到目前为止,能人的发现仅限于热带非洲,而且相对仅局限于稀树平原和草原环境,相比之下,后来的人类则能适应各种各样的气候条件。有些群体会居住在永久性水源附近,从某种程度上说,就像被拴在类似奥杜瓦伊峡谷浅水湖这样的一些地点周围,在这样的地区我们通常会看到各个不同时期大大小小的遗址重重叠叠地堆积在一起。在奥杜瓦伊峡谷发现了许多种动物,貌似我们的祖先曾在周遭广泛的领域内徘徊,但他们还是将许多食物转移到了一些容易辨认的地点。

与他们的祖先一样,能人拥有在大范围内发现并标记出资源的本领。但是他们可能还拥有另一种认知能力,即发展出关于到何处去寻找食物的想法,并且在一个相对有限的环境背景中使用标记如动物的粪便来找到它。与此同时,能人的普遍智力通过人工器物制造方面的一些专门能力而得到补充,而这些专门能力在日后的几千年里成为提高适应环境的能力的重要基础。

社会智能(social intelligence[①])可能有了显著的进步。人类学家罗宾·邓巴(Robin Dunbar)研究了活体的灵长动物后,发现有证据证明在更大的群体中存在着脑容量更大的个体,并且就脑容量和群体大小的关系推演出了一个等式。他先估算出能人的脑容量,然后将其数值代入黑猩猩等式中。黑猩猩的生活群体大小可测,约包含60个个体;相比而言,邓巴预计南方古猿所生活的群体,平均约含有67个个体,而能人所繁衍的群体,其个体数大约81个。集体生活对能人来说是至关重要的,因为他们所生活的环境中到处都是食肉动物,能人只能使用最简单的武器与其争夺肉类。在人族动物生活的环境中,食物总是大规模不规则地分布着,因此集体生活对于人族来说就有着巨大的优势。集体中的成员可以单独或者结对出去寻找食物,然后再与他人共享,从而使集体作为一个整体能够覆盖更广的领域。米琛相信,大脑的扩展使得人族具有了更高的社会智能,能够应对彼此密切并存所带来的种种复杂问题,而在这个集体当中,假设他人也具备某些认知是至关重要的。

---

① 又叫社交商。——译者

2.10 语言的发展

合作是一种团结在一起解决生存问题和潜在矛盾的能力，是人类的一项重要特质。我们人类的独一无二之处在于拥有一套口头的、象征性的语言，它能够使我们将内心最深处的感觉与他人共享。但是，人族动物究竟是在何时掌握说话能力的呢？

我们最密切的近亲黑猩猩在野外时会使用手势和发出一些声音来进行交流，而其他猿类在守护自己的地盘时则只能使用声音来传递信息。但是，黑猩猩无法与人类交谈，因为它们没有专司说话的发音器官。清晰的语言表达是人类进化史上的重要里程碑，因为它为各种协同合作开启了一幅全新的景观，也为生活的丰富多彩提供了无限的潜力。人族动物是什么时候由模糊的咕哝转为清楚的口语的呢？我们无法从能人制造的器物中推断出其语言，但目前的研究中有两条潜在的线索。

在研究猿与人类之间的差异时，人们既用到了比较解剖学，也用到了实际出土的化石资料。生物人类学家杰弗雷·莱特曼（Jeffrey Laitman）等人曾研究了一系列不同哺乳动物（包括人类）的喉（larynx）的位置。他们发现，除了成年人类之外，其他所有哺乳动物都在颈部高处有一个喉，这一位置使得喉能够将进入鼻腔后部的空气锁住。虽然这一位置能使某些动物如猴子和猫同时呼吸和吞咽，但却限制了它们的发声能力。咽（pharynx）——食物和空气进入鳃或肺的共同通路——能够制造声音，但是动物因其解剖学特征导致无法制造清楚口语表达所需的一系列声音，所以只能用嘴对声音稍作调整。

婴幼儿喉的位置一直处于颈部高处，然后在一岁半到两岁的时候，喉的位置开始下降，最后停留在颈部的第 4 段和第 7 段脊椎之间。这一过程的原因和机制尚是未解之谜，但这一变化却完全改变了幼儿呼吸、说话和吞咽的方式。成人的呼吸和吞咽分不开，所以当食物阻塞了气道时，成人就会窒息。尽管如此，在声带上方存在着一个增大的咽腔，从而使成人能够对他们所能发出的各种各样的声音进行调整，这也是人类会说话的关键所在。

借助复杂的统计学数据分析，莱特曼和他的同事测试了他们所能找到的所有完整的头骨化石。他们发现，400 万年—100 万年前的南方古猿颅底较平，喉较高，而距今 190 万年前及稍晚些时候的匠人和直立人的颅底则要稍微弯曲，喉也更低，这表明喉正开始下降以到达其现代的位置。仅仅在 30 万年前，颅底才最终显露出现代的弯曲度，从而得以进化出完全清晰的语言表达。能人可能已经具备了非常有限的语言能力。

除了为大脑发育提供刺激外，语言的真正价值还在于，它能使我们传达出比手势和咕哝多得多的感觉和微妙之处来彼此交流。我们可以假设最早的人类有着比非人灵长类动物的手势和咕哝更多的东西要表达，但是看上去，清晰的表达能力似乎是最近才进化出来的一种能力。

2.11 最早的社会组织

少数几个已被发掘的早期遗址显示,人类进化史上的第一个阶段包括生存和移动模式的转换,以及一些新的特征——食物的分享和制造工具。这些带来了交流的加强、信息交换的频繁,以及经济和社会见解的深化,也带来了狡黠和克制。工具的使用增加了人类的解剖学结构。文化成为人性中一个不可分割的组成部分,而社会生活也获得了一种新的然而却少被理解的复杂性。

能人采用的是一种什么样的社会组织呢?虽然一再观察现在的非人灵长动物,但对此我们依然无法得知。大多数灵长动物都具备很强的社会性,并且生活在一个以母婴关系为根本纽带的群体当中。在黑猩猩等动物中发现的婴儿依赖母亲的阶段,在能人身上要长得多。更大的脑容量意味着婴儿出生时脑袋要比成年人的小得多,并且处于心智成熟的较早期阶段。生物学现实显然对社会组织和日常习惯有着重要影响。

黑猩猩生活在一些多变的母系社会群体中。它们占据一块相对较小的地盘,那里有足够的植物资源来养活相当稠密的人口。这种模式与一般的狩猎-采集制游团——通常由 25 个人、多个家庭所组成的联系紧密的团体——形成了明显的对比。这类人群参与的系统化狩猎活动往往要求占据更大的地盘,而每平方千米上的人口密度则要低得多。已经发掘的少数遗址显示,能人倾向于生活在那些与现代狩猎-采集型社会类似的游团组织中。但是,很可能他们的社会组织形式与黑猩猩和狒狒(baboon)更接近,而二者的组织形式与人类的是非常不同的。

能人的世界甚至要比南方古猿的更少预见性而更严格。那种更复杂的东西到底是什么?为什么我们一定要更聪明?不是为了猎杀动物或者采集食物,而是为了与他人建立相互关系。我们日渐复杂的社会互动很可能是人类大脑进化过程中一个强有力的推动因素。对能人来说,在一个食物共享制的社会群体中采用一种更丰富的食谱,将为应对复杂多变的形势的能力提出更多苛刻的要求。而人类充满智慧的技术、工艺和表达技巧,很可能就是我们的先祖不得不日益适应社会所带来的成果。

2.12 小　结

已知最早的人族是来自乍得中部地区的乍得沙赫人,距今六七百万年前,但是其进化情况还不确定。有关人类进化的一个完整的情节大纲肇始于五六百万年前,黑猩猩一系和人类一系从一个未知的共同祖先那里分道扬镳。最早的人族是生活在树上的,长臂长腿,胸腔开阔,并且最终演变成两足行走,即靠两只后肢走路。400万年前的全球降温导致大片空地的出现,为了适应这一转变,生活在非洲的人族丰富了他们的食谱,将更多肉类容纳进去,并且获得了更大的移动性和行为的灵活性。已知最早的类型是一种叫作拉密达猿人的小型两足行走人族动物,它们于450万年前活跃于埃塞俄比亚。这种人族的后代是湖畔南方古猿和阿法南方古猿,二者繁盛于距今410万年—300万年前。截至300万年前,人族世系辐射分化为不同类型,其中包括粗壮型和纤细型两种南方古猿,以及另一种脑容量更大的人族类型——能人。能人是觅食者,但他们也会寻食猎物的腐肉,可能还会狩猎。这些人族掌握了一种简单的石器技术,具备一些交流能力,而且已经有了非常初级的社会组织形式。人属的新定义,在本章描述的繁盛于200万年前的更像猿的人族和真正的人之间做了重要的区分,而后者以匠人开始,从距今190万年前开始进化。

第 **3** 章 走出非洲

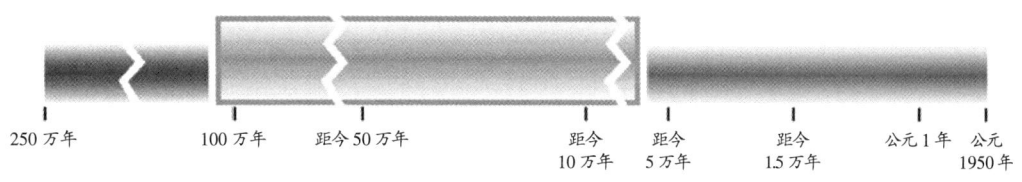

250万年　　100万年　距今50万年　　距今10万年　距今5万年　距今1.5万年　　公元1年　公元1950年

3.1 背景:冰期
3.2 非洲匠人(约190万年—60万年前)
3.3 从非洲辐射出去的人类
3.4 直立人的生活方式
3.5 古智人(约60万年—13万年前)
3.6 尼安德特人(约20万年—3万年前)
3.7 现代人的起源(约18万年—15万年前)
3.8 走出热带非洲

  尤金·杜布瓦（Eugene Dubois）是一位荷兰人，痴迷于寻找所谓"失落的一环"（Missing Link），即进化链上承接猿和现代人的神秘人类。1887年，借助一场专业的手术，年轻的杜布瓦甚至骗到了一份军医任命状，并远赴东南亚苏门答腊去服役，因为他深信在那里他将会找到那失落的一环。尽管听上去不可思议，但杜布瓦竟真的于1891年在爪哇发现了他所谓的这样一个祖先。杜布瓦挖掘了爪哇东北部梭罗河上的特里尼尔（Trinil）化石丰富的灰烬和河流沉积物，从中不仅发现了已经灭绝的动物骨骼，而且还发现了一颗人类的牙齿、一具厚壁头盖骨和一块人类的股骨。

  杜布瓦将他的化石命名为Pithecanthropus erectus，即直立猿人。他宣称，这就是猿与人之间"失落的一环"，是一种非常原始的人类。1895年回到欧洲之后，迎接杜布瓦的是怀疑和蔑视。对此，杜布瓦的回应是从此退出科学的竞技场。据说，他把他的化石藏到了床底下。然而，现代科学终于证实，杜布瓦所发现的的确是现代人的直系祖先直立人（Homo erectus），这也使尤金·杜布瓦沉冤得雪。

第 2 章开头讲述了大约 200 万年前在热带非洲进化程度更深一点的人族。我们叙述了匠人及其近亲直立人,并提到了他们在大约 190 万年前走出了非洲。在谈论早期智人的出现之前,我们讨论了他们的生活方式及其狩猎大型动物的技能。这使我们想到了一些有趣的问题:谁是尼安德特人?他们与现代人类的区别在哪里?最后,我们试图回答史前史的一个根本问题:现代人类是从何时、何地以及怎样进化而来的?这个问题涉及遗传学、考古学和环境变化,73 500 年前多巴火山的喷发使之更加复杂了。

大约 190 万年前,早期的人属(包括能人及其他一些类型)让位于一些生活方式远为复杂多变的更高级的人类。这些新出现的人类祖先是最早的一批会使用火,并且能够在非洲热带草原之外定居的人类之一。上述现象出现于最后一个地质年代更新世(Pleistocene),有时也被叫作冰期(Ice Age)。本章将描述各种古老的人类如何从非洲出发进而来到欧亚,以及他们如何做出日益复杂的发展以适应冰期持续的气候变化。

3.1 背景:冰期

更新世开始于约 180 万年前,在约 250 万年前的一场全球范围内的激烈的冰河作用之后。此时,在阿尔卑斯、喜马拉雅等地,巨大的山脉已经形成。大陆块上升;上述纬度与南部地区之间的联系被削弱,二者之间的热量交换减少,温度差异增加。进入距今 300 万年前以后,北纬地区的温度日益下降,但是冰期第一个百万年间冷暖地区之间的气候涨落仍是相对较小的。这是一个极端重要的时期,就是在这一时期非洲进化出了一种更为高级的人种,并从热带来到了亚洲和欧洲。

约 78 万年前,地球的磁场突然从始于 250 万年前的颠倒状态转回到正常状态(见表 2-1)。这套以最早发现它的地质学家命名的**松山/布容古地磁界限**(Matuyama/Brunhes)标志着冰期剩余时期持续气候变动的开始。深海岩心为我们提供了一份关于海水温度变化的记录,从中我们可以看出,冰原的形成是渐进的,但冰川的消失和全球变暖趋势却是非常迅速的。由此导致的海平面的上升致使大片沿海低洼地区被淹没。盛冰期(glacial maxima)期间,整个地球表面的三分之一——包括欧洲的斯堪的纳维亚到阿尔卑斯,以及北美许多地区——完全被冰原覆盖。结果致使海平面大幅下降至低于现代海平面数百米以下。气候较暖时期——即所谓的间冰期(interglacial)——的冰川面积堪比如今,彼时的

表 3-1 年代表 A

距今年代	非洲	近东	欧洲	亚洲	冰期事件
50 000	← 智人	智人和尼安德特人	穆斯特文化	← 古智人	维尔姆冰期
100 000	克莱西斯河				
200 000	阿舍利文化 --- 古智人		托拉尔瓦阿舍利文化	←	至少9个寒冷期
400 000	直立人	?	智人和尼安德特人	使用锤击法的周口店北京人	
500 000			?最早居人 无人类居住		
730 000		?直立人	直立人	直立人	松山/布容古地磁界限 气候转冷
1.5 百万	奥杜韦文化 奥杜瓦伊峡谷 库比·福勒	阿舍利文化		特里尼尔	
2.5 百万	能人	无人类居住		无人类居住	
3.5 百万	非洲南方古猿				
4.4 百万	拉密达猿人				

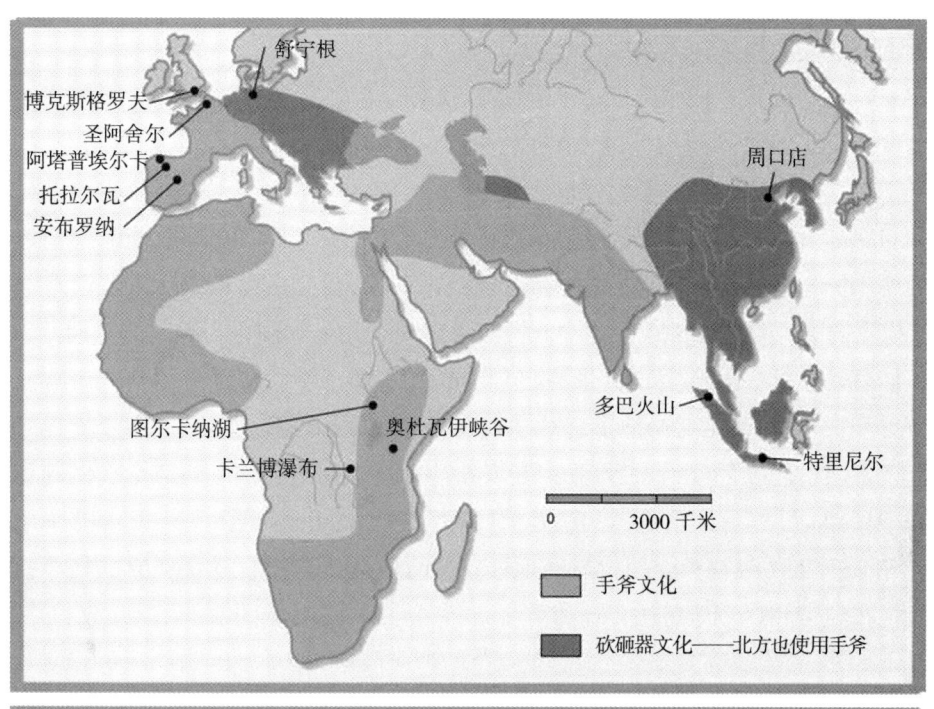

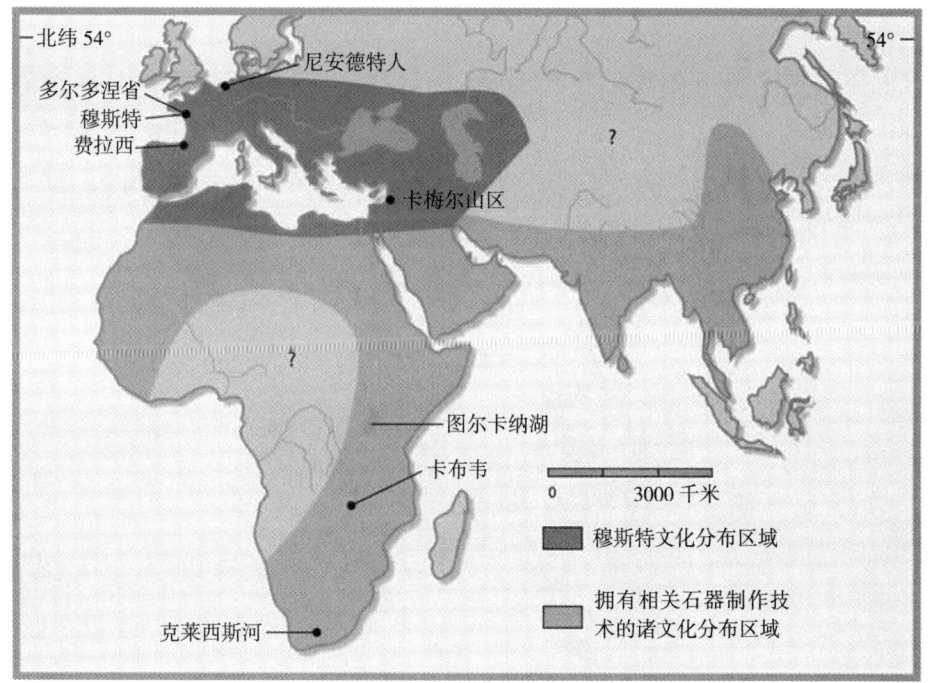

图 3-1 本章所涉及遗址分布图。上图显示的是手斧和砍砸器文化的分布情况,下图显示的是穆斯特文化及其相关文化所覆盖地区。

海平面与当今海岸线相当接近。人们关于热带地区相关变化的了解要少得多,不过普遍认为非洲撒哈拉沙漠的南部边界在寒冷期曾出现过大幅扩张。

古人(Archaic)以及之后的现代人,于温暖期和寒冷期之间一段较长且持续的气候变动期时出现在了北部地带。专家认为,在过去的 78 万年中,超过四分之三的时间,世界气候始终处于从一个极端向另一个极端转变的过程当中(见表 2-1)。其间,至少出现过 9 个冰河期(glacial episodes),其中较大规模的一个出现于大约 52.5 万年前,当时向南远至北美洲的西雅图、圣路易斯和纽约等地均出现结冰现象,而海平面最低比现代海平面低 197 米。相比之下,距今 51.5 万—31.5 万年前则出现了几个气候更为温和的时期。非洲以外的人居就是在这一时期实现扩张的,与此同时,一些小型觅食者游团出现于欧洲和亚洲的河谷和森林中,开始对当地丰富的动植物资源加以开发利用。

另一个极寒期出现于距今约 18 万—12.8 万年前,这一周期大体上与完全现代的智人出现于非洲的时间相一致。距今 10 万—1.5 万年前,即冰期最后一次冰川作用(glaciation)期间,智人不仅在整个旧世界遍地开花,而且进入了美洲。这些频繁的气候变动在早期人类在温带和热带地区的传播过程中发挥了重要作用(见图 3-1)。

3.2 非洲匠人(约 190 万年—60 万年前)

所有古人类学家一致认为,能人的后代是从热带非洲进化而来的。他们指出,从拉密达猿人到之后的湖畔南方古猿,再到能人和之后的人类,非洲这块大陆成功地保存了有关人类进化的不间断记录。人类进化之树尽管枝叶丛生,且比我们今天所了解的复杂得多,但非洲依然贡献了世界上保存最完好也是最长的化石序列。正如稍后我们将在本章中看到的,这块大陆可能也是现代人——智人(Homo sapiens)的诞生地。

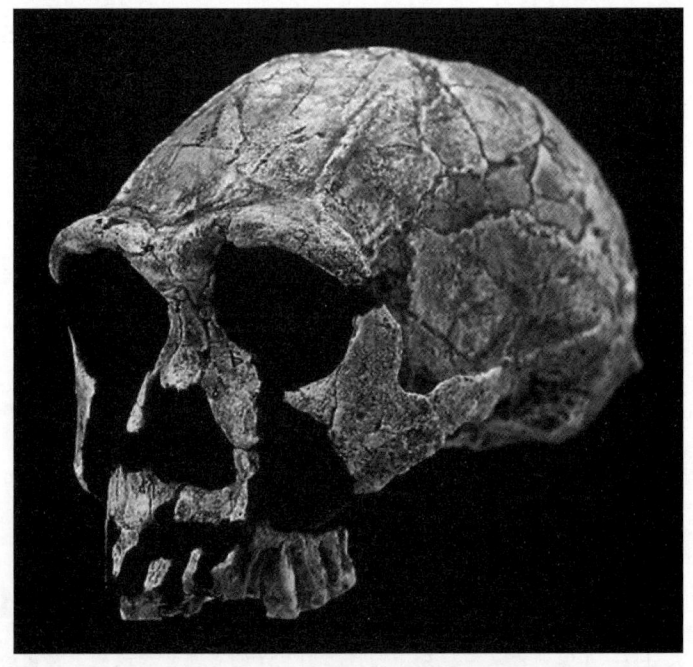

图 3-2 肯尼亚东图尔卡纳地区出土的 KNM-ER 3733 号匠人头骨化石。这一个体脑容量巨大,与南方古猿相比头盖骨呈圆形。

早期人族进化遵循持续多元化的模式,以至于大约160万年前冰期开始之时可能就已经出现了5—6个人种。到距今100万年前时,非洲匠人(Homo ergaster)和直立人成为已知仅有的幸存者,他们体形较大,整体协调性也更接近现代人。从人属意义上来说,随着距今约190万年前非洲匠人在东非的出现,真正的人才算诞生了。非洲匠人活跃于距今大约180万年—60万年前,他们体格强健,眉脊突出,面庞较大,头骨长而低矮。

这种新的人类看来毫无疑问是从一种与能人非常相似的人族进化而来的,但脑容量更大的过渡类型仍有待发现。

今天人们预计,最早的东非匠人在约200万年前或稍晚些时候出现于肯尼亚北部的图尔卡纳湖(Lake Turkana)地区(图3-2)。来自东图尔卡纳地区的KNM-ER 3733号头骨化石距今约160万年—150万年。这一化石所具有的眉脊高耸、脑容量较大和前额较高的特征在形态上与距今100万年前或更早的直立人样本非常接近。我们也知道,鲍氏南方古猿,这一以奥杜瓦伊峡谷出土化石最为著名的粗壮型南方古猿,至少在150万年前是与直立人同时存在的。

图3-3 发现于东非图尔卡纳湖畔的匠人男孩。他于150万年前死于图尔卡纳湖西岸的一处小池塘边。绘制者是伊恩·艾弗拉德(Ian Everard)。

另一个发现于图尔卡纳湖西岸,属于一名12岁男孩的化石,与 KNM-ER 3733 号头骨化石基本处于同一时期(图3-3)。男孩脖子以下的骨骼具有非常显著的现代特征,但头骨、下颌骨及眉脊较为原始,脑容量最高达 700—800 立方厘米,约为现代人的一半。男孩直立身高约为1.8米,比绝大多数12岁的现代男孩都高。图尔卡纳男孩的发现很可能证实了一项理论,即人体不同部位的进化速度是非常不同的,身体早在大脑之前很久就已经完全发展出了现代形态。

匠人的脑容量只比能人大约130立方厘米,更远低于现代人的脑容量。这可能使得他们虽然发展出了新的工具,但在以后的数百万年中并没有对简单的工具制作技术做出多少革新。这种新的人类在许多方面与之前的人是根本不同的——扁平而后倾的前额,头骨更长,骨壁更厚,鼻子如人鼻般前突,而不是像南方古猿那样接近猿的鼻子。他们没有下巴,下颌硕大而前突,为适应咀嚼而进化出了巨大的牙齿。匠人臂短而腿长,因为此时这些人族已经完全生活在地上了。他们的胸腔呈桶状,臀部更窄,从而发展出更为高效的肌肉组织以适应两足行走和跑动。更加狭窄的骨盆降低了匠人出生前大脑的发育程度,从而使得他们像现代人那样对母亲的依赖时间更长。为适应非洲干燥炎热的自然环境,匠人发展出了纤细瘦长的身形。他们很可能是人类进化史上最早的接近无毛发裸露状态的人类,因为像猿类那样厚厚的体毛显然不能有效地排汗。曾经在南方古猿——可能还包括能人——身上异常显著的性二态性消失了,从而可能创造出了一种新的社会环境,其中男性不再同女性竞争,而男女关系也更为持久。

我们知道,最早的人族是能够适应多种气候条件和栖息地环境的。在距今约270万年—250万年前的一次全球气温骤变的冰川期中,南方古猿和能人都幸存了下来。气温的下降使得非洲许多潮湿的林地变成干旱、空旷的稀树草原。人族动物就在这种环境下成熟发展起来,而树居灵长类动物也让位于更能在空旷平原上生存的两足类型。这种适应能力帮助人族迁徙到了新的环境里,那里肉类与植物相混合的食物来源又使得他们四处移动并建立起更广大的领地。匠人也具备同样的适应性和移动性,但作为首先学会用火的人类,他们制作出了更复杂精巧的工具,并最终离开了非洲。

3.3 从非洲辐射出去的人类

距今约190万年前的匠人早于其近亲——发现于亚洲东南部(尤金·杜布瓦)和中国的直立人(见"欧洲和亚洲的直立人"),这意味着后者很可能在向亚洲移民之前就已经出现于非洲了(见图3-1)。非洲人族的面部更小,头骨骨壁更薄,与直立人相比,他们的很多特征都比较原始,功能分工不那么明确,这也就是为什么大多数专家将其单独归类为匠人,尽管能够被用来研究的人属太少,仍有不少人将其归入直立人。

如果对发现于印度尼西亚的直立人化石进行的钾氩测年数据可信的话,那么,古人从非洲向外辐射的速度是非常迅速的:190万年前他们来到了稀树大草原,距今180万年前已经出现在亚洲东南部的雨林中。但是,狩猎-采集人口从非洲向亚洲的辐射在短短10万年间就能实现吗?理论上,这样迅速的传播是不可能的。由于在小型游团所活动的广大而开放的领域内,食物资源的分布是非常不平均的,所以哪怕每年只有30—50千米的扩张,历经短短几个世代便可演变至成百甚至上千千米。不幸的是,有关这一重要传播过程的完整考古资料和化石证据至今仍不完备。

这种移动为何突然发生?约200万年前,随着冰期的开始,生活在稀树草原、森林和沙漠中的人族开始学着适应环境的周期性变化,他们要么像许多哺乳动物那样随着植被带的变化而迁徙,要么对新环境予以适应,将主要食物从肉类转向植物,从而最终全部走出热带,来到了人类从未生活过的那些地方。

匠人通过上述各种方式以适应变化了的环境是非常有可能的,当人类能够在沙漠中生存时,他们又穿越撒哈拉沙漠而向非洲以外扩散。地质学家尼尔·罗伯茨(Neil Roberts)将撒哈拉比作一个泵,在较潮湿的稀树草原周期吸收进大量人口,而到了较干旱周期又迫使觅食者向北迁移至沙漠边缘地带。在走出非洲的过程中,匠人的表现跟与他们生活在同一个生态圈中的哺乳动物如出一辙。

这一新出现的人类既食肉,也吃植物,因此从生态上与其他食肉动物联系到了一起。上新世(Pliocene)和早更新世(Lower Pleistocene)期间,在非洲和更温和的纬度之间曾出现过广泛的哺乳动物交换,例如,大约70万年前,欧洲的哺乳动物数量曾出现过一次重大变动,河马、森林象及其他一些食草动物(herbivore)和食肉动物,如狮、豹、斑点鬣狗等似乎在这段时间里开始从非洲向北方迁徙。狮、豹和鬣狗这些动物与人族有着许多共同的生态特性,它们的迁徙方向也与更早的人类一致。看来,热带亚洲和温带欧洲第一批成功人居的出现与哺乳动物群体迁离非洲的过程相一致这一说法是比较可信的,而且前者应该与火的使用是同时出现的。

欧洲和亚洲的直立人

尽管多数学者一致认为,亚洲在进入距今200万年后不久就出现了人居,但有关亚洲西南部和欧洲最早人居的证据还是非常不确定的。从亚洲东南部发现的资料来看,向亚洲东部迁徙的古人在离开非洲后进展非常迅速,但在欧洲和欧亚大陆偏北部纬度地区的迁徙则遇到了更大的挑战,尤其是在冰川期。近来在格鲁吉亚首都第比利斯(Tbilisi)西南部的**德马尼西**(Dmanisi)发现了一些男性和女性头骨化石,与其伴存的就有一些形制粗糙的砍砸器和石片(参见本章章首图)。这些从河流沉积物中发现的头盖骨距今约170万

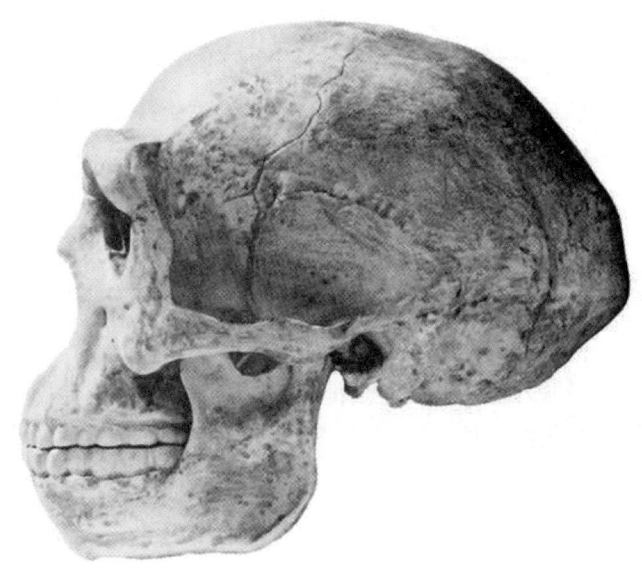

图 3-4　中国周口店出土的直立人头骨化石

年,是欧亚大陆发现的最早的人类。至于欧洲西部,据西班牙阿塔普埃尔卡约 120 万年前的人类碎骨推断,最早的居民约出现于距今 100 万年前。

　　影响人类定居的一个变量有可能是火。我们不知道人类掌握火种的确切时间和地点。从文献中已知的最早的炉火,可以追溯至 78 万年前以色列的一个遗址,但是非洲人可能在更早的时间就掌握了火种。早期的人类对于干旱时期稀树草原上的大火可以说是司空见惯了。火能够保护人们免受食肉动物的袭击,也使狩猎变得更加容易,甚至还可以起到驱散蚊虫鼠蚁的作用。匠人或许已经发展出了保存火种的习惯,他们利用被闪电等自然现象劈裂的一直闷燃的树桩来引燃干燥的灌木丛或吓走食肉动物。所以,匠人在掌握了火种之后才在一个气候加速变动时期从热带非洲向亚洲和欧洲的温带环境迁徙,这很有可能并不是巧合。也许火最重要的作用是使人类得以烹煮食物,煮熟的食物更容易消化,也具有更多能量。有一个观点认为,这使人类具备更多活力,发展出更大的脑容量。

　　最典型的直立人化石出现在亚洲爪哇的**特里尼尔**(Trinil)地区,年代据测定为距今 180 万—60 万年前,以及中国南方和北方地区,距今 60 万—35 万年前,可能更早(见图 3-4)。这些保存完好的化石显示,上述古人的脑容量在 775—1300 立方厘米之间,个中差别很大。这些个体很可能已经具备了很好的视力,并且能够进行外延性的推理。与更早的人族相比,直立人的头盖骨更为圆滑,眉脊明显且前额后倾。直立人的大腿和臀部已经完全适应了直立站姿。男性站立身高超过 1.8 米,双手已经完全可以胜任精确的抓握和多种工具的制作。

在古人漫长的历史中,他们曾先后适应各种不同的环境,从东非的热带稀树草原到森林密布的爪哇河谷,从气候温和的北非和欧洲,到严寒的中国北方和欧洲中部。新来到的人属显然比之前的人族更能适应远为复杂多样的生活方式。由于分布广泛,人口中出现某些变种就不足为奇了。例如,中国学者认为,发现于北京附近著名的**周口店洞穴遗址**的直立人化石显示了脑容量渐增的趋势,从 60 万年前的 900 立方厘米,到 20 万年前的 1100 立方厘米。从各方面来看,直立人远比能人更接近人类,已经习惯两足行走,而且很有可能已经褪去了作为非人类灵长动物特征的厚重毛发。

3.4 直立人的生活方式

除了确知在距今 180 万年—50 万年前,古人离开地处热带非洲的家园而向远方迁徙之外,我们对他们的世界依旧所知甚少(见图 3-1)。彼时各地的人口都非常少,而且全球古人总量毫无疑问也是微不足道的。就目前所知,他们还没有到达北极附近,即现在的欧亚大陆北部和西伯利亚,亚洲的直立人也还没有进入美洲,而且当时人们也没有制造出可以横穿东南亚诸岛进而抵达新几内亚和澳大利亚所必需的船只,直到冰期晚期之前,各大陆块之间尚被海洋隔离。

生活在广袤旧大陆各个角落中的古人发展出了各种不同的生活方式和本地工具,反映了他们各自不同的生存需要。作为一个巨大的动物社群的组成部分,他们成功地适应了冰期晚期环境的周期性变化——从温和到寒冷,再到冰川期,然后又迅速转暖——从而得以长期繁衍下去。在许多资源丰富、可预测性强且周围不存在类似环境的地区都出现了这种早期人类。

冰期晚期的气候条件有时会使这些隔绝的人群聚集在一起,然后再将他们分开,这种机制在数千年的时间里确保了基因流动(gene flow)和遗传漂变(genetic drift),推动了生物进化和文化演进的持续发展。与能人一样,适应温和环境的关键在于移动能力。通过向新的地区迁徙,人类游团能够迅速对资源分布的变化做出反应,但这种反应主要是建立在了解资源分布的基础之上的一种机会主义的适应,而不是像更晚期的人类那样进行刻意的规划。

古人的生活方式

上百万年的时空距离使得我们很难对古人简单而投机的生活方式获得一个哪怕非常笼统的大体印象。他们唯一的生存迹象几乎不变的是各种散落的石器,这些石器大多发现于湖泊和河谷附近,因为这些地方往往食物资源最丰富。这些发现使得我们可以将

遗址专题

德国舒宁根遗址

自1983年以来,哈特穆特·蒂姆(Hartmut Thieme)就在位于德国北部舒宁根一处露天煤矿附近的一个6平方千米的区域进行发掘,那里的矿井直打至更新世地层。蒂姆发现了一些直立人曾生活过的湖畔遗址。其中一个露营地遗址就在湖边,是古人宰杀大象等动物以及捕鱼捉鸟的地方。蒂姆复原了四段加工过的银枞树树枝,每段树枝末端都有一个斜槽,很可能被用来抵住尖利的石片或燧石工具以生产更有效的工具。这种树枝是经过精心选择的,一般都是自腐朽的冷杉树树干的大树枝上截取而来的坚硬完好的根部。

另一处遗址位于现代地表以下10米处,是一处位于狭长的浅湖畔的狩猎区。这一地区干燥无树,从而方便猎人观察他们的猎物。一队猎人曾在这里的湖边对一大群野马完成了从追踪、捕获到猎杀和屠宰的全过程。蒂姆及其同事共发掘了面积超过3200平方米包含器物的有机土。来自土中的植物花粉揭示,在当时凉爽温和的气候环境下,这里曾经绿草如茵,森林茂密。生活在这片遗址中的人们至少曾猎杀并屠宰了20匹野马,这些遗存在该遗址出土的25 000件残骨中占到了90%多。猎人们通常会随身携带石制刮削器和尖形器,这些工具可能在别处制作,但在这处遗址进行了重新磨快和二次加工——在遗址中并没有发现工具制作所产生的碎片,只有一些再抛光所产生的石片。

遗址中至少出土有9件木矛,其中大多数以云杉木制成,长1.82—2.5米,都是在将树砍倒后剥掉树枝和树皮,用树根部最坚硬的木材制成的。矛的头部形状规整对称,尾部削尖呈锥形。猎人们以极大的耐心来处理武器的形状,并磨光其表面,整个矛身最厚和最重的部位即在矛的前三分之一处。蒂姆认为这种矛跟现代标枪非常相似。在受控试验中,这种矛的仿制品表现出了完美的冲击力,在投掷有力的情况下射程可达约60米,是猎马的绝佳工具。

舒宁根遗址的第一件木制工具出土于1994年。这是一件0.78米长的木棍,由一棵小型云杉木的树干部分制成,两端削尖。蒂姆认为这应该是一件投掷棍,其形状和大小与澳大利亚土著居民捕捉飞鸟所使用的工具非常相似。这种木器很可能被用来捕捉出没于湖畔芦苇丛的野鹅,因为遗址中出土有不少鹅骨碎片。

古人的世界划分为两个广泛但难以界定的区域:一个区域包括非洲、欧洲以及亚洲某些地区,这里有着更多的开阔地带,因而狩猎非常重要,多功能石斧被普遍使用;另一个区域则包括亚洲广袤的森林和林地地带,在那里,木制品是最为重要的,石器技术则趋向于保守。显然,这种划分是对复杂的实际情形的一种粗暴的简化,但它还是为我们提供了一幅与现代人的生活迥然相异的古人生活方式的大致图景。

能人所使用的简单的奥杜韦技术一直持续使用了一百多万年,直到缓慢演进成一种更为多样化的石器技术,并持续使用了50万年。无论能人还是其后代都不是单纯依靠石器的,他们也使用木头,这是人类所知的功能最多的原材料之一,可用来制作矛、投掷棒等

图 3-5　首次发掘暴露出的舒宁根木矛

　　这座巨大的狩猎遗址中还出土了大量其他木器残片，其中一些形状规整但被烧焦的木棍，很可能曾被用来烤肉。出土物的主要集中区西侧发现有一些炉床，相互间隔约 1 米。在附近发现了巨大的野牛骨，其扁平的表面上有一些反复切割的痕迹，似乎人们曾将野牛肉切割成条以风干。蒂姆指出由于炉床出土于较干燥的层面，因此也就意味着这些炉床很可能是在水平面较低且降雨稀少的夏末或秋天使用的。到了秋末，第一场降雪用厚厚一层腐烂的芦苇覆盖了所有的骨骼和被废弃的工具，到了春天，融化的雪水又为子孙后代将整个遗址保存了起来。

器物（见"德国舒宁根遗址"专题）。尽管如此，大多数有关直立人工具制作技术的洞见都来自石器以及与之相关的副产品，因为木头及其他有机原材料是罕少能被保存下来的。

　　伴随非洲、欧洲和亚洲某些地区的古人化石一起出土的是一系列与众不同的工具，其中不仅有多种石片工具和砍砸器，还包括人类历史上最常见的工具之一——手斧（图 3-6）。与奥杜韦文化粗糙打制的石片和砍砸器不同，**阿舍利手斧**（以法国北方小镇圣阿舍尔[Saint Acheul]命名）的刃部向上集中。制造石器的人必须先在头脑中想象要把一块石块制作成什么形状，然后才能动手，而且不再是随意地击打，而是仔细选择角度和力度后再进行锤打。

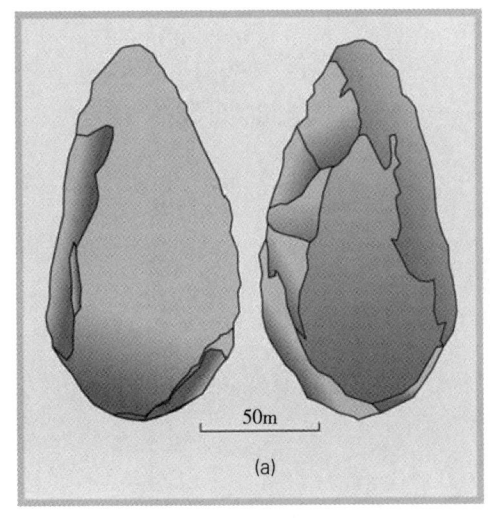
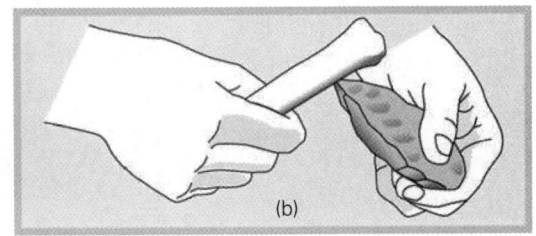
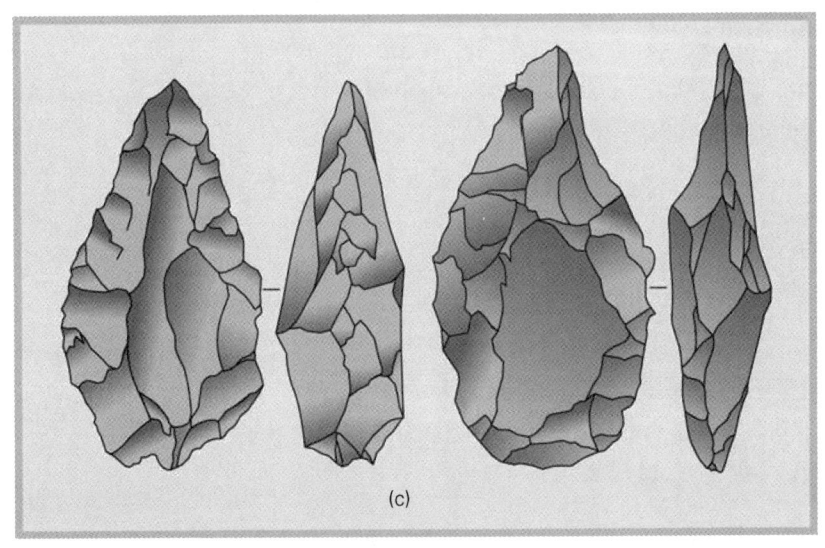

图 3-6 阿舍利手斧制造技术。(a)手斧是一种多功能石器,外形上以一条长轴对称展开。(b)石器制作者正在用骨锤打薄手斧的刃部。(c)发现于英格兰**斯旺斯科姆**(Swanscombe)的阿舍利手斧和赞比亚**卡兰博瀑布**(Kalambo Fall)的宽刃手斧。

阿舍利手斧形状多样,从仅仅几厘米长的椭圆形,到 0.3 米长、2.3 千克重的重型手斧(有时还要更重),不一而足。这些多功能石器可以用来做木工活,刮擦兽皮,尤其可以用来给动物剥皮割肉。手斧与其"近亲",顶端平直的宽刃手斧(cleaver)相结合,是用来宰牲的理想工具,因为这可以让手斧变得越来越尖利。最后变成无用的石块后,它们又可以被回收用来制作石片石器。不过,使用简单的石片也可以有效地宰杀猎物。许多研究者怀疑手斧是否曾被用于其他用途,如袭击猎物或挖掘植物根茎。

手斧及其相关器物在旧世界的广大地区都有发现,并在被使用的一百万年间多次得到显著改进。但是,我们对这些石器的制作者又有多少了解呢?毫无疑问,匠人和直立人为寻找食物而狩猎和觅食,其效率很可能比能人高得多。人们无数次在手斧及其他一些屠宰工具附近发现大型猎物的骨骼,但是像大象和朝天犀牛这类令人生畏的食草动物真的是猎人们杀死的吗?因为要做到这一点,必须具备鼓励合作的社会机制及其先辈们难以企及的沟通能力。

有关屠宰和捕猎大型猎物的相关证据来自以下三个重要遗址:英格兰南部的**博克斯格罗夫**(Boxgrove),约距今50万年前,那里的猎人们曾将朝天犀牛、野牛和野马等大型猎物驱赶到一座小湖边的悬崖下。在位于西班牙中部的**安布罗纳**(Ambrona)和**托拉尔瓦**(Torralba),20万年或40万年前(对这一时间存在争议)生活在潮湿的深谷中的人们会将陷于泥潭中的大象宰杀掉。但有关古人狩猎技巧的最生动的描摹还是要数位于德国北部**舒宁根**(Schoningen)的一处40万年之久的屠宰场遗址(图3-5)。

热带森林的竹器和砍砸器

古人世界的东部边界位于亚洲一片巨大的林地和森林地带,那里的自然环境有着极大的多样性。亚洲东部的热带森林有着丰富的动植物资源,但由于其分布范围相当广,因此随身携带工具的直立人游团需要经常迁徙。在这种情况下,人们自然要使用竹子、木头等最方便取用的纤维型原材料。而在西部的开阔地带,无论是制作矛镞还是用来宰杀大型动物的工具,都没必要使用这种专门化的且有时结构相当复杂的器物。正如考古学家乔弗雷·波普(Geoffrey Pope)所指出的,许多东部人口所使用的简单砍砸器和石片的分布状况,是与竹子这种人类所知功能最多的物质在自然界的分布相吻合的。竹子占地小但用途多,且耐用便携,既能用来制造容器、尖刀、矛、武器的头端、绳索,还可用来搭房造屋。今天,在亚洲的很多地方仍然使用竹子来搭建盖楼时所使用的脚手架(图3-7)。当人们以一些小型森林动物如猴子、老鼠、松鼠、蜥蜴、蛇,以及植物——而不是大型猎物——为食时,这种材料再理想不过了。简单的石片和刃部参差不齐的砍砸器是唯一历经数十万年而保存下来的器物,非常适合用来制作竹器,实际上在更进化的人种取代直立人之后,这些石器便被用于这一用途达成千上万年之久。

古人都是些兼收并蓄、策略灵活的狩猎-采集者,他们依靠狩猎、食腐(scavenging)和植物为生。他们很可能已经了解了季节更替的迹象,知道了云团聚散的意义,掌握了猎物和候鸟迁徙的时间以及自己领地内的地理条件。他们可能不时结成相对较大的集团,以减少来自食肉动物的威胁,同时扩大发现食物尤其是大型猎物的机会。通常,游团的规模要小得多,尤其是在植物性食物大量出现且较易被个人获取的时节。所有这些都向我们揭示了显著的社会复杂性和智力水平,这从脑容量上便可看出。尽管如此,古人很可能尚无法将其社会智力——分享食物以及在打猎时协同合作的能力——与人类智识的其他方面结合起来。

语　言

直立人的脑容量很大,而且控制语言能力的布罗卡区(Broca's area)也已非常发达。他们的声道已具备更多的现代特征,很有可能已经拥有了较好的表达能力。人类学家莱斯利·艾洛(Leslie Aiello)和罗宾·邓巴论证说,至少在 25 万年前人类就已经获得了语言能力的基础。他们认为语言最初是为了处理日渐复杂的社会信息而出现的。随着群体规模的扩大,人类的语言能力也在不断增强。但这种语言主要是用来表达社会关系的,我们今天所使用的那种可以自由交流一切行为范畴的语言,则是后来才出现的。直立人缺乏

图 3-7　现代高楼建筑过程中广泛使用的竹脚手架。竹子这种强韧而多用途的材料自古便为亚洲人所利用。

现代人类所特有的认知灵活性,这一点在许多方面倒是跟我们很像,甚至现代智人最终就是从这种古人进化而来的。

3.5 古智人(约 60 万年—13 万年前)

当学者们还在以更为线性的方式看待人类进化史时,直立人就已经出现了。一些原始的解剖学特征被联系起来,如厚重的眉脊和圆形天灵盖等,这在非洲、亚洲和欧洲发现的各种古人化石中确实非常常见。一些具体特征,如某些亚洲个体所具有的大脸特征,则很可能证明了不同地理单元中人种的特异性,其中只有一个人种最终进化成了解剖学意义上的现代人。这种不同观点将古人的类型视为人族在进入距今 190 万年以后向外进行适应性辐射所带来的结果,这一进化过程中只有一小部分最终导致了智人的出现。(欧洲发现的地方类型尤其多,为求条理清晰,这里将略过不谈。读者可参阅生物人类学相关文本了解详情。)

大约在距今 60 万年—13 万年前,整个旧世界的古人都在朝着更加现代的类型进化。发现于非洲、亚洲和欧洲的化石碎片同时具备了直立人和智人的显著特征,因此足以被归入智人这一大类之下。这些高级特征表现为多种不同形式:脑容量更大,头骨两侧更宽,头骨后部更圆,人体骨骼不再那么粗壮,臼齿也更小。

这些趋势在非洲化石中非常明显,例如在非洲中部国家赞比亚的**卡布韦**(Kabwe)发现的著名的**布罗肯山人**(Broken Hill)。同样的趋势也出现在了中国,据中国人类学家研究,那里发现的化石所呈现出的古人和智人特征在当地的现代人当中也有发现。欧洲也是如此,属于这一时期的化石呈现出直立人和智人特征杂陈的特点。但来自不同大洲的化石却有着相当大的差异。举例来说,欧洲化石通常要比亚洲化石更粗壮。但是,所有地方出土的化石都显示出脑容量渐增和头骨渐圆的趋势。在亚洲和非洲,这些变化似乎在向着现代智人发展,而欧洲化石则向着一种与古人类似的尼安德特类型进化。这种向着更为现代的解剖学特征演进的进化趋势在很多地方都有出现,但只有在非洲大陆,古人才进化为现代智人。换句话说,以若干万年前的南方古猿所体现出的适应性辐射为基础的人类进化模式又持续了很长一段时间。

3.6 尼安德特人(约 20 万年—3 万年前)

我们对古智人(即直立人的后代)的许多了解都来自尼安德特人(Neanderthals),这一类型曾长期生活在欧洲和欧亚大陆,他们的解剖学特征曾在一些欧洲古人,如至少 30 万年前的西班牙**阿塔普埃尔卡人**(Atapuerca)身上出现过(图 3-8)。从发现于克罗地亚的一个 38 000 年前的腿骨中提取的尼安德特 DNA 片段显示,最早在 418 000 年前,尼安德特人的直系祖先从现代人的祖先中分离了出来。

迄今为止,在体质人类学家中仍然存在有关尼安德特人的巨大争论。许多人现在仍使用"尼安德特人"来称呼那些智力不高、长相丑陋且与猿相像的人,侮辱他们眼中的那些蠢笨者。无论是这种刻板印象,还是为卡通画家们所热衷的傻呆呆的洞穴人形象,都是由 20 世纪早期对尼安德特人骨骼化石进行的错误研究所造成的。实际上,尼安德特人是一种具备某些古人特征且体格强健的人类。和现代人相比,他们的头骨呈现出前额后退、面部(有时还包括眉脊)前突的特点。完全有理由相信他们已经熟练掌握狩猎技艺,并能够进行相当可观的智力推理。

当然,在尼安德特人和现代人之间也存在着相当明显的解剖学差异,体现在尼安德特人粗壮的颅后骨,更呈髻型的头骨,有时还包括厚重的眉脊和前突的面部(图 3-9)。正是由于这些特征,尼安德特人这一早已灭绝的人族类型被归类为早期智人(Homo sapiens neanderthalensis),是智人的一个亚种,并不是完整意义上的现代人。

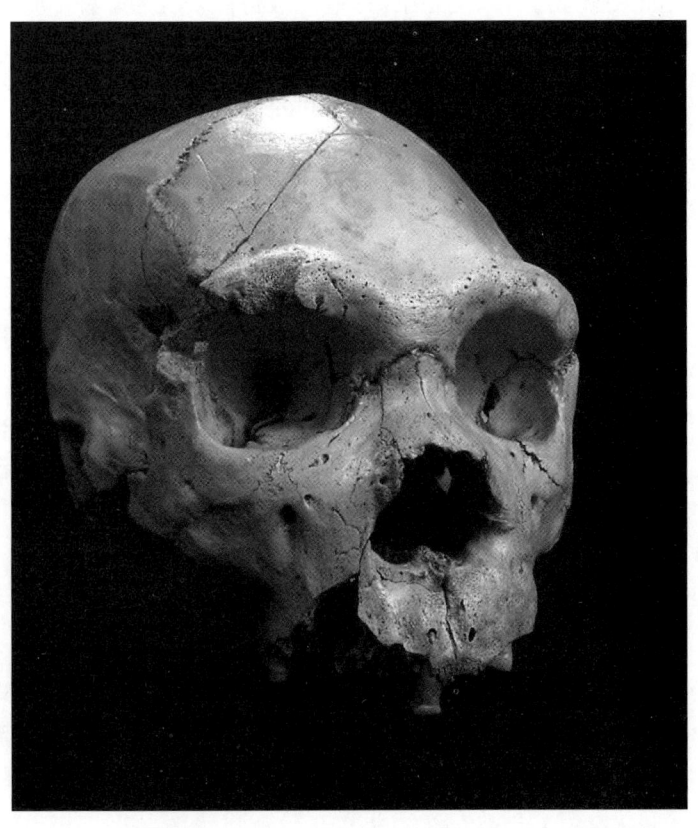

图 3-8　西班牙阿塔普埃尔卡骨坑中出土的古智人头骨化石

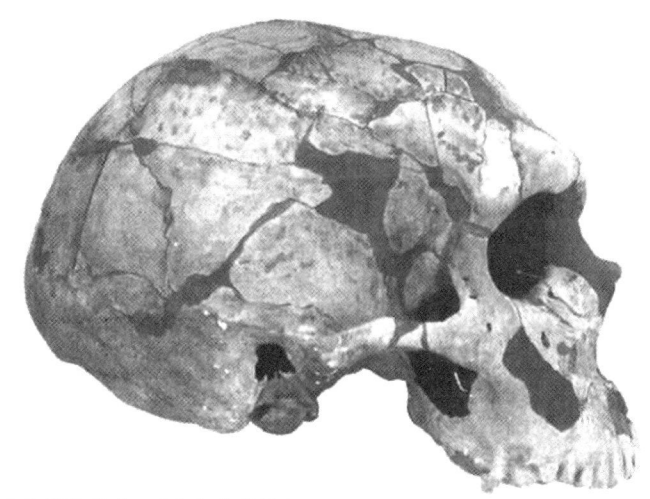

图 3-9 典型的尼安德特人头骨,显示出眉脊前突、下巴突出的特征。

德国慕尼黑大学和宾夕法尼亚州立大学的研究人员成功地从 1856 年发现于德国杜塞尔多夫附近的尼安德谷(Neander Valley)的一段尼安德特人上臂骨中提取出脱氧核糖核酸(DNA)。科研人员将少量骨骼粉碎后从中提取出若干个小的**线粒体** DNA 片段(见科学专题"DNA 与考古学")。通过将尼安德特人 DNA 的小片段重叠,并使用一种叫作聚合酶链反应(polymerase chain reaction)的技术来复制分子,科学家们得以在尼安德特人 DNA 中的某个特定区域中确认出 378 对碱基对(一种形成遗传密码基本单位的化学结构)序列。这一区域即超变量区域 1,可显示出若干个世代所发生的变化。简言之,两个物种在这一区域的差异性越大,二者之间的关系越远。

研究者将尼安德特人的 DNA 序列与包括非洲人、亚洲人、澳大利亚人、欧洲人、美洲印第安人和太平洋岛民在内的 994 个现代人世系在同一区域的序列进行了比较,发现尼安德特人的 DNA 序列中有 27 或 28 对碱基对是与所有的现代人个体不相同的。相比之下,现代人在这一区域的 DNA 平均有 8 对碱基对相互不符。现代人与黑猩猩在该区域 DNA 的差异要大得多,约有 55 对碱基对。所以遗传学家们得出结论认为尼安德特人与现代人的关系是非常远的,双方既不杂交繁殖,也不存在谁从谁进化而来的关系。如果黑猩猩和人类是在约 400 万—500 万年前分离开来的话,那么,我们可以推测,尼安德特人很有可能是在 55 万年—69 万年前与早期现代人分道扬镳的。

尼安德特人在大约 20 万年前出现于欧洲、欧亚大陆和亚洲西南部分地区,一直繁衍至距今 3 万年前左右。各地的尼安德特人有着很强的多样性,但他们无不具有和现代人

科学专题

DNA 与考古学

自从20世纪早期ABO血型系统确立以来，遗传学便对人类进化史研究产生了深刻的影响。现代分子生物学技术使得对新的多形基因（polymorphic genes，基因在不同人身上所呈现的形式略有不同）的探测和分析变得更加容易，这在医学和人类学上具有双重意义。所有人的基因里都携带有其过去历史的记录。近年来，有关线粒体DNA——存在于细胞核之外一种叫作线粒体的小型细胞器中——的研究吸引了人们的注意。线粒体DNA可通过女性世系传承，除由于突变而发生的罕见变异之外，这种DNA几乎毫无例外是由母亲传给后代的。针对当今世界各地人口所做的大规模人类线粒体DNA研究显示，在全球范围内存在着相对很少的线粒体DNA变异，这也就意味着人类的分支是在相对较晚些时候才出现的。非洲人的线粒体DNA最为多变，他们拥有更多的时间来积聚遗传变化，这与那种认为非洲人拥有世界上最古老世系的理论相一致。分子生物学家提出，所有的现代人都是同一群解剖上的现代人的后代，他们在大约20万年前生活在热带欧洲。这一理论受到了广泛的批评和改进，但似乎人们越来越相信，智人（即我们）是从非洲进化而来，然后扩散至旧世界的其他地方并最终进入美洲。对美国人进行的线粒体DNA研究，正如人们所预期的，将他们与其西伯利亚祖先联系了起来。近年来对男性一系传递的Y染色体进行的研究同样证实现代人起源于热带非洲。

第一个古代DNA序列是由瑞典科学家施温提·柏保（Svaante Pääbo）首先报告的。1985年，他从约公元前4000年一名前王朝时期的埃及人的皮肤中提取并描绘了DNA。从那时起，人们开始借助一种叫作聚合酶链反应（PCR）的新技术从骨骼、牙齿和植物遗存中提取DNA。借助这一技术，柏保从位于佛罗里达温都华（Windover）的一处狩猎-采集遗址出土的公元前3000年的人类大脑中辨识出一种之前从未在北美洲发现过的线粒体DNA片段。近年来，科学家曾经成功地从一个超过5万年之久的尼安德特人骨骼中提取出DNA，并指出这些古代欧洲人在遗传学上是与他们的后代现代人相当不同的。对太平洋复活节岛出土的人类骨骼所进行的线粒体DNA分析同样揭示了复活节岛岛民最终起源于波利尼西亚，因为这块偏远的土地是在公元500年左右被社会群岛（塔希提地区）殖民者建立起来的。

在古代人口和人口流动研究方面，分子生物学正在扮演着日益重要的角色。

一样的姿势和体力。他们与我们的不同之处在于有着粗大的肢骨，大腿和前臂略为弯曲，这些特征反映了他们的肌肉力量更大（见图3-10）。就其身高来说，尼安德特人的体形算是庞大的，他们肌肉发达，脑容量也比现代人稍大。他们的祖先是更早的古人欧洲智人，从中他们继承了粗壮的体魄和抵御严寒的能力，这种适应性发展是如此成功竟至持续了超过10万年。

尼安德特人的文化和技术远比其古人祖先更为复杂成熟。他们的很多工具不再是多

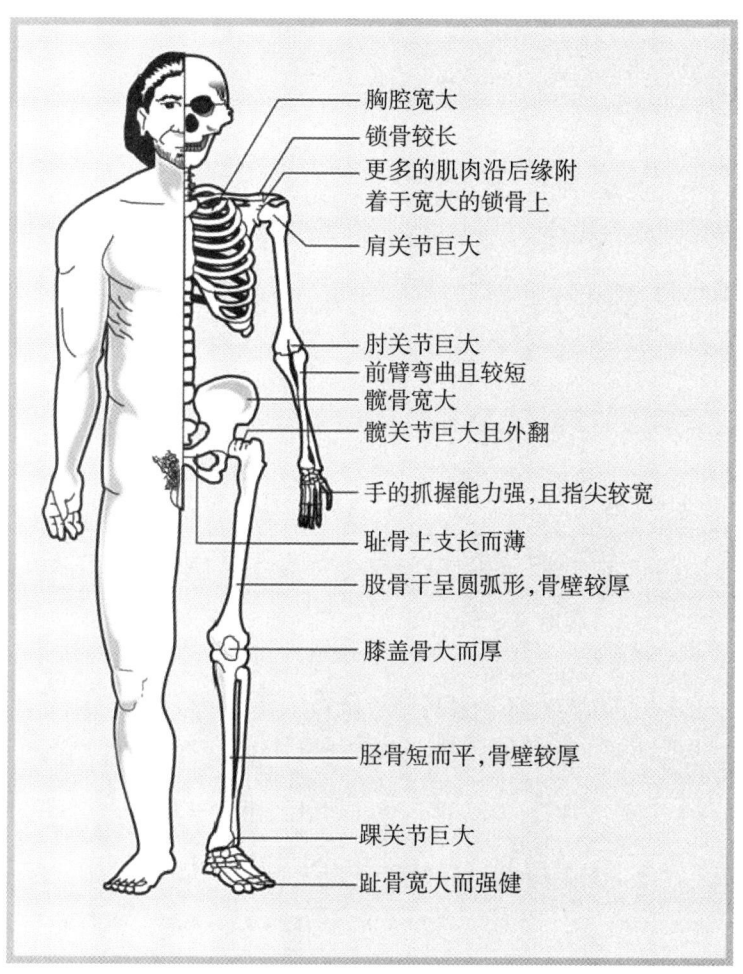

图 3-10　尼安德特男性骨架及其重要解剖学特征

功能的，而是具备专门的用途，比如加在木矛上的石矛镞，或用来处理死去动物皮革的弧形刮削器（图 3-11）。与其先辈一样，尼安德特人也往往占据一大片领地，然后季节性地加以开发，每年都在猎物迁徙或植物繁盛的时节重返同一地点。

尼安德特人是娴熟的猎人，尤其是在他们意识到不得不使用矛和棍而不是弓箭来近距离袭击猎物时（图 3-12，上图）。面对猛犸象、野牛或野马这类可怕的动物时，他们通常会毫不畏惧地给以颜色。许多西欧游团在一年中的很多时间里都生活在洞穴或岩窟中以抵御严寒，而到了短暂的夏天，他们便四散至开阔平原的各处，住在临时的露营地里，同时寻找植物性食物（图 3-12，下图）。几乎可以非常肯定地说，尼安德特人对其所生活的

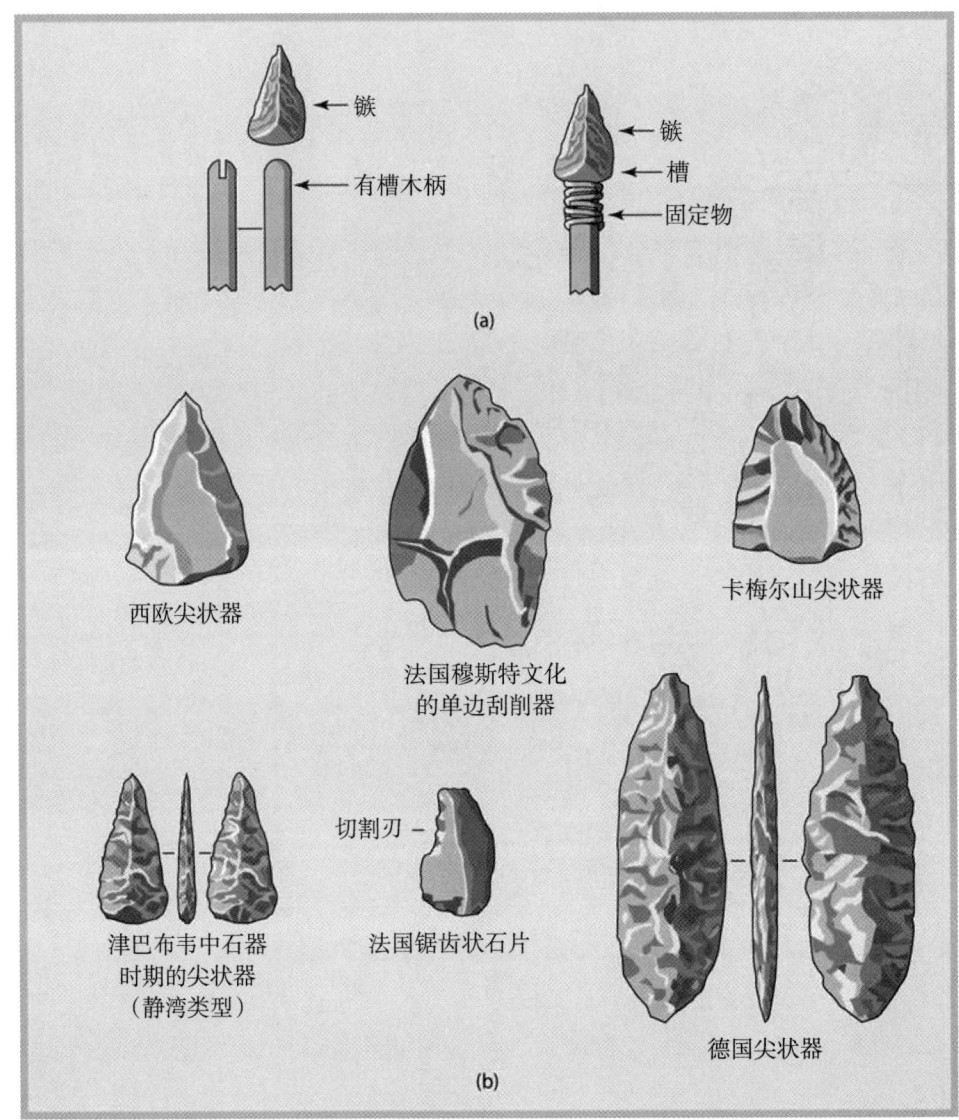

图3-11 复合型矛镞。古智人制造的石器包括(a)将石镞固定在木柄一端的复合型工具,以及(b)各种矛镞、切割器和刮削器。

自然环境是非常了解的,他们围绕迁徙季节,以及兽群的规模和动物移动的可预测性因素来安排生活。而且这时人们已经学会为匮乏时节储备食物,并尽可能多地从季节性迁徙的驯鹿等动物那里获取肉类。

作为结果的文化多样性在尼安德特人群体中丰富多样的**穆斯特**(Mousterian)工具系列(以法国西南部的穆斯特遗址[Le Moustier]命名)中有所反映。与制造手斧的古人

图 3-12 尼安德特人生活的复原图。上图为末次冰期早期的猎人,下图为觅食植物性食物的尼安德特女性。

不同,尼安德特人大多使用石片制造器物,其中最普遍的是刮削器和矛镞。他们有不少武器都是**复合型**(composite)的,即由两个以上的元件组成——例如,一支矛镞、一杆矛柄,将矛镞固定在矛柄头部便可以做成一支矛。他们的技术简单而高度多变,是历经若干年演变而来的多种早期技术的一种合理发展(图 3-11)。法国的尼安德特遗址出土了大量各种各样的器具,有些地层出土有手斧,有些则出土了一些锯齿状的石片,很可能曾被用来从死去的猎物身上剥取其肉以做成肉干,或用来挤压纤维性植物。穆斯特工具中如此广泛的多样性不仅出现于法国,而且在欧洲、亚洲西南部和北美洲的很多尼安德特遗址中都有发现,这些地方的古智人也曾制造过类似的工具。没有人确切了解这些工具的多样性的意义所在,但它们反映了尼安德特人及其他古智人为从事各种高度专门化的活动而创造工具的能力,而这些很有可能是在某些人口增长、社会复杂性加强时期发展出来的。

尼安德特人和他们生活在其他地方的同时代人都是觅食者,而且尽管当时世界上的人口总量仍然很小,但生活已经逐渐变得复杂起来。我们发现宗教意识形态已经初露端倪,对死后生活的关注开始出现。从洞穴、岩窟和露营地中都发现了尼安德特人的墓葬,其中在法国莱埃齐斯镇(Les Eyzies)附近**费拉西**(La Ferrassie)的一处岩窟中出土了 2 个成年尼安德特人和 4 个儿童的遗存,他们相互紧靠,被埋在一处营地遗址中。其他一些遗址也发现有集体墓葬,显示出尼安德特人与大多数后世觅食者一样,已经开始相信死后的生活。

我们在尼安德特人及其日渐成熟的文化中第一次发现了我们自己复杂的信仰、社会和宗教意识的根源。但是,就像其他古智人类型一样,尼安德特人在距今 4.5 万年以后让位于完全意义上的现代人,这些人凭借其超凡的智力和体力,在冰期晚期创造出一个与史前史早期迥然不同的世界。

3.7 现代人的起源(约 18 万年—15 万年前)

智人(Homo sapiens)是"聪明人"的意思。我们人类是非常聪明的,善于旁敲侧击、操纵和自我理解。科学家们不禁思索,将我们和早期的人类区分开来的到底是什么。首先也是最重要的应该是清晰流利的语言表达能力。我们与人交流,我们讲故事,我们传递知识和思想,这一切都要依靠语言这一媒介。知觉、认知、自我意识、先见之明,以及表达自我和自我情绪的能力——这些都是流利语言能力所带来的直接结果。它们可以与完全成熟的人类心智的另一个属性联系起来,即象征性和精神性思维的能力,这种能力不仅与生存和技术有关,而且关心人类存在的界限,以及个人、集体和宇宙之间的关系。

流利的语言表达,人类创造力在艺术和宗教领域的全面发展,精湛的工具制作技巧——这些都是智人的标志。借助这些能力，人类最终完成了对全世界的开拓。随着现代人的出现，我们将要讨论的对象，不仅在解剖学上与我们一致，而且也有了和我们一样的智力潜能。

直立人和早期智人历经几十万年的洗礼双双幸存下来，并在多元智能的帮助下得到持续进化，如果将这段历史比作中世纪大教堂的话，可以说他们分别被隔离在各自的小礼拜堂里。正如考古学家史蒂文·米琛所言，从一个礼拜堂很难听到另一个礼拜堂里的想法。古人所缺乏的是现代思维的一个至关重要的元素，即认知灵活性，一种沟通不同信息的能力。这种灵活性看来是现代人即智人所特有的。围绕现代人——我们自身——起源的争论堪称考古学界最喧嚣热闹的领域之一。

连续还是替代？

经过几代人的激辩，有关现代人的起源最终形成了两个针锋相对的主要理论（图3-13）。

- 所谓的枝形烛台模式（candelabra，即多源进化理论）认为旧世界各地的直立人是各自独立向前进化的，先是进化成古智人，然后是完全意义上的现代人。这种连续性模式主张智人起源的多源性，并坚称直立人之后已不再四处迁徙。因此，在一段近200万年的漫长时期内，生活在不同地理环境中的现代人是相互隔绝的。按照这种假设，集团内部持续不断的基因流动意味着适应性极强的全新的解剖学特征得到了迅速传播，从而将全部人类束缚于朝着现代人解剖学特征演进的基本进化路线上，即使其中某些人更早地演变成了完全意义上的现代人。
- 另一种持相反观点的是走出非洲模式（Out-of-Africa）。这种模式认为智人是从一个地方进化而来，然后再向旧世界其他地方传播的。这种假设人口是从起源地向外移动的模式暗指各现代地理人口（各个地区的现代人口）渊源并不深，而且是在相对较晚些时候从一个单一来源衍生而来的。

两种模式分别代表了两种极端，赞同解剖连续观（anatomical continuity）者与主张古人迅速替代论者为此长期争论不休。大量涌现的新发现向我们展示了古人所具有的巨大多样性，他们在形态上与解剖学意义上的现代人的差距比人们曾设想的还要大。多源论模式的倡导者们主要依靠化石的发现来支持他们的观点，而走出非洲论的支持者们则不仅使用化石资料，也借助遗传学这一被其对手视为具有高度争议性的学科。随着新成果的不断涌现，以及改进了的遗传学研究极大地改变了我们有关智人及其同时代者和后代的了解，这种争论看来还将一代代地进行下去。

分子生物学技术与智人

在有关早期人类进化的测年中,分子生物学扮演了一个举足轻重的角色,并在近来为智人起源问题的研究提供了相当重要的线索。

由于线粒体 DNA 计算突变的速度远快于核 DNA(mtDNA),所以作为校准突变率的有效工具而为研究者所使用。线粒体 DNA 只靠母系一脉得以遗传,因此它不会与父系 DNA 混合而变得晦暗不明。因此,线粒体 DNA 可以为我们提供具有潜在可靠性的与祖先的联系。当遗传学家们对来自非洲、亚洲、欧洲、澳大利亚和新几内亚的 147 名女性的线粒体 DNA 进行分析时,发现各种差异是非常小的。因此,他们认为上述 5 个地区的人

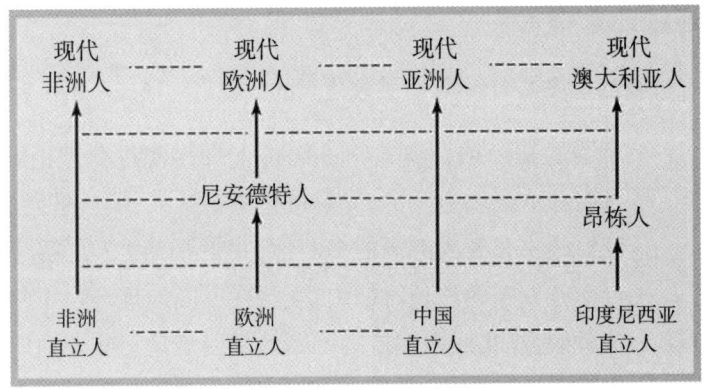

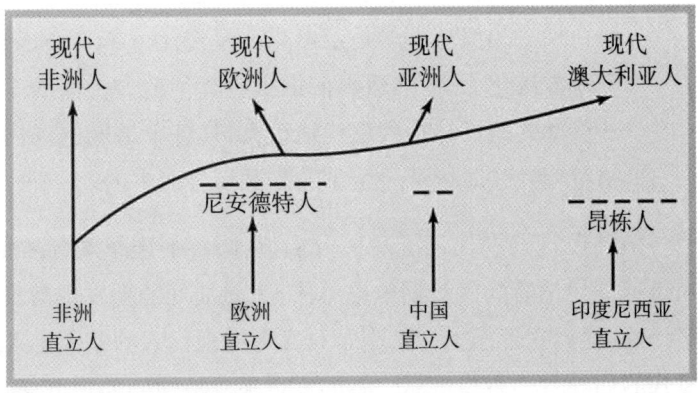

图 3-13 各种有关现代人起源的理论对化石证据有着各自不同的解读。(a)枝形烛台模式,或曰多源模式,论证说智人是在旧世界的许多地区分别进化而来的。不同竖栏之间的虚线代表的是各地区之间的基因流动。(b)走出非洲模式则认为现代人是在从非洲进化而来之后,才向世界各地扩散的。

口是相对晚些时候才出现的。现在,我们知道核DNA树最深的分支专属非洲人,深度次之的分支则是非洲人和非非洲人的混合杂交体。所有非非洲人的DNA结构的深度十分相似。核DNA谱系在非洲进化了一段时间,之后一小部分人迁移了出去,这也是有可能的。后来所有欧洲和亚洲的智人谱系都起源于这一小部分非洲人。最常见的近祖大约可追溯至171 500年前(±50 000年)。同时囊括非洲人和非非洲人的最早分支可追溯至52 000年前(±27 500年)。生物学家得出结论,所有的现代人都起源于20万年前的一群非洲人,并从那里迁徙到旧世界的其他地区,而且很少或没有与当时更古老的人群杂交。近来有关Y染色体的研究——Y染色体相当于男性的线粒体DNA,只能通过父系一脉遗传,揭露了在非洲男性中存在相似的多元性,这一发现再次巩固了走出非洲理论。

一些考古和化石证据可以证实解剖学意义上的现代人早期曾出现于非洲的撒哈拉以南地区。一种古智人类型在大约20万年前从非洲南部扩散至东北部地区。这些古人是从更早的直立人进化而来,他们具有颅顶较高和其他一些与现代人相近的解剖学特征。

距今20万年前后,许多非洲人都呈现出了古人特征与现代人特征共存的现象。约195 000年前,一个身材匀称的高大男子,他有着宽广的前额和稀疏的眉脊,生活在埃塞俄比亚的奥莫基比什(Omo Kibish)。而在位于埃塞俄比亚首都亚的斯亚贝巴(Addis Ababa)东北225千米处一个名叫赫托(Herto)的村子里,古人类学家蒂姆·怀特及其同事发掘出了包括3个头骨化石(其中一个属于儿童)在内的一些人类遗存,并在同一地点发现了大量鱼骨和被宰杀或寻腐得来的河马化石(图3-14)。这些头骨显然属于解剖学上的现代人,尽管他们存在少量更为原始的特征,但已足够被归类为"长者智人"(Homo sapiens idaltu,idaltu在当地阿法尔语中意为"年长的")。出土的成年男性头骨长且粗眉大鼻,上颌牙磨损严重,头盖骨较现代人稍大。有趣的是,有迹象表明这些头骨曾在人死后被石器修过边,而属于儿童的头骨也因多次触摸而变得光亮。从当今新几内亚等地的情况来看,人们很可能是将保存死者作为某种祖先崇拜的组成部分之一——这也是有关死亡仪式的最早证据。

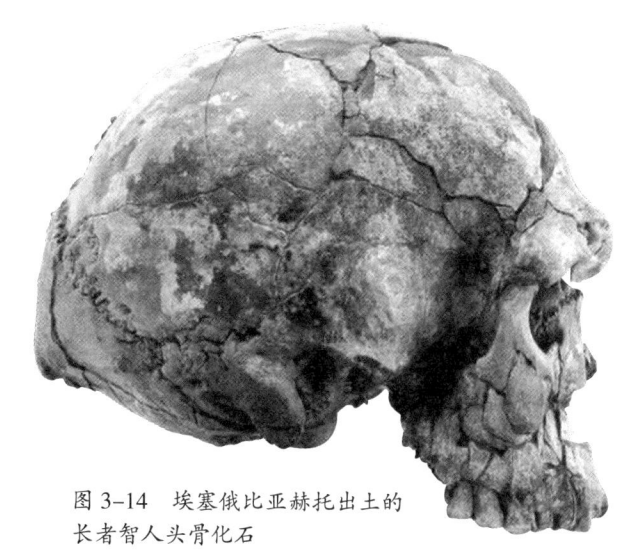

图3-14 埃塞俄比亚赫托出土的长者智人头骨化石

奥莫基比什和赫托村的发现告诉我们，导致现代人出现的新的生物学特征几乎在15万年前就已经全部进化出来了，早于世界上其他地方，包括像尼安德特人这样的古人类型依旧繁衍的欧洲。智人在非洲南部的出现也非常早。考古学家在位于南非首都开普敦附近的**兰吉班湖地区**（Langebaan Lagoon）的一处化石化了的沙丘里发现了一些保存完好的脚印，这些脚印属于解剖学上的现代人，距今至少11.7万年。

生态与智人

生态人类学家罗伯特·弗利（Robert Foley）指出，10万年前的非洲稀树草原疏林为推动现代人的物种形成提供了理想的自然环境。弗利研究了非洲猴子的进化史，发现当时广泛散布的猴群出现了分化，它们不再局限于同一条单一的进化路线上。非洲在冰期频繁的冷暖循环过程中经历了栖息地相当大的碎化和重组，气候的波动强化了非洲动植物物种形成的可能性。弗利举例说，差不多与现代人出现于非洲同时，一支猴属单独演进出了16个猴种。猴子研究使弗利确信现代人是从一个交错杂陈的热带环境中进化而来，并发展出与其古人祖先迥然不同的特征。在一些食物来源规律性强且质量好的地区，人们很可能发展出了各种各样的行为方式，他们生活在以家族纽带为基础的大型社会群体中，对食物有着高度的选择性。

作为对自然环境的回应，有些群体很可能发展出了特别的狩猎技能，他们使用了一种非常有效的技巧，通过远距离使用投掷器来捕获猎物。借助更加有效的武器、更超前的计划，以及更好的觅食组织形式，我们的祖先大幅降低了环境的不可预测性。鲜有考古学家会大胆地将古代技术与特定化石种类联系起来，但是我们确实知道在几十万年后，智人所依赖的工具技术较其祖先所使用的复杂成熟得多。新的工具以鹿角、骨料、木头和石叶为基础。这种历经数千年发展起来的技术要比其祖先的先进得多。毫无疑问，无论是就狩猎效率还是追猎过程中所耗费的体力而言，这种技术都为使用者带来了巨大的优势（图3-15）。

有趣的是，有迹象显示距今20万—10万年前，在整个非洲东部和南部地区曾发生过技术变革，长期以来的手斧技术为一种将锋利的石片和木制矛柄结合在一起的更轻型的工具，以及其他一些用来伐木和宰牲的专门工具所取代。这种使用中等大小的石片制成的简单器物，很可能是距今7.5万年以后由解剖学上的现代人所发展起来的更为有效的工具和武器的雏形（图3-15）。但是，这里依然要强调的是，这种器物存在于非洲的时间与现代人出现的时间相同这一点，并不必然证明这些工具是由智人制造出来的。

现在我们可以比较有把握地说，现代人在至少约15万年前起源于热带非洲。

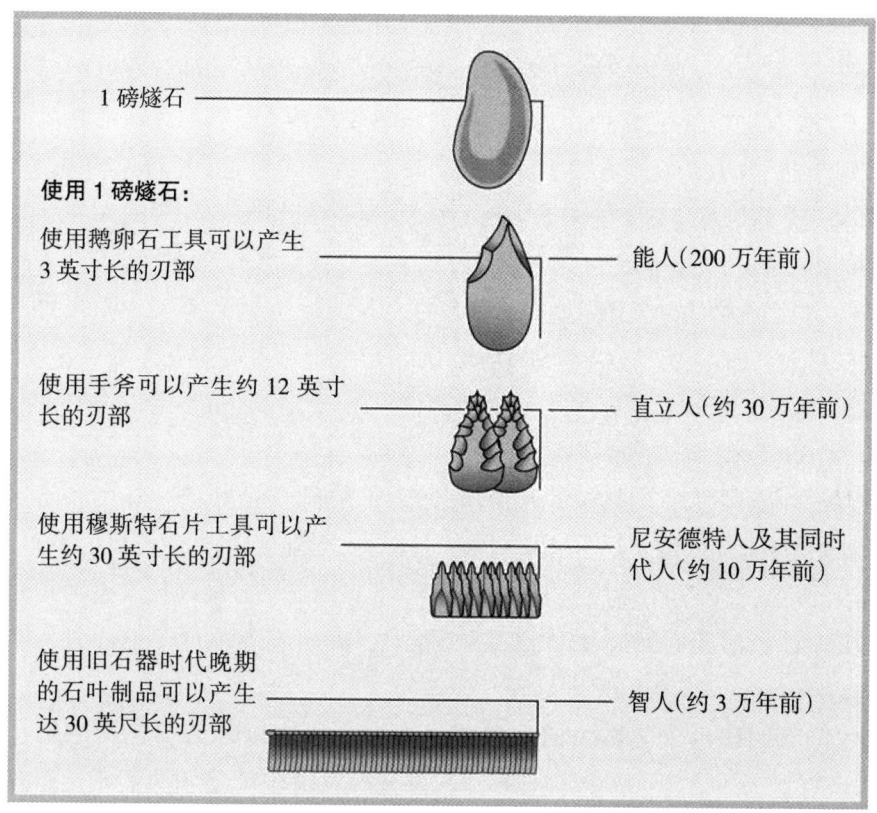

图 3-15 古代石器制作者使用一块石头或其他一些纹理细密的石块来生产数量巨大的切割刃的能力,体现了石器制作效率的提高。与其先人相比,尼安德特人生产石器的效率要高得多。出于同样的原因,智人使用石叶及其他技术,每千克石块可生产出长达 4.5 米的石器。

3.8 走出热带非洲

如果说热带非洲是现代人诞生的摇篮的话,那么智人为什么以及是如何扩散到欧洲和亚洲的呢?距今 10 万年至 4.5 万年前是至关重要的时期,此时近东地区已经确切出现了解剖学意义上的现代人。撒哈拉沙漠是当今世界上最干燥的地区之一,也是人口在热带非洲与地中海地区之间流动的唯一障碍。从距今 10 万年至约 4 万年前,北方极度严寒的冰川气候为这片沙漠带来了更凉爽潮湿的环境。在那之前的很长时间里,东非和地中海之间的这片地区是可以通行的,片片开阔的草原星罗棋布,成群的猎物在那里繁衍生息。尼罗河谷一直都非常适宜居住,即使在沙漠地区发生大旱之时依然如此,所以小股的现代人很可能早在 10 万年前就依靠狩猎和觅食,横穿撒哈拉进入尼罗河谷和亚洲西南部。其中,一些人有可能沿着现在早已干涸的水道往北迁徙,那些水道从沙漠腹地一直往北到达地中海。

一小部分现代人早在9.5万年前就定居在了近东地区,为我们所知的就有以色列卡夫泽(Qafzeh)和斯虎尔洞穴(es-Skhul)的墓葬。同时期尼安德特人是否居住在那儿就不得而知了。我们只知道,那儿的现代人很少,而且他们的生活方式与尼安德特人相同。那么,在遥远的东南亚的苏门答腊岛上的多巴火山的喷发,是过去2300万年里最大的一次火山喷发。火山周边2800平方千米的地区消失了。从火山口喷发出来的岩浆覆盖了2万平方千米的地域。大面积坚固的岩石碎裂成了巨大的火山灰云,升腾到了32.5千米的高度,进入到了大气层中。成千上万吨的含硫气体上升到了同温层,并在那儿弥漫了多年。当火山喷发平息下来时,只留存下来一个巨大的火山口——现已是世界上最大的火山湖,长100千米,宽30千米,深达505米。

火山喷发的灰烬覆盖了大片的热带世界,从东南亚一直延伸到西北部。印度和巴基斯坦的大部分地区被厚达3米的灰烬覆盖了。含硫气体导致同温层阴霾,它能反射阳光,引发了明显的全球降温,使得整个格陵兰岛的温度降了6摄氏度。根据马拉维湖湖底的岩芯记录,这对热带非洲的影响也很大,尤其是这次降温与东南非洲百年不遇的大干旱同时发生。

而人类为此付出的代价也是巨大的。成千上万人死于饥饿,其中包括黎凡特(Levant)的绝大多数智人。他们起源于非洲,已适应温暖的气候,因此很有可能难以适应急剧降温的气候。遗传学家得出结论,约7万年前在广阔的范围内接连发生的人口减少,毁坏了大部分的基因多样性。他们估计,在非洲人口中的育龄女性总数减少至4000至10 000人。不管根据何种标准,这个数据都是非常小的,尤其是跟目前全球10亿的育龄女性总数相比。

幸存下来的人住在非洲东南部的避难区,他们的生活完全与外部广阔的世界隔绝,也不太接触周边的人群。这种状态持续了2万年。在人类历史上,这段漫长的时期也有几个特别关键的千年,因为在那几个千年里,智人掌握了认知技能。没有人知道这些技能确切的发展过程,但是它们必定与大干旱和多巴火山的喷发造成的破坏有关,这些灾难迫使幸存者互相合作,共享关于食物和水源的消息。他们还依赖累积下来的经验、通过实践代代相传的信息,而现在人们则一般借助言语来传递。

约7万年前,随着气温的升高,非洲的人口渐渐增加。对通过父系遗传的Y染色体的研究显示,约5万年前一小部分完全意义上的现代人走出了非洲,迁往近东。由于他们人数太少,因而几乎没有留下什么迁移的踪迹,这一点确实不足为奇。然而,仍有一些已习惯于在长距离内与他人保持联系的人,对于他们来说,互惠主义和相互交换信息是日常生活的一部分。他们尽力与他人合作,拥有更称手的武器,不仅能对付各种动物,还能吃到其他各种食物，尤其是植物。最重要的是，他们是规划师和思想家。他们与周围的事物和谐相处，不再只是食物链中的顶级捕食者，而是已经成为真正的人类，即和我们一样了。

5万年前，随着近东变得日益干旱贫瘠，少数现代人很可能往北或者西北迁移，进入欧洲和欧亚大陆，也有沿着地中海海岸往西迁移的。正如我们将在第4章看到的，在接下来的3万年里出现了人类历史上最大规模的迁徙，我们的祖先先后来到东南亚诸岛、新几内亚、澳大利亚、西伯利亚，并且最终到达了美洲。

3.9 小　结

大约180万年前到距今1.5万年前的大冰期（更新世）气候事件见证了盛冰期和相比短暂得多的间冰期之间的复杂波动，这些气候变化为匠人、直立人及现代人（智人）的进化提供了背景。距今190万年前，直立人从热带非洲的早期人类进化而来，其后不久便作为哺乳动物整体辐射的一部分扩散到了欧洲和亚洲。西部的新人类采用了一种以手斧和基本石片技术为基础的简单工艺，而生活在东南亚的人们则严重依赖竹子等材料。在某一时刻，至少是距今78万年前，人类学会了用火，他们用火驱赶大型食肉动物，用于取暖和做饭。大约在距今40万年前，人类的脑容量开始逐渐增大，而旧世界许多地区都出现了大脑能力增强的智人的古代类型，其中最为著名的当属出现在欧洲和欧亚大陆上的尼安德特人。作为猎人和觅食者，他们有着更强的适应性，并掌握了更加成熟的工具制作技术，而且是首批学会埋葬死者的人类。

关于解剖学意义上的现代人的出现有两种针锋相对的理论。走出非洲理论认为现代人是在15万年前从热带非洲进化而来，然后在45 000年前从亚洲西南部扩散到世界上的其他地区（参见第4章）。多源进化理论则假设现代人是在非洲、亚洲和欧洲各自独立进化而来的，而且现代人的生物多样性可远溯至史前时期。大多数学者认为，解剖学意义上的现代人在20万年前至15万年前期间从热带非洲进化而来。他们中的一小部分人在约10万年前迁移至近东。而73 500年前东南亚多巴火山的喷发，导致全球广大范围内气温的下降，与此同时非洲正在经受严重干旱。由此而导致的种群遗传瓶颈效应使得人类的数目锐减，最终在那片大陆上只剩下几千人。距今约7万年前，非洲人口缓慢增加，此时期智人发展出了认知能力，但其中缘由我们还不得而知。约5万年前，一些现代人在近东重新定居。在此后的5000年里，他们中的一部分人往北迁移到了欧洲和欧亚大陆。随着现代人的出现，古代世界漫长的史前时期就此终结了。

PART III 现代世界的诞生

试想有一张餐桌，围坐了 1000 位客人，每个人都坐在自己的父亲和儿子中间（倒还不如想象一个女士盛宴来得好……）。桌子的一头可能坐着一位系着白领结、着燕尾服的法国人，诺贝尔奖得主，胸前佩戴荣誉勋章，而另一头则坐着一位以兽皮蔽体的克鲁马努人，脖子上还戴着用洞熊牙齿装饰的项链。尽管如此，每个人都能跟自己左右的邻座，也就是自己的父亲或儿子交谈。这样看来，从过去到现在的距离其实并没有我们所想象的那样遥远。

——比约恩·库尔滕（Bjorn Kürten）
转引自 *Axel Klinckowström*（1986:61）

第 4 章　　大流散

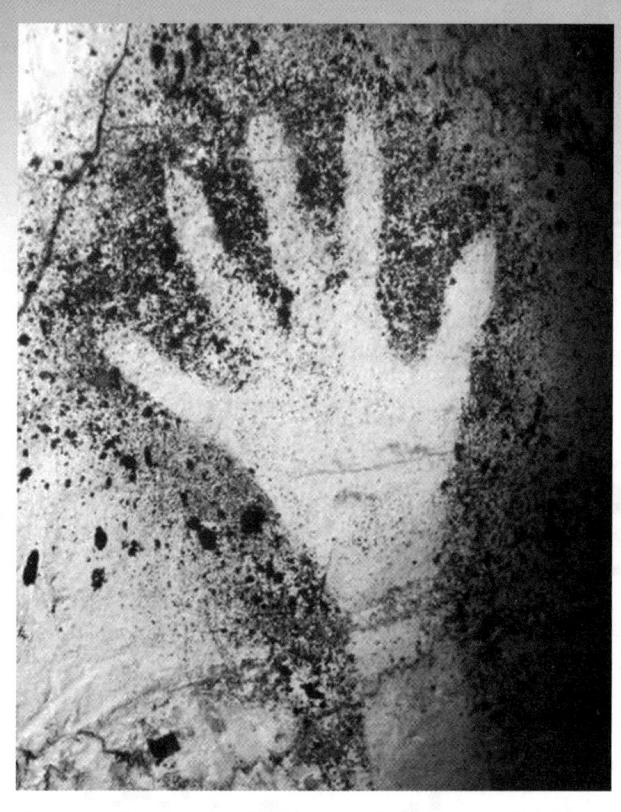

法国派许摩尔洞穴（Pech Merle）岩壁上发现的克鲁马努人（Cro-Magnon）手印

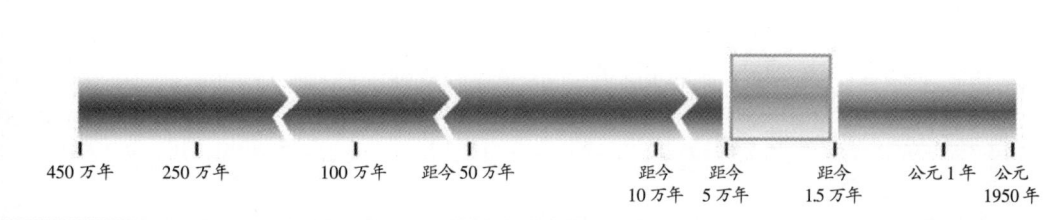

- 4.1 冰期晚期的世界（距今 50 000 年—15 000 年）
- 4.2 居住在东南亚和澳大利亚的居民（距今 45 000 年—15 000 年）
- 4.3 冰期晚期的欧洲：克鲁马努人（约距今 43 000 年—15 000 年）
- 4.4 欧亚大陆的狩猎 – 采集者（距今 45 000 年—15 000 年）
- 4.5 东亚地区（距今 35 000 年—15 000 年）
- 4.6 西伯利亚东北部的早期人居（？距今 25 000 年—15 000 年）
- 4.7 最早的美洲人（？距今 15 000 年—公元前 11 000 年）
- 4.8 克洛维斯人（约公元前 11 200 年—前 11 000 年）

  西班牙大领主马塞利诺·德·绍图奥拉（Marcellino de Sautuola）对考古很感兴趣。他曾经亲自到巴黎去参观一个法国洞穴出土的精美石器展。1875 年，绍图奥拉决定亲赴阿尔塔米拉洞窟（Altamira）展开一次发掘。5 岁的女儿玛丽亚苦苦哀求父亲带她一起去，绍图奥拉好心同意了。可是，玛丽亚很快就厌烦了与泥巴打交道，于是便提着灯笼走进了一侧更低的洞室，消失在了里面。突然，洞室里传出喊叫声："牛！野牛！"（Toros！Toros！）顺着玛丽亚颤抖的手指，绍图奥拉看到在低低的洞顶上绘有一幅色彩鲜艳的壁画，一头野猪正在向一头野牛进攻。父女俩惊叹于这栩栩如生的壁画，通过对岩石突起的巧妙利用，它们在摇曳的灯光下一如活物。

  绍图奥拉坚信这些壁画和洞穴中的石器出自同一群人之手。但是，专家们对此嗤之以鼻，他们指控这位侯爵买通了一位艺术家在阿尔塔米拉洞窟中伪造了壁画。直到 1904 年，随着法国一处自史前以后便再无人迹的洞穴中发现了与阿尔塔米拉岩窟在风格上有着强烈关联的壁画，这位已去世良久的西班牙人才沉冤得雪。显然，不管阿尔塔米拉岩窟壁画出自何人之手，这些人距离能人——已知最早会制造工具的人——已经很久了。

约距今五六万年前，人类历史发生了戏剧性的变化。人类生活和文化演进的节奏突然加速，有些科学家将这些变化称为"文化爆炸"现象，不过更确切地说，这应该只是一系列小的"火花"，即某个地区发生了迅速的文化变迁，但其他地区则没有。其中一个这样的"火花"是西南亚地区7.5万年前新的石器技术的发展，另一个则是大约4万年前艺术在欧洲的首次出现，第三个是距今4.5万年前澳大利亚出现了首批定居者。在进入距今3万年前以后，即冰期晚期，世界上其他地区才出现了如此迅疾的文化变迁。本章我们将介绍距今约5万年—1.5万年间冰期晚期那个迅速变化的世界。我们将展现人们如何适应当时极寒的气候环境，并发展出以喜寒动物（如猛犸象和草原野牛）为食的高度专门化的觅食文化。我们还将探讨智人在整个旧世界的扩散，然后我们会转向当代考古学最受争议的主题之一——美洲最早的移民（图4-1）。

考古学家史蒂芬·米琛认为，与文化爆炸相关的各种新的行为类型是完备的认知流动性（cognitive fluidity）发展所导致的。大约5万年前，或许是促进人类大脑全面发育的一种偶然突变的结果，人们在先前孤立的精神领域之间发展出了新的关联——环境、技

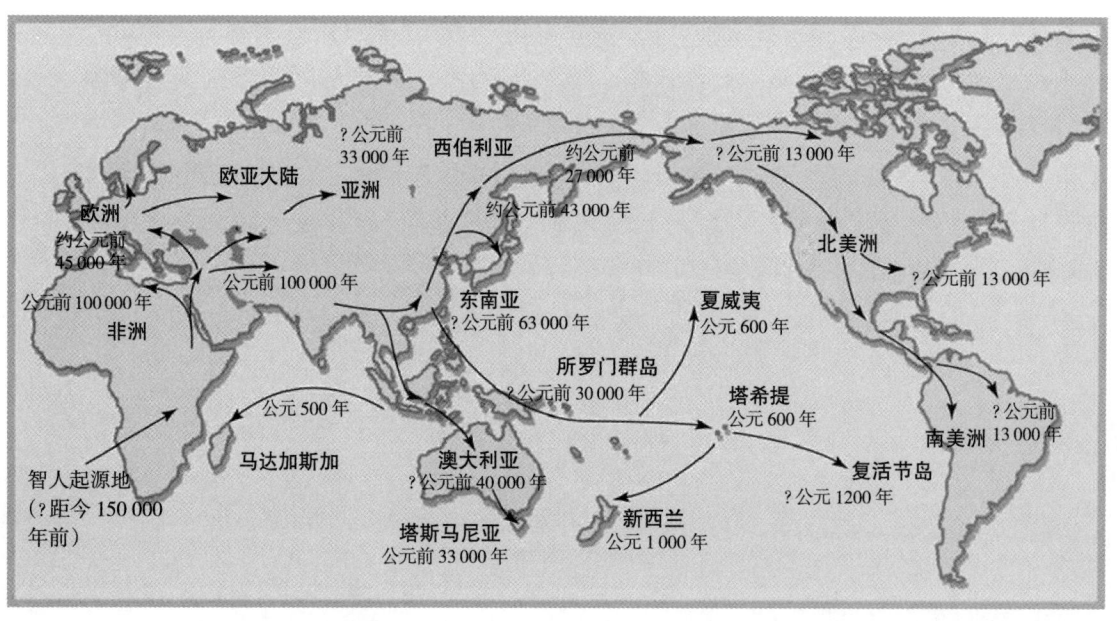

图4-1　现代人类在世界上的分布情况

术和社交方面的智力推倒了中世纪大教堂里各个小礼拜堂之间的那座墙（这一隐喻参见第 3 章）。其中，后果之一便是出现了更成熟的社会关系，另一方面则是视觉象征主义的诞生，艺术作为一种表达和交流的手段而发展起来。正如法国西部伟大的洞穴壁画向我们展示的那样（详见"世界上最早的艺术"一节及专题"法国肖维岩洞"），人类现在拥有了一种将自然界与社会紧密无痕地综合在一起的能力，这种综合是迄今为止许多人类社会——无论是狩猎-采集型还是农业型——所共有的特征。认知流动性的进化为智人这一 4.5 万年前以后——或许还要更早——遍及全世界的人种，提供了一种相对于早期定居人口的竞争优势。正是在这种高级智力的帮助下，他们使得早期人口陷于灭绝，可能偶尔也会与他们杂交融合。形成认知流动性的过程一旦开始，就不会停息。到距今 3 万年时，世界各地都已经踏上了通往完全现代性的旅程。

4.1 冰期晚期的世界（距今 50 000 年—15 000 年）

过去这 45 000 年的大部分时间里，世界与今日迥然不同。在约 1.8 万年前的上一个冰期巅峰期，斯堪的纳维亚和阿尔卑斯地区覆盖了巨大的冰原，只在二者之间留下了一条寒冷而空旷的苔原（tundra）带。海平面与今天相比低了 90 多米。不列颠尚与欧陆相连，现在的北海还在冰面以下，波罗的海也还没有形成。从土耳其到保加利亚仅凭陆路即可到达（图 4-2）。巨大的无树平原从中欧向北方和东方延伸开去，甚至越过西伯利亚继续向北，形成一片绵延起伏的灌木景观，中间零星有几道宽阔的河谷穿过。这里唯一的生命迹象是偶尔出现的大型猎物群，如猛犸象、野牛和驯鹿（reindeer），而且它们通常只在河谷地区活动。人类要在这片空旷的土地上生存，不仅需要有高效的狩猎技巧和武器，还要具备保温功能良好的冬季住所，有厚厚的专门衣物以在零度以下的气温中为身体保暖。

想在温带和热带纬度地区的地质地层中探测出末次冰期的影响是非常困难的。热带地区通常更干旱，雨林面积缩小，草原和林地增多。非洲撒哈拉沙漠的干旱程度至少与今天持平，而当时的地中海南部地区则被寒冷的极地气团包围。海平面的大幅下降导致东南亚大陆架被大面积地暴露出来。许多离岸岛屿成为亚洲大陆的一部分。多条大河蜿蜒流过当时广大的沿海平原，穿过另一个已下沉的冰期大陆，即学者们口中的**巽他**（Sunda）。此外，还有两个巨大的离岸陆地块，一个是**华莱士区**（Wallacea），由现在的苏拉威西岛（Sulawesi）和帝汶岛（Timor）组成；另一个是**莎湖**（Sahul），由新几内亚、澳大利亚和二者之间地势较低的陆架（现已被淹没）组成（图 4-3）。

现在让我们来看一下冰期晚期的人们是如何在这片变化多端且时常严酷的环境中生存下去的。

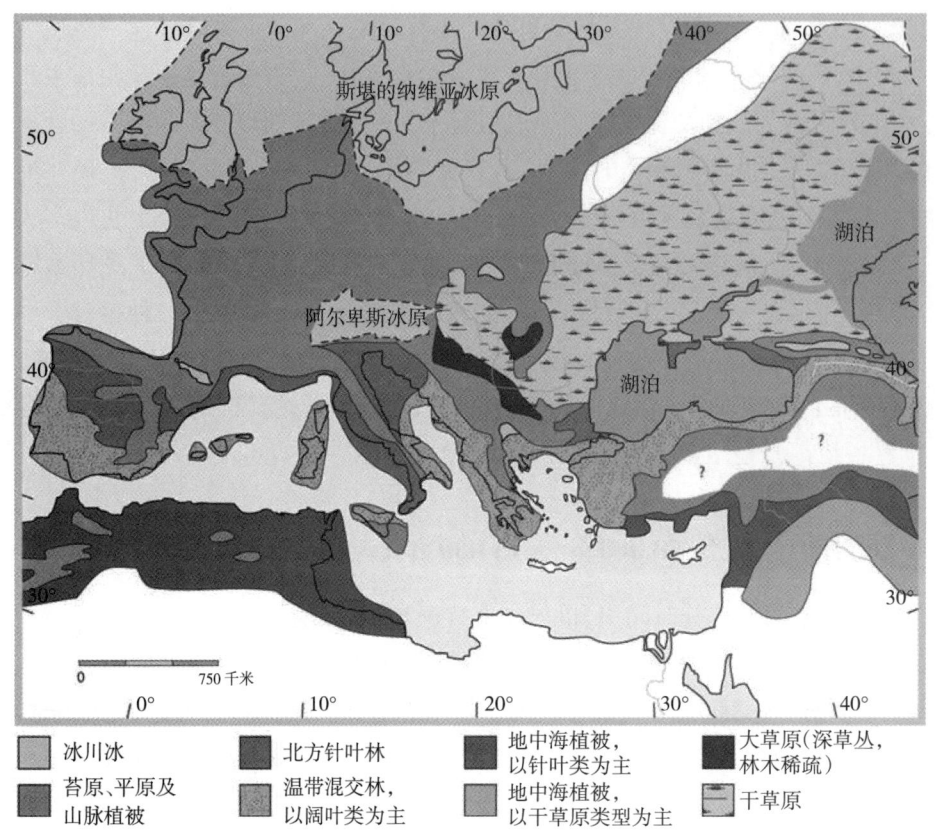

图 4-2 冰期晚期欧洲植被示意图

4.2 居住在东南亚和澳大利亚的居民（距今 45 000 年—15 000 年）

在距今至少 5 万年前，智人已经出现在包括印度尼西亚和菲律宾在内的东南亚地区。当时的海平面要比如今低很多，所以巽他这块一览无遗的大陆架上的定居者们，很可能多集中于河谷、湖边和沿海地区。如果说智人也发生了某些技术性变革的话，那么很可能是他们发展出了更加有效的方式来对陆地和离岸岛屿上富饶而高度多样化的环境进行开发利用。近海的海岸线水域相对温和，从而提供了大量鱼类和贝类作为猎物和野生植物的补充。沿岸居民可能已经建造起简单的木筏在浅水区打鱼，并使用原始的空心独木舟到深水区捕鱼。过了一段时间，其中的一些人越过开放水域到达华莱士区和莎湖。莎湖地区的地貌有着戏剧性的落差，北方是粗犷的山脉和高地河谷，而在今澳大利亚大部分地区则绵延着大片的半干旱低地地带。对莎湖的移民形成了一条长至少 98 千米的开放的顺风水道，非常适合简单船只航行在温暖的热带水域和风平浪静的海面上。

已证实新几内亚岛上最早的定居者来自该岛东南角的**休恩半岛**（Huon Peninsula），

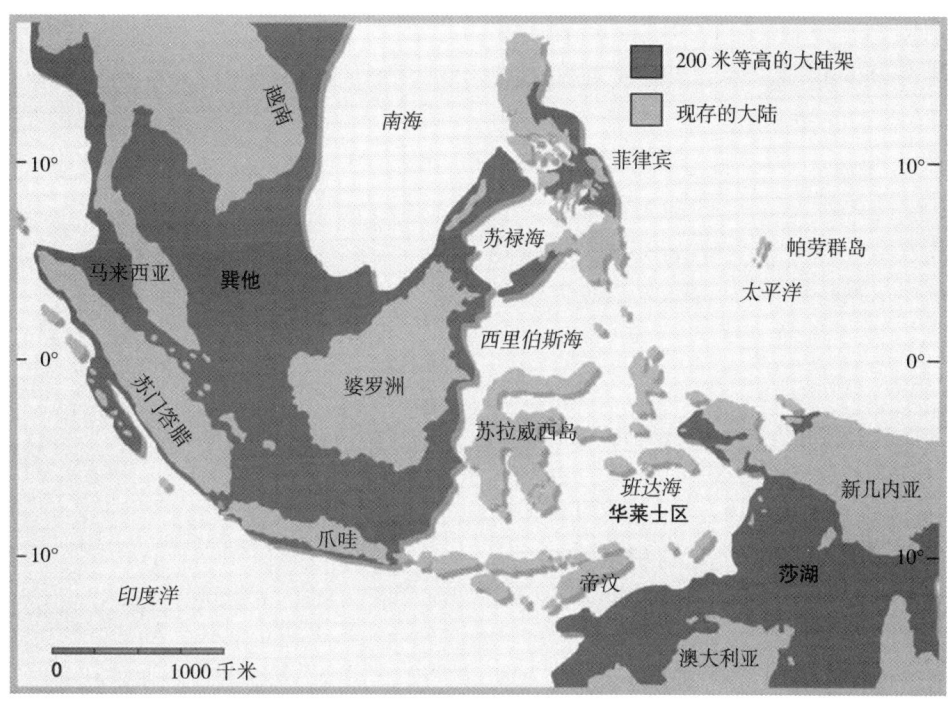

图 4-3 冰期晚期的巽他和莎湖

那里曾发现有距今约 4 万年前的**磨制石斧**(ground stone ax)。休恩半岛与新不列颠岛相对,后者离海岸 48 千米。至少 3.2 万年前已有渔民居住于岛上的洞穴里。约 4000 年后,人们向南航行了 130—180 千米,来到了位于所罗门群岛北部的布卡岛(Buka)上定居(图 4-3),再从这里出发向所罗门群岛其他地区移民就要简单得多,因为这些岛屿相距不远。所有这些数据说明,在至少 4 万年前的冰期晚期,借助某种实用船只,觅食者迅速占据了整个莎湖地区。

现在的澳大利亚被证实,在 4.5 万年前就有人类居住。**威兰德拉湖区**(Willandra Lakes)出土了一些距今 3.7 万—2.6 万年前的贝蚌类垃圾坑和露营地遗址,其中一些头骨和四肢骨在解剖学意义上已经属于体格健壮的现代人,即澳大利亚发现的最早的人类遗存。近来,人们在被沙丘覆盖的一层干泥文化层中发现了 450 多个脚印,这些脚印属于 22 000 年前的一群猎人,其中有些成员高达 1.98 米(图 4-5)。距今 33 000 年前,人们渡过南方连接塔斯马尼亚岛和澳大利亚本土的低洼海峡,向冰期晚期人类曾居住过的地球最南端移民。在盛冰期达到顶点时,生活在崎岖而粗犷的塔斯马尼亚内陆地区的人们已经学会猎取红色沙袋鼠(red wallaby)为食,并在这片广阔天地中存在了几个世纪之久。

正如生活在中国北方、日本和寒冷的冰期海域附近沿海地带的人们一样,古代澳大

遗址专题

外邦岛民弗洛雷斯人

巽他地区已知最早的人类遗存位于弗洛雷斯岛（Flores）上，岛上出土的直立人遗存经裂变轨迹测年法（fission-track dating）测定为距今 90 万—80 万年前，但是这些数据仍存在争议。

照理说，人们一旦学会使用高效的船只便会向这座偏远的小岛移民，但实际情况并非如此。弗洛雷斯岛上的**利昂·布阿洞穴**（Liang Bua cave）中出土了一些非常重要的小型人骨，年代在 38 000 年—13 000 年前，与这些人骨相伴存的还有石片和一些其他器物。洞中还发现一些骨骼，属于一种现已灭绝的类似大象的动物——剑齿象（stegodon）。这些人身高仅 1 米左右（图 4-4），其骨骼呈现出一种原始特征和高级特征杂陈的独特性。他们的脑容量与黑猩猩相同（约 380 立方厘米），头骨上眉脊前突，头盖骨较低。但是，面部像现代人那样小而精致，并且跟智人一样位于脑髓以下。弗洛雷斯人的牙齿也已完全发育成现代形式，尽管他们的腿还比较纤细，但髋部已经和南方古猿非常相似。

考古学家迈克尔·莫尔伍德（Michael Morwood）及其同事将这种人族命名为弗洛雷斯人（Homo floresiensis），但对他们的进化状况却一无所知。这些人是幸存下来的直立人，还是 4 万年前来到弗洛雷斯岛的现代人，由于与世隔绝及其他一些原因而导致了流行性矮化病，并使他们发展出了独特的解剖学特征和矮小的身形？或者，他们是更早的一群脑容量很小的无名人族的后代？鉴于这一研究正处于早期阶段，我们对此还一无所知。但可以确定的是，人工器物的制作和对火的使用已经完全属于人类的行为。

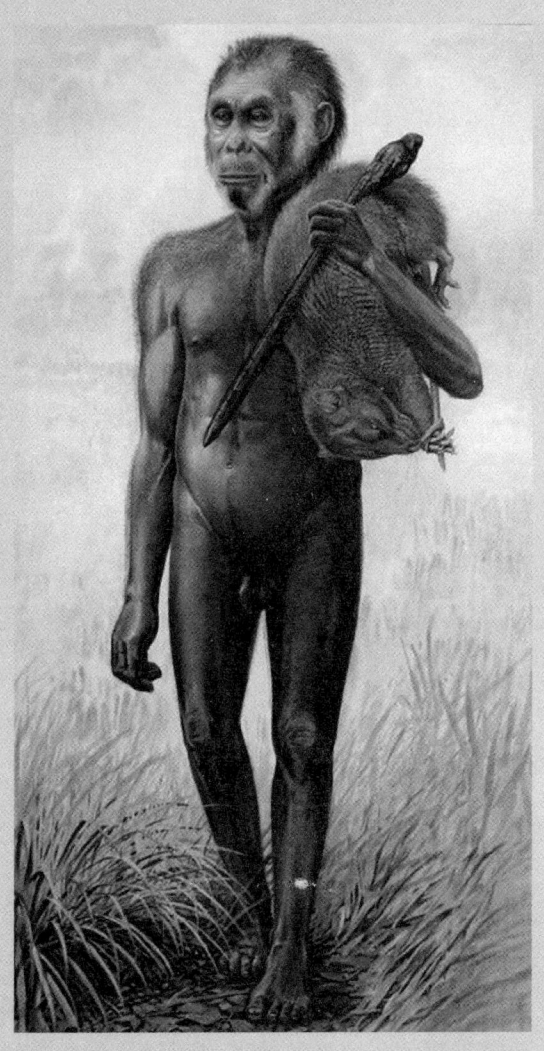

图 4-4　艺术家笔下的弗洛雷斯人

利亚人也最终适应了冰期晚期变化多端的自然环境。我们无法一一论及冰期晚期的所有社会，但是在远离澳大利亚的地球的另一边，欧洲和欧亚大陆上的狩猎-采集社会得以让后人一窥当时的居民是如何在那个消逝已久的世界里适应生存，并在偶然的情况下发展出一系列技能和手艺的。

科学专题

放射性碳测年

在距今约40 000年—2000年间,放射性碳测年是主要的测年方法。这种方法的基础在于,活着的有机体都是通过光合作用(photosynthesis),借助大气中的二氧化碳来积累自身的有机物(organic matter),二氧化碳在有机体和大气中所占的比重是一样的。有机体死后,C14(^{14}C)原子以一个已知的固定速率分解,每5730年一个半衰期。于是,通过测量样本中所剩^{14}C的数量,就能够推算出有机体的年代。但是,由于最初样本质量很低,所以探测能力有限,因此放射性碳测年所能测定的年代上限约为距今40 000年。

放射性碳年代可以从包括木炭、贝壳、树木和毛发在内的各种形式的有机物中获得。人们习惯上使用正比计数器来测量β粒子衰变率,但是AMS的使用大幅度完善了这一程序。每一次放射性碳测年都伴随有一个统计误差,这是一种标准差(standard deviation)。例如,如果测得的结果是2200±200年,那就意味着这一结果有200年的误差,有机体的年代有三分之二的可能介于一个标准差之间(2400年—2000年)。不幸的是,由于受太阳活动和地球磁场能量变化的影响,大气中放射性碳的含量随时间发生着巨大的改变。通过与从年轮中得出的精确测年加以校准,以及通过放射性碳测年(radiocarbon dating rings)-年轮测年建立起一条主要校正曲线,是有可能校正这些数据的。最早到公元前9000年的年代数据都可以与年轮做校准,更早则可与热带海洋中的珊瑚年轮相比对(亦可参见第5章有关AMS放射性碳测年的专题)。

4.3 冰期晚期的欧洲:克鲁马努人(约距今43 000年—15 000年)

第一批真正意义上的欧洲人被生物人类学家称为**克鲁马努人**(Cro-Magnons),以纪念法国西南部小镇莱埃齐斯(Les Eyzies)附近的一处岩洞。克鲁马努人在解剖学上与我们别无二致,他们四肢强健,头脑发达,外貌与其祖先尼安德特人存在着巨大的差异。克鲁马努人最晚在44 000年前就已经居住于欧洲东南部和中部地区,显然离尼安德特诸部很近。他们中的一些在40 000年前来到了法国西南部隐蔽的深山河谷中(图4-2)。到距今30 000年前时,随着尼安德特人的消失,克鲁马努人口大量增加。最后幸存下来的尼安德特人游团定居在了生物多样性丰富的地区,比如西班牙南端的直布罗陀地区。

克鲁马努人的生活

克鲁马努人进入欧洲时,恰逢一段短暂的气候温和期。但即使那时,气候条件和巨大的季节性反差也促使一些新器物和更先进的狩猎、觅食技能的出现。进入39 000年前以后,这些适应性变化的发展不仅迅速,而且相当引人注目。也就是在此期间,智人最终战胜了寒冬,人类的聪明才智和忍耐力在北方之地所经受的考验简直到了极限。期间,

图 4-5 澳大利亚威兰德拉湖区,人们正在对 22 000 年前的澳大利亚土著居民脚印进行发掘。

西欧和中欧的克鲁马努人创造出复杂而成熟的狩猎文化,这些文化不仅以多项技术创新著称,而且创造出了宗教和社会生活,这集中反映在他们的艺术传统中(也是世界上最早的艺术之一)。

上述活动的中心并不是广阔的平原地带,而是在法国西南部和西班牙北部的河谷中,在中欧部分地区如多瑙河盆地(Danube Basin)中。这些地区的深谷滋养了夏季繁茂的草地,以及一片由干草原和森林混合而成的景观,那里活跃着包括猛犸象、野牛、野马、野猪在内的各种耐寒动物。而到了冬天,崖壁洞穴和岩窟又能为人和动物提供温暖的栖身之所。每年的春天和秋天,成群迁徙的驯鹿都会经过这片地区,鲑鱼也在湍急的河流中溯游而上。克鲁马努人可能会在短暂的夏季迁徙到空旷地带去,并且从秋天到次年春天一直生活在更为安全的河谷中。他们不仅捕猎大型猎物,而且捕捉像北极狐(arctic fox)、海狸(beaver)、兔子、狼及鸟类这样的小猎物,同时还采集植物作为食物。距今 16 000 年前以后,他们又开始从河溪中捕捉鲑鱼、鳟鱼(trout)、鲈鱼(perch)和鳗鱼(eel)。

克鲁马努人之所以能在如此严酷而不稳定的环境中幸存下来,不仅因为他们是狩猎和觅食的行家里手,而且因为他们知道如何在寒冬保暖,以及如何贮存大量的肉类及其他食物以帮助自己度过饥荒时节。最重要的是,冰期晚期的欧洲生活,每个人都要学会适应,能够与他人合作,任何获取食物的机会来临时都要毫不犹豫地紧紧抓住。生存与否取决于多元化程度,以及能否永远不要只专注于一两种动物而无视其他。

一年中的大多数时间,克鲁马努人都以小群体为单位四处散居,靠各种各样的猎物和贮存食物生活。但到了春、夏两季和早秋时节,随着驯鹿及之后鲑鱼的大量出现,他们便聚合成大的团体而生活。这种一年一度的聚合期相当重要,因为社会生活在这段时间最为频繁和密集,人们组织联姻,举行各种仪式,互相用以物易物的方式交换原材料和器物等。随着冬天的临近,各个群体再度分散到为他们挡风遮雨的河谷中去,回到他们储存的食物和那些同样要躲避寒风的小型猎物群中去。

驯鹿对克鲁马努人的生存来说是至关重要的。在法国多尔多涅省(Dordogne)的莱埃齐斯附近的**阿布里·帕唐**(Abri Pataud)岩窟中,10 000多年来驯鹿在全部猎物中所占的比例始终多达30%(图4-6)。猎人们通常会把营地建在他们认为迁徙的驯鹿有可能经过的浅滩渡口附近。这种复杂的猎鹿变奏曲作为集体移动的长期模式的组成部分持续了若干个千纪,从至晚32 000年前起直到冰期末期。随着冰川的最终消融,在中欧和西欧的空旷平原和幽深河谷中出现了茂密的森林。这并不意味着这种生活方式在几千年里是一成不变的,因为环境的变化非常频繁。克鲁马努人由于具备了一整套有效而高度多样化的工具系统,并且拥有各种可以选择的食物来源,因此,可以随时应对环境变化所带来的挑战。

克鲁马努人的技术

克鲁马努人的技术非常多样,但究其本质却很简单。这取决于四个相互关联的基础因素:

- 仔细挑选纹理细密的矿石,如燧石、黑硅石或黑曜石以用作石叶形石核(blade core);
- 用上述石核制作相对标准化的两侧平行打制的人工毛坯,并以之生产更为专门化的切割、穿刺和刮削工具;
- 对凿(雕刻工具)的改良,从而使人们能够更加有效地加工鹿角和骨料;
- 使用一种所谓的**钻槽分裂技术**(groove and splinter)来加工鹿角和骨料。

作为人们为适应欧亚大陆和西伯利亚极端气候环境而采取的物质手段,这些技术创新对人类历史的未来走向产生了巨大影响。冰期晚期,各地的石器制作者对自己所使用的燧石等精细石料具有高度的选择性。对克鲁马努人来说,首要任务就是生产**石叶**(blade),一种平行打击(parallel-sided)的长条状毛坯,可以用来制造一系列专门器物以用于狩猎、屠宰、皮毛处理、木料加工、缝制衣物,以及在无树环境中生产某些鹿角器和

图 4-6　法国阿布里·帕唐岩窟发掘现场

骨器所必需的各种原材料。克鲁马努人非常重视石料的质量，为此他们甚至与相距遥远的邻居进行物物交换。一经获得，这种珍贵的原材料便被做成标准石核并在各个营地间传递。这种石核就像某种储蓄银行，其中储存的用来制作工具的石料需要时便可拿来生产毛坯。因此，一旦机会来临，克鲁马努人便能够即时做出反应，屠宰动物，或者从新猎获的驯鹿角上切下长条状的角料。

我们的文化中与之最接近的技术当属莱泽曼（Leatherman）多用刀具与瑞士军刀（或实耐宝[snap-on]）的机械工具（图 4-7）。作为多功能用具，它们都具备坚实的底座，并通过一套特殊的弹簧系统确保使用者能够得到多种不同的工具，从剪刀到钳子，应有尽有。而其在冰期晚期的对照物便是从原材料中所获得的石核和石片。

冰凿（burin）是克鲁马努人的一项重要工具，是一种用来雕刻细致线条的精致凿子。克鲁马努人用它进行木器制造，在动物皮革上切割沟槽，在鹿角、骨料和洞壁上雕刻造型，最重要的是，用它在鹿角、骨料和象牙上凿出长条状毛坯以生产相关制品（图 4-7）。许多这类器物都是有特殊用途的带倒钩的工具（barbed points），这种工具配有前柄，插入猎物的身体后前柄会脱落。克鲁马努人还有一些重要创新，特别是带针眼的针，乃是缝制冬衣的必需品；再比如**投矛器**（spear-thrower），一种带钩的装置，有时还很重，这一装置极大地提高了狩猎工具的射程和精准性。据说投矛器推射出去的矛击中目标的速度要比弓箭快得多。采用同样原理制成的顶端为带棘鹿角的矛和石棘武器既可以用来捕猎大型猎

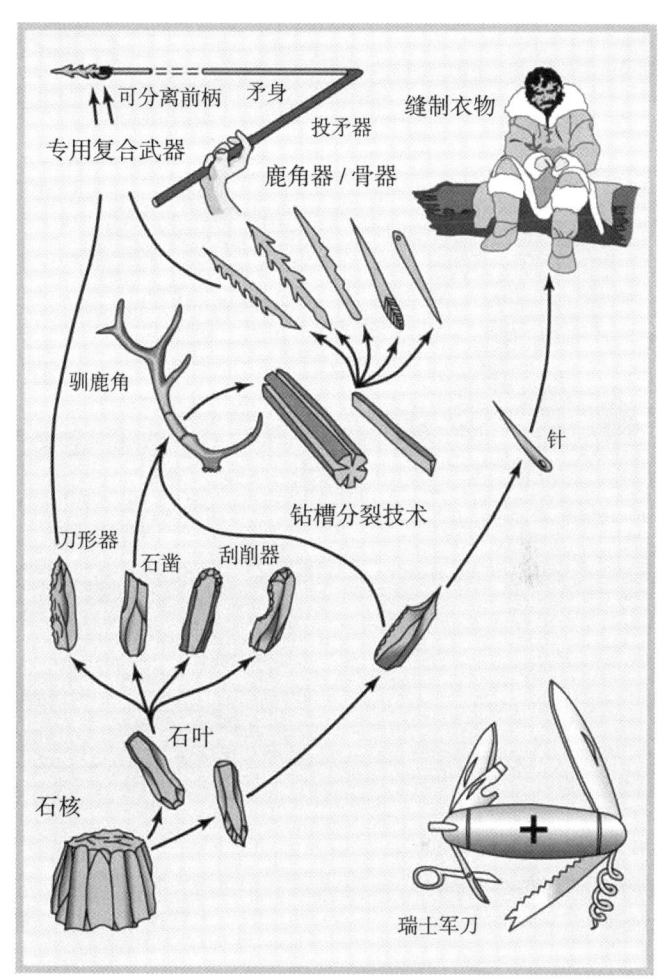

图 4-7 石叶石核技术的原理类似瑞士军刀,生产毛坯是为了制作用来加工鹿角和骨料的各种专门器物。

物,也可用来在浅水区捕捉鲑鱼,猎杀野兔,其至在冰期晚期演化成了弓和箭。

考古资料反映了 15 000 多年来克鲁马努人在技术进步方面所取得的成就。20 世纪 20 年代早期,法国考古学家步日耶(Henri Breuil)将法国西南部的冰期晚期诸文化归入著名的**马格德林文化**(Magdalenian culture,约 18 000 年—12 000 年前)的四个基本文化传统当中。马格德林文化以维塞勒河(Vezère River)畔的**玛德莱娜**(La Madeleine)岩洞命名,不仅有高度发达的技术,而且发展出了艺术化的表达形式及身体装饰的新概念与风格。

世界上最早的艺术

克鲁马努人所过的象征主义的仪式性生活,可能并不比已知非洲南部和澳大利亚同时代壁画艺术家们的更复杂,但它却是最知名,也是被研究得最彻底的。幸运的是,由于克鲁马努人是以洞穴内壁作为他们的画布,用耐久的鹿角和象牙而不是易腐烂的木

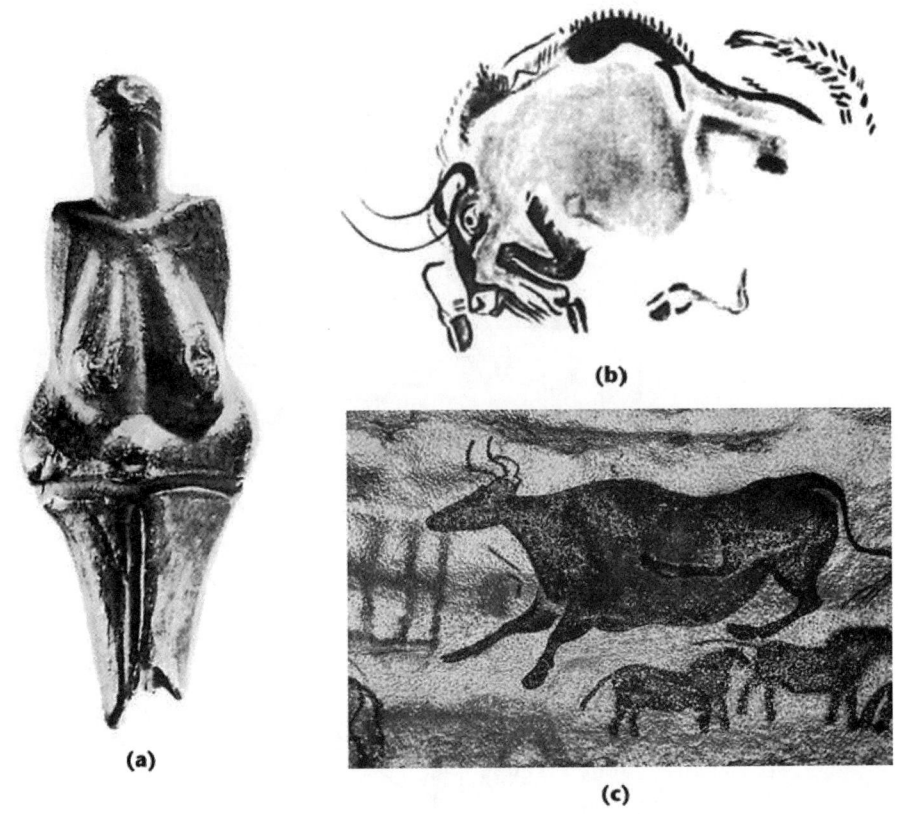

图 4-8　克鲁马努人的艺术。(a)中欧摩拉维亚出土的下维斯特尼采(Dolni Vestonice)爱神像；(b)法国拉斯科洞穴壁画中的野牛；(c)西班牙北部阿尔塔米拉岩窟内一处洞室中，绘于天然岩壁突起上的野牛。上述三处作品的年代均在公元前 25 000 年—前 12 000 年间。

头和皮革作为调色板，因此大多数壁画被保留了下来。

　　最早的洞穴艺术是与对身体装饰的新的关注，尤其是穿孔的食肉动物牙齿和海螺壳等饰品一起出现的。这种对身体饰物的探索，可能意味着人们已经意识到这样的饰物可以定义和传达一个人的社会角色——性别、团体隶属关系等等。冰期晚期的人们已经掌握了一种能力，可以对某些具体的视觉图像进行思维，像吟咏、背诵和歌声那样使用它们来分享和表达所见所想。由此产生的复杂而缤纷多样的艺术传统持续了 25 000 多年。

　　欧洲和欧亚大陆上幸存下来的克鲁马努艺术仅占当时艺术总量的很小一部分，因为几乎可以肯定当时的艺术家使用的是易腐烂的材料——黏土、木头、植物纤维、树皮、皮革，以及羽毛。同样，毫无疑问，他们已经开始使用红色的赭土及其他天然色素在身体上彩绘作为装饰。这一幸存下来的艺术形式广泛分布于从北非到西伯利亚的大片地区，其中尤以西班牙北部、法国西南部，以及欧洲中部和东部为主要中心。艺术家们在洞穴壁上描画动物，偶尔也画人和简单的图案：线条，复杂的画面，奇怪的图形。这些艺术家们还具有惊人的雕刻手艺,他们在鹿角、骨头和象牙上雕刻出结实的野牛,以细腻的笔法呈现出眼睛、鬃毛和毛发的每一个细节。人们还用象牙、软石和烘焙的黏土做成人形或动物状的小雕像,著名的维纳斯女神像描绘的就是各个时代的女性们(图 4-8a)。由于这些女性的身体多有裸露,因而它们的重要性被我们忽略了。克鲁马努人绘有大量的人物画像,维纳斯女神像就是其中很寻常的一部分。

克鲁马努人的艺术大都充满了张力,其中有许多都集中在法国西南部的拉斯科洞穴(Lascaux)和**三兄弟洞穴**(Trois Frères),以及西班牙北部的**阿尔塔米拉**岩窟这样的重要遗址周围(图 4-8,也可见"法国肖维岩洞"专题)。这些地区很可能有着不同寻常的宗教和象征意义,这里的仪式性场所不仅供本地人使用,也允许远道而来的异乡人使用。其他遗址则作为宗教场所偶尔用来举行一些重大仪式。这在法国阿里埃日(Ariège)地区的**蒂多杜贝尔**(Le Tuc d'Audoubert)洞穴壁画中得到了淋漓尽致的展现:在远离洞口的一处偏僻低矮的洞室中,两只线条逼真的黏土野狼砥石而立,大小约为原型的六分之一,显然出自能工巧匠之手。在眼睛、鼻孔等处都有尖状物留下的痕迹。即使在黑暗的洞室里,古代人类的脚后跟痕迹在模型四周依然清晰可见。许多此类洞穴壁画和雕刻也是长久不见天日的("法国肖维岩洞"专题)。在许多洞穴中,潮湿的黏土成功保存了成年人和儿童的脚印,这可能属于那些到偏远的地下洞穴参加仪式的新加入的小团体。其中一些洞穴之所以被人们使用,是因为它们有着良好的回音和共振效果。

人们很难轻易对旧石器晚期(Upper Paleolithic)的艺术形式做出解读,因为它们所传达的象征主义信息来自一个早已逝去的世界。但是,那些壁画和雕刻还是那样栩栩如生,而且在那种漆黑一片的环境中,在摇曳的现代人造光源照耀下,它们看上去要比原型更大。创造这些艺术的古人们究竟只是为艺术而艺术,正如某些艺术史家和考古学家所宣称的那样?还是因为在出征打猎之前他们必须象征性地把一些猎物杀掉? 这些解释都过分简单了,因为我们可以断定,这些艺术的动机绝不仅仅是装饰性和生存需要那么简单。

今天,我们对象征性行为及其所伴随的艺术形式的了解更加丰富,对觅食者社会的运作方式也不再陌生。这些社会以视觉的形式来展示各种建筑,并赋予生命以意义。在克鲁马努艺术家们看来,动物和人的生命之间,人与其社会之间存在着明晰的连续性。因此,他们的艺术就是对这些连续性的一种象征主义的表述。**萨满**(shaman,出自西伯利亚的通古斯语[Tungus]中的 saman 一词,意为"祭司"),即祭司或灵媒,对全世界的觅食者社会和农业社会来说都是至关重要的成员。这些人被认为具有不同寻常的精神力量,能沟通诸神和祖先的世界。通过出神(trance)和吟诵,他们可以向祖先求情,并规定世界与宇宙万物的秩序——生灵与自然环境之间的关系。有些专家论证说,或许许多洞穴艺术都与萨满仪式有关,而动物的形象即代表了神兽形象或萨满的生命力。

有些艺术也可能与某种成人仪式(initiation rites)有关,这种仪式在惊险而艰苦的考

遗址专题
法国肖维岩洞

1994年12月18日,3位爱好考古学的法国洞穴探险家爬进了位于法国西南部阿尔代什省(Ardèche)某峡谷的一处狭窄的入口。一股冷风从一条被堵住的通道中传来,他们拖出一些巨砾,躬身来到了一片饰有精致的方解石石柱的洞室密网当中。令他们惊奇的是,灯光下赫然出现了人类的手印,接着是绘有猛犸象、洞狮等动物的壁画。3位探险家"被一种奇怪的感觉紧紧抓住了。一切都是那么美丽,新奇,几乎达到了极致。时间停止了,仿佛横亘于我们和壁画作者之间那成千上万年已然消失不见"。(Chauvet,Deschamps,and Hillaire,1996:42)

肖维岩洞(Grotte de Chauvet)的洞室中包含一系列冰期晚期以来形成的壁画和雕刻。地上的灶坑仿佛昨天才刚刚熄灭。将燃烧的火把在墙上摩擦去除木炭以便继续使用。洞室中的壁画超过300处(图4-9),洞顶上绘有若干匹黑马,犄角弯曲的野牛,两只犀牛正怒目以对。画面中的马佩戴着半开口的套口,眼睛被描绘得细致入微,栩栩如生。还有狮子、牡鹿,甚至还雕刻有一只之前从未见于洞穴壁画中的猫头鹰,这些艺术品总长度超过10米。从洞室再往里走,会发现地上有一块从洞顶掉落下来的岩块,岩块上有一只熊头骨,再往后则是一小片用火的遗迹。岩块周围密布着30多块被方解石覆盖的熊头骨。在最后一间洞室中,人们发现了一条10米长的装饰带,其中的动物以狮子或母狮(无鬃毛)、犀牛、野牛和猛犸象为主,右边则站立着一个手提野牛头的人的形象。发现者们这样写道:"在我们看来就仿佛一位男巫在监管着这条巨大的装饰带。"(Chauvet,Deschamps,and Hillaire:110)

这些壁画的作者都是透视画法的大师,他们通过将动物的头部重叠以营造出动感,并给人以为数众多的感觉。他们甚至在绘画之前就在某些洞壁上挖洞以使所绘形象更加生动,呼之欲出。为营造出色彩的明暗对比效果,他们还会徒手将颜料涂抹在岩石上,从而获得不同的维度和色调。

通过对两只犀牛和一只大野牛的样本以加速器质谱法(AMS)进行放射性碳测年,测得年代为公元前34 000年前后的1300年,从而确认这些洞穴壁画为世界上经可靠测年测得的年代最早的艺术。另外,从洞壁上遗留下来的火把样本中得到的两个数据约为公元前24 500年,而从地面上采集到的木炭样本给出的数据约为公元前22 500年,这也就意味着人类曾在至少10 000多年的时

验之外还必须能通过一段漆黑阴暗的通道。几乎可以肯定的是,这种艺术是一种与环境等相关的知识代代相传的方式。举例来说,澳大利亚土著居民(Aborigines)致力于记忆大量关于其领地的信息,而这种信息又与其祖先想象的和象征主义的世界密不可分。许多这类信息对生存有着不可替代的作用,并通过典礼和仪式代代相传,永不中断。

4.4 欧亚大陆的狩猎-采集者(距今45 000年—15 000年)

从大西洋一直延伸至西伯利亚的广大干草原-苔原地带,其自然环境远比无风无浪

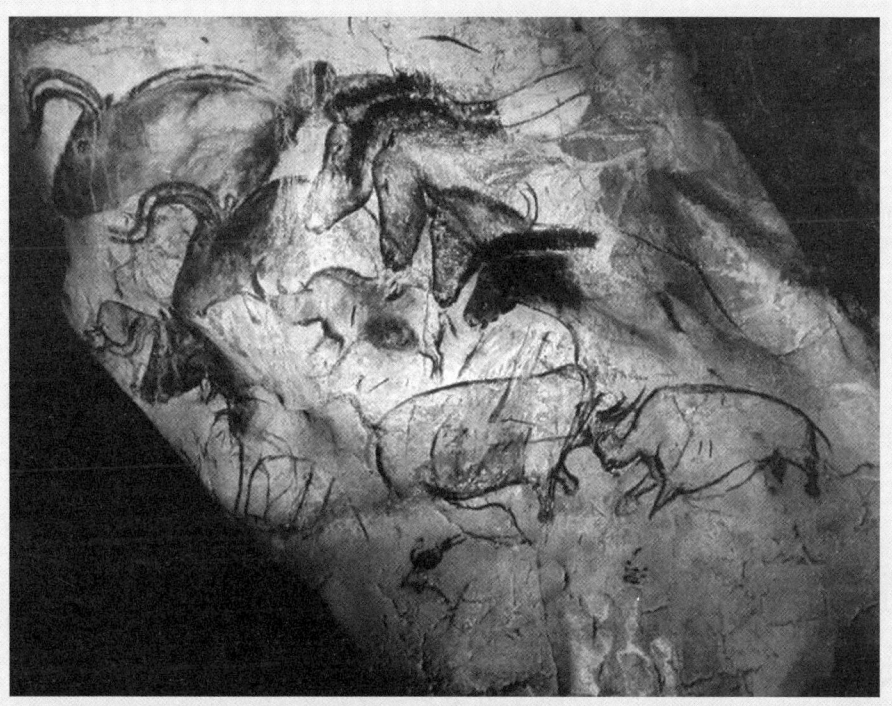

图 4-9　肖维岩洞中由冰期晚期的克鲁马努人绘制的野马、公牛和犀牛，约距今 36 000 年—24 000 年前。

间里多次造访肖维岩洞。是否是他们在这段时期绘制了洞中的壁画尚不得而知，但 AMS 测年法最终会给出人们答案。

肖维岩洞是一处熊洞，是这些巨大的动物冬眠的地方。有趣的是，洞穴壁画中的许多动物都是冰期晚期的怪物图谱（bestiary）中最危险者：熊、狮、猛犸象、犀牛、野牛，甚至偶尔还有敏捷而凶残的欧洲野牛。或许人类在黑暗中循着这些动物的气味，来到这满是爪印、坑洞、足迹和散落的骨头的洞穴里，目的是为了获得这些猛兽们的威力。

的西南欧河谷恶劣得多。要想在这里长久地生活下去，冰期晚期的人们必须找到能抵御冬季严寒的营地，并且不仅要会使用骨针和皮革制造暖和的衣物，还得学会在无树的环境中搭建生活住所。18 000 年前的盛冰期之前，在横穿这些平原地区的浅水河谷中只生活着少数几个狩猎大型猎物团体。自此之后，人口出现了相对较快的增长，每个集团都以一个河谷为中心，那里猎物频繁出没，即使在短暂的夏天仍能找到植物和鱼类。就是在这些河谷中诞生了形式最为复杂的冬季营地。在第聂伯河（Dneipr River）畔的**梅兹里克**（Mezhirich）就坐落着这样一处营地，这是一处像模像样的圆顶房屋建筑群，用猛犸象骨骼搭建出复杂的外观。外墙用猛犸象的头骨、下颌骨和四肢骨砌成。完整的椭圆形屋顶直径约有 4.8 米，屋顶以动物皮革和草皮铺成，进入的通道则为地下式。在这样巨大的无树环境里建造房屋，使用猛犸象骨骼是顺理成章的。有人曾推算，大概需要 15 个工人连续工作 10 天才能建起这样一座房屋，所需要的劳动量要比建造一个简单的营地或狩猎聚落大得多。

索弗（Soffer）认为，一年中大约有 6 个月的时间，一些 30—60 人的团体会来到这些营地上生活，梅兹里克就是乌克兰的几座重要营地之一，相比那些规模更小的专门聚落，这些遗址中所出土的动物骨骼更具多样性（见图 4-10）。猛犸象骨房址中还出土了许多属于毛皮动物（如海狸）的骨骼，以及许多舶来品和装饰物，如来自附近基辅（Kiev）的闪亮的琥珀，以及来自遥远南方的黑海贝壳。与相邻社区交换来的物品主要是一些没有实用价值，但蕴含着强烈社会和政治色彩的奢侈品。许多这类物品很可能是仪式性的，用来确认某些重要的意识形态，并确保信息的交换和日常生活中的协同合作，就像冰期晚期世界上的其他地方一样。

在冰期晚期，东至西伯利亚贝加尔湖（Lake Baikal）的大部分干草原-苔原地带都有人居住，但并不是通过主动的迁徙，而是由觅食者的自然生活动态所致。这些地带的猎人们生活在高度机动的小型游团中。随着一代代的繁衍生息，这些游团逐渐联合起来，子孙后代们便迁徙到了附近尚无人居住的河谷中。一段时间之后，数千平方千米的干草原-苔原便被四处散落的人群占据，他们绝大多数集中于河谷周围，时不时到广阔的平原上探险，一直处于迁徙状态。正是通过这种自发而频繁的动态迁移，这种极端的社会灵活性和机会主义，人们才首先移民到西伯利亚外围地带，继而来到了美洲。

干草原-苔原地带越过贝加尔湖以北和以东地区，一直延伸到太平洋沿岸，直抵更多冰期晚期狩猎人群的家园，这从湖畔和河谷中的一些聚落便可判知。他们是广泛传播的冰期晚期文化传统的组成部分，这种文化反映了智人是如何在包括亚洲中部和从贝

图 4-10　艺术家对乌克兰梅兹里克遗址的两座猛犸象骨屋所做的复原图

加尔湖以西到太平洋沿岸的西伯利亚南部地区在内的这一大片区域内，做出各种各样的适应性发展的。但是，这些西伯利亚狩猎者又是从哪儿来的呢？他们到底是起源于西方，还是要到南方的中国去寻找他们的文化根基？这些问题直指世界史前史领域最富争议的问题之一——最早的美洲人是何时出现的。

4.5 东亚地区（距今35 000年—15 000年）

对史前亚洲的了解足够使我们意识到这一地区在冰期晚期并不是一块落后的边缘地带。我们不能简单地认为从乌克兰和干草原-苔原西部来的大型猎物狩猎者渐进式地向东北移民到了西伯利亚以及之后的美洲。而毋宁说，现代人向中亚、中国北方和最遥远的东北部的扩散，是一个最晚在40 000年前就已经开始了的复杂过程。

许多生物人类学家认为，直立人最初只是一种生活在热带和亚热带地区的动物，它们首先出现于较温暖的中国南方，然后向北辐射至更温和的自然环境中去。但问题是向北有多远？直到距今35 000年前，位于干旱的蒙古草原上的黄河流域才出现一些人类居住的迹象。类似这样空旷的环境以及干草原-苔原地带只能供养群居性最弱的觅食社会，那种高度

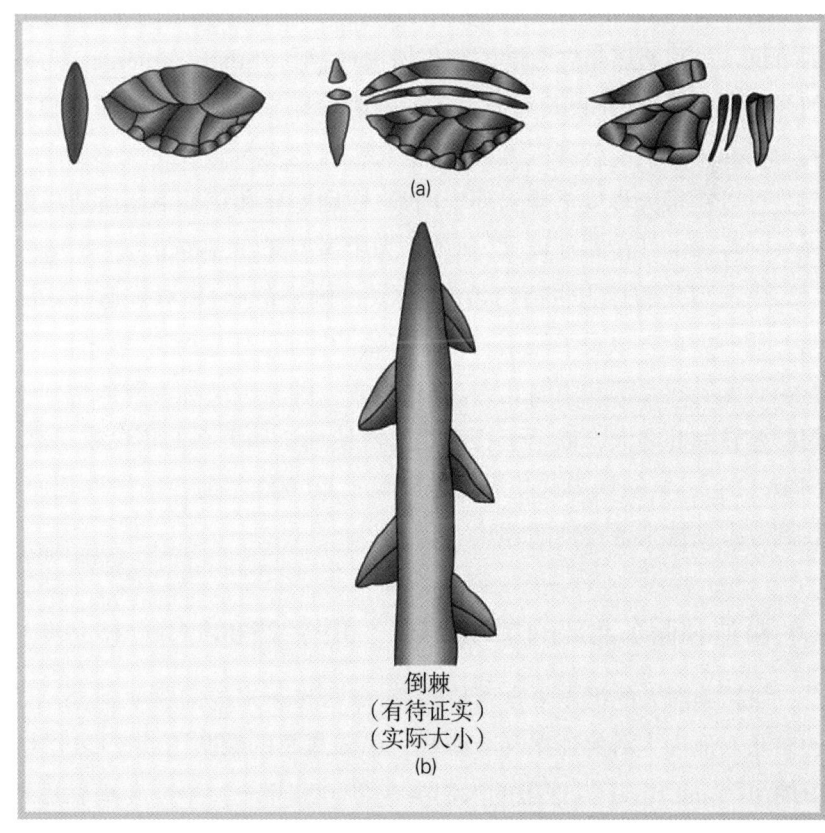

图4-11 细石器技术。(a)西伯利亚细石叶由极小的石叶以楔形石核制成，这种精致锋利的器物可被装在矛或骨器顶端。(b)冰期结束后使用的细石器是通过砍削（notching）和击打（snapping）石叶制成的。

依赖移动性和便携式工具的人群,是冰期晚期最早创造出细石器的人群之一。

细石器(microlith,这一术语源自希腊语中的 micros,即"小的",以及 lithos,即"石头")是一种相当独特的人工器物,由一些细心制成的楔形、锥形或柱形石核打制而来(图4-11)。从大小上判断,细石器应该是被用来装配在鹿角、骨制或木制矛柄上充当矛的倒棘、箭头或小刀和刮削器。细石器的粗略形制最初于至少30 000年前出现于中国北方,并在25 000年—20 000年前广泛传播开来,很快便在干燥而广袤的干草原-苔原地带——生活在这里的人们非常重视移动性和便携式工具——流行起来。冰期晚期,西伯利亚出现了一种类似的细石叶(microblade)技术。然而,我们并不知道,亚洲东北部这些最早的人类究竟是只使用这种小型工具,还是在他们更为笨重的武器中也包括带有锋利尖状器的石镞矛。不幸的是,有关中国北部、西伯利亚东北部和阿拉斯加的考古学进展比较缓慢,因为恶劣的自然环境使得人们只能开展两个月——有些地方是一年——的田野工作。对于这一广大区域以及美洲最早的人类,我们也只能略做推测。

中国型牙和巽他型牙

毫无疑问,最早的美洲人是从西伯利亚来的,但其最终祖先的归属问题却存在很大的争议。亚利桑那州立大学的克里斯提·特纳(Christy Turner)长期致力于美国印第安人的牙齿类型研究,并将其与旧大陆上的诸种群相比较。他的研究显示,人类牙齿的牙冠和牙根暴露了史前各特定人群之间的关系。这些牙齿比绝大多数的进化特征都要稳定,而且可以在很大程度上排除环境因素、性别差异和年龄不同所造成的影响。特纳尤其关注一种特殊的牙齿特征模式,他称之为**中国型牙**(Sinodonty)。

中国型牙的标志包括门齿的铲形(内侧呈铲形)和双铲形(内外侧均呈铲形),上颌第一前臼齿单根以及下颌第一臼齿三根。中国型牙是所有美洲印第安人的共同特征,也常出现于亚洲北部和中国北方。其他蒙古人种被特纳称为**巽他型牙**(Sundadont),二者之间的差异如此之大,以至于特纳相信西伯利亚和美洲的移民就是来自亚洲北部有着中国型牙的人群,他认为这些人就是最晚于40 000年前在中国进化而来的。问题是如何找到考古证据来证实他的理论。

4.6 西伯利亚东北部的早期人居(?距今25 000年—15 000年)

如果美洲人的祖先来自西伯利亚,那么接下来的问题就是,最早有关人类在最偏远的东北亚地区生活的证据又有哪些?已知最早的聚落出现于距北冰洋140千米之遥的亚纳河(Yana River)。这里的人们早在27 000年—25 000年前就已经开始狩猎猛犸象、野马等动物,这一时期较之冰期晚期的极寒气候气温稍有升高,彼时东北亚极北之地人口可能已经出现下降。

位于阿尔丹河谷(Aldan Valley)中游的**杜克泰洞穴**(Diuktai cave)中出土了一些关于人居的最早物证。俄罗斯考古学家尤里·莫查诺夫(Yuri Mochanov)在那里发现了距今14 000年—12 000年前的猛犸象和麝牛(musk ox)骨骼,与此伴存的还有一些打制的矛镞、石凿、细石叶等旧石器时代晚期的石器。与杜克泰遗址最相似的早期遗址当属同位于阿尔丹河畔的**维克海-特洛蒂斯卡亚**(Verkhene-Trotiskaya)遗址,放射性碳测年为距今18 000年前。接着,在亚洲东北部的广大区域,横穿阿拉斯加的白令海峡(Bering Strait),向南直达不列颠哥伦比亚,到处都发现了细石叶和典型的楔形石核。而最早在最边缘的东北部广泛分布的遗址则要晚得多,可能不会早于公元前约13 500年。

有了细石叶和楔形石核,杜克泰文化似乎可以跟广泛遍布于中国的细石叶文化联系起来,那么似乎也就有充分的理由在杜克泰文化传统和发现中国型牙的中国北方,以及发现了细石叶的阿拉斯加和不列颠哥伦比亚之间建立联系。那么,杜克泰人就是最早的美洲人吗?这种可能性几乎为零,因为最近在阿拉斯加的发现表明,冰期刚刚结束,北美洲的极北之地就涌现出了很多不以细石器为工具的觅食者,而杜克泰风格的细石器出现较晚,大约在公元前9000年。

杜克泰人——甚至更早的居住者们——穿越连接阿拉斯加和西伯利亚风暴猛烈的干草原-苔原陆桥的时间尚是一个未解之谜。我们甚至不知道他们以何维生,只知道他们可能捕猎各种北极动物。他们可能已学会捕猎海洋哺乳动物、鱼类,使用独木舟。遗憾的是,他们的遗址早已被深埋于白令海峡的海水之下。

4.7 最早的美洲人(?距今15 000年—公元前11 000年)

整个末次冰期期间,白令陆桥始终将西伯利亚东北边界与阿拉斯加连接在一起。在较温暖的中间期,这里还只是一道狭窄的地峡,到了盛冰期时已变成一片广阔的平原。因此,理论上在过去整整10万年里,人类可以不使用独木舟便能从旧世界来到北美洲。这就出现了世界史前史上的几个重大问题:人类是何时以及如何移民来到美洲的?

围绕着最早的美洲人所产生的争论迄今仍未停止。大多数专家认为最早的美洲人在解剖学意义上已经是现代人了。这一有力的论证支持最早的移民出现于过去的45 000年里,尤其是近来的线粒体DNA研究提出美洲人口中存在着多达4种mtDNA世系,并且有一个相当可观但尚未界定的时间纵深。对移民到来时间的不同看法将考古学家分成两个阵营。有些科学家强烈支持距今30 000年前的一处冰期晚期遗址,甚至可能还要早15 000年。这些看法使得他们与大多数美国考古学家形成对立,后者认为人类最早是在冰期即将结束时来到阿拉斯加的，可能当时恰逢陆桥被淹没，时间在距今15 000年以后。我们将密切关注这两种观点。

30 000年前的聚落？

有关早期移民的论点是以一系列遗址为基础的，其中大多数位于南美，这些遗址均只出土了一些零散的貌似可疑的石器，有时还伴有一些动物骨骼，除此再无其他。这里就出现争议了，被一位考古学家确认为是石器的，却被其他考古学家否决。遗憾的是，大多数这类关于早期移民的观点都不是建立在对器物及其周围环境进行细致、科学的探究基础上的，而主要是由于个别考古学家主观愿望上宁愿相信这少量的打制石器是人为制造而不是自然产生的。举例来说，如果一个人在一处——例如秘鲁洞穴深处——发现了一些35 000年前的石器，这并不足以说明这些器物就是人工制作的。排除了所有合理的科学怀疑之后，他必须能证明它们确实出自史前人类之手，而不是从悬崖峭壁上跌落，或被曾经穿过洞穴的河流带来的鹅卵石击打而成。这种研究是相当费时费力的。而且在绝大多数宣传被定性的早期遗址中都没有开展这方面的研究。

在更往南的智利南部地区，美国人类学家汤姆·迪勒黑（Tom Dillehay）在一条小溪畔发现了一处重要的聚落。**蒙特沃德**（Monte Verde）在公元前12 000年—前11 800年间曾被一群建造简单木屋的觅食者所占据。据说在一层较低的31 000年前的地层中出土有破碎的卵石和木头碎片，但是对这些地层的发掘相对有限，根本不足以证明在这么早的地层上曾经有人类生活过。

理论上我们没有任何理由说智人不可能在距今25 000年前从白令海峡向南迁徙，但还是缺乏有关早期人类曾在西伯利亚居住的确凿证据，更别说美洲了。到底这是因为美洲尚未出现移民，还是因为出现的人口数量太少，流动性太大，因而留下的资料很少甚至没有？这一点目前尚存在争论。该领域之外的一位观察家，非洲考古学家尼古拉斯·图斯给出了一条重要结论，即太过依赖孤立的发现毫无意义。与其如此，不如致力于寻找一些极早期人居的形态，寻找在广大的区域里曾普遍出现，并真正反映早期普遍遗存的器物和人类活动的典型分布特征。正是这些形态模式记录了地球上最早出现的人类活动。迄今为止，新大陆上人居的连续分布可测至冰期以后，即距今15 000年以内。但是我们要再次强调的是，将来是有可能发现更早的人居的，但是到目前为止证据尚不具备说服力。

另一种说法认为最早的人居出现于末次冰期的一段短暂的升温期，即距今3万年—2万年间。这可能是在冰期晚期的盛冰期阻断阿拉斯加以南人类运动之前不久，这一阻断一直持续到了13 000年前。

遗址专题

智利的蒙特沃德遗址

蒙特沃德是位于智利南部一处小河谷中的一座溪畔聚落，遗址被泥炭沼覆盖，因此，石器、骨器和木制品都被很好地保存了下来。汤姆·迪勒黑对这一遗址进行了认真细致的发掘，并经放射性碳测年测定为公元前 12 220 年—前 11 390 年。迄今为止，只有部分遗址已被发掘，并露出了两排平行的据说是矩形的房址，房址通过相连的墙体连接在一起。这些被覆盖的房子宽 3—4 米，房基由原木和天然木板构成，房屋框架也为木制。房址中还发现了以黏土衬里的灶膛，以及木杵和大量植物性食物。不远处有一个叉形构造，其中出土有嚼过的一种叫作 Bolo-plant 的植物的叶子（现在被用来制作药茶）、乳齿象骨骼及其他一些工作垃圾。因此，这里很可能是一个工作场所。

蒙特沃德人利用了相当多种类的植物性食物，其中包括野生土豆。同时，他们也捕猎一些小型猎物，可能包括一些哺乳动物，如已经灭绝的骆驼和乳齿象（但他们也可能是通过寻腐来获取这些肉类的）。蒙特沃德位于森林当中，整年都出产丰富的植物性食物。几乎可以肯定，该遗址是一处长期营地。令人惊叹的是，90%的石器是未经修饰的鹅卵石。很明显，木材是蒙特沃德最重要的原材料，曾被用来制作矛和掘土棍，并给石制刮削器装柄，其中有 3 个刮削器在出土时还嵌在木把手里。在南美洲其他地方，其中最南到巴塔哥尼亚（Patagonia），也发现有与蒙特沃德类似的简单的打制石器（flaked-stone），但这里是第一处出土更复杂器物的遗址。

距今 15 000 年以后的聚落？

大多数美国考古学家都认为聚落的出现是一个较晚期的现象。根据最新的推测，有几批人可能于冰期晚期时来到阿拉斯加，时间大概在距今 15 000 年以前。彼时，巨大的冰原覆盖了北美洲北部的大部分地区，成功阻断了前往中部北美大陆的通道。距今 14 000 年以后，这些冰原迅速退去，从而使得移民开始稀稀落落地来到平原地区，进入一个新的大陆中去。

这一假设有两个基础，一个是有关西伯利亚东北部地区最早聚落的最新资料，一个则是迄今为止有关北美洲人居的年代最早的确凿证据，后者年代测定为距今 14 000 年—12 000 年前。包括位于宾夕法尼亚州的**梅多克罗夫特岩窟**（Meadowcroft Rock Shelter）以及俄勒冈州的**福特岩洞**（Fort Rock Cave）在内的一些遗址很可能就是属于这一时间框架之内的，同属这一区间的还有中南美洲的一系列分散的遗址，如墨西哥的**瓦尔斯齐洛**（Valsequillo）遗址、委内瑞拉的**塔玛塔玛**（Taima Taima）遗址，以及前面提到的智利南部的蒙特沃德遗址。所有这些遗址都出土有一些石器，偶尔会发现石镞

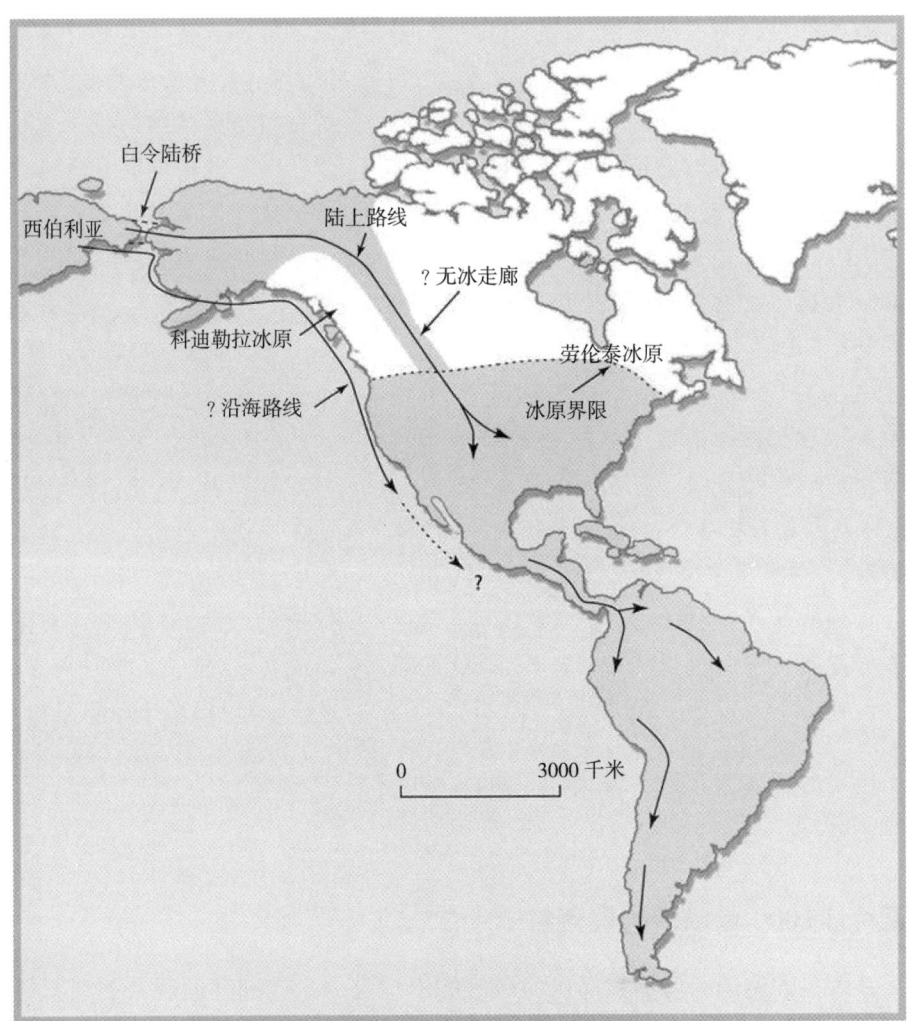

图 4-12 第一批美洲移民的路线图。沿海路线现已被深埋于现代海平面之下。

(projectile point)。大约在公元前 9200 年以后,考古遗址的星星之火发展成为燎原之势。在北方冰原的南部边缘和极靠南的麦哲伦海峡之间,现在发现了一些**古印第安人**(Paleo-Indian,希腊语中 paleos 意为"古老的")聚落。("古印第安人"这一术语通常用来指称那些最早来到美洲的史前居民,他们最早可追溯至公元前 6000 年左右**古风**[Archaic]时期开启之初。)

那么,古印第安人是如何从北极圈附近向南进入北美洲的心脏地带的呢?(见图 4-12)他们是不是专门狩猎大型猎物的猎人,在冰原消融之时,为追寻小群的动物而向南穿过位于落基山脉以东的北美洲两大冰原之间日渐扩大的走廊?还是说这些美洲最早的居民实际上是专捕海洋哺乳动物的狩猎者和渔民,乘着独木舟,从西伯利亚出发,一边沿地势较低的海岸线南行,一边捕捉鱼类和海洋哺乳动物?他们的后代是否也沿太平洋沿岸向南进入到更温和的海域?围绕这些实际上根本不存在的考古证物,人们再度展开激烈的论战。或许无论是沿海聚落还是内陆遗址都是在风云流变的冰期晚期出现的。我们之所以没有答案,部分原因是当时的沿岸遗址现在早已被深深地埋葬于现代海平面之下了。

目前,大多数考古学观点倾向于认为美洲人类遗址应该是在冰期最末期相对较晚时出现的,但随着未来研究的进展,这一推测完全有可能发生根本性的转变。

但是,最早的聚落是因何出现的呢?最早的美洲人十有八九与食肉动物有着相同的行为模式。他们终日追踪着猎物群,其中可能还包括已成为其生存的重要组成部分的海洋哺乳动物。当西伯利亚的猎物群在末次冰期中最冷的千年里迁徙到白令陆桥上时,猎食它们的人类也尾随而至。位于东部——阿拉斯加——地势更高的地区遂形成了上述狩猎区的一部分。

4.8 克洛维斯人(约公元前 11 200 年—前 11 000 年)

保存完好的最早的古印第安聚落是与独特的**克洛维斯带槽尖形器**(Clovis fluted points)联系在一起的(图 4-13)。克洛维斯传统以新墨西哥州的克洛维斯镇命名,曾在约

图 4-13 两件精美的克洛维斯尖形器,出土于北美大平原上的一处人工储藏窖中。

公元前11 200年—前11 000年间以各种不同形式活跃于北美洲和中美洲的许多地区。虽然克洛维斯文化只是一种土生土长的北美洲文化传统，但其根源却存在于一些北方觅食者文化中，例如早在公元前11 800年就出现于阿拉斯加的**隐藏猛犸象**（Hidden Mammoth）遗址和一些**台地**（Mesa）遗址，那里的觅食者们会在捕猎时使用矛镞。其实，这些遗址充其量不过是一些骨骼、灶坑（火塘）和石器，它们是阿拉斯加有人类居住的最早证据，并且在更早的传统如西伯利亚的杜克泰文化中没有直接的对应物。

克洛维斯文化最常体现在不时发现于北美平原上的猛犸象和野牛尸骨，但这种说法也极具误导性。这些平原于冰期末期实现扩张，平原上茂盛的矮草供养了各种大型猎物，如野牛、猛犸象及其他反刍动物，生活在平原上的克洛维斯游团就是靠捕猎包括这些动物在内的各种大大小小的猎物维生的。他们有着很强的流动性，经常在河边溪畔和固定水源附近安营扎寨。他们杀死猎物，并在其尸体附近露营。

尽管如此，却不能说克洛维斯人就是纯粹只捕捉大型猎物的猎人。他们不仅在空旷的草原上居住，而且也在林地、苔原、沙漠和沿海地区生活。在有些地区，可食用的野生植物很可能至少与猎物有着同等重要的地位。捕猎鱼类和海洋哺乳动物在当地生活中同样也有相当重要的意义，尤其是在那些海岸线上升的沿海地区。但是，不管克洛维斯人及其同时代人曾经食用哪些食物，大型猎物都是非常重要的，因为毕竟它们是相对丰富的肉类来源。

各地的克洛维斯人口都不多。他们拥有非常易携带的工具，因为他们所掌握的打制石器技术（stone-flaking technology）能够生产出纤细的**带槽**（fluted）尖形器。猎人们把这些尖形器装到长长的木矛柄上，有时还会把矛头接到一个充当铰链（hinge）的可拆卸前柄上。当矛被刺进动物体内时，前柄会自行脱落，使得这种锋利的尖形器一直待在伤口中。与后期的古印第安人群体和旧大陆上的那些冰期晚期狩猎者一样，克洛维斯人也是徒步追捕猎物，并依靠其追踪技巧和投掷棍棒（**梭标投射器**[atlatls]）的精确性来捕杀猎物。

克洛维斯人的起源至今完全是一个谜。但是，大多数专家认为他们最终起源于活跃于阿拉斯加和东北亚地区的冰期晚期觅食者。如果最早的美洲人是在约15 000年前来到新大陆的，那么人们在这块处女地上的传播速度可以说是相当迅速的。到公元前10 000年时，石器时代的觅食者已经出现在了美洲的各个角落，虽然总人口只有几万人，但他们成功地适应了你所能想象到的当地各种环境特征。

而这一时期，末次冰期早已结束，北方巨大的冰原也正在快速地消退。气温迅速上升，许多冰期晚期的大型猎物灭绝了。第一批美洲人的后代们以各种不同的方式适应了这些新环境，其文化变迁的轨迹最终导致一系列光辉灿烂的美洲印第安社会在15世纪晚期与欧洲人相遇。

随着美洲首次出现人类聚落,智人伟大的辐射过程至此已接近完成。这是人类的第二次大辐射,也是世界史前史上最重要的发展。它不仅为现代人类带来了巨大的生物和文化多样性,而且还孕育出食物生产、村落生活、城市文明以及太平洋诸岛上聚落的出现——这些恰恰是我们这个多元而复杂的世界的根源所在。

4.9 小 结

本章讲述了冰期晚期时,在进入距今45 000年以后,智人从非洲和亚洲西南部向欧洲和欧亚大陆的传播。此时,随着解剖学意义上的现代人在距今45 000年以后取代尼安德特人,人类在狩猎和觅食活动中出现了一股专门化和灵活性日渐增强的趋势。冰期晚期自然环境的复杂多样性赋予西欧的克鲁马努人极大的灵活性,他们发展出了更加复杂的社会,创造出了相当精致的骨器和鹿角器制作技术,以及反映在其艺术传统中复杂的象征生活。这些文化在距今18 000年以后约6000年里活跃起来的马格德林文化中发展到了顶峰。冰期晚期的狩猎-采集者也缓慢地扩散到了俄罗斯平原地区,并靠各种猎物维生。地处遥远东北部的西伯利亚最晚在25 000年前就已经有人类居住,但东北边缘地带可能在冰期晚期的最后一次降温期间被废弃,然后15 000年前左右再度恢复使用。

美洲的第一批居民来自亚洲东北部地区,他们有可能穿越或沿着白令陆桥(白令地区中部)沿岸而来,但其到达时间却存在相当大的争议。有些科学家宣称来自南美的考古学证据证明美洲印第安人早在距今40 000年前就出现在了美洲。多数学者认为最早的聚落出现的时间要晚得多,可能在冰期最末期,距今15 000年前。有证据显示,智利到公元前11 800年时已经有人类居住,而北美洲的克洛维斯人则活跃于公元前11 200年—前10 900年间。

第 5 章　食物生产的起源

约公元前 1306 年至前 1290 年,森内德杰姆(Sennedjem)墓中墙上森内德杰姆与妻子一起耕地的壁画。

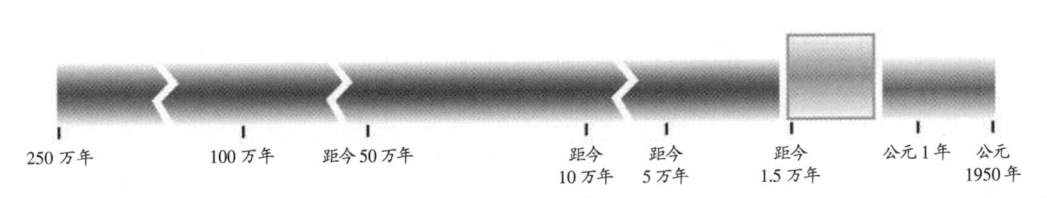

250万年　　100万年　　距今50万年　　距今10万年　距今5万年　距今1.5万年　公元1年　公元1950年

5.1 全新世（公元前 10 000 年以后）
5.2 狩猎-采集型社会的变革
5.3 狩猎-采集者的社会复杂性
5.4 农业起源理论
5.5 复兴革命
5.6 多重起因理论
5.7 食物生产的影响
5.8 营养与早期的食物生产

男人们爬到高高的树上，用带刃的石斧砍下细小的树枝。女人和孩子们则收集起这些枝枝叶叶，把它们堆在光秃秃的树干周围。这是一项艰苦而吃力的活计，往往要持续数日，期间农民们还要不时查看黄铜色的天空中是否有雷雨云和下雨的迹象。几滴小雨落下，云层开始在天边堆积，一场阵雨即将来临。人们马上点燃干燥的灌木丛，后者旋即熊熊燃烧起来。目力所及之处的天空顿时弥漫了褐色的浓烟。女人们连忙把新鲜的草灰撒到清理过的土壤里，种上他们珍贵的种子。然后，大家便开始等待，等这场赋予生命的雨最终从土壤中孕育出鲜绿鲜绿的幼苗。

对于整日从超市中购买食物的我们来说，很难想象，在历史上99%以上的时间里，人类一直都是狩猎-采集者，我们的生活与植物的生长季节、猎物的迁徙以及水产品资源的盈缺紧密相联。食物的生产，对禾谷植物和可食用的根茎类植物的精心培育，是人类历史上过去的这12 000年里才出现的现象。农业和动物的驯养（即"食物生产"）是人类历史上的一个重要转折点，也是所有早期文明以及最终出现的现代工业文明的基础。在描述农耕的发展和传播之前，我们必须对有关这一发展的一些主要理论加以检视，并回顾一下农耕文明的诸多影响。我们还将对冰期结束后迅即出现的狩猎-采集社会的集约化加以讨论（见图5-1）。

有关食物生产起源的重要讨论始于19世纪30年代。出生在澳大利亚的考古学家柴尔德（Vere Gordon Childe）是一个旷古奇才，他认为人工器物和考古遗址与历史上的文献记录以及古代世界舞台上的真实人物，其意义是等价的。柴尔德最过人之处在于其对欧洲和西南亚的陶土和金属工具有着百科全书般的知识，而他撰写史前史大众读物的能力则令人顶礼膜拜。对柴尔德来说，亚洲西南部地区，从土耳其到尼罗河和美索不达米亚，是农耕文明和早期文明的摇篮。他在著名的文明起源理论中提到了早期人类历史上的两次重大革命，即村落农耕社会发展所引发的**农业革命**（Agricultural Revolution，或"**新石器**[Neolithic]**革命**"），以及数千年之后发生的**城市革命**（Urban Revolution），城市、文字、冶金术和读写文明随之出现。

农业革命和城市革命的概念对许多历史学家颇具吸引力，如英国的乔治·特里威廉爵士（Sir George Trevelyan）①和美国的威尔和艾瑞尔夫妇（Will and Ariel Durant）就分别在其广受世人推崇的历史著作的最初几章里采用了柴尔德的革命说。革命是一个非常实用的标签，就像我们今天经常谈到的工业革命和信息革命一样。对考古学家来说，农业革命这一说法其实是过分简单化了，如今早就因柴尔德以后田野资料的大量涌现而变得过时。尽管如此，某种意义上来说，这一术语还是有其贡献所在，因为它让人们开始关注人类历史上这一具有催化作用的发展，最重要的是，它所带来的一系列重大影响。动物和植物的驯养对人类有着重要的影响，仅举几例来说，如新经济形式的出现，更大的相互依赖性，永久定居生活，更复杂的社会组织模式，人口的加速增长，等等。

---

① 也译为"屈威廉"。——译者

5.1 全新世（公元前 10 000 年以后）

大约 15 000 年以前，巨大的冰原开始消退，有时很迅速，从而开创了往往被称为**全新世**（Holocene，在希腊语中，"Holos"有"近来"之意）的后冰期时代。与此同时，世界海平面出现了不稳定的大幅上升，从之前的最低点上升至低于现代海平面 90 米的高度，进而导致世界地理面貌发生重大变化。白令海刺骨的海水泛滥到了白令草原中部地区，并在公元前 11 000 年左右将西伯利亚和阿拉斯加分隔开来。亚洲东南部的巽他形成了一片巨大的群岛。不列颠成为一座岛屿，北海（North Sea）和波罗的海（Baltic）的现代轮廓业已形成。其中最令人震惊的气候和植被变化出现在了北纬地区，如西欧、中欧以及北美洲一些毗邻巨大冰原的地区。仅仅在斯堪的纳维亚大冰原开始消退之后的 9000 年后，欧洲的很多地区已经被森林覆盖。气候温暖的地区也出现了一些重要的植被变化。冰期末期降雨模式的改变使撒哈拉地区出现了巨大的浅水湖和矮草大草原。最晚在公元前 6000 年时，狩猎-采集人口在沙漠地区盛极一时，如今这些地区早已成为干旱的不毛之地。

随着气候的变暖，亚洲西南部包括野生禾谷植物在内的一些新的植物物种传播到了高原地带，如伊朗的扎格罗斯（Zagros）山脉。它们的分布地域如此之广，以至于在高地和幼发拉底河河谷这些土壤肥沃的河谷地带中，大麦和小麦渐渐成为当地狩猎-采集型社会的主食。而在遥远的墨西哥，气温的上升则使高地中部的山脉河谷地带出现了长满仙人掌和豆科树木的茂密丛林。在这片荆棘遍地的灌木丛和仙人掌丛林中生长着一些日后被驯化植物的野生祖先，包括龙舌兰、南瓜、豆科植物和墨西哥类蜀黍等，后者很有可能就是日后成为美洲印第安人主食之一的野生玉米的祖先。

5.2 狩猎-采集型社会的变革

上述以及其他许多全新世气候变化给全世界的狩猎-采集型社会都带来了深远而重大的影响，特别是就食物探索的规模及这些社会的复杂程度而言。自然人口的增长亦是如此。15 000 年以前，世界上的人口接近 1000 万。除像法国西南部或尼罗河谷这样最宜居的环境之外，冰期晚期的绝大多数环境只能供养最小的人口密度——远不到每平方千米 1 人。结果，在全新世早期，公元前 10 000 年以后，持续增长的人口开始遭遇世界环境供养狩猎-采集人口的极限。仅仅通过四处迁徙已难以解决生存问题。人们开始更高效地探索更多不同的食物来源，以此避免挨饿，同时也对因短期干旱等一些不可预料的变化所导致的食物短缺采取应对措施。狩猎-采集型社会在经历了一系列的深刻变革后，在一些地方则发展出了更高的社会复杂性。

表 5-1 年代表 B

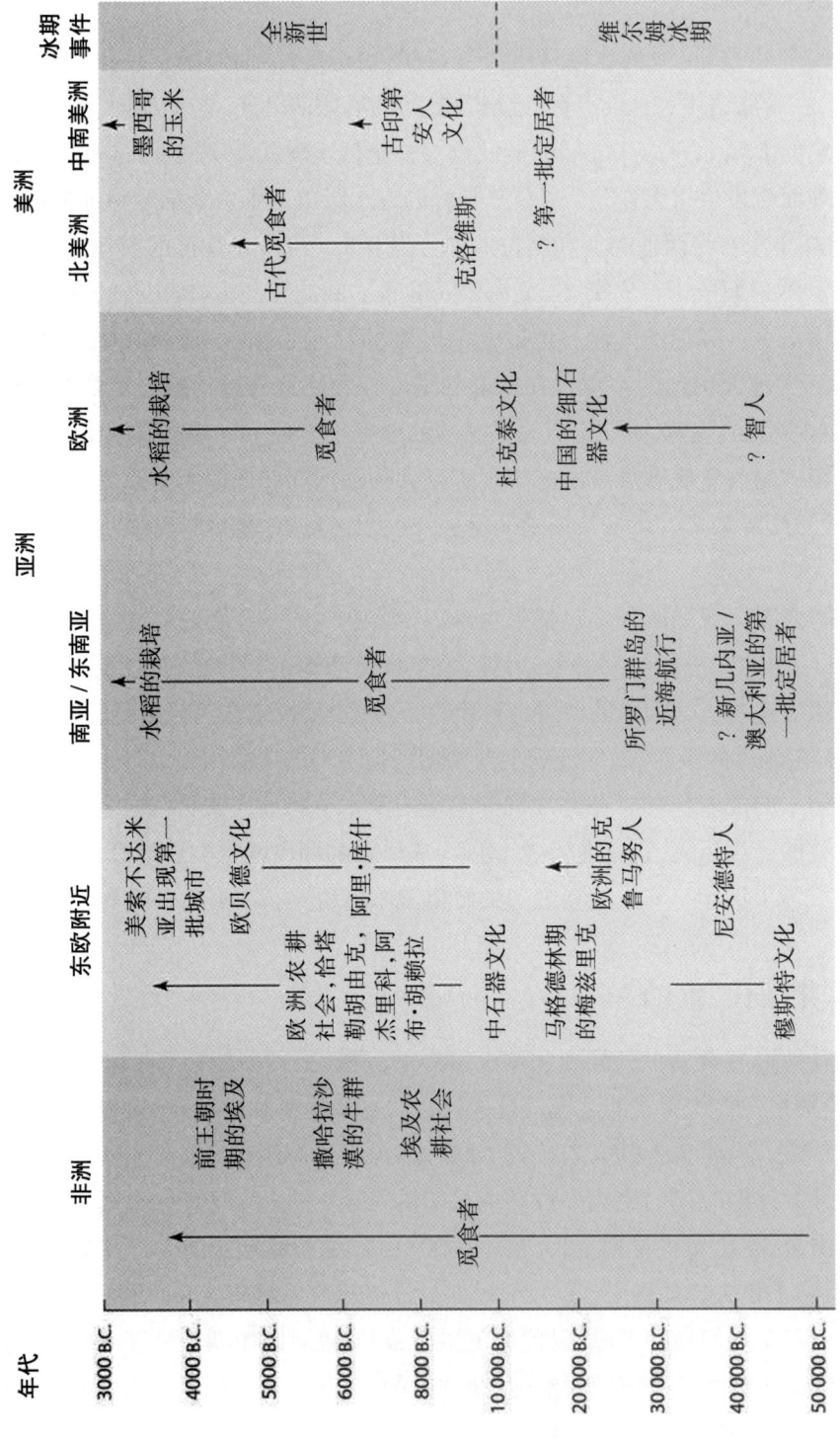

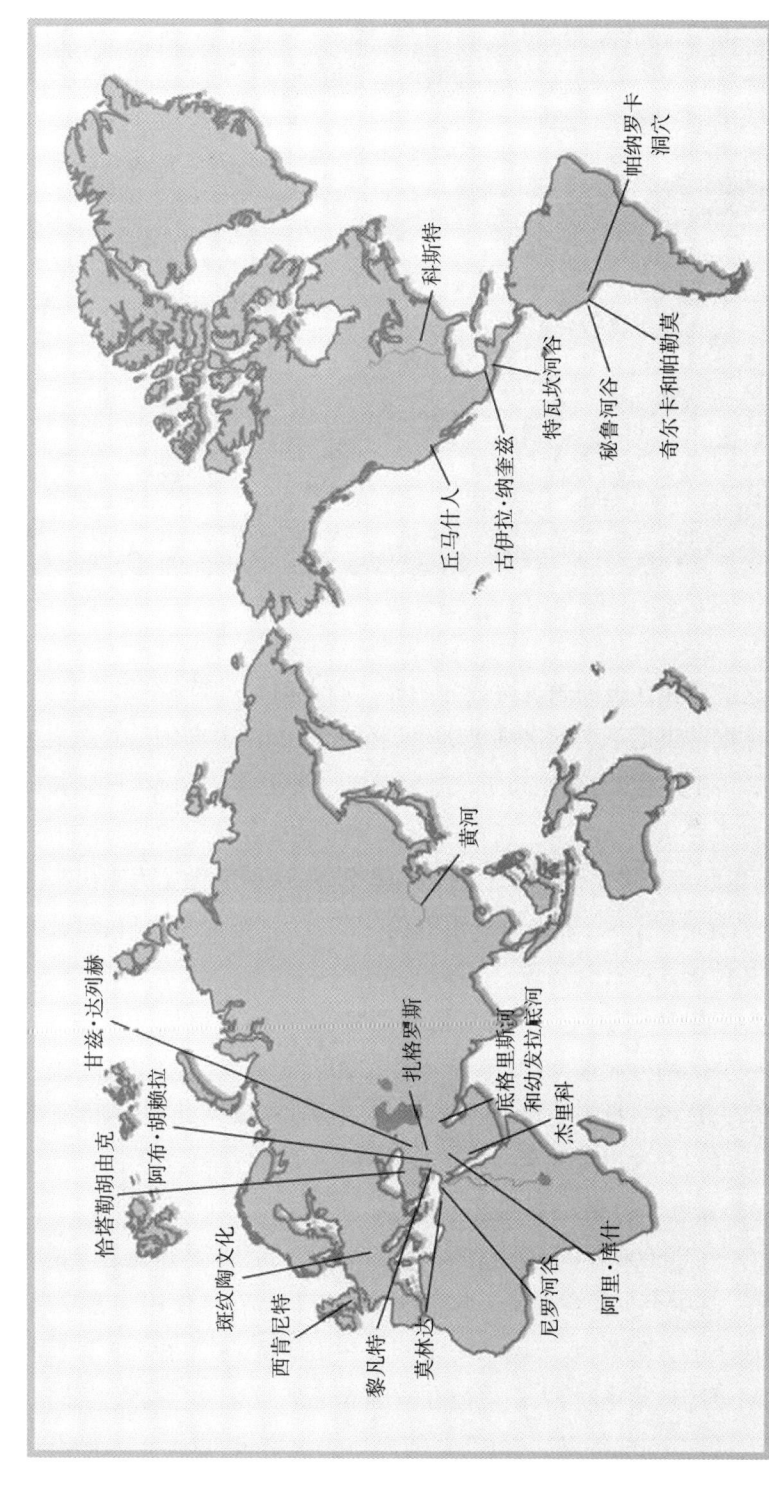

图 5-1 本章所涉及的一些考古遗址和食物生产的重要中心

图 5-2　伊利诺伊州科斯特遗址的发掘现场

这些变化在美洲表现得最为明显。石器时代的狩猎-采集者们要么在冰期期间，要么在冰期结束后不久便来到美洲。到公元前 11 000 年时，作为其主食的大型猎物灭绝了，古印第安人（Paleo-Indians）遂发展出一种更集约和专门化的方式来开发当地环境，以应对生存条件的改变。在那些资源分布异常多样化的地区，如西海岸部分地区、秘鲁沿岸，以及美国中南部南方地区和东南部等，这种变化尤为突出。上述地区的狩猎-采集人口逐渐定居下来，发展出了更专门化的狩猎、觅食和渔猎技巧，并且在此过程中发展出了某种形式的社会等级。

位于伊利诺伊河谷的著名的**科斯特**（Koster）遗址（见图 5-2）为这一历时数千年——从大约公元前 7500 年到公元 1200 年——的集约化进程提供了一份实录。古印第安猎人是第一批来访者，他们在河谷边缘地带安营扎寨。到约公元前 6500 年时，后来的定居者们在这里发现了一座占地约 0.1 公顷的营地。一个由大约 25 人组成的大家庭（拓展型家庭）曾多次来到这一地点，可能是为了收获该地区丰富的山胡桃。公元前 5600 年—前 5000 年间，这里已经存在由泥巴和灌木丛建造起来的大量永久性房屋组成的聚落，其中至少部分房屋一年中的多数时间都在被使用。春夏两季时，人们能在这里捕获成千上万条鱼，秋天则来采集蚌贝和山胡桃，来年春天再来捕捉迁徙而来的鸟。即使在附近高地猎鹿时，人们也能在方圆 5 千米的范围内找到大部分的食物资源。

公元前 2500 年以后，科斯特的人口大幅增长，以至于人们不得不开始寻找更为广泛的食物来源，其中包括橡子（acorn），与山胡桃相比，这种植物需要更多的准备工作。人们开始试着种植一些本地的野生植物,如藜(goosefoot),以增加野生植物的供给。对科斯特遗址进行的发掘揭示出了在许多全新世早期的狩猎-采集社会中普遍存在的一些长期趋势,如日益定居化的聚落,对当地丰富且固定的食物来源如鲑鱼(salmon)或坚果的开发利用日益集约化,以及精心组织的基本食物的规模化加工和贮存。

有些环境里会出现一些季节性现象,鲑鱼的洄游、美洲驯鹿(caribou)的迁徙、山胡桃的收获等,后者不仅要求具备在短时间内收获大量食物的高效率,而且还需具备加工和贮存以备后用的能力,而集约型的开发利用、加工和贮存便是人们为适应这类环境而发展出来的。通过贮藏以及对猎物、植物和水产资源如鱼类和水禽等加以谨慎地探索,全新世时期的狩猎-采集者们以此弥补了由短期气候变化和季节性起伏所造成的长时间食物短缺。举例来说,美洲印第安人社会针对野生植物性食物发展出了一套惊人的专门技能。他们还创造出了一批简单的工具,如杵、磨等,来加工处理种子及其他一些植物性食物。很快这些工具就被轻而易举地应用到了一些新的、专门化的任务——比如农业——中去。

越来越有限的生活范围,日益削弱的移动性,不断增加的人口密度,难以预测的环境变化,以及季节性洪水的涨落,这些问题在世界上所有全新世早期狩猎-采集者当中都非常普遍。其中某些社会,尤其是那些拥有包括鱼类和海洋哺乳动物在内的丰富而多样化的食物资源者的社会,获得了任何一个冰期社会难以企及的更复杂程度,并呈现出一些社会等级的征兆。

5.3 狩猎-采集者的社会复杂性

并不是任何一个地方都会形成复杂的狩猎-采集型社会,但是它们所产生的环境也有着非比寻常的多样性,从肥沃的河谷到沿海地区的沙漠,不一而足。尽管如此,还是有某些普遍的条件是必需的。首先,人口的移动一定会受到地理环境或周边邻居的限制。其次,季节性资源必须是丰富而规律的。这类资源可以包括鱼、贝类、干果和植物种子,总之必须多产且源源不断。再次,人口的增长必须达到一个食物短缺、人口与食物供给失衡的程度。此外,解决的方法在于加紧寻找食物,这种强化既可以催生一个更加复杂的社会,也可以——正如我们将要看到的——导致食物生产的出现。

富含淡水或海水鱼类、贝类或海洋哺乳动物的地方最容易出现复杂社会。淡水和海洋资源的全部潜能仅在欧洲北部、秘鲁及北美洲西部等相对少数几个区域受到重视。在这些地区,高于正常水平的稠密人口集中出现于那些被地理环境或邻居划定的特定区域里。通过使用更加专门化的工具、更加完善的食物贮藏系统和食物保存技巧,这些人口获得了更加多样化的食物。他们通常生活在巨大的定居型营地中,一些重要的宗族首

图 5-3 航行于加利福尼亚圣巴巴拉海峡(Santa Barbara Channel)上的仿丘马什印第安人独木舟(tomol)。丘马什人是世界上最复杂的狩猎-采集型社会之一。

领统治着整个团体,并垄断着与邻近集团的贸易。举例来说,加利福尼亚州南部海岸的丘马什印第安人(Chumash Indian)有着精湛的航海技巧,他们靠捕鱼和猎杀海洋哺乳动物为生。有些丘马什聚落,世袭酋长(wots)可以统治多达1000人。仪式负责人、祭司(萨满)和一些专门负责搭建独木舟的行家里手组成了一个小小的精英集团。丘马什文化是一种很可能由特殊的渔猎技术所创造出来的海洋文明,他们的厚板独木舟可长达7.6米(图5-3)。一场以独木舟为交通工具的橡子粉和贝壳串珠贸易,在势力强大的酋长和独木舟船长们的控制下,在近海诸岛和内陆之间轰轰烈烈地开展起来。每个聚落都与其他沿海聚落以及生活在遥远内陆地区的人们保持着贸易联系。

丘马什文化所达到的社会复杂程度,代表了在农业尚未出现的情况下社会复杂性可能达到的极限。这种社会复杂性因何而来?有些学者视海洋为某种形式的伊甸园(Garden of Eden),这种环境有时是如此高产,以至于狩猎-采集者能够维持持久的定居生活,并保持较高的人口密度。或许,人们是在一段环境快速变化期(如冰期晚期)转向鱼类、贝类和海洋哺乳动物的。然而,不幸的是,海洋和河流的资源在维持人口密度和定居生活——社会复杂性的两个基本前提条件——方面到底具有多大的决定性作用,这一点我们尚不得而知。

在沿海、沿河和湖畔之外,尤其是那些生活在若干生态圈边缘的群体中,在富饶的内陆环境下,生活在半永久性聚落中的人们开始采取新的策略。他们开始尝试种植主食中的野生植物以补充食物来源的不足。全新世气候变化所导致的文化变革使得他们的后代能够更容易且快速地采取一些新的经济策略,例如对土壤的精耕细作和动物的驯养,即食物生产。

5.4 农业起源理论

维多利亚时代的科学家们相信农业是一项伟大的发明,是由极少数的天才所孕育出的产物。情况是这样的,一天,一位女性觅食者正怀抱一大束可食用的野生植物往家走,突然她跌倒了,怀里的东西顿时洒到了潮湿的地面上。几天后,当她经过同一地点时,发现几株鲜绿的嫩苗正破土而出。这时,这位觅食者展现出惊人的洞察力,在意识到自己这一新发现的巨大潜力之后,她在自家小屋附近播下了更多的种子,结果获得了大丰收,于是全家人以此维生。很快,其他家庭也纷纷效仿,农业就这样诞生了。

这种有趣的场景为我们提供了一个简单的解释,但却没有任何科学意义上的事实基础。首先,农业从来都不是哪个人"发明"的,因为所有的狩猎-采集者都知道植物每年都会抽芽。像非洲洋芋(即甘薯)这样的根茎类植物,你只要切下其顶端然后放到土壤里就能开始繁殖了。早在 40 000 年前就已经生活在非洲雨林边缘地带的狩猎-采集者们很有可能就是这样种洋芋的,但是这种实践远远称不上是栽培,因为无论是旧大陆还是新世界,禾谷植物的栽培都是在冰期结束以后才出现的。现实要比虚构的文本复杂得多,而我们对此仍所知甚少。

农业并不是哪个社会单独"发明"的,因为世界上不同地区农业出现的时间大相径庭。土耳其东南部、亚洲幼发拉底河和约旦河河谷西南部的农民在大约公元前 10 000 年已经开始栽培小麦和大麦,几乎与此同时,中美洲的种植者们也开始种植各种瓜类。水稻在中国的种植始于公元前 6000 年左右,可能还要早得多。多数科学家相信,一系列复杂的文化和环境因素与人口的增长相结合,导致世界上相隔甚远的一些社会纷纷从觅食转向食物的生产,这通常发生在相对较短的一段时间内,有时会历经几个世代。

冰期末期,生活在易干旱的亚热带地区(如亚洲西南部和美索美洲高地)的狩猎-采集者开始加紧寻找具备驯化潜能的野生植物和根茎类植物。因为可觅食的植物相对较少,所以这些地区可能很早就形成了对上述植物的依赖。这种依赖性对长期生存是至关重要的,并几乎不可避免地促使人们开始有意识地尝试种植野生谷物,从而最终导致了栽培的出现。相反,生活在更潮湿、植物更茂盛的热带地区(如非洲和亚马孙雨林)的人们则很可能只种植了少量野生物种,从而最大程度上降低荒年饥荒的风险,而此时农耕文明已经在一些气候温和的地区出现很久了。谷作农业是在过去的3000年里才到达热带非洲的,并在几个世纪后随着铁器的传入而获得了广泛的传播。

20世纪20年代,芝加哥大学的埃及学家亨利·布雷斯特德(Henry Breasted)将"**新月地带**"(Fertile Crescent)这一术语通俗化地用来形容位于亚洲西南部的农业和文明的摇篮。新月地带从美索不达米亚延伸至尼罗河谷,中间横跨由约旦河谷和伊朗的扎格罗斯山脉组成的拱形地带。这一叫法近年来已被废弃不用,但就其所涵盖的农业和城市文明初露曙光且地形反差明显这一点来说,这样的表述还是比较恰当的。大多数有关农业起源的推论都是围绕着新月地带展开的。

早期理论:绿洲和侧翼丘陵区

戈登·柴尔德的农业革命理论为我们提供了一个很好的出发点,因为它是第一个解释农业起源的现代尝试。柴尔德革命论题的核心在于干旱这一条件。据他推测,冰期以后的亚洲西南部地区气候日益干旱,迫使动物和人类纷纷集中到了约旦河谷这样水源始终充足、植被永远繁茂的地区。干旱使得动物、人类和植物形成了密切的互利共生关系(symbiosis,希腊语中意为"共同生活"),并为狩猎-采集者试验禾谷植物的种植和野生山羊、绵羊的驯养创造了适宜的环境。这些试验使人类的生存发生了彻底的改变,并迅速传遍亚洲西南部及更远的地区。

早在花粉分析、深海岩心及其他用于气候重建的高度考究的手段被应用到亚洲诸遗址的研究之前,柴尔德就为农业革命做出了解释。他的理论非常简单,但未经证实。20世纪50年代,芝加哥大学考古学家罗伯特·布雷德伍德(Robert Braidwood)率领一支由植物学家、地质学家和动物学家组成的跨学科团队开赴扎格罗斯山脉开展一项大规模的田野调查。扎格罗斯山脉被布雷德伍德称为西南亚的"侧翼丘陵区"(hilly flanks),通过这次调查,他获得了有关全新世时期的第一组气候数据,并找到了冰期结束后森林面积扩大和降雨量增加的相关证据。他还对位于肥沃的低地地带上的一些早期农耕聚落进行了发掘,当时他们认为这片低地年代是相当早的,并通过放射性碳测年法测得其大约始于公元前6000年。

布雷德伍德并不认可柴尔德的绿洲理论,他论证说,农业和动物驯养是从肥沃地区外围的多山地带开始的。降雨量的增加意味着低地上野生食物供给和猎物数量的增多,但是高地上的人们就没有那么幸运了,面对人口的不断膨胀,他们开始发展农业以增加食物的供给。换句话说,农业诞生于侧翼,而非中心。

5.5 复兴革命

布雷德伍德和柴尔德创立学说之时,跨学科研究尚处于起步阶段。自20世纪50年代以来,考古学经历了一场所谓的"复兴革命"(recovery revolution),使得无论田野还是实验室研究方法都有了巨大的改进,得出的数据也更加清晰考究。与复兴革命同时发生的还有以下这些重要进展:

- 对全新世气候变化进行的跨学科研究,将来自湖泊和湿地的花粉样本与深海及年轮数据相结合,建立起自公元前10 000年以来大规模(及小规模)气候变化的年代学。这些数据使得考古学家将早期农耕遗址放置到一个更加精确的环境背景中去。
- 通过系统使用**浮选法**(flotation)而获得的新的植物学数据,使得采自文化层的野生及驯养种子的大量标本得以复原。
- 动物考古学的重大进展,以及对动物骨骼的研究,提供了关于牛、山羊、猪、绵羊及其他动物驯养的大量宝贵信息。
- 加速器质谱(AMS)碳测年法使得单粒种子、根茎残存或玉米棒子等出土物时间的测定成为可能(见科学专题"AMS放射性碳测年法")。人们第一次能够对早期农业做出高度精确性的测年,而不仅仅是测出其所在文化层(而且它们可能是从更晚的文化层跌落而来)的年份。

过去的20年里,关于食物生产起源更加成熟的生态学阐释法得到了极大的发展,这很大程度上归因于考古和环境数据库的日益扩大。

5.6 多重起因理论

复兴革命催生了一系列复杂而多元的模型,它们高度重视这样一种新兴的认知,即认为许多全新世早期的狩猎-采集型社会要更加复杂,而且在实际开始种植野生禾谷植物或圈养动物之前就已经非常好地适应了食物的生产。举例来说,18世纪时,生活在加利福尼亚南部的库米亚印第安人(Kumeyaay Indians)通过"驯化"他们的土地而降低了发生饥荒的风险。生活在半干旱河谷中的他们通常会燃烧已收获过的树丛,然后把一些种子撒在烧过的土地上,以此促进野生植物的生长。在海拔高的地方,他们种上可食用的坚果,结果收获了橡树和松树丛;在适宜的栖息地上则种植龙舌兰属植物和其他一些沙漠植物。借助培育野生植物复杂多样的方式,他们就这样繁盛了起来。

人口和资源理论

每个人在生活中都会承担各种各样的风险,同时又要学会保护自己免受突发灾难

科学专题
浮选法和植物遗存

直到20世纪60年代，考古学家对早期驯化植物尚所知甚少。他们需要一种复原技术，能从灰坑或灶坑中发掘出尽可能多的碳化种子。最先于北美洲中西部发展起来的浮选法为我们有关古代农业的知识带来了革命性变化。通过用水或化学品对土壤标本进行处理，使种子浮现于表面而更沉的土壤杂基沉于底部，今天的发掘者们能够复原数千粒种子。高级的浮选机一个小时可以处理许多土样。将土样倒进一个筛选容器中以水搅拌（图5-4）。质量轻的植物物质便浮于水面，并通过一段闸道从容器流到一个精细的网筛中，留在网筛中的种子被细纱棉布包裹起来以备进一步研究。

浮选法改写了觅食社会和农耕社会的早期历史。通过这一方法，植物学家戈登·希尔曼（Gordon Hillman）重建了冰期晚期活跃于尼罗河畔有着16 000年历史的狩猎-采集人群的觅食习惯。他对叙利亚阿布·胡赖拉（Abu Hureyra）遗址环境状况的研究，将在第6章加以介绍，这一研究证实了随着干旱的流行，该遗址的植被覆盖是如何越变越小的。居民们为应对这一变化，便开始采集并栽培野生禾本科植物，以此来扩大食物供给。浮选法还曾被大规模应用到北美洲东部地区、西南地区和安第斯地区的诸遗址研究中，同样也都得出了惊人的结论。

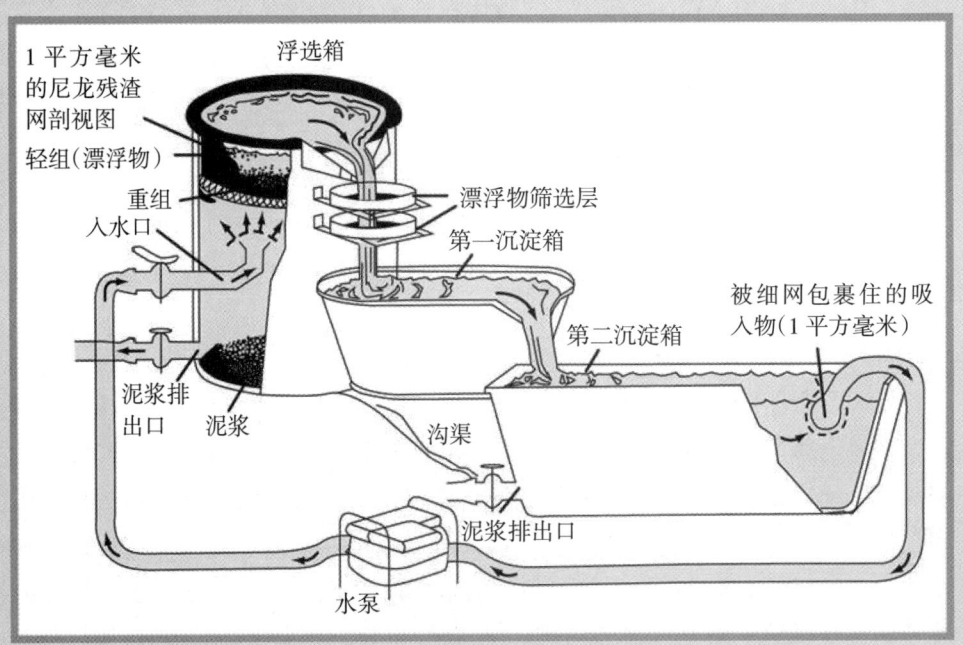

图5-4 这是为研究叙利亚阿布·胡赖拉遗址的早期农耕村落而专门设计的高级浮选机，用来处理数量庞大的土壤样本。

的伤害。这就是为什么明智的投资者会把鸡蛋放在不同的篮子里，而父母们则纷纷购买人寿保险。这就是众所周知的风险管理。就史前人类来说，这也就意味着将一切可能威胁到长期生存的因素降至最低。对觅食社会来说，所有的环境，不管多么适宜居住，都存在一定的危险——周期性的干旱,漫长的寒冬,不可预测的洪水,诸如此类。为了应对这些风险,人们通常要么迁徙,要么发展出一套新的贮藏和食物保存技巧。

一个合乎逻辑而简单直接的解决之道是增加人口,从而引起食物的短缺,或者促使风险因素进一步扩大,去栽种熟悉的植物,驯养常见的猎物,好让人们在供给不足时可以利用贮存起来的食物。换句话说,食物生产是风险管理的一个结果,是作为一种增加食物供给的方式而出现的。

生态理论

生态模式的拥护者们经常谈及食物生产被引入的所谓机遇,谈及时机来到时人们便会转向本地的优势资源。在这种情形下,一些资源,如野生小麦、大麦或野生燕麦,会被认为是非常有吸引力的。人们对这些食物的使用越来越多,以至于它们最终被驯化。各种生态理论的基础在于这样一个假设,即人类社会是在一种更大的环境系统下运转的文化体系。

对于这一见解的经典阐述出自密歇根大学考古学家肯特·弗兰纳里(Kent Flannery)。弗兰纳里曾在墨西哥南部高原地区开展工作,他发现,公元前 8000 年—前 4000 年间,当地人曾依靠五种基本的食物来源生活,它们分别是鹿、兔子、龙舌兰、豆科植物,以及霸王树(prickly pear,仙人掌的一种)。通过仔细地预测各种植物成熟的不同季节,当地人就可以把狩猎和采集的时间安排在食物来源尚充足之时,以避免那些成熟的植物被动物吃掉。弗兰纳里认为南方诸高地及其居民是一个巨大而开放的环境系统的组成部分,这个环境系统由经济、植物、社会等多个相互影响的子系统构成。在某种变量的推动下,食物采集系统便开始向野生植物的精心培育转化。

在对一些年代在公元前 5000 年—前 2000 年间的干洞进行发掘后,弗兰纳里指出,玉米棒子的大小呈缓慢增大的趋势,同时他还发现了遗传特征改变的一些迹象。因此,他认为,人们已经开始试验性地种植玉米等作物,主动拓展其耕种范围。很长一段时间之后,这种对于原有食物采集系统的有意偏离,使得野生植物采集的重要性日渐凸显,并最终挤掉其他采集行为而独占鳌头。最终人们创造出一种自有的食物采集系统,在这种系统中,耕种和收获的时效性至关重要,而系统本身也因其耐久性更佳而最终战胜了之前的采集系统。到公元前 2000 年时,营养丰富的豆类和谷物食谱已经在高地人中很好地建立起来了。

所有这些理论的核心在于辨别致使人们转而有意进行耕种和驯养的各种进程。例如,是否考虑到新出现的倾向于农耕文明的成本效益因素?营养价值和不同食物在不同季节的可利用性,这些因素又起着怎样的作用?发生在动植物身上的遗传学变化是否也

科学专题

AMS 放射性碳测年法

直到大约 20 年前,对于从不同的放射性碳样本中测定衰变率(β 衰变率)所计算出的比率还只能给出一些近似值。使用碳–14(C14)和碳–12(C12),科学家们可以对单个衰变的发生进行探明和计数。他们可以观察到 β 粒子的放射,确定放射性衰竭的速率,从而推测出样本中残存的 C14 原子的数量。因为在样本起作用的多个小时里又会有部分 C14 原子衰竭,所以样本的数量必须足够多才能给出足够的 β 衰变率。

20 世纪 60 年代,考古学家们通常会从灶坑边上采集一小把木炭放到塑料袋里,其原则是样本量越多越好。像玉米棒子或被深嵌于史前青铜色鱼叉头部小孔中的细小木屑这样小的物品,当时的科学家是没有办法对其进行测定的。而且像种子这样微小的样本可能会由于人的翻动或动物的践踏而被转移至别的文化层,也是很难测定的。1983 年,在加速器质谱法基础上发展起来的一种新的放射性方法,为放射性碳年代学和早期食物生产的研究带来了革命性的变化。

加速器质谱仪可以通过计算现存的 C14 原子数量的方法来测定样本的年代。研究者不再计算衰变的发生率,而只需要直接计算 C14 原子就可以推算出剩下的 C14。通过这种方法,即使是比一个世代以前所使用的一小把木炭小 1000 倍的样本,也可以测定其年代。

小型高能量质谱仪的发展解决了一个重大问题,即来自相似主体的粒子或分子的背景干扰和来自 C14 的背景干扰如何呈现自己的问题(图 5–5)。这种新的仪器将背景过滤掉,同时通过加速器将样品的部分原子推进至一个探测器。样品中的电离原子朝向加速器集成一束。使用磁铁使之弯曲,这样质量较轻的原子在向发散射线内侧转向时,要比质量较重的原子更猛烈、更急促。一道过滤器拦下了所有带电粒子,只放走那些原子质量为 14 者。在加速器的推动下,这条被抽剥的射线又被第二道弯曲射线磁铁过滤掉了所有剩下的非 C14 粒子。一块磁透镜将整束射线集中起来,与此同时由 C14 探测器来清点剩下的离子的数量,从而推算出样品的时代。

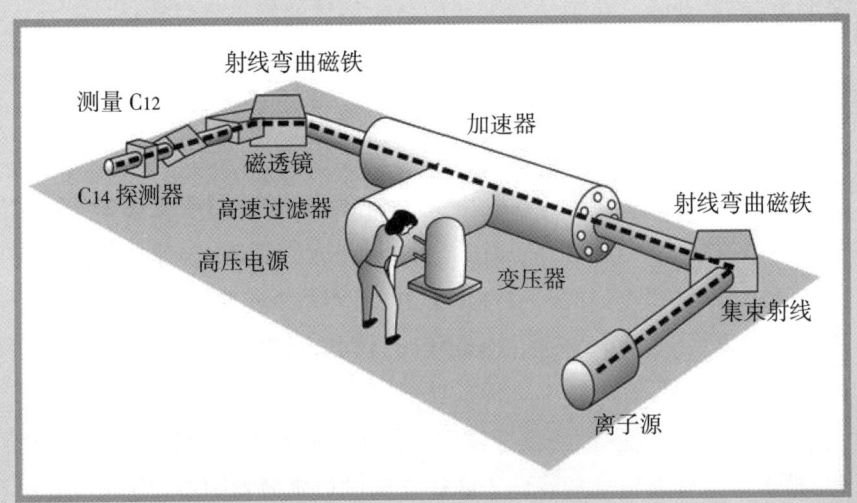

图 5–5　AMS 放射性碳测年示意图

扮演着某种角色?不幸的是,迄今我们仍很难将这些复杂的理论模式与实际的田野数据结合起来,这在很大程度上是因为这一影响深远的文化变革所涉及的各种因素——也就是人们做出这种改变的原因——较不易被记录下来。

在对那些农业在其中首次被视为一种可获利行为的情况进行重建之前,我们必须先对一些变量的意义加以了解。我们要寻找的是这样一组条件,其中,人口压力、植物的分布、环境变化的速度,甚至收获野生植物的各种技艺,这一系列因素在农业的生产工作中扮演各自的角色。在那些可能被驯养的动植物当中也存在一些变量,有些因为生命周期漫长而无法被驯化,有些则因为其生活空间根本不在人类可控范围之内。野生可食用植物和猎物的季节性分布有时也阻碍了某些试验性的驯养,比如有的野生食物繁盛的季节可能恰好与农作物的生长周期重合,那么农民们就不得不守住他们的农作物。在这种情况下,人们倾向于继续采用他们传统的食物获取方式。

5.7 食物生产的影响

一旦试验成功,食物的生产就会迅速地传播开来,部分原因是学会生产食物所带来的人口增长使得人们不可能再恢复狩猎和采集方式。除了那些因极冷、极热或极度干旱而导致农业和畜牧业无法开展的环境,或者人们倾向于继续保持狩猎、采集生活方式的地区之外,可以说,食物生产几乎传遍了世界的每一个角落。在有些地区,食物生产成为城市化和文字文明得以出现的经济基础,但就大多数的人类社会而言,在十九二十世纪的工业力量引领它们进入机器时代之前,食物生产还仅仅局限于维持生存的层面。

进度的不同和原因

正如我们即将在第 6 章看到的,世界上不同地区食物生产出现的时间是非常不同步的,亚洲西南部在公元前 10 000 年就已经很好地建立起了食物生产机制,中国最晚在公元前 6000 年或者更早,美索美洲在公元前 5000 年,而热带非洲则要晚得多,大约在公元前 1000 年,而且只在部分地区出现。是哪些地区性变量造成了这种时间上的差异?我们知道,亚热带地区如亚洲西南部和美索美洲高地等的狩猎-采集者,是在冰期末期开始在野生禾本科和根茎类植物中挑选可能被驯化的物种的。因为可供觅食的物种相对较少,所以这些地区很可能早些时候就已经形成了对这些食物的依赖。而这种依赖性对长期的生存来说是至关重要的。相反,生活在更潮湿、植物更茂盛的热带地区(如非洲和亚马孙雨林)的人们则很可能只种植了少量野生物种,以最大程度上降低荒年饥荒的风险。直到今天,非洲的许多农业人口在遭遇荒年时仍会转而进行狩猎和采集。农业在亚热带的亚洲西南部、东南部，印度和中南美洲等地区的出现，要比潮湿的热带地区早得多，显然这是因为这些地区有着丰富的猎物和可食用野生食物资源。更进一步说，驯化的庄稼和动物更易受不规律降雨、蝗虫及其他病虫害，以及流行性畜疫的影响。要想实现从觅食向农业的持续转变，一个先决条件就是必须有强大而持久的获取食物的动力。

一个有趣的问题是：为什么食物生产没有在史前史的更早期出现呢？当然，整个冰期期间人们曾有多次机会可以在适宜的条件下开始植物的栽培。在这一点上，史前时期的人口模式为我们提供了一些线索。我们知道，石器时代的人口曾经出现过缓慢的增长。在过去的 700 000 年里，这一持久的周期性变化一定在一些地区导致了某些情况的出现，从而使人类社会不得不面对频繁的环境变化和人口转移所带来的挑战。尽管如此，直到冰期即将结束之时，全球人口的增长才足以限制人们的移动能力，而且人们应对食物短缺的最简单的策略始终是以迁徙为上策。在末次盛冰期（last glacial maximum, LGM）期间及之后，尤其是全新世期间，针对狩猎-采集者的生活方式存在着一个最初缓慢、继而迅速加速的集约化过程，正是这一集约化过程使得许多社会历史上第一次为食物生产的出现做了预适应。

人类生活的改变

食物的生产，最终促使许多地方的人口密度得到提高，因为动植物的驯化所带来的经济手段增加并稳定了有效的食物供给，尽管为生产食物又要耗费更多的能量（见图 5-6）。开展混合农业的生产者往往会集中划定一定的土地用来耕作和放牧（牛群及一些小型牲畜）。与狩猎-采集者的地盘相比，农业生产者的领域要小得多（尽管牧民们在季节性放牧时往往需要大片的牧草地）。永久性的定居村落取代了之前的临时营地。新的社会单位出现了，更长久的大本营也发展起来。这些社会关系纽带反映了土地所有权和继承权的状况，并促进了更大的定居聚落的出现，从而使之前一直四散而居的人口建立起更密切、更固定的联系。而对于那些面积更小的可耕地来说，一旦界限划定，个人所有权和继承权的问题便随之出现。土地的稀缺既引发了争夺，又使得人们开始在先前不宜耕种的土地上兴建起新的定居村落。

食物生产所带来的技术上的影响从某种程度上来说，与新的经济形式一样重要。一种更加定居化的生活方式的出现，以及狩猎-采集方式的衰落，为人们带来了长期使用的村落、持久的农业类型，以及更耐用的房屋。正如在过去的一千年里所做的那样，人们总是使用当地最多产的原材料来建造永久家园。西南亚的早期农民曾使用晒干的泥巴来搭建他们的平顶小屋，这种房子冬暖夏凉。炎炎酷夏，有时，人们晚上就睡在屋顶上。

图 5-6 非洲中部的本巴(Bemba)妇女正在翻整一片刚被烧过的土地。

耐久性稍差的房屋通常以芦苇做房顶,在欧洲一些气候温暖、冬季潮湿的地区,人们使用木材和茅草来搭建各种形状和大小的房子。非洲的早期农民经常用草、棍棒和蚁丘土泥(anthill clay)来搭建他们的棚屋(图 5-7)。生活在北方干草原上的游牧民族尽管不担心自己的家是不是永久耐用,但他们也受益于非野生食物供给所带来的各种好处:他们可以用动物的皮来做成衣服蔽体,做成帐篷御寒。

农业生产是季节性的,一年当中有很长的时间,要么休耕,要么用来栽培农作物。每一位农民都要面临保存食物的问题,而这往往是狩猎-采集者根本不必考虑的。因此,一种新的贮藏技巧诞生了。谷箱、谷罐或内里衬泥的谷坑成为农业经济的基本组成部分,被用来储存大量食物以度过荒年和饥馑。这种谷箱很可能是用抹灰篱笆墙、黏土或木材搭建起来的(图 5-7)。篮筐和内里抹泥的地窖则保护珍贵的谷物不被一些啮齿类动物吃掉。

狩猎-采集者使用兽皮、木质容器、肠袋,有时也用篮筐把可食用的植物带回营地。农民们所要面临的运输问题则难以克服得多:他们必须把收获的食物运回村子里,除了谷箱外,房屋里也要存放备用的食物和水。早期的农民在地下储水,在早先某些地方还

图 5-7 左边的是非洲中部赞比西(Zambezi)河谷典型的泥-柱型棚屋。这种棚屋通常都已使用了 15 年以上,它们要比狩猎-采集者所使用的防风墙或帐篷耐用得多。右边的则是非洲村落常见的一种谷箱,用来贮藏谷物。对许多狩猎-采集者和农民来说,食物的贮藏是一件至关重要的事情。

制作可以防水的陶器来盛放或烹煮食物(见图 5-8)。他们把黏土一条一条地盘起来制成陶罐(泥条盘筑法),或用黏土块做成器壁,再拿到火上烧制。这种陶器要比兽皮制的容器耐用得多,有些在被摔破或丢弃之前已被使用了很多年。

数万年来,人们都是使用简单的木棍来挖掘可食用的根茎,有时为了提高效率会使用石头来增加工具的重量。早期的农民在处理地面以下几米的植物时还是会使用掘土棍,这种情况大多发生在适宜的可耕地中。他们也使用木制或石制有刃的锄头(很晚以后则使用铁锄)来锄地。这些锄头的手柄有长有短,依偏好而定。在接下来的 1000 年里,欧洲和亚洲西南地区的农民开始使用牛来犁地,犁的最前端起先是木制的,后来先后换为青铜和铁器。犁是一项非常重要的创新,它使人们在翻土时达到前所未有的深度。每个农民都要清除土地上的野生植物和杂草,这就不难解释为什么农民们尤其关注斧头和扁斧。在亚洲西南部,金属斧头在公元前 2500 年取代了之前的简单石器。丹麦和新几内亚的当代试验显示,刃部经过研磨抛光的石斧被用来清理林地和砍伐树木时效率是非常高的。在接下来的 1000 年里,铜刃、青铜刃以及日后发展起来的铁刃,使森林的砍伐更加便利了。

新的工具意味着出现了能制造出更坚韧工作刃的新技术。起初,农民们使用研磨抛光的石器,他们对合适的石器相当重视,通常都是与相距甚远的采石场交换而来。最有名的采石场大概是在西欧,那里单就石斧的贸易就纵跨整个不列颠群岛(British Isles),

而来自法国的大普雷西尼岛(Grand Pressigny)燧石也是声名远播。在亚洲西南部和墨西哥,被用来制作刀和镰刀的重要原材料**黑曜石**(obsidian)是一种火山岩,以其易操作、边缘锋利和美丽的外观著称。早期的黑曜石工具和装饰物曾经贸易路线被传播到距离其产地数百千米的地方。借助光谱技术,科学家们在不同的黑曜石中发现了不同的微量元素,从而将东地中海地区不同村落出土的黑曜石残片与其不同的产地——如意大利沿岸的利帕里岛(Lipari Island)和土耳其的凡湖(Lake Van)——对应起来。

所有这些技术进步都使人们越来越依赖外来的原材料,其中很多都是本土不出产的。日后广泛传播的贸易网便是在此时开始建立起来,后来随着第一批城市文明的出现而以更快的速度发展起来的。

食物生产的出现改变了人们对环境的态度。粮食作物的丰收使得人们能够为严冬贮备食物(图 5-7)。狩猎-采集者寻找猎物和可食用的植物,农民们的任务就要重得多:他们按照自己的需要而不断地改变着环境。农业的扩展意味着树木被砍伐,植被被焚烧以为农耕清出土地。这样的土地几年后便会被弃之不用以休耕,新的土地又通过对林地的清理而被开发出来。原先的植被开始再生,但可能还没恢复到最初的水平又被清理。这种农业的轮作模式就叫作"刀耕火种"(slash-and-burn), 也叫轮歇农业(swidden agriculture)(见图 5-6)。贪婪的驯养动物吃光了草场上的牧草,随之而来的大雨又造成严重的土壤流失,草场于是再难恢复原貌。所以无论农业技术多么初级,无论是用火去烧光肥沃地带的灌木丛,还是拿木灰来给土壤施肥,农民们都在很大程度上改变了环境

图 5-8 现代普韦布洛印第安人(Pueblo Indian)的陶器,根源于古代西南美洲传统的陶器制作技艺。

的面貌。从某种意义上说,轮作制的刀耕火种农业只不过是用火来刺激植被再生这一古老方法的拓展而已。

食物生产提高了人口密度,但也导致了疾病;促进了有效的食物供给、水源供应,特别是应对饥荒能力的改善。而且,早期的农业方法严重依赖土壤的精心选择。最早的农民农耕技术效率之低,根本不足以对优质土壤之上的茂密林地进行大规模的清理,因此,可耕地还是要从那些现成的土地中去寻找。肥沃土壤的分布范围很可能要比今天广阔得多。曾有专家推断,即使农业在实行了这种先进的轮作制后,非洲仍只有40%的中度肥沃土地得到了有效的耕种。考虑到石器的简陋和作物数量的有限,早期这一数字可能还要低一些。

对于那些季节性降雨的地区来说,如亚洲西南部、撒哈拉以南的非洲,以及亚洲其他部分地区,漫长的旱季是非常普遍的。随着人口密度的增加,饥荒成了迫在眉睫的事实。许多早期农民一定时常忧心忡忡地看着天,无奈于干旱时节频繁的庄稼歉收。之前几季少量的存粮根本不足以帮助他们撑过一年,尤其是在没有谨慎地计算好余粮的情况下。在这种条件下,农民们被迫改变他们的经济策略。

我们知道,世界上最早出现的农民总是会利用猎物和野生植物性食物来补充其农业收成,就像今天很多农民有时也不得不严重依赖野生蔬食和打猎来度过荒年一样。许多狩猎-采集者群体在自己广大的领域内只集中采集少数几类物种。他们知道还有许多其他可食用植物,但只会在收成不好时依靠这些资源;这些不被重视的食物可以帮助一个人口相对较少的群体撑到下一个雨季来临之前。大规模的农业人口就没有这么灵活了,他们很快就能将用于农耕和放牧的一些小得多的土地上的野生蔬食和猎物消耗殆尽,一旦干旱持续几年,饥荒、死亡和人口的锐减便会接踵而至。

5.8 营养与早期的食物生产

食物的生产真的是人类生活方式的一个进步吗?几代考古学家都认为农业的出现使得人类的健康得到了巨大的改善,因为辛苦的劳作减少了,人们的食物来源也更加可靠。但是,经济学家艾斯特·鲍塞罗普(Esther Boserup)等人却提出,实际上农业带来的收益是日渐减少的,这与被用来养活更多人口的新制度所耗费掉的劳动有关。人类学家理查德·李(Richard Lee)对生活在卡拉哈里沙漠中的昆桑族人进行的研究倾向于支持鲍塞罗普的观点。李的研究认为,这些狩猎-采集者——据推测还包括其他人口——有着大量的空闲时间,劳动量也比农民少。有些营养学家指出,狩猎-采集人口的食谱可能比许多农民的更均衡,而农民是严重依赖于根茎类植物和粮食作物的。更进一步说,由于采用定居的生活方式和高密度的人口数量,比起狩猎-采集者,农民更容易遭受饥荒的侵袭,而且拥挤的乡村人口也更容易受肠胃性疾病和流行病的影响。

对早期农民骨骼进行的营养学研究显示,营养不良导致出现了贫血症和发育缓慢的现象。对史前人口的地区性研究提出,在农业人口中存在平均期望寿命的下降,这与普遍存在的看法相矛盾。从整体上来看,古生物病理学研究也暗示随着食物生产的出现,人类生命的质量——也许还有长度——出现了总体上的下降。尽管如此,这项议题还是涉及许多未知因素,其中包括生殖力和人口增长速度的变化,二者即使在普遍健康水平和预期寿命下降的前提下依然促成了世界人口的增加。

这些研究到底将会对关于农业起源的人口压力理论产生怎样的影响,这一点尚不明确。但是,可以肯定的是,任何由人口压力增加所导致的向食物生产的转变,都会反映在史前人体骨骼所显示的总体健康和营养水平的下降上。

在最后的分析中,许多人可能只在其他选择失效的前提下才会转而考虑食物生产所起的作用。最经典的例子当属生活在澳大利亚最北端的土著居民,他们清楚地知道自己位于新几内亚的邻居们已经开展起集约型的农业,他们也知道如何种植野生洋芋的茎端才能使它们繁殖,但是这些人从来没有采用食物生产形式,仅仅因为这种生活方式既减少了他们的空闲时间,又会生产出多于他们所需的食物,因此,他们毫无必要依靠这样一种方式生活。请永远记住这一点,人类从来都是机会主义的,而粮食作物的种植和动物的驯养很可能只是纯粹机会主义的结果而已。

第 6 章将介绍食物生产是如何在世界各地开始出现的。

5.9 小　结

许多冰期晚期和全新世早期的狩猎–采集社会都对食物生产做出了预适应,因为他们早已对许多食物来源进行了密集的开发利用,并采取了一种更稳定的生活方式。大多数这类社会所处的地区,食物来源都比较多样化,季节周期性也很强。与视食物生产为一项革命性成就的早期理论不同,一些现代假说将社会关系、人口增长和生态因素作为食物生产得以出现的多元诱因。这是一个渐变的过程,期间,人们逐渐对农作物产生依赖,尤其是在那些环境变化频繁而不固定的地区。食物的生产带来了定居性更强的人类聚落、更长久的房屋、复杂的存储技术,以及应对农业任务的社会手段等。所有这些技术性进步都带来了更大的相互依赖性,原材料更远距离的贸易活动,以及日渐增加的人类社会复杂性。

第 6 章　最初的农民

丹麦一位 35 岁男子在约公元前 5000 年死于箭伤。

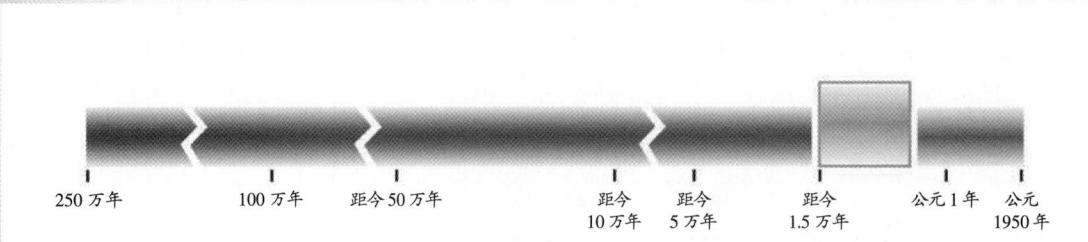

6.1 动物的驯养
6.2 小麦和大麦的栽培
6.3 亚洲西南部的农民（约公元前 10 000 年—前 5000 年）
6.4 埃及和非洲的早期农民（公元前 7000 年—前 1000 年）
6.5 欧洲的农民（约公元前 6500 年—前 3000 年）
6.6 亚洲的早期农业（公元前 6000 年以前）
6.7 美洲的早期农业（公元前 8000 年以前）

1953 年，杰里科。

已经是本次发掘的最后一天了。几个星期以前，在一条直打至世界上最早的农业社会地层的探沟壁上，一个人类头盖骨的顶部显露了出来。发掘者凯丝琳·凯尼恩（Kathleen Kenyon）严格指示，必须在将探沟壁上的地层全部绘图并照相之后，才能对这一头骨予以发掘。结果，发掘者们发现这是一个完整的头骨，上面用黏土精心塑造出了面部容貌，还在眼眶里嵌进了眼睛（见图 1-12）。凯尼恩仔细检查之后，发现在沟壁上还有两个小洞，透过小洞她看见，里面还有两个灰泥头骨。将它们取出之后，发现后面还有三个，并最终发现了第七个头骨。由于许多碎骨已经紧紧地和石头以及硬土粘合在了一起，考古学家们花了五天的时间才将这些头骨从沟壁上完整地发掘出来。这些头骨简直就是世界上最早的肖像馆，每一张面孔都有着个性化的表情，从眼睛、嘴巴到耳朵和眉毛，无不被塑造得精致逼真。凯尼恩相信她所发现的这些头骨，属于那些在生者与灵魂世界之间充当关键媒介的重要人物，通过他们，人们得以与为自己带来农作物的土地紧密地联系在一起。

不管是什么复杂因素导致了农业和动物驯养的出现，这些新的食物生产经济取得了巨大的成功。公元前 10 000 年，世界上几乎所有的人口都是靠狩猎和采集生活。进入基督元年以后，大多数人都变成了农民或牧民，狩猎-采集人口仅占极少数，而且他们中的大部分都生活在极冷或干旱的环境下，从而阻碍了作物栽培的出现。食物生产在全世界范围内的传播只用了大约 8000 年的时间。

正如我们在第 5 章所看到的，世界各地的狩猎-采集者们都对本地的食物来源有着相当丰富的了解。尽管如此，千年来被觅食的动物和野菜还是要比驯化的多。旧世界亚欧大陆许多地方的早期农民都会种植小麦、大麦，以及其他野生谷物。在新大陆，美洲印第安人发展出了一种杰出的专门技能来种植多种植物——土生土长的禾谷植物、根茎类植物，以及各种干果。这些植物的种植日渐熟练，最终从中产生了美洲人的主食：印第安玉米（Zea mays），唯一被栽培的野生禾本科植物，以及豆类、南瓜和其他一些次要农作物。像树薯、甘薯、红辣椒、烟草及各种不同形式的土豆，这样的根茎类植物成为印第安人生活中的重要组成部分。

冰期晚期，旧大陆上广泛分布着一些具备被驯养潜力的动物物种，如野牛、野山羊、野猪和野生绵羊等。而美洲的农民们则只在某些特定条件下和严格的地理局限下，才驯养美洲驼（llama）、天竺鼠（guinea pig）和火鸡这类动物。

本章我们将检视农业在新旧大陆上起源和最初传播的一些考古学证据，正是这一过程为日后更复杂人类社会和早期文明的出现奠定了基础。

6.1 动物的驯养

拥有自己驯养的哺乳动物也就意味着能够有稳定的肉类供应。控制主要肉类来源的优势是非常明显的。驯养动物随后又能提供牛奶、奶酪和黄油等副产品，还能提供人们穿衣和帐篷所用的皮革，以及制作皮质盾牌和盔甲的原材料。在接下来的一个千年里，人们又学会了训练动物以从事一些特殊任务，如犁耕、运输和拉车。

驯养（domestication），也就意味着驯养者根据那些能够持久地为自己所用的具体特性而做出的一种基因选择。野生绵羊不能提供羊毛，野生母牛只为自己的后代产奶，而未被驯化的母鸡不会多产蛋。要改变产毛、哺乳和下蛋的情况，可以将野生动物隔离开来，在人类的照顾下通过选择性培养的方式来获得。从更大的群体中被隔离出来，使得驯养的绵羊能够产出厚厚的羊毛，驯养的山羊则能提供固定的羊奶，这些都成为许多人群的基本食物。

没有人确切了解动物的驯养是如何开始的。实现驯养有三项基本要素：限制目标动物群的活动，规范它们的繁殖，以及控制它们的饲养以孕育后代。冰期末期，亚洲西南部的猎人们正专注于捕猎瞪羚（gazelle，一种生活在沙漠中的小型羚羊）及其他一些干草原动物。在里海（Caspian Sea）南部沿海地区，野生绵羊和山羊遭到密集的猎杀。像山羊和绵羊这类群居动物是最容易被驯养的，因为它们遵循领头羊的领导，总是集体迁移，而且能够在有限的环境下进行饲养和繁殖。

猎人们经常会长时间地从同一兽群中猎取食物，有时他们会刻意地留下一些年轻的母兽和幼兽以维持食物来源的长久性。追猎而来的小兽有时会被带回营地，并使其对关养它们的人产生依赖，从而部分被驯化。猎人们通常会抓住时机制伏兽群中为众兽所追随的少数关键角色。一旦这种圈养动物或限制猎物行动的体验逐渐成为一种新的生活方式，人们就会尝试用在其他物种身上。作为驯养的一部分，动物与人之间的相互依赖性也在加强。

动物驯养的过程毫无疑问是漫长的，并且几乎同时在亚洲西南部的许多地区发展起来。尽管所发现的动物骨骼非常稀少而且无法成为早期驯养的证据，但大多数权威学者现在都同意山羊和绵羊是亚洲西南部最早被驯养的动物，时间大约在公元前9500年。山羊和绵羊都是过着群居生活的小型动物，它们的骨骼上附着有相对其体型来说相当多的肉。它们很容易就可以被隔离、圈养起来，并与人类发展出一种共生关系。

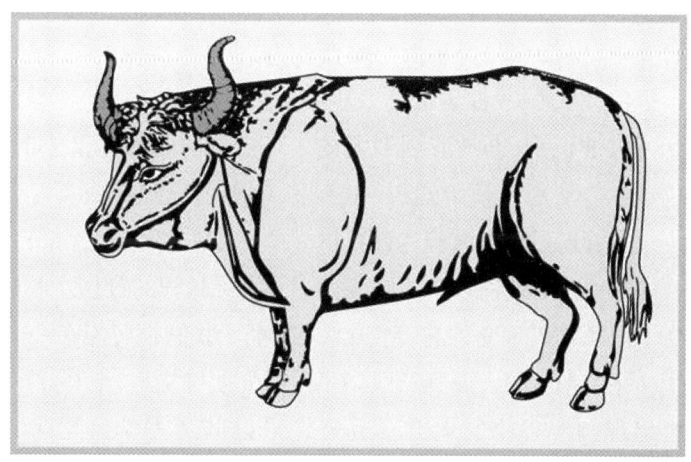

图 6-1 欧洲野牛（Bos primigenius），驯养牛的原型，冯·赫本斯特恩（Von Herbenstein）绘于1549年。

牛的驯养就要困难得多了，因为它们的原型原始牛（Bos primigenius）是石器时代人们经常狩猎的一种野牛（图 6-1）。南非考古学家安德鲁·史密斯（Andrew Smith）是一位研究蓄群（herding）的专家，他相信最早的驯养动物来自生活在干旱环境中的那些纪律性更强的野生兽群，因为在干旱环境下更容易控制动物的移动。这种情况可能随着公元前 7000 年以后气候的日益干旱而在亚洲西南部和撒哈拉沙漠地区持续了很长时间。

有些动物，如海洋哺乳动物，因为其活动范围大多在人类影响力所及之外，因此不能被驯养。早期绝大多数成功的驯养都局限于群居动物中，它们可以被看作一种食物储备，即"会走路的谷子"（grain on the hoof）。

6.2 小麦和大麦的栽培

野生小麦、大麦等庄稼的特性与其家养形式是非常不同的。在野外时，这些谷物长得非常茂密，人们可以以手为刀从茎部将其斩断，然后把落下的种子收集到篮子里，也可以将整株植物连根拔起。这种手斩技艺之所以有效，是因为野生谷物是靠一个脆弱的连接点即**叶轴**（rachis）附着于茎上的。当人们徒手收割时，脆弱的叶轴断开，种子就会落到篮子里。

人们最早栽培的小麦和大麦就是这种叶轴脆弱的野生型，而且新生成的庄稼数量一定非常多，才会在最初的 2—5 年里突变成为家养型。对半坚韧叶轴结构的挑选在驯养的最早阶段还只是一个无意识的过程，或许加速这一进程的是镰刀的使用，或以连根拔起整株植物的方式来收割成熟的种子，而不是单纯的敲打并用篮子接住（图 6-2）。计算机模拟演示表明，家养的半坚韧结构最初可能十分稀少，但它们繁殖了 20—30 代——就这些谷物来说，也就是 20—30 年间——之后便已经实现了完全的家养化。对土耳其东南部单粒小麦进行的 DNA 指纹图谱分析证实了这一短暂的时间框架。在这项研究中，仅仅一两个基因的改变就将野生小麦转变成了拥有强韧叶轴的可食用作物。

伦敦大学考古学家戈登·希尔曼（Gordon Hillman）认为，早在驯养方式的采用普遍到可以被识别，即被应用到大约 1%—5% 的庄稼身上去时，农民就已经开始自觉地进行挑选了。从那时开始的 3—4 年里，驯养就已经完成了。

尽管通过核对试验和计算机模拟可以清晰地重建驯养过程的大体步骤，但要想在亚洲西南部地区的诸遗址中找到能够记录实际进程的"过渡期"的谷粒基本上是不可能的。从野生型向驯养人工变种的转变之快，以至于我们很可能在一个文化层中发现野生型，在下一个文化层中就能发现驯养型。DNA 研究明确指出，土耳其东南部地区很有可能是世界上最早出现驯养谷物的地方。近来，最好的考古学证据来自叙利亚的阿布·胡赖拉（Abu Hureyra）这样的遗址，这里的农业出现于约公元前 10 000 年，我们将在后面对此进行具体讨论。但是我们知道，早在公元前 9400 年，约旦河谷地区就已经开始栽培无花果了。

6.3 亚洲西南部的农民(约公元前 10 000 年—前 5000 年)

冰期末期全球气候的普遍变暖给亚洲、欧洲和北美洲一些气候温和的地区带来了巨大的影响。冰原退去,海平面上升。亚洲西南地区的气候变化要细微一些,主要体现在山脉雪线、降雨模式和植被覆盖的转变上。尽管如此,这些相同的变化周期给居住在这

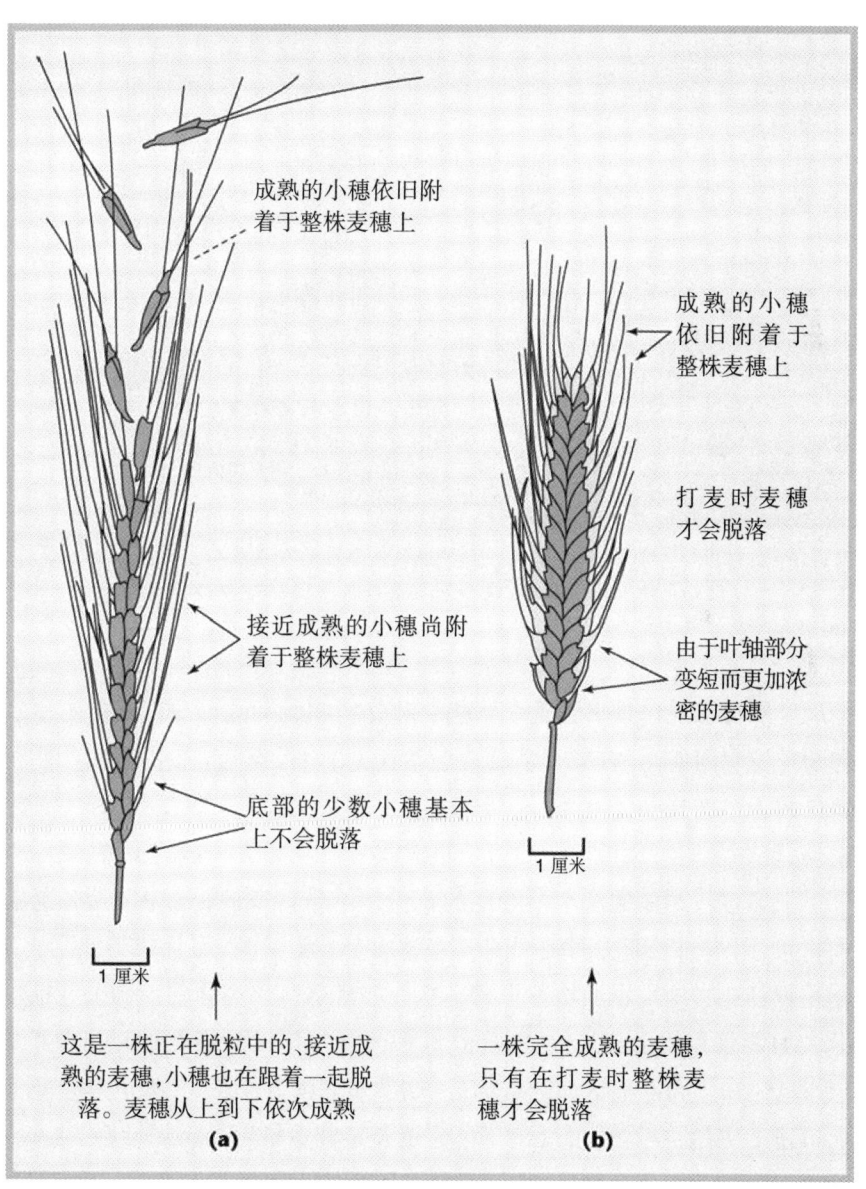

图 6-2 野生和驯化的单粒小麦,各自有着脆弱和强韧的叶轴。(a)显示了野生单粒小麦麦穗脆弱的连接点,小穗呈箭状是为了适应穿透表面并脱落到地上。(b)驯化的单粒小麦拥有半坚韧的叶轴,小穗之间紧密咬合,从而少了自我培植所必需的一些关键特征。

图6-3 叙利亚的阿布·胡赖拉遗址。对早期聚落遗址的发掘暴露出一些相连的半地穴,这些半地穴以木柱、树枝和芦苇来搭盖屋顶,从而形成小的棚屋。站在更高的角度看的话,可以看见后期的一座长方形房址(画面右上方)。

一地区的稀疏人口带来了重大影响。冰期行将结束之时,在东地中海沿岸,在约旦河谷和幼发拉底河谷,只有数千名觅食者幸存了下来。但是,在接下来的两千年时间里,这一地区的人口增长到上万人,这都是村落生活和农耕所带来的结果。借助新的环境和考古发现,现在我们对当地生活的这一重大改变已经有了一定的了解。

采集自叙利亚的淡水湖等地的花粉样本告诉我们,森林覆盖在冰期末期得到了快速扩张,因为当时亚洲西南部的气候要比今天更凉爽,而且相当湿润。许多地区的动植物物种都比当地现在的物种丰富,从而非常适宜人类居住。约公元前10 000年的大部分人类聚落都位于黎凡特(Levant,地中海沿岸地区)、伊朗的扎格罗斯山脉中及山脚下(见图5-1)。局部地区如约旦河谷、幼发拉底河谷中部,以及扎格罗斯地区的某些河谷人口密度更高。在这里涌现出了一些更复杂和更稳定的定居社会。人们热火朝天地对当地景观进行开采利用,爬上山坡去寻找野生的禾谷植物和干果,下到绿草如茵的低地和河谷中去捕猎瞪羚等猎物。这些聚落里出土的外来品,从海贝到石碗,到黑曜石(火山玻璃)制成的器物,无不通过贸易的形式从远方而来。这一总量可观的社区间贸易使得社会复杂性发展到了一个新的高度。最近一个45岁的萨满女巫的墓葬被发掘了，它埋于1.2万年前，里面随葬的物品有一些动物的骨骼和一个壮实成年男性的一只脚，这无疑是用于增强仪式效果的。

借助一丝不苟的发掘和浮选法的广泛应用，我们终于对生活在叙利亚境内幼发拉底河谷中的阿布·胡赖拉人的觅食行为有了相当丰富的了解（图6-3）。阿布·胡赖拉兴建于公元前11 500年，是一座由狭窄的半地穴式房屋（房子部分在地面以下）组成的定居村落，这种房屋以芦苇为屋顶，并靠木立柱支撑。在接下来的1500年里，这片树木繁茂的干草原地带一直维持着较今天更为温暖湿润的气候条件，且野生河谷植物的生长异常繁盛。居民们靠捕猎春天从南方迁徙而来的波斯瞪羚维生。由于有了这样宜于居住的地理环境，一个大型的永久性聚落里就可以容纳300—400人。而且他们不再是一些散落的小型游团，而是有着更加复杂的社会组织形式的大型族群，很可能按照不同的血统结成不同的宗族。植物学家戈登·希尔曼通过发掘出的浮选标本来研究人们植物采集习惯的变化情况，借此，他仿佛透过望远镜来观察当时的景观变化。数百处微小的植物遗存显示，人们曾经在附近的无花果树（pistachio）和橡树林里采集干果。尽管如此，随着气候日渐干旱，聚落附近的森林开始减少。居民们转而大批地采集野生禾谷植物，与此同时干果所占的比例下降了。到公元前10 200年，旱情已经极为严重，以至于人们不得不抛弃他们长期建立起来的聚落，之后可能分散到一些小型的营地当中去。有迹象显示，他们曾尝试种植黑麦，但没有维持很久。其他族群已经开始种植无花果。

5个世纪以后，约公元前9700年，一个坐落在土丘上的新的村落出现了。起初，人们还是会大规模地捕猎瞪羚。约公元前9000年，不出几代人，他们突然转向放牧驯养的山羊和绵羊，并且种植单粒小麦、豆果（pulse）和其他一些禾谷植物。阿布·胡赖拉迅速扩展成为一个占地近12公顷且组织严密的社区，这里的房子都是单层的长方形泥砖房，以狭窄的小巷和庭院相连。最终在约公元前6000年被废弃（见专题"叙利亚阿布·胡赖拉人的劳作"）。

新经济体的出现是由多种复杂因素促成的。不仅在杰里科，在许多其他地方，如同样位于叙利亚的**艾因·格扎尔**（'Ain Ghazal）都出现了类似情况，那里发现的山羊趾骨上有拴足（把山羊蹄捆在一起）所导致的明显的磨损痕迹，从而证实了山羊是早期被驯养的物种之一。大多数聚落都建在地势较低的地方，靠近水源充足的可耕地。聚落中的人们通常生活在由圆形或椭圆形单间房屋紧密聚集而形成的小型村落里。其中最著名的聚落都位于《圣经》里的杰里科城脚下，约书亚率军围攻时以鼓号齐鸣轰倒其城墙的故事令杰里科名闻天下。

至少在公元前10 500年，一个小型营地崛起于杰里科泉边，但很快一个永久性农耕

遗址专题

叙利亚阿布·胡赖拉人的劳作

历史上早期的许多人们，一生中的大多数时间都被用来从事某项具体的工作和劳动，从而在其身体骨骼上留下了许多明显的标记。例如，长期蹲坐的人，其髋部、膝盖和脚踝处就会出现某些特殊的解剖学症状。

伦敦自然历史博物馆生物人类学家蒂娅·莫森（Theya Molleson）研究了叙利亚阿布·胡赖拉早期农耕村落遗址中出土的属于约 162 个个体的碎骨，在其中，发现了大量重复性劳作的证据。一些人的颈骨上显示有上椎骨增大（enlarged upper vertebrae）现象，这就是由头顶重物造成的。还有一些人脚踝前侧发现有一些独特的平面，这就显示这些人从小时候起就形成了蹲坐的习惯。这种情况在男性、女性和儿童身上都有发现。

许多健康状况良好的阿布·胡赖拉人的遗骸中发现有下脊椎萎陷、患有严重关节炎的大脚趾和四肢肌肉发达（表现为肌肉附着点发达）的现象。

趾骨是非常能说明问题的：老年人常常会出现跖骨（metatarsal）退化的现象，甚至年轻人也会因为保持跪坐姿势而使脚趾被卷到足下从而导致大脚趾和第二趾联结点发生变化。这种状况出现在那些长期从事研磨谷粒这类沉重家务的人们身上。莫森考察了古埃及人和亚述人的坟墓壁画，从中发现，在谷粒研磨工、金属工匠及其他一些手工匠人当中这一姿势非常常见。

阿布·胡赖拉遗址没有发现金属制品，因此当地居民一定是使用一些浅盘手推磨进行研磨。磨谷子时要用上整个身体的重量，并以脚趾为支撑点把力量传递到推磨这个动作中。这实际上是一个非常痛苦而累人的活计，不仅对脚趾，对胳膊也是一种折磨（图 6-4）。阿布·胡赖拉人的遗骸呈现出清晰的上臂三角肌附着点，这可能是研磨结束前最后一推这个动作所导致的。

蒂娅·莫森测量了样本中足部骨骼的第

聚落继之而起。定居者们建起配有高塔和环城壕沟的巨大石墙，壕沟由岩石砌成，沟深超过 2.7 米，宽 3 米。蜂窝状的棚屋在城墙下聚集。修建城墙和壕沟这类公共事务所需要的政治和经济资源的规模，乃是几千年前的人们闻所未闻的。为什么要修建城墙至今仍是一个谜，不过它们可能曾被用来防洪，也曾因为与邻近集团争夺稀缺的食物资源而起到防御功能。杰里科还出土了许多有关祖先崇拜的颇有说服力的证据，即那些用灰泥塑成面部的人类头骨，这清楚地表明人们非常拥戴与超自然世界和土地之间的这种传统上由亡灵来庇佑的紧密联系（见图 1-12）。

黎凡特地区的人口在公元前 8000 年—前 6000 年间出现了大幅增加，他们所生活的永久性村落星罗棋布，向东可延伸至更干旱的叙利亚高原。人们在小块的农田里种植二粒小麦、大麦、小扁豆和豌豆，并通过农作物和豆类的轮种来保持地力。一些像杰里科这样的社区很快成为重要的贸易中心，农民们所使用的物品包括来自土耳其的黑曜石，来自西奈半岛的绿松石，以及来自地中海、红海地区的贝壳装饰物。当时的贸易量如此之大，以至于许多村落开始使用一些黏土制成的小圆球、圆锥和圆盘来记录商品交易。这很可能代表了一种简单的书写体系，并于日后演化成了书面文字（参见第 8 章）。

一跖骨,发现男性的第一跖骨较大,而女性的较小。莫森还在女性的第一跖骨中发现了与研磨动作有关的关节炎现象。长年累月地使用石磨(一种马鞍状的磨石)导致许多阿布·胡赖拉人的膝盖和下背部出现这种情况。使用这种手推磨来研磨是非常费劲的,因为它要求推磨时手要稍微倾斜,手推磨的设置要离膝盖尽可能地近。获得烘烤食物所需的面粉需要经过许多步骤,这种研磨法给人的膝盖、腰部和下背部带来了相当重的压力,并反映到了一些阿布·胡赖拉人的骨骼上,她们就是承担了这些繁重日常工作的阿布·胡赖拉女性。

阿布·胡赖拉人的牙齿因为食用粗糙的谷物而有着严重的刮擦现象。但是他们可能已经在使用纤维编成的篮子来筛谷子了:因为有些牙齿出现了典型的沟槽,这应该就是因为咀嚼纤维使之软化而造成的。

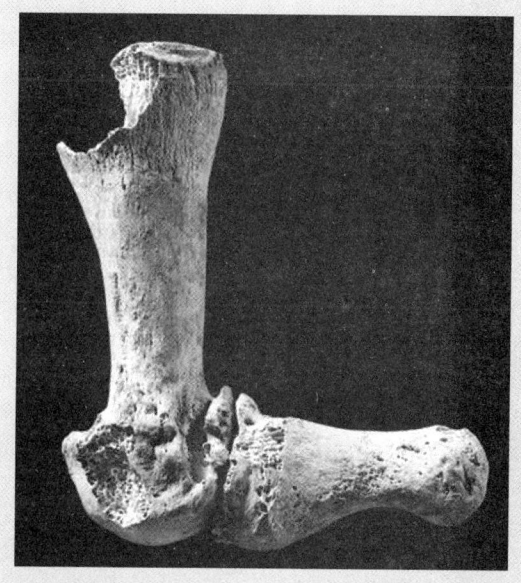

图6-4 约公元前9000年,叙利亚一名阿布·胡赖拉女性的畸形脚骨头。

现在土耳其的东南部地区从全新世早期时就已经是一个适宜人类定居的多样化的高地和低地环境。食物生产在这一地区出现的时间大体与幼发拉底河谷同时。

幼发拉底河和底格里斯河上流河段排空了土耳其东南部乌尔法(Urfa)地区台地中的水,使得这里遍布干旱的石灰石山,夏天炎热干燥,冬季潮湿,各种各样的土质供养了天然野生谷物,最终这一地区成为理想的农耕之地。DNA研究曾明确指出,位于这一地区的喀拉卡达山脉(Karacadag Mountains)是最早栽培单粒小麦的地方。

那么,乌尔法地区是不是也像南方的幼发拉底河谷和约旦河谷一样是农耕文明开始的地方呢?答案我们目前尚不清楚,但是的确有一些相当令人着迷的考古遗址记录下了一些复杂的仪式庆祝,这些仪式大体上是与从狩猎采集向生产食物的转变同时发生的。人们终于第一次发现了有关公共建筑和公共区域的证据,其中一些更为复杂的建筑作为整个聚落的焦点而存在。

我们该如何理解这些显然正从狩猎采集向食物生产转变的意义非凡的遗址呢?它们暗示我们,在这一地区,复杂仪式和更复杂的社会组织形式的出现早于农业的发生。人类认知领域的专家史蒂文·米琛相信这些早期雕刻不仅先于,而且可能导致了农耕的

遗址专题

土耳其东南部的宗教仪式建筑

公共建筑，空旷的空间，巨石，不时还有人类残骸——这些有关宗教仪式的强有力的证据发现自土耳其东南部的若干个早期村落当中。位于土耳其东南部的**萨约吕**（Çayönü Tepesi）于大约公元前8600年—前7000年间开始有人类居住，这座聚落坐落于一片河畔台地上，矗立于小河右侧的长方形房址形成一个弧形，中央一块巨大的空地形成一片露天广场，这里曾经坐落着三座迥然不同的建筑。其中一座经历了不断的重建，并且在该建筑的尽头发现了三间积满了人类骨骼的小石屋，其中一间堆积的人头骨超过40个。这座"亡人之屋"还出土了一块平坦的石板，上面发现有可能是被用作祭品的人类和动物的血迹。这种牺牲到底是祭祀祖先仪式的一部分，还是被献祭的战俘？我们不得而知。石屋里的残骸至少属于400个个体。另一座公共建筑基本上就是一座广场，广场地面由小石头和灰泥压制而成，高大的巨石就竖立在地面上。

哥贝克力山丘（Göbekli Tepe）附近的一座山顶上拥有俯瞰周遭景观的绝佳视野。大约在公元前9600年，人们在石灰质的基岩中砌出了至少四座圆形的半地下式建筑，几乎就像地窖一样。每个地窖的中央都竖立着两块巨大的石柱，同样的石柱竖立在四周，达8根之多（图6-5a）。这些呈长方体的石柱有着平滑的横剖面，最高达2.4米，最重达7吨。石柱之间设有一些石凳。石柱上雕刻着野猪、瞪羚和欧洲野牛等猎物，也有蛇和鸟——但未见驯养动物和人类（图6-5b）。一座石柱上雕刻有一只臂膀，似乎是在将该柱拟人化。这些石柱来自91米之外的一座采石场，那里仍旧矗立着的一根完整石柱，至少有6米高，50吨重。

与哥贝克力山丘同时代的奈瓦里·科里（Nevali Çori）附近出土了29座石灰石和泥巴建成的房址，其中一些是宗教崇拜建筑（cult building），坐落于一座斜坡上，这样来访者就要下到建筑里面去。房址内四周环绕着石凳，

出现。上述遗址中的这些复杂建筑和仪式行为至少需要数十人，养活这些人就需要大量的野生谷物，其中有些落到地上后生根发芽，然后再次被采集——这也是一种驯养形式。一段时间以后，人们把这些优质的喀拉卡达山谷物带回家，并最终就此开展贸易，就像黑曜石和海螺壳一样，这些谷物被带到了数千千米之外的社区，甚至可能远达杰里科。这一理论为那种视持续的干旱为导致转变的主要促进因素的普遍看法提供了一种试探性的替代假说——疑问没有解开，争论还在继续。但是无论是什么因素导致这一地区出现早期的食物生产，可以肯定的是，这一因素不但改变了社会，而且使社会与宇宙和环境之间的复杂关系发生了重大调整。

山羊和绵羊的牧养在伊朗扎格罗斯高地的出现要比低地稍早一些。那里开阔的干草原为山羊和绵羊的大规模捕猎以及公元前10 000年以后的牧养提供了理想的场所。在伊朗克尔曼沙汗（Kermanshah）附近的**甘兹·达列赫**（Ganj Dareh）的村落里，觅食者在大约公元前10 500年占据了一座季节性狩猎营地，大约1500年以后，同样的地点上建

图6-5 (a)土耳其哥贝克力山丘一处巨大的半地穴式建筑。两座T形巨石位于中央,其他的则深嵌于边缘干硬的石墙里,隐藏在石墙里的石凳在发掘中被暴露出来。(b)从遗址中发掘出来的T形巨石,上面饰有浅浮雕。

但是由于被巨石柱和壁龛挡住,因而从入口处看不见。有些石柱上刻有图案;同样的宗教信仰在以后的若干次重建中得到一再强调。在后期宗教建筑包含的雕像中,有一个非常有意思的人首鸟身形象,其他还有一只鸟栖息在人首上,对称的人形背靠背而立等。或许这种鸟类与人首之间的联系反映的是人类的灵魂,或者与另一个世界的关联。

起了一座由长方形泥砖房组成的,以放牧山羊和绵羊以及谷物种植为基础的小型农耕村落。位于伊拉克北部的**雅尔莫**(Jarmo)是扎格罗斯地区最著名的史前农耕村落之一,25座泥巴房拥挤而不规则地攒集在一起,被小巷和庭院隔开。雅尔莫于约公元前6000年达到其发展的顶峰,那时村民食物的80%来自他们的农田和牧群。

在下面的低地地带,农耕文明在平缓的美索不达米亚平原东部边缘出现的时间与黎凡特地区一样早。**阿里·库什**(Ali Kosh)所在的胡泽斯坦(Khuzistan)平原以北就是底格里斯河和幼发拉底河汇流的地方,这座村落最早在公元前9000年形成了一座由长方形泥砖房屋组成的小型聚落。随着时光流逝,这些房屋也日渐扩张,并被小巷和庭院分隔开来。炎热夏日到来时,人们便把成群的山羊和绵羊赶到高地去,到了秋天再回到绿草繁茂的低地牧场上来。这种季节性的放牧到现在还在继续着。阿里·库什证实低地上存在着持续了2000多年的农耕和放牧生活,期间,谷物的品种日益增多,灌溉作为一种提高农业产量的方式也得到了发展。

仅仅在食物生产出现 5000 年以后，黎凡特地区和美索不达米亚的人们就已建起了多座能容纳数千居民的城市。

6.4 埃及和非洲的早期农民（公元前 7000 年—前 1000 年）

在全新世气候变化的影响下，尼罗河谷地区也出现了有限的地域内人口膨胀的态势。冰期晚期的尼罗河谷是一块富饶而多样化的栖息地，盛产猎物、鱼类和野生植物。从至少 15 000 年前开始，野生禾谷类植物就已经成为当地人食谱中的重要组成部分。

尼罗河谷的独特之处在于，这里的水源不是来自当地的降雨，而是来自远在上游的埃塞俄比亚的降雨积蓄而导致的洪水。经年的洪水涨落给下游地区的人类聚落造成了深远的影响。雨量高低的不规则周期使人们必须谨慎地对待野生的食物来源。与此间亚洲西南地区诸文明一样，埃及人在公元前 7000 年前很久就开始主动种植野生的大麦、小麦。

到公元前 6000 年，尼罗河谷已经涌现出许多农耕村落，现在当然早已被深埋于几千年河水泛滥所带来的泥沙和砾石之下。仅仅 1500 年以后，河谷居民就已几乎完全依靠农业生活，居住在像河谷附近的**莫林达·贝尼·萨拉玛**（Merimda Beni Salama）这样的小

图 6-6 在这幅古埃及壁画上，劳动者正在一位贵族的土地上耕地。古埃及农业的起源至少要追溯到公元前 7000 年。

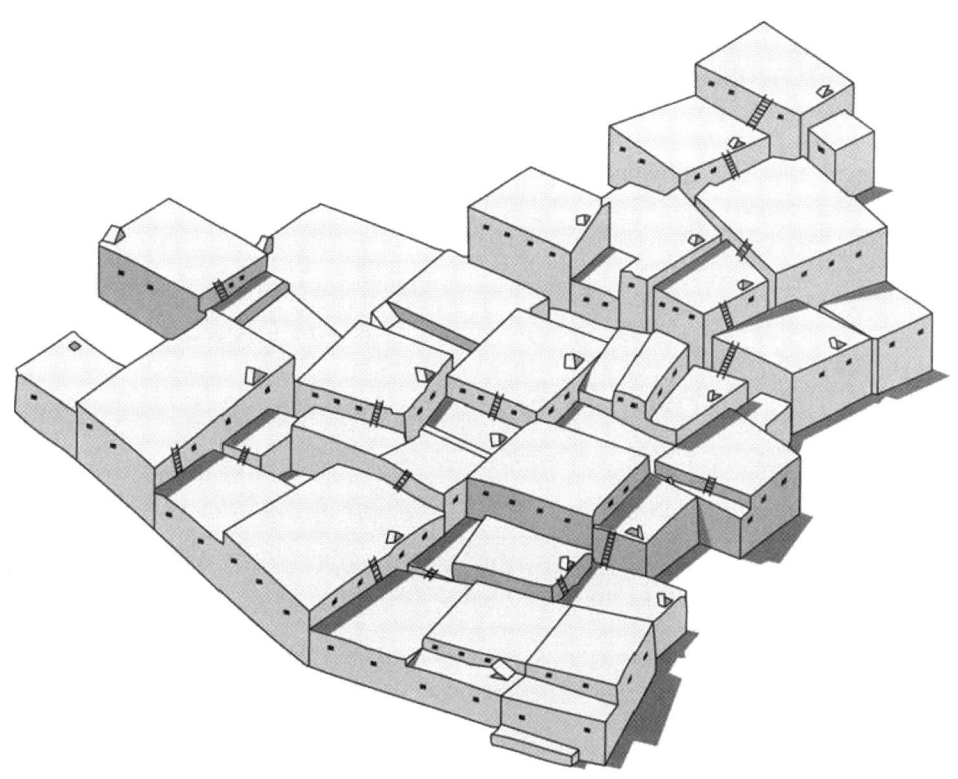

图 6-7　根据土耳其恰塔勒胡由克遗址第Ⅵ文化层所发现的平顶泥砖房址而做出的示意复原图。居民从房顶进入屋内,外墙则自然连成一道防护以抵御来犯者。

型村落里。莫林达由椭圆形房屋和居所攒集而成,这里的房子都是半地下式,屋顶以树枝和泥巴搭成。每年洪水退去后,农民们就会种上大麦和小麦,他们的动物则在平缓的河边草地上吃草。人口密度依然很低,所以一场普通的尼罗河洪水就可以让早期的埃及农民在大概超过洪泛平原三分之二的地区收获谷物(图 6-6)。因此,修建灌溉工程就显得没有必要,而它们在大约公元前 3000 年首次出现时,埃及已经成为一个统一的国家(参见第 10 章)。

公元前 6000 年以后,牧牛人普遍出现在了如今已成为撒哈拉沙漠的半干旱草地上。在这些游牧部落留给后人的杰出壁画中,我们可以看到,他们会把捕猎来的猎物关在笼子中,在撒哈拉高地上建起石头居所,并到位于沙漠南部边界的巨大浅水湖乍得湖(Lake Chad)湖畔放牧。撒哈拉在公元前 6000 年以后迅速干涸,迫使这些牧牛人口迁移到了永久性的绿洲或沙漠边缘地带。但是,直到很久以后的公元前 1000 年左右,这些牧人们才进入东非的下撒哈拉地区,而西非人此时已开始种植像高粱和黍这样的热带谷物。

遗址专题

英国的伊斯顿石圈和埃夫伯里怪石圈

西欧拥有许多伟大的土木工事和巨石建筑，例如著名的**埃夫伯里**（Avebury）怪石圈（图6-8）和位于英格兰南部的巨石阵（Stonehenge）[①]。巨石阵矗立在一片空地之上，这里曾经是一片以土墩墓、圈地、藏尸房及其他一些祭祖地点为特征的宗教景观，如今早已消失很久，只剩下巨石依旧。巨石阵以北的埃夫伯里名气稍逊，这处遗址大约兴建于公元前2550年，是一处兴建巨石圈的天然理想地点。这处遗址的最终结构中，深达白色白垩（chalk）层的土方和壕沟共占地11.5公顷，约350米宽。四个被垫高的堤道作为入口将整个遗址划分为四个等大的扇形区。竖立在壕沟中的共98座立石一度起到了装饰性的作用，其中有些高达14米。外圈内是两道内圈。建造这座令人惊叹建筑的是一些农耕社会，他们没有带轮子的手推车，只有最简单的杠杆和齿轮、石头、鹿角和木制工具。可以想见，刚建成时这座土木工事及其暴露在外的地下白垩一定在几千米之外都异常醒目。

一代代的考古学家们对埃夫伯里进行了不懈的发掘，但直到最近他们才开始特别关注这处遗址曾经有过的景观，那与现在延绵起伏的农田是大不相同的。要想获得有关古代景观的证据，需要进行异常严谨的发掘和标本挑选，多数情况下，原始的地表痕迹都已被埋葬于墓葬和土方之下。当考古学家阿利斯代尔·惠特尔（Alisdair Whittle）对英格兰南部伊斯顿石圈（Easton Down）的一处长土墩墓进行探沟发掘时，将原始地表、堆积泥炭的核心部分、白垩以及土墩下的耕土层一并暴露了出来，这个不同寻常的机会使他得以将大约公元前3200年的植被景观揭露出来。

惠特尔首先转向了花粉分析。采自地表的少量花粉颗粒主要来自草类，这表明该遗址开始兴建时墓葬附近并没有种植树木。从一处保存良好的前土墩地层剖面中发现了11个软体动物标本，从中揭示了短期内从林地到空旷草地的巨大转变。惠特尔在土墩下发现了一处古代柱坑，并毫不意外地从中发现了林地软体动物遗存。接下来空地上的软体动物突然增多，这一变化发生得如此之快，以至于人类砍伐林地的行为似乎成了唯一合乎逻辑的解释。有趣的是，土壤学家们在土墩下发现了土壤横向运动的迹象，这只能是在兴建土墩之前进行耕种行为所导致的。

类似伊斯顿石圈这样的发掘只能为人们提供一个快照，好让我们一窥任何农业景观都具备的那种已清理和未清理的交错混杂的景象。例如，在埃夫伯里附近发现的软体动物和土壤标本告诉我们，公元前2550年这座伟大的神庙兴建之时，那里是一片已

6.5 欧洲的农民（约公元前6500年—前3000年）

新生的经济形式取得了巨大的成功，并很快从亚洲西南部传播到了邻近地区，而且由于觅食者人口数量的增加，自然食物供应已经不再能够满足日渐增多的觅食者定居群体，使得很多这类群体开始生产食物以补充他们长久以来由野味、植物和鱼类组成的

[①] 也叫斯通亨奇、斯通亨治。——译者

图 6-8 英格兰威尔特郡(Wiltshire)的埃夫伯里遗址。这座著名的石器时代的圣坛兴建于约公元前 2500 年。

形成良久但几乎未被用来放牧的天然草场,附近一座森林在被清理之后便被当作农耕地使用。

目前,这种环境考古学已经足够精确到确定某些建筑物兴建的季节。例如,距离伊斯顿石圈不远的锡尔伯里丘(Silbury Hill)兴建于约公元前 2200 年,高 40 米,从此处原始地表之下小心切割下来的一块草皮中取得的土壤标本显示,人们是在夏末开始动工的,很有可能是在收获季节过了之后,因为那时人们才有时间参与这样大规模的建筑工程。我们之所以知道这一点,是因为在那些保存良好的草皮中发现有蚂蚁和蚁丘。这些蚂蚁正开始长出翅膀以飞出蚁丘,而这一般只发生在夏末。

随着环境和景观研究的继续,我们对埃夫伯里和巨石阵这类重要宗教遗址的背景甚至意义的理解将会得到令人惊喜的收获。

食谱。通过研究一系列关键的遗址并借助放射性碳测年,我们成功地探寻到,农耕在欧洲和亚洲南部这一广大区域的传播。

公元前 10 000 年以后,农业和动物的驯养在整个土耳其得到了迅速传播,并从那里传播到了希腊、巴尔干地区和温带欧洲。在公元前 9500 年—前 6000 年间,长途贸易,尤其是用于制作装饰品和工具的黑曜石的贸易成为日常生活中的一个重要因素。商品被从土耳其的凡湖带到了黎凡特,甚至远至波斯湾。对贸易的控制使得一些像**恰塔勒胡由克**(çatalhöyük)这样的聚落繁荣起来。约公元前 7000 年的恰塔勒胡由克占地 13 公顷,

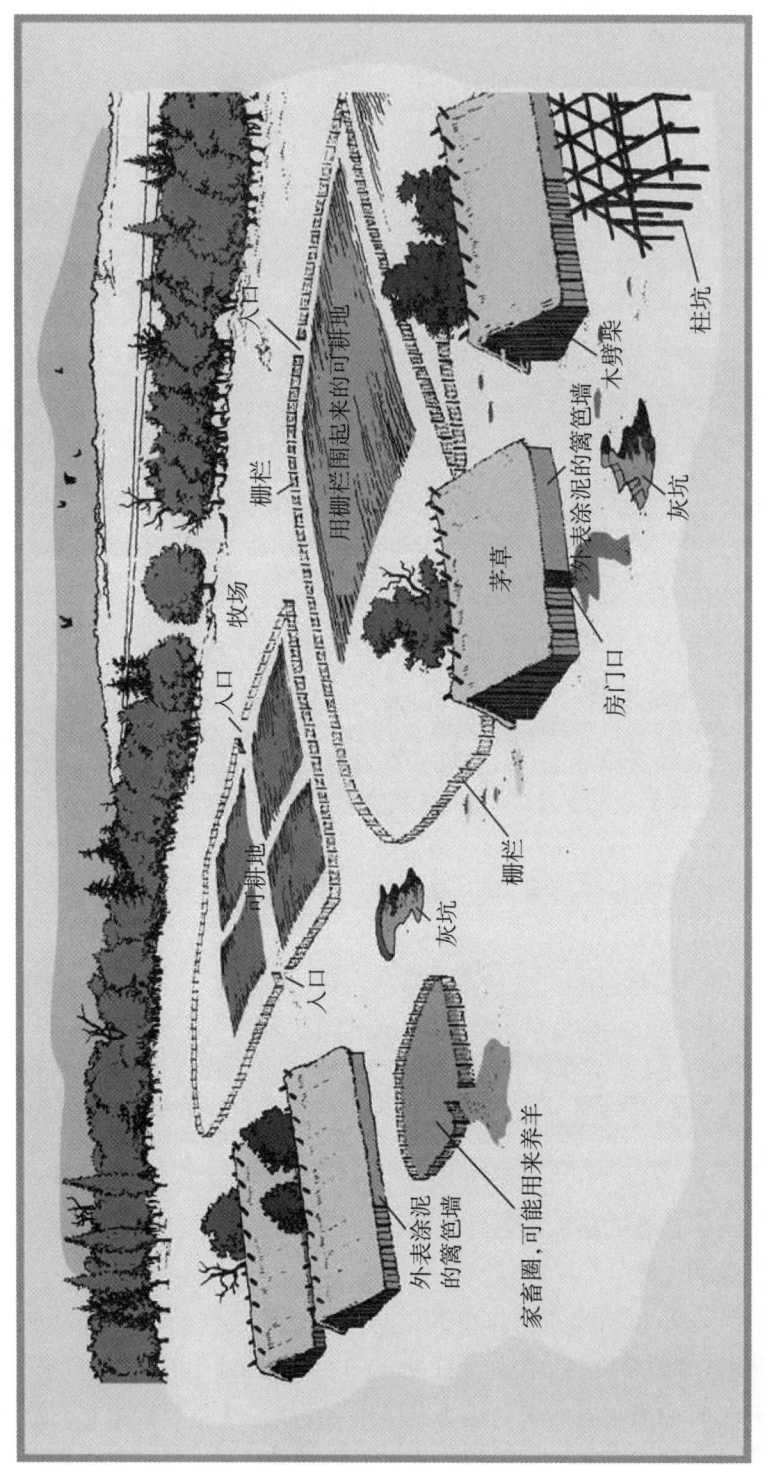

图 6-9 欧洲一处(新石器时代的)斑纹陶文化聚落复原图

是一个由大量小型泥砖房屋背靠背攒集在一起形成的聚落,房屋的外墙便自动充当了防御性围墙的角色。但是,这座巨大的村落始终没有发展成为一座成熟的城市。这里没有强有力的领导者来垄断贸易和生产,只是一个由单个住宅和家庭组成的社区,缺乏城市所具备的复杂且中央集权化的组织形式(图6-7)。

正当恰塔勒胡由克人烟鼎盛之时,农业已经开始出现在爱琴海诸岛、希腊和东南欧部分地区。自从冰期结束以来,欧洲就已经成为许多分散而居的觅食者群体的家,他们依靠在森林中追捕猎物,采集植物,以及从海洋和淡水中获取鱼类和软体动物来生活。与亚洲一样,这些人也对耕作和动物驯养做了预适应,特别是有些地区,短期人口的转移和当地环境的改变使得他们必须采取新的生存应对策略。

动物和谷物的驯养很可能是通过物物交换的形式从亚洲传播到欧洲东南部去的。驯养的植物都是像二粒小麦(emmer)和普通小麦这样的谷物,这些作物要求严苛,会从土壤中汲取大量的营养。农民们不得不节俭而谨慎地使用他们的土地,他们轮流耕种谷物和具有固氮能力(nitrogen-fixing)的豆科植物,并利用动物粪便使土地恢复元气。在这种情况下产生的欧洲农耕系统,谨慎地将耕作和动物饲养整合到了一种建立在单个家庭食物自给基础上的组织严密的生存策略之中。温带欧洲地区全年都有降雨,夏季和冬季反差明显。由于拥有丰富的木材和更凉爽的气候,木头和茅草便取代了亚洲西南部的泥砖而成为主要的建筑用材。

公元前5500年左右,随着农耕社会向中欧和西欧的扩张,欧洲也迎来了一个降雨

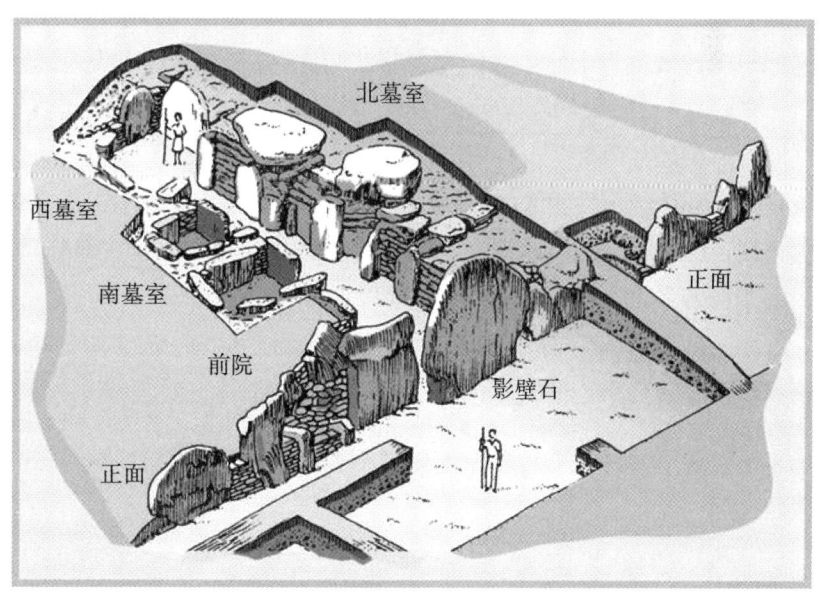

图6-10　位于英格兰威尔特郡西肯尼特(West Kennet)的公共墓地。土墩下埋葬有一座巨石墓,两侧小室也是墓葬。

量增多和冬季变暖的周期,也就是在此期间,地中海海平面的上升终于突破了一个天然土坡,海水流进了巨大的尤克森湖(Euxine Lake)中,几个星期之后将其变成了黑海(Black Sea)。这次自然灾难很有可能使得许多农耕社会沿湖迁入内陆、河谷上游,以及多瑙河盆地等地区。

在1000年的时间里,以牧牛为基础,并与春播庄稼相结合的农耕文明在欧洲中部一片广大的区域上发展起来。农耕部落继续在土地更松软的地区传播着,他们伐木造田,在原是森林的土地上放牧牛群,使得许多土生土长的觅食者游团也开始采用这些新的经济模式。早期欧洲农耕文化中最著名者当属以其独具特色的线条纹陶器命名的**斑纹陶文化**(Bandkeramik complex)。这种文化最初在大约公元前5300年出现于多瑙河谷中部,然后迅速沿着这片有着天然屏障的河谷向西传播到荷兰南部,向东则到乌克兰部分地区。斑纹陶社会对空间进行了很好的分割,每个社区大约占地202公顷。人们生活在由木头和茅草搭建而成的长方形房屋里,这些房屋长5.4—14米不等,很可能用来居住、保存谷物和动物(图6-9)。每个斑纹陶村落里居住着40—60人不等。

几个世纪过去了,人口迅速增长,各个聚落之间的空间也渐渐被填满了。一段时间之后,村落的边界变得越来越明显,聚落被用圈地保护起来。正是在这一时期,公共墓地开始形成,与此同时出现的还有西欧著名的**巨石建筑**(megaliths,希腊语"mega-lithos","大石头"之意)。这些坟墓由巨大的圆石砌成,并被埋葬在土墩之下(图6-10)。地位尊贵的族长很可能就是被埋葬在这些公共墓地中;而对于一些特别依附于其可耕地的农耕社会来说,那些位列祖先宗谱之上的人们有着最高的社会地位。从现代类推法来看,这些祖先曾被视为土地的守护者,起到了联结生者与掌控人类命运的精神力量的作用。

稍晚些时候,大约在公元前2800年—前2300年间,个体墓葬和公共墓地出现了。可能是单个领袖的墓葬,这些位高权重的人物往往有标示其地位的徽章随葬。他们很可能是某个群体的男性祖先,也是土地所有权的权力来源。现在,酋长制、土地和财产的继承都被合法化了,同时欧洲农业的特征也迅速发生变化,这部分是由大约公元前2800年前犁耕的引进所造成的。

6.6 亚洲的早期农业(公元前6000年以前)

植物栽培的另一个主要中心出现于东亚地区,这里食物生产出现的时间几乎和亚洲西南部一样早。

中国南方的水稻栽培

水稻是南亚和东南亚广大地区古代农业的主食。今天,大米已经占了17亿人口食物总量的一半,占人类消耗能量总卡路里的21%。遗憾的是,我们对这一最重要的栽培作物的起源可以说几乎一无所知,但是DNA研究者们暗示,今天的两种主要水稻品种是首先在印度、缅甸、泰国和中国南方地区开始栽培的。

水稻是东南亚北部地区和中国南方最早被人工栽培的植物之一。植物学家们相信,作为当今人工栽培物种的祖先,水稻和亚洲黍(Asian millet)是在冰期末期由喜马拉雅山脉东部边界附近的多年生植物发展而来的。人们认为最初栽培野生水稻的地方是一块冲积形成的沼泽地带,那里有足够的水分以促进谷物的生长。第一种被栽培的品种很可能出现于浅水地带,那里季节性洪水泛滥将植物种子散播到永久性干旱区和永久性洪泛区之间的边界地带,从而使土地的准备工作不再那么繁重,也就为这种栽培创造了条件。这些条件可能也出现在印度的恒河平原、东南亚富饶的沿海栖息地,以及布满红树林沼泽的中国南方地区。

人们曾试图通过兴建围堵冲积物的环形堤坝来拓展季节性洪泛区,最初进行栽种的努力很可能就是这一尝试的结果。堤坝一旦被冲毁,洪水就会淹没干旱地带,使之可以用来种植水稻,由此为野生水稻的生长创造了新的地域。这样只要一小步就可以在湿地上实现播种和收获(稻谷)。最有可能的情况是,在全新世早期,一种以采集野生水稻为基础的定居生活方式在地势低洼的季节性泛滥地区发展起来。作为对人口增长、气候变化等一系列压力的回应,系统化的栽培农业发展起来了。

全新世早期,更温暖的气候条件很可能令野生水稻的出现促进了中国南方长江流域下游的一些湖泊和湿地出现定居生活,与此同时整个中国的狩猎-采集社会都在开发广泛的动植物资源。一支由美国考古学家理查德·麦克尼什(Richard MacNeish)和中国考古学家严文明率领的国际考察队曾经对两处重要的洞穴遗址**仙人洞和吊桶环**[①]进行发掘,在那里他们区分了四个期,最早可追溯至冰期晚期,当时人们还在食用野生水稻。由于公元前9200年—前7550年间一系列更广泛的疑似耕作器物的出现以及栽培水稻的**植物化石**(phytolith,植物细胞中极小的二氧化硅微粒)的开始形成,可以说此时这里的居民很可能已经开始种植水稻了。他们也是世界上最早学会制作陶器的人之一。气候数据揭示,在经历了一段长期的气候变暖之后出现了一个降温间隔期,水稻的耕种可能就是从那时开始的,也是在这一降温间隔期,中国北方地区开始出现食物生产。

到公元前3000年,长江沿岸及更偏远的地区涌现出一些更为复杂高级的农业社会。对这些文化传统的考古学研究主要集中于墓葬的发掘,以从中发现随葬品和葬制的缓慢变化。最早的墓葬几乎不存在多少社会分化,但后期墓葬不仅呈现出更为广泛的器

---

① 因其发现者为江西万年县文物局局长王炳万,所以国外资料多称其为"王洞"。——译者

物的多样性——陶器、骨器、石器、玉器及其他装饰物,而且装饰华丽的墓葬也越来越多。中国研究专家理查德·皮尔逊(Richard Pearson)在分析了几处墓葬之后论证说,这些墓葬显示了一种财富日益集中的趋势,社会分级愈益明显,男性的地位日益受尊崇,女性地位则出现下降。这最后一种趋势很可能与农业的日益集约化有关,男性因其在耕作中的重要作用而更受重视。

中国北方的最早农民

在长江以北650千米处坐落着早期中国农业的一处二级中心,黄河便是从这里的山地中奔流而出,然后蜿蜒注入中国北方地势较低的平原地带。中国北方农业以黍为主,而南方则以水稻为主。北方最早的一批农业社会都位于黄河河谷的中间地带,这是一块小型的盆地,在西方的高原林地和东方的低地沼泽之间形成了一道边界。与南方一样,北方在全新世早期也出现了一股变暖的趋势,并继之以一个降温间隔期,之后又是一个更为漫长的气候改善期。就是在这个降温期,即大约公元前6500年以后,黄河谷地出现了第一批农耕定居村落。

黄河谷地的土壤土质上佳,松软均匀,透气性好,使用简单的掘土棒就可以开耕。夏季的集中降雨使得该地区农业的关键作物谷类可以获得很好的收成。可用来栽培的本地植物包括粟(foxtail millet)、黍(broom-corn millet)、高粱(sorghum)、麻(hemp)、桑葚(mulberry)的野生祖先。在下游河流阶地的山脚下和平原上坐落着许多临河而建的村落。古代的中国农民发展出了一套自己的农耕技艺,并延续了数千年之久。到现在为止,

图6-11 中国北方仰韶文化房址复原图

最著名的中国早期农耕文化当属仰韶文化,这个文化于公元前4800年—前3200年间出现于黄河中下游的许多地区,其覆盖范围几乎与埃及和美索不达米亚的早期农业中心等大。

每一个仰韶村落都是自给自足的单位,它们通常建在俯瞰肥沃河谷的台地上,以此来躲避洪水侵袭,或在最大程度上利用洪泛平原的优质土壤(见图6-11)。农民们使用锄头和掘土棍来耕作,粟是他们的主食,而年年被春洪浸润的河畔地则是他们的主要农田。到公元前3000年,仰韶文化已经发展成为一个独具特色而又独立发展的中华文化,拥有自己独特的自然主义艺术风格,灵巧的仰韶陶匠们制造了用来蒸煮食物的炊具,而这一蒸煮技艺至今仍是许多中国美食的基础。甚至汉字也能在仰韶文化中找到根源。中国各地都发展出了农耕文化的各种地区性变种。农业几乎同时在一大片广阔的区域中发展起来,不同地区的人们纷纷依据本地条件对农作物和农耕技巧做出适应性改变。这些新经济形式的成功很快便带来了当地人口的增长、更复杂的文化,财富随之聚集到了少数特权阶层的手中。

6.7 美洲的早期农业(公元前8000年以前)

食物的生产在美洲也是独立发展起来的。在首次出现定居之后的数千年里,靠狩猎采集维持生活的美洲印第安人发展出一套足以应对各种食用植物日益完善的知识体系。其中一些地区对这些资源的探索非常密集,尤其是中西部和东南部地区,那里的一些群体能够在一个半永久性聚落中生活数个世代之久。但是一段时间之后,他们就开始种植野生植物以作为野生食用植物来源的补充。再过一段时间之后,尤其那些野生植物丰富的地区,必然会导致农业的出现。

哥伦布到来以前的古代美洲人就已经建立起了一套相当卓越且涉及各种本地植物的知识体系,并将其应用到了如医药等多种非食用用途当中。玉米是美洲人最重要的主食,也是新大陆唯一一种被完全培育的重要野生植物。长期以来,玉米始终是美洲最重要的粮食作物,并在当地人的生活中扮演着包括从食物到牛饲料在内的150多种不同的角色。包括树薯、甘薯和马铃薯的许多变种在内的根茎类作物是另一个基本食物来源,在南美洲尤其如此。红辣椒(chili pepper)被用来做调味品,苋属植物(amaranth)、向日葵(sunflower)、可可豆、花生及各种豆类也都起着非常重要的作用。与旧世界的农民不同,印第安人很少驯养动物,在少数被他们驯养的动物中包括安第斯山上的美洲驼、提供羊毛的羊驼(alpaca)、狗、天竺鼠、火鸡和鸭子等。

大多数考古学家现在都同意,在美洲至少存在三个主要的本土植物栽培中心,分别是:主产玉米、豆类、南瓜和甘薯的中美洲高地和低地地区;主产马铃薯、树薯这类根茎类植物的安第斯山中部高地地区；以及主产西葫芦、向日葵及其他当地植物的美国东南部地区。后期的耕种实践也有四个主要地区：南美洲热带地区（北部）、安第斯地区、中美洲地区，以及北美西南部和东部地区。

美索美洲：古伊拉·纳奎兹和早期耕作

我们对植物的培育过程依然所知甚少。考古学家肯特·弗兰纳里以生态学考量为基础进行研究（参见第 5 章）。他确信，植物的栽培是为应对短期气候波动和频繁的人口迁移而做出的策略性选择。弗兰纳里的结论是建立在其对瓦哈卡（Oaxaca）河谷中的**古伊拉·纳奎兹**（Guilá Naquitz）岩窟遗址的亲身发掘基础上的。公元前 8750 年—前 6670 年的 2000 多年里，古伊拉·纳奎兹曾被 6 次占用。这片每平方千米只能养活极少数人的土地上，究竟如何应对周期性干旱所带来的难以预料的气候变化？这是来到这一洞穴的每个小型觅食者团体都必须要面对的问题。

古伊拉·纳奎兹人每年要觅食 11 种不同的可食用植物。雨量充沛的年份里，他们会试验种植豆类植物。豆类在洞穴附近的栽培使得人们既采集到更多的食物，也减少了来回的路程。起初这类试验仅限于湿年，但随着时间的流逝以及人们自信心的增强，植物的产量也随之提高，人们更多地依赖上了自己的耕种而不是觅食行为。一段时间以后，古伊拉·纳奎兹人开始在早期的觅食适应中加入南瓜、豆类，以及一种简单的玉米品种。最近，对该遗址样本进行的 AMS 放射性碳测年研究，将洞穴中的南瓜栽培追溯到了约公元前 8000 年，与亚洲西南部地区谷物农业的出现一样早。弗兰纳里相信，这种转变在美索美洲的许多地区都曾发生过。

玉 米

玉米的野生祖先是一种叫作墨西哥类蜀黍（teosinte）的多年生植物，该植物至今还存在于中美洲许多地区。驯养的出现很可能就是采集野生墨西哥类蜀黍过程中意外产生的一个副产品。实际上，很有可能觅食者们总喜欢挑选那些在种子成熟之后就可以轻松撒播的墨西哥类蜀黍，久而久之，这种受偏爱的类蜀黍就在聚落附近和被废弃的垃圾坑中定植下来。又过了一段时间，人们开始为这些类蜀黍地除掉杂草，然后谨慎地种植一些有用的品种。最终这些植物会变得依赖于人类的介入。一场基因革命随之而来，玉米就这样诞生了（见图 6-12）。

大多数专家都认为玉米最早是在美索美洲实现人工栽培的，已知最早的证据出自墨西哥西南部早于公元前 4000 年的巴尔萨斯河（Río Balsas）地区。瓦哈卡河谷古伊拉·纳奎

第 6 章　最初的农民　173

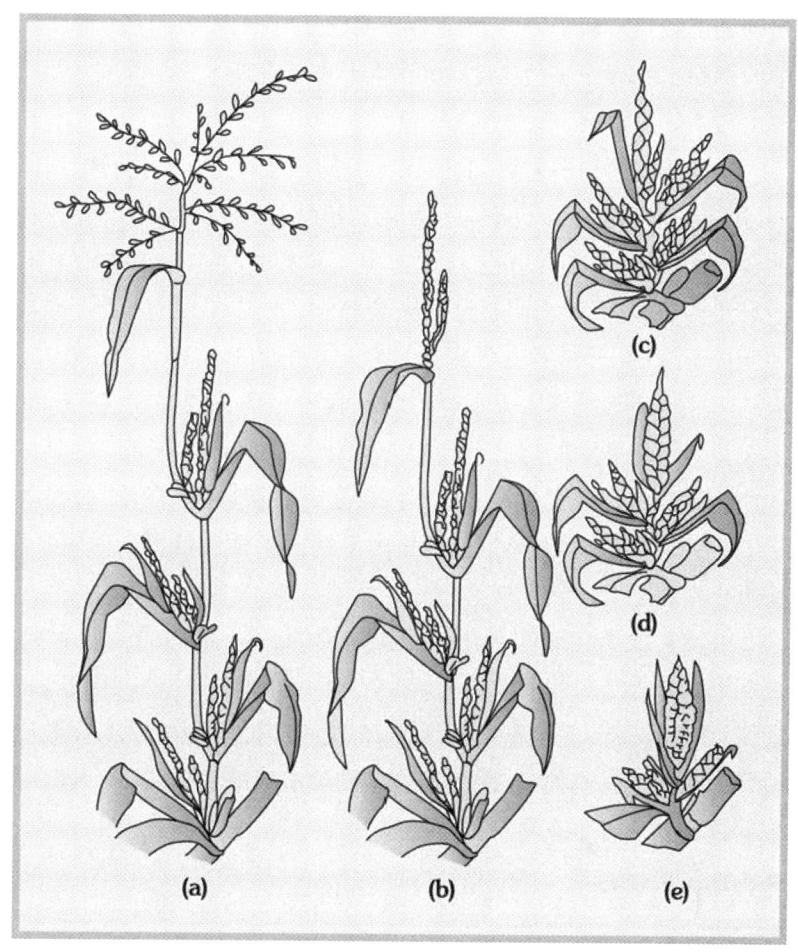

图 6-12　从墨西哥类蜀黍向玉米转变过程的不同阶段。(a)是早期墨西哥类蜀黍;(b)是稳定的玉米显型。收获过程中墨西哥类蜀黍的枝叶渐渐受挫,并使得外皮渐渐将玉米穗包裹在里面。

兹遗址中发现的玉米大约出现在公元前 3400 年,玉蜀黍则可能早在公元前 5000 年就已经在巴拿马实现了人工栽培,但是考古证据中并不包含真正的玉米棒子。

有关早期玉米种植的最完整的考古学证据来自位于墨西哥南部**特瓦坎河谷**(Tehuacán Valley)干燥高地上的干洞和开放式遗址(图 6-13)。考古学家理查德·麦克尼什发现,最早的特瓦坎人主要是靠猎鹿和其他哺乳动物生存,但也采集一些野生的可食用植物。据麦克尼什推测,公元前 10 000 年,人们食物当中的 50%—60%来自野味。到公元前 8000 年后,猎物的数量便逐渐下降,人们越来越多地转而寻找野生植物。至少到公元前 4500 年,特瓦坎人的食谱中约有 90%都是来自热带禾本科植物,以及如仙人掌(cacti)和龙舌兰(maguey)这类植物。谷物是如此必不可少,以至于到这一时期对本地植物进行某种形式的人工栽培或驯养已经是绝对必要的了。对发现于圣马科斯洞穴(San Marcos Cave)中的早期玉米棒子进行 AMS 放射性碳测年发现，这一主食至少在公元前 3600 年就已经出现了。

从特瓦坎河谷中采集到的 24 000 多份玉米样本为我们排列出了一长串玉米进化序列，排在首位的便是来自圣马科斯洞穴遗址最底层和**科斯卡特兰洞穴**(Coxcatlán Cave)遗址较深文化层(图 6-13)的 71 份小型玉米棒子样本。这些棒子长不足 20 毫米，谷粒无法自然传播，这清楚表明其已被完全驯化。我们不了解墨西哥类蜀黍到底是在多少年前转变成玉米的，但是考古学家布鲁斯·史密斯(Bruce Smith)相信，在特瓦坎以西 250 千米的一处从高地蜿蜒入太平洋的河谷就曾见证了类蜀黍向玉米的转变——那里至今仍生长着生物化学特征与玉米最相近的野生墨西哥类蜀黍。

美索美洲人在埃及人于尼罗河畔竖起吉萨金字塔群之前很久就已经学会栽培玉米了(参见第 10 章)。而热带低地地区掌握玉米种植技术的时间甚至可能早于高地，但目前为止尚缺乏考古学证据。

以特瓦坎为代表的驯化八排玉米(Maiz de ocho)的原始品种是后来广泛传播到数千英里以外的玉米的共同祖先。整个美洲都出现了这一初级玉米的后续衍生品种。如果肯特·弗兰纳里的假设正确的话，那么美索美洲出现的人工栽培植物就不再只是一小块地区中的一个发明而已，而毋宁说是在经济战略的促进下，人们对植物进行密集开发而主动选择的一种生态适应方式的转变。显然，来自特瓦坎和古伊拉·纳奎兹的证据都证实了这一假设。

安第斯山地区的农民

墨西哥人栽培植物的故事告诉我们，这是一种生态适应方式的刻意转变。这种转变在安第斯山区的两个地方也曾发生过，一个是山脉高地地区，另一个则是地势低洼而干燥的太平洋沿岸地区。

18 世纪伟大的德国植物学家亚历山大·冯·洪堡是第一位探索安第斯山的欧洲科学家。他惊讶于在环境严酷而多变的安第斯山巅和山谷里竟繁盛着如此种类繁多的野生动植物。只有少数几个物种成功地被生活在安第斯山脚下的农民所驯养。5 种重要的安第斯物种对高地经济有着至关重要的意义，它们分别是美洲驼、羊驼、天竺鼠、马铃薯，以及一种谷类作物——昆诺阿藜(quinoa)。美洲驼很有可能是在公元前 2500 年左右与昆诺阿藜同时被驯化的(图 6-14)。美洲驼的牧养在公元前 900 年已经在高地地区和秘鲁北方沿海地区得到了广泛传播。几千年来一直作为一种重要野味的天竺鼠(又名荷兰猪)也可能差不多同时在山谷高处被驯养。

图6-13 考古工作者正在对墨西哥特瓦坎河谷中的科斯卡特兰洞穴遗址进行发掘。

当15世纪欧洲人前来接触时,安第斯山地区的农民已经发展出了上百种马铃薯变种。在高地驯化的四种主要品种中,马铃薯(Solanum tuberosum)现已遍及世界各地。野生马铃薯从定居方式最早出现之时起便一直是高地安第斯觅食者的主要食物来源。在秘鲁沿海的卡斯马河谷(Casma Valley)入海处的一些灰坑里发现了非常完整的马铃薯块茎,可测定为公元前2000年左右,但是中南部高地地带毫无疑问将发现更早的标本,因为在那里,一些动植物物种如利马豆(lima beans),早在公元前3000年—前2000年就已经实现驯化了。

秘鲁沿海地带是一条坐落于安第斯山脚下的狭长陆架,这条干旱的沙漠带被几处土壤丰腴且雨量比较充沛的河谷隔开。数千年来,沿岸居民靠太平洋的慷慨恩赐和夏季采集来的野生植物维生。公元前5000年以后,随着气候变得比今天更暖更干,渔猎开始在当地人的生活中占据重要地位。这一时期人们也已经开始栽培如南瓜、胡椒和球根秋海棠(tuberous begonias)等植物品种。至少在公元前3000年,玉米已往南传播到了南美。

在像**奇尔卡**(Chilca)和**帕勒莫**(Paloma)这类半永久性的巨大沿海聚落里,鱼和软体动物是主食,但是,居民们也会将野生植物的种子撒到地上,从而结出南瓜等食物。到公元前3800年,奇尔卡人已经学会种植多种豆类植物,其中包括当时已十分普遍的利马豆和南瓜。这些人生活在以藤条——偶尔也用鲸鱼骨——为框架、以席子和芦苇为屋顶的圆形棚屋里。在接下来的1000年里,太平洋沿岸涌现出许多永久性聚落,人们将农业

图6-14　秘鲁胡宁湖(Lake Jumin)附近的**帕纳罗卡洞穴**(Panalauca Cave)遗址。这里出土了早期人工栽培昆诺阿藜的证据,以及公元前2500年前已被驯化的美洲驼。

生产与渔猎和软体动物的采集相结合。但是,毕竟这里的海产品太丰富了,以至于农业长期处于次要地位,并且比美索美洲要晚得多。

在一个相当短的时期内,脱胎于早年简单村落社区的更复杂的农耕社会便发展起来了。在一些地区,这一演进迅速刺激了国家组织型社会,即世界上最早的一批文明的出现。而在其他地区,平均主义的农耕文化则在为适应环境变化而做出的高效率的适应过程中演变成了复杂的酋邦制。我们将在第7章中讨论其中一些杰出的社会,并对农耕社会中的文化复杂性问题进行探讨。

6.8 小　结

冰期刚刚结束时,亚洲西南部气候是干爽怡人的,大多数内陆地区都被干草原所覆盖。大约在公元前10 000年,农耕文明出现在了土耳其东部地区以及幼发拉底河畔的阿布·胡赖拉地区;公元前9000年以后,在阿布·胡赖拉及其他聚落里,绵羊和山羊突然取代瞪羚的捕猎。在稍早些时候的扎格罗斯高地上,出现了井然有序的集中放养畜群现象。与此同时,至少在公元前9500年左右,一系列通过长途贸易路线串联在一起的农耕社区在土耳其的安纳托利亚过起了定居生活。

农业和畜牧业在欧洲东南部地区的发展是当地人开始更加密集地开发利用谷物和野生绵羊所致,同时也是家养动物和谷物从亚洲西南部"漂移"而来所导致的结果。尤克森湖的泛滥可能也对这一传播过程有所促进。分布广泛的斑纹陶文化记录了公元前5500年左右东南欧农民首次在多瑙河谷中部和中欧地区松软的**黄土**(loess)上建立起定居聚落的过程。在接下来的1000年里,食物生产迅速传遍整个欧洲,这一过程在很大程度上是受当地觅食者所控制的,他们接纳了绵羊、陶器和谷物,并视这些为自己的直接优势。

食物的生产很有可能是在公元前7000年左右的干旱时期被介绍到埃及的尼罗河谷的。随着撒哈拉沙漠在公元前3000年后的干涸,大批牧民带着谷类作物迁徙到了沙漠以南地区,并将牛的集中放养向南最远传播到了东非高原地带。在中国南方,显然人们早在公元前9500年就已经学会了种植水稻。广泛传播的稻作农业到公元前6500年已经很好地建立了起来。而在中国北方,黄河流域的人们至少在公元前6500年甚至更早的时候就已经学会栽培他们的主食——黍。

在美洲,安第斯山地区、中美洲,以及北美洲东南部地区,至少存在三个早期耕作中心。玉米是最重要的谷物,公元前4000年左右从中美洲一种名叫墨西哥类蜀黍的本土植物中驯养而来。墨西哥南部和危地马拉的玉米农业跨越数千英里分别向南北方向传播。安第斯山地区和秘鲁沿海在公元前3000年已经有农民定居,但是直到大约1000年以后,栽培玉米才成为这一地区的重要主食来源。

第 7 章　酋长及酋邦

约公元前 9000 年,约旦艾因·格扎尔('Ain Ghazal)的人俑,很有可能是祖先驱魔俑。

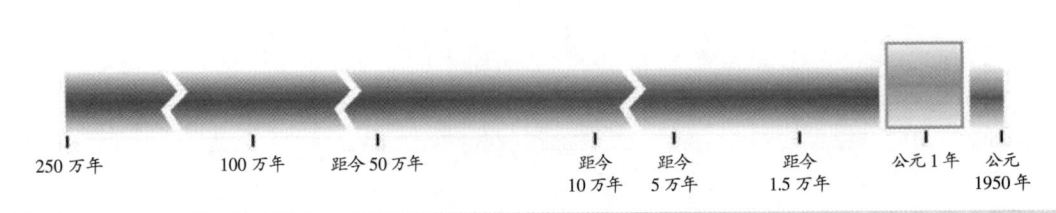

7.1 互惠原则及"大人物"
7.2 太平洋上的酋长和领航员（公元前 2000 年至现代）
7.3 美国西南部的酋长们（公元前 300 年至现代）
7.4 北美东部的造墩人（公元前 2000 年—公元 1650 年）

1879 年，来自史密森学会（Smithsonian Institution）的青年人类学家弗兰克·库欣（Frank Cushing）乘骡车来到了一座祖尼人（Zuñi）的普韦布洛（pueblo，即印第安人村庄）里。太阳落山后，整个聚落笼罩在一片炊烟之中。泥砖墙也与周围的景色相融合。库欣写道："看上去还是有点像一座由几座台地组成的小岛，重重叠叠地从一片沙海中升起，仿佛欲与周围更为壮丽的天然台地分庭抗礼。"作为"参与观察法"（participant observation）这一人类学方法论的先驱，库欣与祖尼人一起生活了 4 年半，学习了他们的语言，非常详细地记录了他们的传统生活。

3 年后，祖尼人接纳库欣进入他们秘密的弓祭司团（Priesthood of the Bow），这位人类学家从此便穿上了印第安人的服装。他经常花费数小时坐在大地穴（kiva）①里看着"石祭坛上熊熊燃烧的火焰所迸射出的光芒，火舌轻舔阶梯柱，火星则争先恐后地向兼作入口和烟囱的地穴天窗涌去"。他倾听着"舞者们迅速聚拢又散去时发出的尖叫声，他们质朴狂野的歌声，喧闹的鼓声，竟让那被烟熏黑的古老橡柱为之震动不已"。（引自 Cushing, 1979:48, 112）

---

① 美国西部和墨西哥等地印第安人用作会堂的一种建筑。——译者

弗兰克·库欣欣然接受了祖尼人的信赖,但不幸的是,他没等好好记述下这一文化便与世长辞了。当现代考古学家们再回去研究美国西南部遥远的历史时,库欣的所见所闻堪称无价之宝。对世界上最早的文明来说,食物的生产是其基础。但并不是在所有的国家组织型社会里农业都占主导地位。正如我们在第 1 章所谈到的,一个世纪以前的考古学家通常以线性进化的模式进行思维,认为人类的历史是一段从简单的狩猎采集向文明发展的不断进步的阶梯式进程。这种线性史观——文化优越性和种族主义是其弦外之音——早已于 1910 年被思想界摒弃。作为一种研究历史的通用模式,半个世纪以后发展起来的多线性进化(multilinear evolution)理论将人类文化的进化史比作一棵枝繁叶茂的大树,而其分支便代表了在不同的环境中以令人眼花缭乱的方式发展起来的各种文化。这种分支模式(branching model)论证说,任何一个社会,无论简单还是复杂,都不具备相对于其他文化的优越性。换言之,尽管存在着多样性以及社会和技术上的复杂性,但文明只是人类适应世界不同环境的一种方式而已。

一个世代以前,人类学家埃尔曼·瑟维斯(Elman Service)在前国家社会和国家组织型社会之间做出了一种基础性的区分,将前者划分为游团、部落、酋邦(参见第 1 章专题"古代社会组织形式")。近年来就部落和酋邦的性质,学界进行了相当激烈的争论,其中有很多都是围绕古代和现代部落和酋邦的相对复杂性展开的。这里存在的争议并不在于社会复杂性的阶段问题,而在于复杂性本身。本章将介绍几例出现于古代世界但最终并没有发展成文字文明的复杂社会。我们在这里所探讨的酋邦从太平洋诸岛到美国西南部和东南部,涉及多种自然环境和文化环境,因此,在复杂性方面具有广泛的代表性。

不可避免地,多线性文化进化理论最终获得了某种程度上的阶梯状联合。一些学者认为"进化"这一观念是西方科学的种族主义和偏见的产物,它以种族优越论或种族主义假设为根源,否认其他同样成功的人类社会所走的发展道路,而这正是分支模式所重视的。

7.1 互惠原则及"大人物"

诚如我们在第 1 章所看到的,为酋邦或文化复杂性进行准确定义几乎是一件不可能的任务。然而,毫无疑问的是,任何一个更复杂的人类社会想要长期生存下去,都要高度依赖家族纽带和互惠原则(reciprocity)。而世界上任何一个较复杂社会,无论是觅食社会还是农耕文明,也都是奠基于永久性——至少是半永久性——的定居聚落之上的。

就在南加利福尼亚的丘马什人或西北太平洋上的一些狩猎-采集型社会发展出了可观的文化复杂性时,人类社会继农业之后最深刻的变革出现了。农业社会出现的这些最伟大的变革与其说是社会性和政治性的,而毋宁说是经济上的,它们在很大程度上是由农民们生活在紧凑的永久性聚落里,过上定居生活,并与其土地保持密切联系的迫切需要造成的。

在早期农业村落如西亚的阿布·胡赖拉和莫林达,或位于墨西哥特瓦坎河谷中的那些永久性农耕聚落里,住宅的排列比以往都要密集。小型觅食者游团的成员在派系纷争威胁到游团的团结时可以迁出,而附着于其土地的农民则不具备这种自由。借此,这种不但局限于直系亲属之间,而且也存在于远亲之间的家族纽带就在日常生活中具有了更大的重要性。自给农户(subsistence farming household)可以满足自己对食物的需求,但是他们的生存却依赖于可耕地土壤类型的多样性以及同伴家族的互惠义务(reciprocal obligation)。互惠对生存来说是至关重要的,因为它在远近家族成员之间搭建起了一张义务关系网,这样人们在庄稼歉收时就可以有所求助,而当其他家族成员需要帮助时他们也会毫不犹豫地伸出援助之手。

亲属之间以及世袭家族和世系成员之间的这种附带互惠义务的关系既为解决家族内部争端提供了一些惯例,也为农田和牧场的所有权和继承权问题提供了一种机制。无论是个人土地还是由先祖创立下的宗族或世系田地都被赋予了所有权,因此,人们与其土地之间的关系就与他们和庇护着土地的祖先之间的关系息息相关。或许正是出于这个原因,黎凡特和土耳其的早期农民才会保存祖先的小雕像或灰泥头像(参见本章章首图及第1章图1-12)。

贸易和交换在较复杂社会的发展过程中扮演了十分重要的角色。在出现了新的农业经济的每个地方,那里的农民对其邻里的依赖性就会日益增强。当冰期晚期的狩猎-采集者就精细矿石和外邦物品开展长途贸易时,越来越多的定居农民被迫从其他地方得到更多的商品,包括食物、大型猎物的肉类和兽皮、搭建房屋的木材、黑曜石等重要物质,而不包含来自远方的装饰物及稀罕物件。复杂的贸易网络将村落与村落、人家与人家之间联系了起来。行走在乡间小路上的人们走街串巷,从一个社区到另一个社区,将远方的物品以物物交换的形式传递到人们手中。正是通过这种网络使来自墨西哥湾沿岸的贝壳传播到北美洲中西部地区,而产自土耳其的黑曜石也出现在了遥远的约旦河谷。而控制这一贸易网或掌握重要商品和异邦奢侈品供给的人则自然而然地成为新生的复杂村落社会的领导者。

最早的农耕村落都是实行平等主义的社区，社会分级是在人们掌握食物生产之后很久才出现的。一段时间之后，这种村落生活的平等主义形式便让位于一种新的由家族首领领导的更为复杂的农业社会。这些人通常都是巫师（萨满）或具有卓越的超自然力的人，他们与其追随者之间有着亲缘关系的纽带，并且有能力以食物和外邦货物来犒赏忠诚。曾研究过现代太平洋岛国的社会人类学家马歇尔·萨林斯（Marshall Sahlins）将这类人称为"大人物"（Big Men），他们都是些聪明的创业者（entrepreneur），其权力是严格建立在他们超凡的才干和追随者的忠诚之上的。但这种效忠都是短暂的，并不会代代相传。这很容易造成政治、经济和社会秩序的反复多变和不稳定。一些强人最终获得了这种实力，并创立了等级王朝，将自己的酋长权威世代相传下去。

在史前晚期的欧洲，在撒哈拉以南的非洲，在波利尼西亚和北美洲部分地区，这种复杂性升级的前国家社会几乎出现在了古代世界的每一个角落。无论这种酋长制出现在哪里，它们都是异常不稳定的，政治和经济权力经常要从一个酋长家族手中传递给另一个，与此同时政治和经济中心也会出现转移。所有这些复杂的前国家社会完全没有能力对本地之外的地区保持严密的政治、经济和社会控制。最终成功实现这一大规模整合并跨越地方生态圈的是国家组织型社会。尤其是西欧复杂的前国家社会最终落入像罗马这样扩张中的文明统治之下。其他的一些，如非洲、波利尼西亚和北美的前国家社会则最终被历史的烟尘所覆盖，直到公元15世纪地理大发现时代（the Age of Discovery）开始之后，才随着欧洲探险家们的到来——重现于世人面前。

我们很难指望对全世界较复杂的前国家农业社会——进行描述，因此，我们将把讨论局限于太平洋上最早的定居聚落，以及酋邦在北美洲的出现。

7.2 太平洋上的酋长和领航员（公元前2000年至现代）

大约15 000年前的冰期晚期，智人已经在旧大陆和新大陆的大部分地区安了家。只有两个地区尚未被人类开发，其中一个是南极洲，这片土地甚至直到18世纪才始有人类造访；另一个则是位于太平洋上的遥远的美拉尼西亚（Melanesia）群岛和波利尼西亚群岛（图7-1）。在第4章，我们看到了冰期晚期的觅食者是如何渡过开阔的海峡来到莎湖和所罗门群岛殖民的，其中有几小股人最终于至少32 000年前在西南太平洋俾斯麦群岛（Bismarck Archipelago）中那些靠近新几内亚（New Guinea）的小岛上定居下来。在这里，殖民运动中止了数千年。能否移民到更远的离岸岛屿，取决于人们是否已经学会建造大型近海船只并掌握在陆地视线以外航行的能力，同时也受制于根茎类农作物如洋芋和番薯的耕种，以及获取鸡、猪这类可以被圈养又能靠独木舟运输的小型可移动动物的能力。到公元前2000年，这几项条件才最终全部实现。

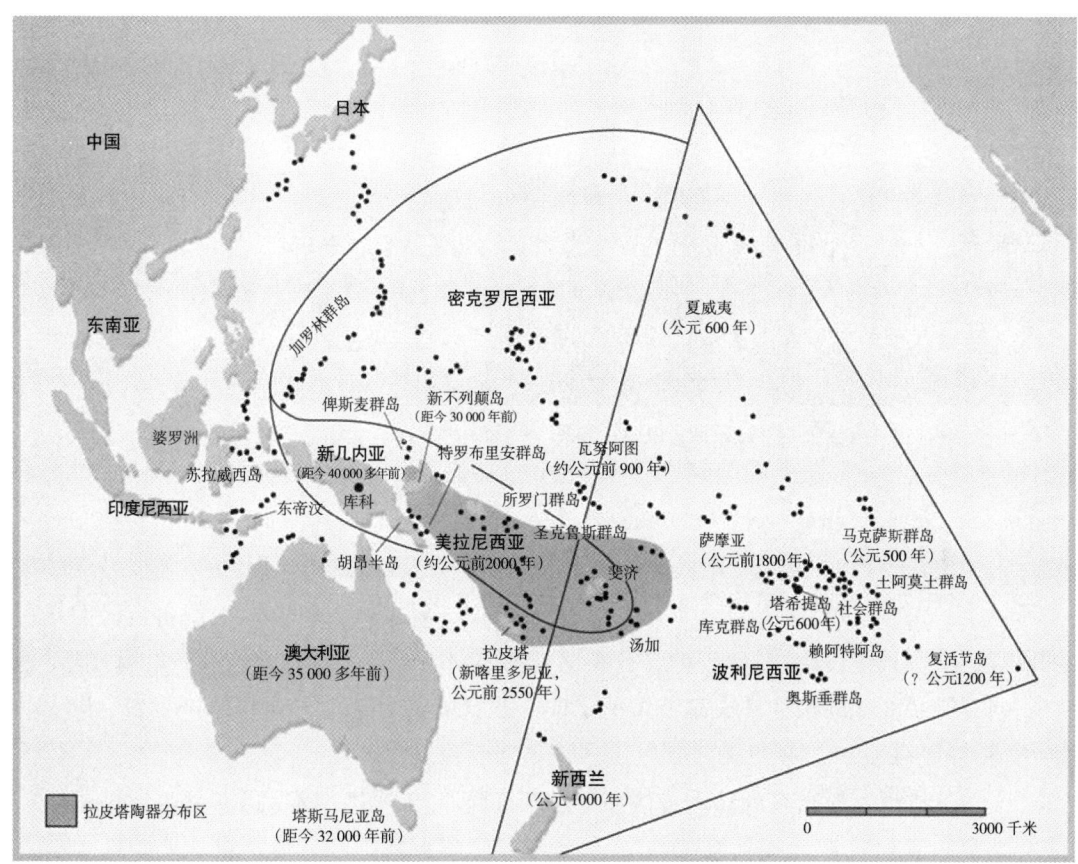

图 7-1　太平洋诸岛上的人类聚落

美拉尼西亚和波利尼西亚离岸岛屿上第一批移民的出现与芋头和红薯等植物的栽培密切相关，因为这类食物使得人们能够在远离大陆的岛屿或动植物难以到达的偏僻大陆块上生存下来。向更偏远的美拉尼西亚群岛的海上扩张发生于公元前2000年，并在6个世纪里乘着携带辎重的双重船体独木舟（double-hulled canoes）覆盖了5000千米长的列岛和公海（图7-2）。这些航行与西南太平洋新喀里多尼亚岛（New Caledonia）上一处被命名为**拉皮塔文化**（Lapita Culture）的遗址相关。拉皮塔人在大约1000年前诞生于美拉尼西亚以西的俾斯麦群岛地区。这些独木舟携带着黑曜石和食品等往来于相隔遥远的岛屿之间。拉皮塔贸易网是这一从东方的马来西亚延伸至新几内亚沿岸和近海地区的关系链的一个组成部分。

向更偏远岛屿发动快速扩张的是一群生活在海岛环境中的人们，在这样的海岛上，岛际航程可以说是日常生活中一个必不可少的组成部分。但是，到达像斐济（Fiji）和汤加（Tonga）这样的外围岛屿的航程要长得多，其中有的长达1000千米。在这里，单程航

图 7-2　驶过塔希提沿岸接受检查的双重船体独木舟。该图出自 18 世纪一位名叫西德尼·帕金森(Sydney Parkinson)的画家之手，他曾随库克船长(James Cook)的舰队出海航行。

行可能比较少见，贸易也是断断续续时有发生。大陆视野之外的海上航行需要精湛的技巧。于是，独木舟航海者们成为一个组织严密而又备受尊敬的团体，他们将自己的知识以口述的形式代代相传。年轻的学徒在师傅的监督下经多年学习方能获得航海技巧。他们研究星星变化的角度和大海波涛的走向，观察能指示基本方向和岛屿距离的许多并不显著的现象。

　　从美拉尼西亚出发的独木舟横穿西波利尼西亚，随身携带着家乡的植物和驯养动物在诸岛屿间航行。大约在 2000 年前，美拉尼西亚人就已经开始与密克罗尼西亚群岛(Micronesia)和波利尼西亚群岛进行接触了。在对西波利尼西亚进行了一段漫长的适应之后，一些小的团体开始在更偏僻的岛上定居下来。马克萨斯群岛(Marquesas)在公元前 200 年便实现了殖民地化，而社会群岛(Society Islands)和塔希提(Tahiti)是在公元 600 年。独木舟第一次登陆夏威夷(Hawaii)是在大约 1350 年前，到达复活节岛(Easter Islands)则是在公元 1200 年。新西兰是太平洋上面积最大的岛屿，也是最偏远的岛屿之一，尽管这里温和的气候与波利尼西亚热带式的温暖不同，但这种生态上的差异并没有阻止波利尼西亚人——也就是毛利人(Maori)的祖先——在公元 1000 年首次从北方来到这里定居。新西兰温和的北岛使洋芋等热带岛屿作物的种植变得困难，因此，早期的定居者们主要靠狩猎、渔猎和觅食来获取食物。

　　理论上讲，密克罗尼西亚和波利尼西亚是没有金属的，当地人严重依赖石斧和一系列精巧的骨制和贝壳类钩状物。农作物的种类在不同的岛屿上各有不同，但是基本食物不外乎面包果、番薯、椰果、洋芋和香蕉。通过将渔猎与单一农业相结合，岛民们成功地生产出大量的食物盈余，从而为建立强大的酋邦王国奠定了基础。在波利尼西亚群岛，与世界上许多其他地区一样，较大岛屿所产生的农业剩余被视为一种财富，这种财富反过来又将政治权力集中到了相对较少的一群人手中。当欧洲探险家们于 18 世纪中期造访塔希提时,他们意外发现了这个朝气蓬勃的东波利尼西亚社会的中心(图 7-3)。统治这些岛屿的是一个由好战的酋长和贵族以及首批定居于此的独木舟船员的后代所组成的强大统治集团。酋长们通过对财富和食物的控制和再分配而获得特权,这与欧洲、北美及史前世界的其他地区并无二致。强大的宗教和社会权力最终不可避免地导致了激烈的竞争、战争,以及更为野心勃勃的农业开发。

严重的派系纷争和内乱重创了塔希提社会,差不多与此同时,同样的情况也出现在了北方夏威夷群岛上的一些酋邦社会。波利尼西亚酋邦王国是高度动荡和政治不稳定的,这种不稳定性在新西兰表现明显,在那里,约公元 1400 年,甘薯(sweet potato)的引进为当地人的生活带来了巨大变化。北岛人口迅速增加,农业盈余创造出了新的财富和更大的社会复杂性。很快,甘薯收成最好的土地上出现了人口的过度拥挤,最终导致相邻酋长之间爆发了激烈的争夺。当 1769 年欧洲人到来时,他们发现毛利人住在强化了防御功能的村落里,正投身于频繁的激战当中(图 7-4)。他们驾驶着长达 24.3 米的雕刻华丽的战船,为争夺土地和海洋发动短暂而血腥的军事征伐。到这一时期,战争已经成

图 7-3　塔希提神庙(marae),18 世纪画家威廉·沃森(William Watson)绘制。

图 7-4 毛利人的帕（pa），即一种防御性村落。19 世纪画家奥古斯塔·伊尔雷（Augustus Earle）绘制。

为毛利社会的一个关键因素，它不仅实现了制度化，还成为毛利人维持凝聚力和领导权的一个重要因素。

与古代世界的其他地区一样，波利尼西亚的酋邦王国也是非常错综复杂和等级化的。它们建立在家族纽带和土地所有权公有的基础之上，在这些社会里，哪怕是继承而来的领导权都严重依赖领导者的个人品性及其保有部下忠诚的能力。酋邦首领不是拥有最高政治、宗教和经济权威的专制君主，而是靠固有的才干和与人民保持密切联系来进行统治的人。正如我们将在下面北美洲的例子中所看到的，许多这类前国家社会达到了惊人的复杂程度，但它们与出现于西亚、中国和美洲的被严密控制的等级制国家有着非常大的不同，后者我们将在第 9—14 章加以讨论。

由于甘薯的引进而导致的毛利社会的转变与玉米在北美洲的历史有着惊人的相似性。无论是在西南地区，还是在南部和东南部地区，玉米的引进都给当地社会带来了巨大的转变，但这些具体转变在不同的地区又各有不同。每个地区高度多变的生态因素和社会现实都导致了复杂农耕社会的出现。

7.3 美国西南部的酋长们（公元前300年至现代）

我们在第6章曾谈到，在公元前5000年前，南部墨西哥人就已经从一种叫作墨西哥类蜀黍（teosinte）的当地植物中成功栽培出了玉米，并在1000年后实现了玉米的普及。玉米起源于墨西哥，在公元前2500年已经得到广泛种植。尽管如此，这种新的主食直到几个世纪以后才向北越过格兰德河（Rio Grande）而传到了美国西南部。

美国西南部的人类遗存可追溯至公元前9000年以前。几千年来，这些早期西南部人的后代采集包括丝兰（yucca）种、仙人掌和向日葵籽在内的各种植物性食物，擅长适应严酷的沙漠生存环境。他们针对各种植物性食物发展出了杰出的专业知识和技能，从而为玉米农业的开展进行了预适应。在沙漠觅食者和定居农民断断续续进行了几个世代的接触之后，玉米、豆类和南瓜等作物从墨西哥的北方来到了美国西南部。植物栽培的知识，甚至还有作为礼物的种子和幼苗等便被从南方带到了北方。

从树木年轮中得到的气候数据显示，在约公元前2500年—前100年间，美国西南部的气候状况是相对稳定的，可能较现在更湿润。尽管如此，在这种半干旱的气候环境下，降雨通常难以预料，因此，给狩猎和采集行为带来了极大的风险。

像玉米和豆类这样的栽培作物在干旱的气候环境下通常产量较低，但它们具备一项重要优势：它们是非常稳定可靠的食物来源。通过仔细的贮藏，农民们可以控制这些新作物的地点及其在不同季节的可利用性。生活在西南部沙漠地区的人们可能将玉米和豆类作为补充性食物，但这并不是因为他们想变成农民，而是因为这样他们就可以提高觅食的效率，并实现其环境潜力的最大化。

玉米最初是在公元前2000年—前1500年间雨量较大的时期来到美国西南部地区的。这种新作物很快便在整个地区传播开来，公元前500年后随着豆类的传入而更加快速地传播开来。豆类的种植有助于将维持地力必不可少的氮（nitrogen）固定于土壤中，并能长期保持土地肥沃。在干旱的西南部地区种植玉米从来都不是轻而易举的，因为农民的劳作已经非常接近玉米种植范围的极限了。他们精心挑选持水能力强的土壤用来耕种，选择面北或面东的斜坡来减少直接日晒，在靠近峡谷入口的地方开荒种田，并从河流和泉眼中引水改道以供灌溉。他们竭尽所能将风险降至最低，甚至将农田四散分布以减少当地旱涝灾害的危险。玉米的出现并没有为西南部人民的生活带来巨大的革命。早期的玉米产量并不高，但供应更充足的本地玉米类型很快就成为一些西南群体的重要主食，并使其在一些永久性的小村落和规模很小的领地上定居下来。它们还促进了更复杂的西南社会的出现，这些社会以极大的灵活性为适应不断变化的气候状况做出了调整。

霍霍坎文化、莫戈隆文化和史前普韦布洛印第安文化

公元前300年,历时若干个世纪的试验已经创造出了更高产的栽培作物,也对农耕产生了更大的依赖性。这么多年的文化变迁最终形成了伟大的西南地区早期文化传统,即霍霍坎文化、莫戈隆文化和史前普韦布洛印第安文化。

霍霍坎人(Hohokam)生活在现今亚利桑那州大片地势较低的地区。他们是沙漠农民,不仅种植玉米和豆类,也种植盛产于炎热环境下的棉花。条件允许的情况下,他们会从河中引水灌溉,其他情况下则在洪泛平原上开展耕种,并借助水坝、梯田等设施汲取雨水以灌溉。几个世纪以来,霍霍坎人的大部分生活和贸易行为都是围绕希拉河(Gila River)畔的一处巨大聚落和仪式中心——斯内克敦(Snaketown)展开的(图7-5)。这里的居民不仅和西南部其他地区以及太平洋西海岸保持着贸易关系,而且也与墨西哥开展交易。霍霍坎人从南方得到了热带鸟羽毛、铜制品及其他外邦物品,但是墨西哥人到底对霍霍坎文化及其宗教信仰产生了多大影响?对于这一问题,学者们之间存在着尖锐分歧。公元1500年以后,霍霍坎人便消失了,他们的文化被今天的奥哈姆人(O'odham)继承了下来。

莫戈隆文化(Mogollon)则是一个繁衍于高地的文化传统,于大约公元前300年到公元850—1150年间主要繁盛于今天的新墨西哥地区。莫戈隆农人依赖雨水,甚少使用

图7-5 位于亚利桑那州斯内克敦的霍霍坎聚落遗址。1965年,考古学家在这里发掘出一些圆形大地穴和居址。

科学专题

树木年代学（年轮测年法）

大家都熟悉树木年轮（tree-ring），一棵树被砍倒之后，就能在横截面上看到这些同心圆，每增加一个便代表树龄又增加了一年。所有的树木都有年轮，在那些干湿季节交替循环和冬夏温差较大的地区尤其明显。一般来说，位于树皮和木质之间的形成层（cambium）或生长层每年都会生成一道年轮。当生长季节开始时，木质外开始出现一些大个儿的细胞，这些细胞发展出更厚的细胞壁，随着生长季节的推进而变得越来越小。到生长季节行将结束时，所有的细胞生成都停止了。这样一个过程每年都会重复一次，于是在上一季的包含小细胞的木质和下一季长出的新的大个儿细胞的木质之间便形成了一道清楚的分界线。每道年轮的厚度可能随着树龄和当年气候的变化而有所不同，长势好的年份，生成的年轮就会厚一些。

具体某个地区的天气变化往往呈现出某种周期性。在经历了10个潮湿的年份之后，很有可能继之以50年的干旱。某个季节可能会打破40年来的最大降雨记录。这些气候变化的周期性都反映在了年轮的厚薄变化当中，并被某个特定区域里的不同树木所重复。树木年代学家们已经发明出了一套复杂的方法以在不同树木的年轮之间寻找相关性，从而从一系列树龄可达几百年的树干中建立起长的主序列（long master sequences）。

样本的采集方法一般分为三种：如果是一些不再使用的横梁木可以直接切下一个完整的横剖面，如果是尚在承重的横梁木则可使用一种特殊的核心钻孔器（core borer）来获取样本，而针对特别巨大的木材则可使用 V 字切割法（V-cutting）。一旦进入实验室，这些样本的表面就会被制成精确的平面。年轮分析包括记录下单个树木的年轮序列，然后将不同序列相比对。可以直接通过人眼观察，也可以把所有的年轮标示在一个统一的刻度中，进行比较。这样标示出的序列就可以与该地区的主要年轮年代表进行计算机匹配（图7-6）。

考古学家在被砍树木的主年轮序列和来自印第安人普韦布洛的有确切日期的建筑物横梁之间建立起了相关性，从而得出了有关西南地区遗址的相当精确的年代序列。许多这类建筑中的横梁经常被反复使用，因此，有不少横梁的年代比其最近支撑起来的房屋还要久远。从这种聚落中获得的最早的年轮可测至公元前1世纪，但是大多数木材从公元1000年直至进入历史时代（historic times）时还在被使用。

树木年代学（Dendrochronology）的使用曾一度仅仅局限于美国西南部地区，但现在在世界上许多地方都得到了广泛的应用，其中包括阿拉斯加、加拿大、美国东部部分地区、英格兰、爱尔兰和欧洲大陆，以及爱琴海诸岛和东地中海地区。欧洲人借助树龄在150年以上的橡树为近代建立起了主序列（master chronology）。通过使用视觉上和统计学上的比较，他们成功地在活的树木与死的标本之间建立起关联，这些标本有些来自教堂和农庄的横梁，有的则曾被良好地保存在了泥塘、被水浸没的泥炭和一些史前遗址中。得出的年轮序列结果，在德国至少可回溯至10 021年前，在爱尔兰是7289年前。爱琴海树木年代学项目（Aegean Dendrochronology Project）得出的年轮序列，可以涵盖过去8500年中的6000年，从而使为米诺斯文明和迈锡尼文明提供的测年数据，比交叉测年（cross-dating）或放射性碳测年所得出的数据精确得多。许多地区的这类主序列是如此精确，以至于专家甚至可以将那些短年轮周期测定在几年以内。

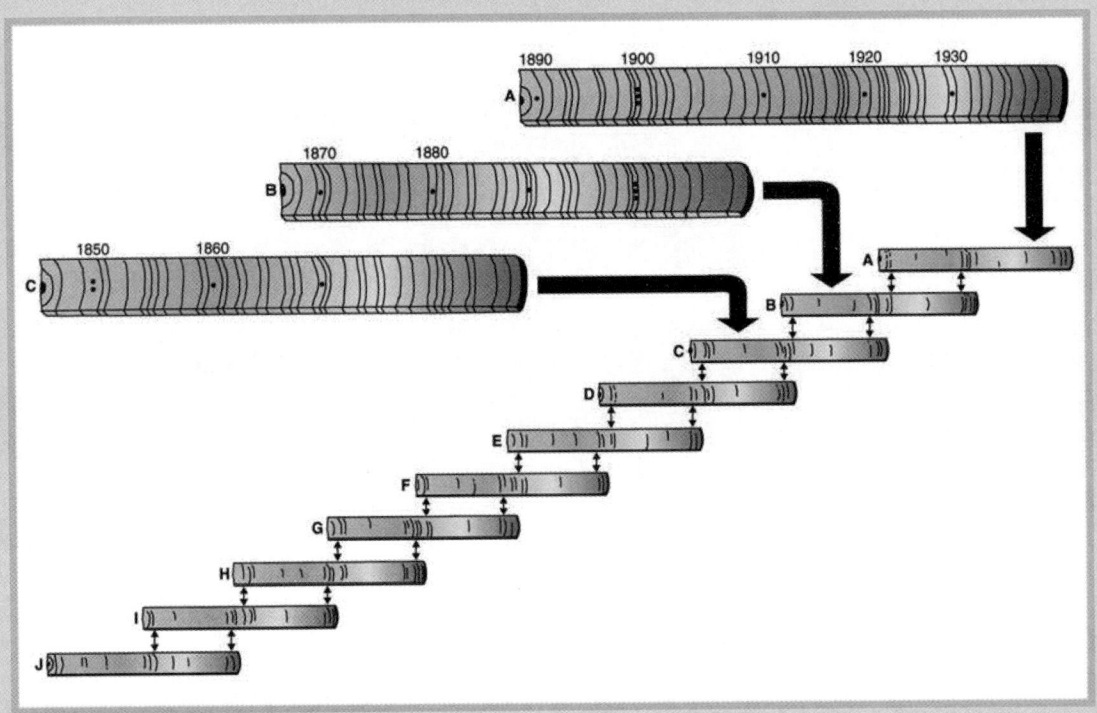

图7-6 树木年代学图表。建立年轮序列：A 代表的是从一棵活树中钻孔取出的 1939 年生长季之前的样本，B—J 代表的是从旧房子和废墟中采集到的样本，这些年轮模式可以一直匹配和重叠到史前时期。

树木年代学为某些地区的短期气候变化提供了记录，例如美国西南部地区，那里干旱和潮湿气候的周期性交替有可能引起了聚落形态的根本性改变。西南地区的年代学可以精确到一年以内，如此程度的精确性无论在哪里都很难通过考古学测年法而获得。近年来，亚利桑那大学年轮研究实验室承担了一项大规模的树木气候学(dendroclimatic)研究，并对 680—1970 年间的相对气候变化趋势进行了重建。这使得他们能够对 1276—1299 年间的"大干旱"(Great Drought)现象进行研究，正是这次大干旱导致许多史前普韦布洛印第安人抛弃了他们的大型普韦布洛。1276 年，这场大旱的开始立刻反映在了西北地区的树木年轮上，在接下来的 10 年里，直到更大的降雨量于 1299 年以后出现以前，大旱情都会蔓延至整个西北地区。

灌溉。他们生活在小型村落的半地下房屋里，这种房子以木头为屋架，以席或灌木为屋顶。只有少数地区发展出了更为复杂的聚落，但此时莫戈隆已经成为兴起于西部的史前普韦布洛印第安文化传统的组成部分。史前普韦布洛印第安文化(Ancestral Pueblo，之前曾被叫作阿纳萨奇文化[Anasazi])是在当地土生土长的觅食者基础上发展出来的，以四州交界处(Four Corners)——犹他州、亚利桑那州、科罗拉多州和新墨西哥州的交会之地——为中心。即使在自公元400年起认真开展玉米种植之后,史前普韦布洛印第安人仍然大量地以野生植物为食。他们的大部分农业都依靠季节性降雨为水源,尽管在具备可操作性的条件下也会使用灌溉系统。

最初,史前普韦布洛印第安人是生活在小规模的半地穴村落中的,但是公元900年以后大多数人口便聚集到了拥有毗连房间的地上聚落中。这些聚落后来就发展成了著名的普韦布洛,它们通常排列成弧形,以确保各自与聚落中央的地下仪式场所大地穴(kiva)保持相等距离(图7-7)。最大且最精致的普韦布洛都位于像新墨西哥州查科峡谷(Chaco Canyon)或亚利桑那州弗德台地(Mesa Verde)这样人口稠密的地区。就是在这些地区,有些普韦布洛社会发展出了相当高的复杂性,并以一些人口密集的大型城镇为中心控制着巨大的贸易网。

拥有壮丽的悬崖峭壁景观的**查科峡谷**,在公元900年以后的两个世纪里,始终是成熟的史前普韦布洛印第安文化的中心。其间,著名的**查科现象**(the Chaco phenomenon)普遍出现在了从峡谷地区直至圣胡安盆地(San Juan Basin)及其毗邻高地的一片面积达64 750平方千米的广大区域上。人们建起了精心规划的大型城镇、宽广的道路和水控制

图7-7 位于查科峡谷的卡萨林克纳达(Casa Rinconada)地穴,目前所知最大的大地穴,显然,屋顶是缺失的。

图 7-8 波尼托村落遗址，查科峡谷的"大房子"，年代在公元 850—1130 年间。中央的圆形建筑为大地穴。

系统，外围场所则通过至少具有象征意义的仪式性巷道和视觉传达系统而与峡谷联系起来。类似波尼托村落遗址（Pueblo Bonito）这种位于查科峡谷的大型普韦布洛，即所谓的"大房子"，经常被用来存放一些奢侈品，比如来自附近圣达菲（Santa Fe）的绿松石、贝壳、铜铃，甚至包括金刚鹦鹉，这种色彩艳丽的鸟儿来自美索美洲低地的雨林地带，以其亮丽的羽毛著称（图 7-8）。

当查科峡谷于 1075—1115 年间发展至顶峰时，它已经成为一个由数十个外围聚落共享的重要仪式中心。查科盛期恰逢降雨时多时少，而本地农耕地可供养人口的上限为 2000 多人，虽然对当时普韦布洛人口的最高估计不会超过 5600 人。因此，考古学家们论证说，查科的永久定居人口可能相对较少，这里很可能主要是作为食物的贮藏地和仪式中心来使用，只有举行重要仪式时才会有大量的史前普韦布洛印第安人蜂拥而至，观摩仪式。

那么，查科到底是什么？是一个由垄断了贸易和重要精神权力的酋长和贵族组成的一小撮强大的精英集团所控制的高度中央集权的酋邦国家？还是如考古学家格温·维维安（Gwinn Vivian）所说，是一项主张人人平等的共同事业，由数十个在严酷多变的环境中生活的社区发展起来的一套合作机制？这一点我们尚不明确，但是早期的考古学家们在波尼托村落遗址中发现了奢华的墓葬。在史前普韦布洛印第安人所生活的社会里，家族纽带至关重要，每个人都既对自己的社区负责，也对整个宗族肩负有复杂的义务。若没有这种义务，要想把大量的食物，或建造大型普韦布洛和大地穴所需的至少20万根梁柱运送到查科是根本不可能的。或许所谓的查科现象是一种适应机制，当地家族首领可以借此对长途贸易网和仪式生活加以规范和维持，并以此来供养较环境所能承载的多得多的人口。他们在分散的乡村人口中建立起经济、社会和宗教纽带，以鼓励相互隔绝的社区在必要时加强合作。

1100—1130年间，查科现象发展到了最高潮，之后一场旷日持久的干旱和环境的恶化导致社会体系出现衰落。史前普韦布洛印第安人迁移到了更分散的聚落中，它们有的相互结成联盟，有的则作为零星而独立的普韦布洛兴旺发展起来。所有史前普韦布洛印第安文化成就中最著名者当属以圣胡安盆地北部的弗德台地为中心发展起来的峡谷系统。到1100年，蒙特祖玛河谷（Montezuma valley）中已经生活着多达30 000人，他们主要集中在一些至少拥有1000人的村落里，而只有2500人生活在弗德台地。1200—1300年间，人们从空旷的地区迁移到了拥挤的普韦布洛中来。其中最大的聚落峭壁宫（Cliff Palace）拥有多达220个房间和23座大地穴（图7-9）。

图7-9　位于科罗拉多州弗德台地国家公园内的峭壁宫

在弗德台地及其周围农村地区都有一些规模几乎可以称得上是城镇的大型村落，1000—2500人生活在那些与大地穴及其他一些仪式性建筑自成一体的房屋群中。单个社区在整个弗德台地地区都处于核心和焦点的位置。从数量庞大的大地穴来看，这里曾进行过相当多的协作和仪式行为，而来自不同社区的居民也曾无数次组织起大规模的劳动力以承担复杂的水控制工程等公共项目。史前普韦布洛印第安人这种将分散的社区人口凝聚起来的复杂机制与查科峡谷的情况非常相似，而其大型中心加卫星村落的布局又与美国南部和东南部的酋邦非常相似。

弗德台地地区长达4个世纪的迅速的社会和政治发展在12、13世纪时达到了顶峰。但是，到了约1300年，包括弗德台地在内的整个圣胡安地区的地下排水系统还是被普韦布洛人废弃了。他们兵分几路向南方和东南方向迁移，来到了历史上霍皮人(Hopi)、祖尼人和格兰德河普韦布洛人曾经生活过的土地上永久定居下来，他们的后代至今仍生活在那里。随着13世纪晚期至14世纪早期西南大部分地区被废弃，在以前人口稀少的地区形成了一些大型聚落，其中一些普韦布洛被确认为现代社区的直系祖先。

西南普韦布洛社会从未出现过北美洲东部地区和夏威夷人、塔希提人所发展出来的那种文化复杂性，但对于一个降雨不规律且气候严酷的地区来说，它们已经达到了地区融合所能达到的最大极限。或许对西南地区的组织形式所能做出的最佳描述应该是，作为一种神权政治(theocracy)，它的政府借助个人(如酋长)、家族集团或不以家族为纽带的协会或社团对宗教和世俗事务加以规范管理。尽管这种社会的基本社会和经济单位是大家庭(extended family)①，但是数百年来生活在西南部的人们已经培养出了一种社区意识，并通过服务于公共利益的更广泛的社会制度来承担像灌溉这样的公共工程。

7.4 北美东部的造墩人(公元前2000年—公元1650年)

我们尚未得出玉米穿越南部平原传播到北美洲东部林地的确切时间，但至少断断续续的玉米种植已经拓展到了密西西比河流域，并在公元第1个千年早期越过密西西比河继续向东传播。与古代所有的美洲印第安人一样，东部诸集团也在公元前3000年首次定居后不久便发展出了一套完善的耕种各种本地植物的技巧。人口最稠密的地方都集中于湖泊、河口附近，以及中西部和东南部肥沃的河谷地带。到公元前2000年，某些地区本地河谷人口的膨胀已经限制了群体的移动力，并出现了周期性的食物短缺。在这种情况下，几乎不可避免地会有一些集团转而种植像藜、接骨木(marsh elder)这样的食用植物以补充野生禾谷植物产量的不足。与此同时，在当地丧葬仪式中也出现了社会

---

① 即数代同堂的家庭。——译者

分层的最早征象,而且人们开始对丧葬和死后生活给予越来越多的关注。单个社区和集团历史上第一次在领土的边缘地带举行仪式,可能是为了以此来确证自己的领土边界。几个世纪过去了,与亡灵相关的丧葬遗址以及从生者世界通往祖先世界的路径也变得越来越复杂和重要了。这种复杂性不但与日渐增长的社会复杂性以及长途贸易的激增有关,而且也与各种仪式性建筑密切相关。

阿登纳文化和霍普韦尔人

相邻社区间延续了数千年的长途贸易使得某些原材料和异邦物品在北美社会获得了极为重要的地位。由于它们的稀缺和难以获得,这类舶来品常常会作为礼物而在家族首领和酋长之间交换。在那些高度重视威信和派头的社会里,这些物品便获得了非同寻常的社会价值和意义。铜器,来自大西洋和墨西哥湾沿岸地区的贝壳和海螺壳,以及某些形制的石斧——这些都成为身份的象征,并作为随葬品而与其势力强大的主人们一起被埋入坟墓。到公元前 500 年,那些控制着上述贸易网的大人物们不仅在生前支配了现实世界,死后也因其巨大的土墩墓而继续发挥影响。

公元前 500 年—约公元 400 年间,俄亥俄河谷的**阿登纳文化**(Adena culture)十分繁盛。阿登纳人是最早开始兴建大规模土木工程的人群,他们的工程沿平顶丘而建,有圆形、方形等多种形状,其圈占起来的区域宽达 107 米。这些建筑与其说是防御工事,不如说是一些仪式性圈地,有时被用来圈起土墩墓,有时则独立存在。往生的大人物们被埋葬在土墩墓里的木椁中,尸身被涂以赭土或石墨,附近放置有皂石制成的石管和石牌,上面雕刻着弧形图案或捕食的小鸟。一些德高望重的族长们死后会被葬在圈地或小的灵堂中,最后烧掉以作为葬礼仪式的组成部分。有时这些墓室不会被封存,以便日后埋入新的尸体。

这些土墩建筑几乎全是共同劳动的结果,很可能需要来自不同聚落的族人运来成筐的泥土。随着一代代往生者的加入,这些土墩墓也慢慢地越来越大。显而易见,只有重要人物死后才能被埋葬在土墩中,大多数阿登纳平民死后会被火化,骨灰则被放置在公共墓地中。

公元前 200 年—公元 400 年间,**霍普韦尔传统**(Hopewell tradition),这个有着不同宗教意识形态的阿登纳文化的升级版出现在了俄亥俄地区。霍普韦尔人成功地解决了他们的丧葬问题,以至于他们的丧葬习俗迅速从其心脏地带传播到了上威斯康星州和路易斯安那州,并深入到伊利诺伊州和纽约州。中西部地区出现了艺术传统和长途贸易的巨大繁荣,后者为人们带来了来自五大湖地区的铜,来自黄石的黑曜石,以及来自阿巴拉契亚山以南的云母。霍普韦尔人自己生活在相对较小的聚落里,日常生活中只使用最

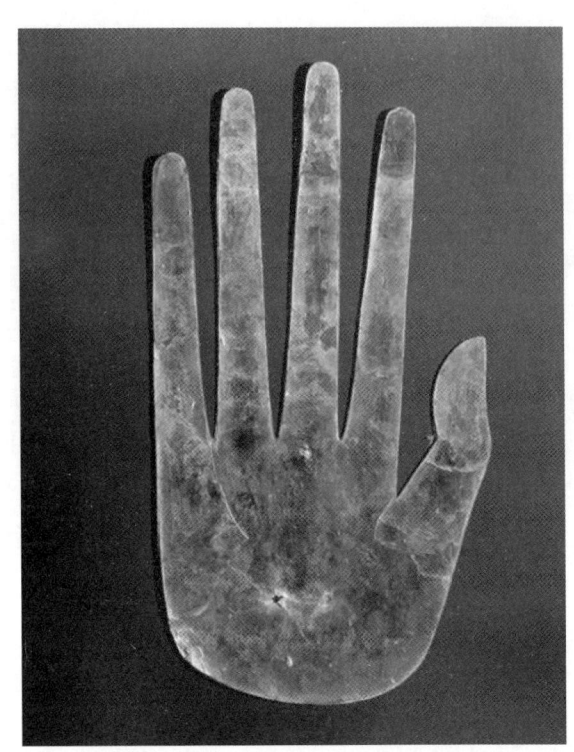

图 7-10　霍普韦尔人用云母片制成的人手形装饰物

简单的人工器物。他们以兽皮为衣，同时也用柔韧的纤维编织成衣物。这个社会所有的财富和奇思妙想全都被用来为相对少数的一群人及他们的死后生活服务。

乍看之下，霍普韦尔的异域器物和宗教传统看上去与当地朴素的原生文化似乎完全格格不入，但它们也是深深植根于当地人的生活之中的。随葬品中的祭礼（cult）物品多少向我们讲述了社区之间和家族集团之间的互动情形。其中有些随葬品，如烟管和祭典上使用的斧，是作为活着的族人献给族长的礼物而被随葬的。其他则是一些个人物品、珍爱的武器，有时还包括身份和财富的象征物等。霍普韦尔人随葬的皂石烟管形态各异，从海狸、青蛙到鸟类和熊，甚至人类，不一而足。能工巧匠们将薄薄的铜片和云母片塑造成头饰和胸饰，并赋予其复杂的动物和人类主题（图 7-10）。此外，还有一些铜斧和铜镞，以及用未经提炼的铜锭打造成的小玩意儿和铜珠等。

这类器物大部分都是由一些专门的手工业者制造的，他们的作坊往往就建在原材料主要产地附近的大型土方建筑群里。各式各样的仪式用品在整个霍普韦尔领土上进行着交换，与此同时，食品等日常物资也沿着同样的贸易路线从一个村庄被运往另一个村庄。尽管如此，这些珍贵的产品还有可能通过另一个巨大的网络而在个体间流传，那就是将若干位相互负有持久的重大义务的族长联系在一起的馈赠交换网络。与此种交换最接近——但也有失牵强——的现代类比，当属西南太平洋上特罗布里安群岛（Trobriand

Islands)的库拉圈(kula ring)交换体系。在这种体系中,各种贝壳类装饰品以持续的周期性在不同的个体间流传,并通过持久的仪式和贸易伙伴关系,以及互惠义务的纽带而将他们联系在一起。这种环境鼓励人们的首创精神和竞争意识,因此,族长及其追随者便为了声望和社会地位而展开激烈的争夺,而这两样东西却又像生命本身那样转瞬即逝。很可能类似的惯例在霍普韦尔人当中也非常普遍。一个人一旦死去并以其最珍贵的财产随葬,就不再是政治玩家了,因为他们的衣钵并不必然会传给其子孙或亲属。

与之前的阿登纳先人相比,霍普韦尔人的土墩墓要华丽精致得多(见图 7-11)。有些土墩高达 12 米,宽超过 30 米。通常修建者会先在一个土台子上堆砌起大量尸体,将这些尸体埋葬多年之后,才在其上建起土墩。霍普韦尔人的丧葬群规模之大令人惊叹,俄亥俄州土墩市(Mound City)就有一块面积达 5.26 公顷的土围场,里面坐落着共 24 座土墩墓。

密西西比传统

进入公元 5 世纪以后,随着霍普韦尔传统的没落,宗教和政治权力的中心也出现了南移。生活在人口稠密、草木茂盛的密西西比河洪泛平原上的人们这时才意识到玉米作为一种高产的主食,有着多么巨大的潜力。当地人食谱上多是动物、鱼类、坚果以及野生或栽培的本土植物,玉米无疑成为一种重要的新补充。玉米生长条件苛刻,但最终它还是成了密西西比人重要的主食来源,尤其在公元第 1 个千世晚期与豆类结合在一起之后。豆类本身富含蛋白质,又因为弥补了玉米在营养方面的不足而更具优势。人口的增长,以及实力强大的精英小集团日益难以满足的需求,终于造成了巨大的经济和社会压力,上述新的农作物由此便愈发重要起来。

尽管玉米和豆类最初是作为补充性食物来种植的,但与藜这类本地植物不同,它们一开始就需要耗费劳动力来清理农田。于是,河谷地区的景观在短期内便发生了巨大的变化,狩猎和渔业为能量消耗所提供的食物总量已经不及农业的产出。重大的社会和政治变革之后紧接着出现了一种新的经济模式,北美洲东部地区的面貌遂发生了天翻地覆的变化。**密西西比传统**(Mississippian tradition)就在这样的条件下诞生了,这也是北美地区所出现的最为复杂的史前文化传统。

地区性密西西比社会出现在了中西部和东南部的许多河谷地区,几个世纪以来相互间始终保持着互动。许多密西西比人都生活在遍布湖泊和沼泽的肥沃河谷地区,他们狩猎、打渔,捕捉迁徙的水鸟。所有的家庭都采集坚果,种植玉米、豆类、南瓜等庄稼。本土植物的耕种——如藜、接骨木、向日葵——也是至关重要的,并且是对极其多变的本地环境的一种复杂适应。有些团体发展成了分散的小型农庄,还有一些生活在集居的村

图7-11 位于俄亥俄土墩城国家纪念区的霍普韦尔圆形土墩,土墩之下则是存放要被火化死者尸体的地方。

落里,其中有些规模之大堪比城镇。数千人生活在像卡霍基亚(Cahokia)这样的居址附近,该居址坐落于密西西比河畔,对面就是现代的圣路易斯城。

卡霍基亚兴起于所谓的"美国谷底"(American Bottom)地区,那里是一片拥有各种食物来源的富饶而肥沃的洪泛平原。作为最雄伟的密西西比中心,卡霍基亚在进入公元11世纪之后迎来了它的繁盛期,其时这一地区已经拥有了数千人口。仪式区内巨大的土墩和广场统驭着方圆数英里的乡村。位于卡霍基亚中心的僧侣土丘(Monk's Mound)高达31米,占地面积达6.5公顷(图7-12)。僧侣土丘顶部是一座巨大的露天广场,广场东头则矗立着一座覆盖着茅草屋顶的神庙。广场四周是一些土丘、神庙、货栈、行政建筑以及精英们的住所。由土墩和广场构成的整个仪式建筑群占地超过80公顷,体现了生活在东部林地上的人们眼中的古代宇宙秩序。整个遗址被分成四个方向相反的部分,各部分分别面向一个基本方位。

为什么卡霍基亚具有如此重要的政治和宗教地位?这座伟大的中心恰好位于一个靠近密西西比河的战略要塞上,不仅离密西西比河与密苏里河的交汇处非常近,而且恰好位于南北贸易路线的交叉点上。统治卡霍基亚的家族历经几代便获得了至高无上的政治和精神权力,这可能主要与他们作为精神世界与现实世界、尘世之人与祖先亡灵之间的调解人所具备的超自然力量有关。与此同时,他们还是精明的商人,在相当大的一片区域内拥有广泛的经济和政治人脉。他们手中的政治权力足够用来从其卫星聚落和整个美国谷底地区的宗教中心那里获取效忠和劳动力,以至于精英家族往往会居住在

图 7-12　巅峰期（约公元 1100 年）的卡霍基亚中央仪式区，由画家劳埃德·K.汤森德（Lloyd K. Townsend）绘制。

次级中心城镇以控制那些关键的仪式，如为庆祝丰收而举行的一年一度的绿玉米节（Green Corn Festival）。在这里发现了一些宗教小雕像和与众不同的黏土容器，它们所承载的母题既与后来的美国本土宗教信仰有着许多相似之处，又能在更为远古的文化传统中找到根源。

尽管卡霍基亚是所有密西西比酋邦王国中结构最复杂的，但其核心区按照古埃及人的标准来说却是非常小的。它的政治极不稳定，按照古代宗教信仰来讲，它的强大和繁盛严重依赖权威、个人魅力以及少数几个统治者的统治能力。这座伟大的中心在大约 1250 年不可避免地走上了命定的衰落之路，而之后崛起的南部和东部其他政治实体尽管也获得了一定的威信，但却从未超越卡霍基亚这座密西西比最伟大的酋邦。

卡霍基亚位于密西西比地区北部，而南方此时则崛起了一座新的重要中心，即阿拉巴马州的芒德维尔（Moundville）。在两个王国之间，数十个小型中心和城镇纷纷涌现出来。现在，所有的密西西比中心不再仅仅是每年举行仪式以庆祝开耕和收获的宗教场所，而且成为那些强大的酋邦王国的市场和焦点所在。举例来说，卡霍基亚的重要地位在某些方面就是通过本地食盐和黑硅石——一种用来制造锄头等工具的细粒岩——贸易而获得的。

我们对密西西比社会的运作方式所知甚少，但是它的每一个中心大概都是作为强大的酋邦王国，由一个与酋邦内其他人隔离而居的祭司和统治者组成的精英集团来统治的。与距离其最近的先人不同，这些精英的政治和经济权力以及社会地位很有可能是继承而来的，甚至包括社会职位，也由于精英们的官职代代相传而继承了下来。酋长们

遗址专题

阿拉巴马州的芒德维尔遗址

芒德维尔遗址位于阿拉巴马州中西部的黑武士河畔（Black Warrior River），繁盛于1250—1500年间。这座有着至少29座土墩建筑的遗址占地超过75公顷。若干座规模较大的土墩共同形成了一个占地约32公顷的四边形露天广场，其中一些土墩上建起了公共建筑和重要人物的居所。还有一些与头骨贮藏室混杂在一起，而在广场南侧外矗立着一座发酵间以及用来陈放尸体的陈尸间。广场四侧分别面朝四个基本方位。遗址背对黑武士河，三面筑有防御性的尖桩栅栏，在芒德维尔的历史上这些栅栏曾经多次重建。与卡霍基亚一样，遗址中生活着数百人，也可能上千。考古学家在芒德维尔发掘出3000多座墓葬，墓主中就包括当时社会等级最高的人。

公元900年，芒德维尔地区生活着相对规模较小的林地人口，与此同时，政治和经济动荡不断，领地愈发受到局限。在玉米的生产于950—1000年间得到加强之前，当地人一直依靠采集坚果和其他野生植物维生。他们生活在一些相对较小的聚落里，但是随着农业产量的提高，淡水贝壳串珠出产的增多，以及战争的到来，这些聚落的规模似乎有所扩大。

1050—1250年间，芒德维尔出现了第一座平顶土墩。就是在这一时期，玉米和豆类农业的重要性开始日渐增强，它们在芒德维尔人的食物总量中占了40%。黑武士河谷很快便成了一个重要的玉米产地，而人口也分散到一些小型的农业社区中去，这些社区有的比农场大不了多少，有些则要更大些。芒德维尔遗址成了一处重要的仪式中心，也是河谷中唯一的仪式中心。

约1250年，芒德维尔遗址的特征发生了彻底改变，从一个分散的聚落转变为一个高度形式化和防御功能强化的人口密集的城镇（图7-13）。在一个四边形的中央广场周围有序地排列着一些土方工程，它们在当地自然面貌之上建立起了一道充满象征意义的景观。于是，芒德维尔呈现出了东西对称的格局，居民区均配以祭庙土墩，遗址内的社会空间也做了井然有序的划分。此时的芒德维尔已经类似一座错落有致而坚固的城镇，约1000名居民生活在密集排列的方形柱结构泥墙屋中。芒德维尔也从一个重要的仪式中心，拓展成一个由最高酋长统治的独立酋邦的首都，这个酋邦大力开展长途贸易，并接受附属国的朝贡。遗址中心区公共建筑的外表轮廓可能反映了不同家族在宗教秩序中的地位。最高酋长的权力不但来自其自身的超自然权威，而且也是被宗教秩序所赋予的。

1300年之后的一个半世纪里，芒德维尔建立起了一个统治牢固的酋长王朝，这从土墩墓里那些富丽堂皇的墓葬中便可见一斑。王朝权力的强化使得统治者从现实意义和象征意义上与其臣民隔离开来，而人口也从当时尚紧凑的城镇转移到了周边的农村地带。只有贵族则把持着长途贸易，并且扮演着世人与祖先和诸神之间调解人的角色。

与霍普韦尔文化一样，卡霍基亚的大人物们死后进入另一个世界时也会有一番风光华丽的丧葬，墓室装饰繁多，布满了象征不同宗族和部落的风格各异的宗教用品。对卡霍基亚72号土墩墓进行的发掘揭示了先后至少6次丧葬行为，共涉及261人，包括4

图 7-13 阿拉巴马州的芒德维尔遗址

及其家仆们尚居住在这座已无任何保护措施的城里。没人知道这些人为什么要疏散。可能是出于行政命令,以应对地力耗尽或者攻击危险系数下降所做出的调整。无论出于什么原因,此时的芒德维尔已经变成一座人烟稀少的仪式中心,一座巨大的墓地,公墓占据了先前的居民区。其中的许多墓葬都来自周边的一些社区。与此同时,经常体现于陶器上的独特的崇拜母题也得到了广泛传播,这似乎表明已经有越来越多的人能够使用这种曾经为酋长专属的宗教象征主义了。

芒德维尔于 1450 年之后开始衰落,恰恰比西班牙人的到来早了一个世纪。贵族墓葬的修建停止了,尽管整个地区可能仍被一个有名无实的酋长统治着。或许是旷日持久的派系之争和对次级领袖权威的反抗导致曾经铁板一块的密西西比等级制度陷于崩溃,地方王国分立,不过他们有可能仍对尚居住在其祖先曾经生活过的土墩中的世袭酋长怀有一定程度的效忠。当西班牙探险家赫尔南多·德·索托(Hernando de Soto)在 1540 年经过芒德维尔时,还有一些人仍生活在那里,但当时是否还存在着一个影子酋邦,我们就不得而知了。

名致残的男性和 118 名女性,他们很可能是随葬的家仆,好在来世陪伴酋长左右。其中一位酋长身下铺有数千个贝壳串珠,而随葬祭品中,最远来自威斯康星和田纳西。卡霍基亚及其他一些较大型社区或多或少为墓葬陈列品的摆放设定了标准。人们建起土墩平台,然后在上面建起神庙和重要人物的居所。这些土墩被集中建在了空旷的露天广场上,而大多数人则生活在附近的茅草屋里。正如我们将在第12章看到的,将稍具相似性的建筑集中放在一起是美索美洲仪式中心和城市的典型特征,这诱使很多学者论证说,密西西比的酋长们受到了来自墨西哥文化的强烈影响,但现在看来这一说法要打折扣了。

密西西比人的丧葬和土墩墓中出土了一些精致的陶器,以及一些设计复杂并蕴含着独特艺术母题的人工器物,例如由一整块石头雕刻而成的带柄带头的石斧,饰有圆圈和流泪眼睛(weeping eyes)的铜坠饰,雕刻着啄木鸟和响尾蛇的贝壳盘,装饰繁复的黏土罐,以及刻有身着祭服的男性形象的贝壳杯(图7-14)。从南部和东南部一直到俄亥俄河谷边界地区,在这片广大的区域内发现的此类物品所描绘的主旨和母题有着许多相同的特征。起初,专家们认为这些仪式性器物代表了一种**南方异端崇拜**(Southern Cult),其意识形态和母题如流泪的眼睛等被墨西哥匠人和祭司带到了北美洲,但是对当地土生土长的艺术传统加以近距离观察之后便会发现,这类主题在许多北美群落中有着相当普遍的呈现。许多密西西比仪式性器物有着彰显等级和社会地位,以及象征某一宗族的功能。作为象征性的礼物,它们经由长途旅行而在那些分布广泛但共享许多宗教信仰的酋长之间往来传递。

密西西比文化是一个完全土生土长的文化传统,是北美洲东部在美索美洲的某些

图7-14 这是密西西比人的一件贝壳项饰,直径为10厘米,上面刻画了一位跳舞的萨满(祭司),一手执人头,另一只手则举着一柄仪式性权杖。

重要影响之下,历经1000年稳定文化演进而达到的一个高潮。当欧洲探险家在16世纪来到密西西比河谷时,卡霍基亚、芒德维尔等一些伟大的密西西比中心城市早已辉煌不再。但是,就在与欧洲人发生接触之时甚至之后,依然有大量的酋邦王国在中南部和东南部地区继续繁衍发展着。试想,如果没有欧洲人的到来,密西西比社会的继承者将会选择怎样的发展轨迹呢?他们能否演化成一个成熟的国家组织型社会,以与其南面的玛雅文明和阿兹特克文明相抗衡?专家们相信这一假说是不成立的,因为玉米和豆类在北美洲的生长季节是如此之短,环境又是如此严酷,以至于根本无法支持前工业社会所需的那种集约型农业和高密度的城市人口。任何一个酋邦都很难积累起足以对相对更大的一块区域保持权威所必需的食物剩余。总而言之,食物生产所带来的最重要的文化影响便是:向更复杂的政治体制发展的长期趋势,一定程度的社会等级制度,以及一系列广泛的村落农耕社会所具有的更大的独立性。

北美洲东部和太平洋地区发展起来的这种复杂性趋势也出现在了气候温和的欧洲和撒哈拉以南非洲(见第10章)。在欧洲,那些最有才干的村落族长们最终演变为酋邦统帅,甚至成为世袭领袖而统治一些小的城镇。出现这种演进的促进因素之一便是长途贸易的大发展,以及与此同时青铜器和之后铁器冶炼术的广泛传播,正是后者将许多相互隔离的社区统一到了一个巨大的经济——以及之后政治——单元当中来。罗马帝国军事家尤里乌斯·恺撒(Julius Caesar)指挥下的古罗马军团就曾经把当时正处于铁器时代(Iron Age)的西欧人视为一块难啃的硬骨头,果然几个世纪之后,这些硬骨头的后代们便一举击碎了罗马帝国不可战胜的神话。不过,要说食物生产最重大的后果,还应该是它最终导致了国家组织型社会的出现,以及公元前3000年后世界上许多地方发展起来的城市革命,这些我们将在本书的第四部分继续讲述。

7.5 小 结

酋邦是建立在家族纽带和互惠义务之上的。人们与土地之间的关系被紧密地与家族集团和家族祖先联系在一起。随着时间的推移,村落生活中的那种平等主义很快便让位于一种新的复杂的农业社会,作为首领的则是那些拥有巨大的个人魅力或非凡的超自然能力,并握有实权的族长。某些这类"大人物"获得了如此大的权力,以至于在他们的酋邦中建立了世袭制。其他一些则建立在个人能力和追随者效忠的基础之上,二者都会随着酋长的死亡而终结。古代世界的许多地区都发展出了这种复杂程度不一的酋邦王国。

太平洋诸岛上分别发展出了复杂的和朴素的两种酋邦王国形式。新几内亚在公元前6000年就已经创立了单根(simple root)园艺学。公元前1600年以后,拉皮塔人开始与整个西南太平洋地区开展广泛的贸易往来,但是直到2000年前他们才驾驶着有舷外支架的独木舟来到密克罗尼西亚和波利尼西亚定居,殖民新西兰还要更晚,约在1000—1200年间。自此之后,日渐成熟的酋邦国家便在夏威夷群岛和波利尼西亚社会群岛上发展起来了。

更加成熟完善的社会也出现在了北美洲西南地区和东部林地地带。玉米栽培在约公元前2000年—前1500年间传播到了西南地区,到公元前300年,次级村落和对农业依赖性的日渐增强,已经成为该地区的两大特征,并导致霍霍坎、莫戈隆以及史前普韦布洛印第安人这三种文化传统的出现,其中就有现代普韦布洛人的最终祖先。

生活在北美洲东部地区的许多群体在进入公元前2000年之后也开始耕种本土植物以作为食物来源的补充,但是,直到进入公元前第1个千纪之后,玉米和豆类农业才传播到了西南地区。公元前1000年以后,一系列强大的酋邦王国崛起于东南部和中西部地区,与此同时,还普遍出现了一些繁复的丧葬习俗和土墩墓等墓葬工事。阿登纳传统出现于约公元前700年,约公元100年与霍普韦尔文化传统相交叠。到了公元800年,随着密西西比传统的崛起,经济、宗教和政治权力的中心遂转移到了密西西比河谷和东南部地区。这一文化传统及其强大的宗教和世俗领袖,以一种改进了的形式一直存在至16世纪欧洲人到来之时。

PART IV 早期文明

当大地之主恩利尔（Enlil）把地上的王国赠与鲁伽尔扎吉西（Lugalzagezi），从东到西将地上(所有人的)眼睛指引给他，让所有人向他俯首称臣，从低处的海，沿着底格里斯河和幼发拉底河一路向高处的海……从东到西，恩利尔令他所向披靡……在他的治下，大地展颜；所有苏美尔的酋长和异域的王纷纷屈服于他。

——纪念美索不达米亚的鲁伽尔扎吉西国王统治古代世界的花瓶铭文（Kramer, 1963: 323）

第8章 国家组织型社会

伊拉克尼姆鲁德(Nimrud)的一个亚述妇女象牙雕像,她仿佛正在凝望窗外的世界。

8.1 什么是国家组织型社会？　　8.4 社会路径：权力的三个范畴　　8.7 文明的衰落
8.2 城　　市　　　　　　　　　8.5 派系之争和意识形态
8.3 国家起源理论　　　　　　　 8.6 作为变革主体的人类

　　1840年，保罗·埃米尔·伯塔(Paul Émíle Botta)被任命为法国驻伊拉克北部城市摩苏尔(Mosul)领事，其官方目的只有一个，就是挖掘附近圣经城市尼尼微(Nineveh)的土墩。伯塔并没有任何考古学背景，但他是一位经验丰富的旅行家，会说好几种西亚语言。最初，他的挖掘毫无成果，除了一些刻有铭文的砖外一无所获。后来，伯塔的一个工人告诉他，自己在23千米以外的科尔沙巴德(Khorsabad)家中的烟囱用的就是类似的砖。为了敷衍这个人，伯塔就派了手下两名工人前去调查。一个星期以后，工人归来，绘声绘色地描述了那些镌刻着大量奇怪动物的墙。伯塔听后立即跃上他的坐骑，策马加鞭赶到了科尔沙巴德，在那里，他被一座小窨坑里雕饰着奇妙浅浮雕的墙惊呆了，墙上刻画了留着胡子、穿着长袍的男人，长着翅膀的动物和一些野兽。伯塔便将发掘地点转移至了科尔沙巴德。在几个星期的时间里，他发掘出了若干房间，里面满是用来装饰金碧辉煌而又充满异域风情的皇宫四壁的雕刻石灰石板。"我相信我是第一个发现那些有理由与尼尼微繁盛时期联系起来的雕刻品的人。"保罗·埃米尔·伯塔满怀激动地描述了那座宫殿(Fagan, 2007：102)。

现在我们已经知道，伯塔当时发掘的并不是尼尼微古城，而是亚述王萨尔贡（Sargon）的宫殿，这座耗资巨大的皇宫建成于公元前8世纪。即使如此，伯塔的伟大发现还是开启了19世纪考古学的一个古典时期——这一时期考古学家们揭露了一个又一个令世人震惊的发现，其中不仅有亚述文明，还包括苏美尔文明、玛雅文明、米诺斯文明、迈锡尼文明，以及其他一些尚不为人所知的文明。

今天已经没有更多的未知文明可以出土，但考古学家仍然极力想弄清楚世界上最早的国家的起源和运作机制。我们知道，约公元前3100年，第一批**国家组织型社会**（state-organized society）出现在了埃及和美索不达米亚，从而揭开了人类历史上新的篇章（图8-1）。世界上最早的国家历经几个世纪的复杂发展过程。本章我们将详述所谓的国家组织型社会，探讨对早期文明发展做出贡献的一些因素，并对围绕这些文明的起源所产生的若干理论进行一番检视。

8.1 什么是国家组织型社会？

每一个研究过人类社会史前史的人都会同意，文明在世界上不同地区的出现，是人类适应史上的一个重大事件。"**文明**"（civilization）这个词有一种现成的、日常生活的含义。它暗含"礼貌、客气"（civility）之意，常被用来衡量一个文明中的个体行为是否正派、体面。这种定义不可避免地反映了一种民族优越感（ethnocentrism）和价值判断，因为一种文明中所谓开化了的行为，在另一种文明中很可能是反社会的和不被理解的。这种过分简化了的理解对学习早期文明的学生探求基本定义和文化进程来说是毫无益处的。

今天，考古学家们使用"文明"这一术语简单描述一种城市化的、国家等级的社会。接下来几章要讨论的主体有时也被称为"前工业文明"（preindustrial civilizations），因为它们更依赖于人工劳动力而不是像煤这样的化石燃料。前工业文明包含多种类型，但下面这些特点是它们所共有的：

1. 以城市为基础的社会，有着庞大而异常复杂的社会组织形式。与单个家族占据的小片区域不同，前工业文明无一例外都是建立在更大的领地——如尼罗河谷——基础之上的。
2. 经济建立在由朝贡和税收带来的资本和社会地位的集中积累之上。例如美索不

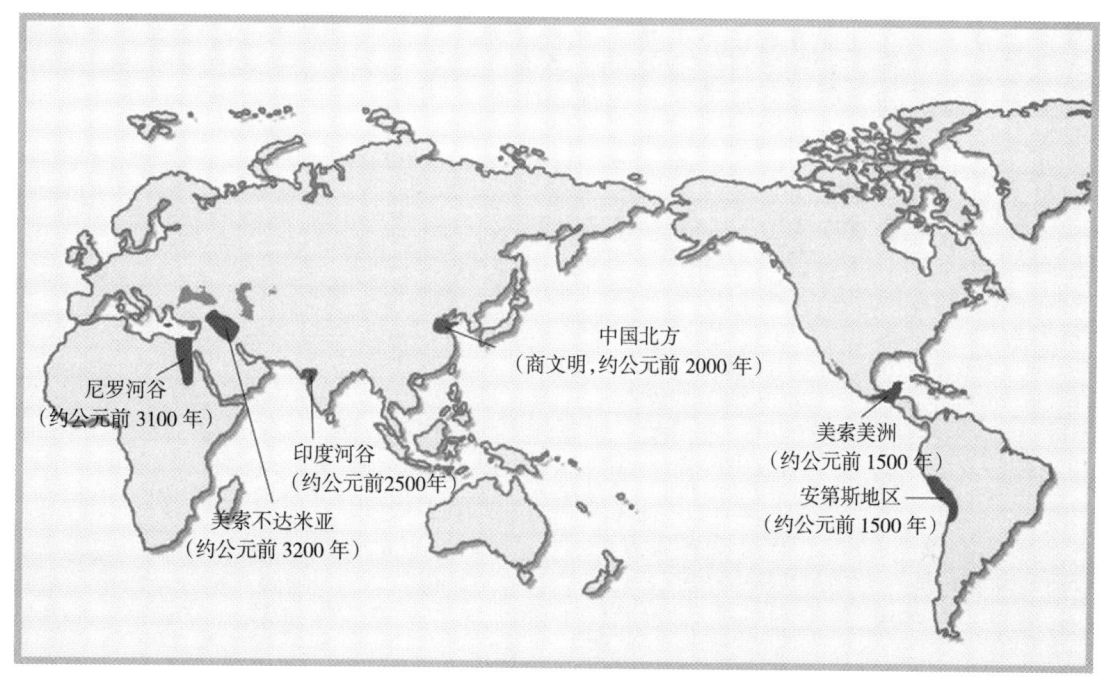

图 8-1 早期国家的分布

达米亚的苏美尔诸王就以国家的名义对贸易实行垄断。这类经济活动仰赖成百甚至上千名非食物生产者(如铁匠、祭司等)的支撑。早期文明的特征通常包括长途贸易、劳动分工,以及行业的专门化。

3. 正式文献保存、科学和数学方面取得了进步,文字已经出现。这可以体现为多种形式,从古埃及人的象形文字(hieroglyphs)到安第斯山地区印加人所采用的结绳记事,不一而足。
4. 壮观醒目的公共建筑和纪念性建筑,如埃及的神庙和玛雅的仪式中心等。
5. 某种形式的包罗万象的国家宗教,统治者在其中占据领导地位。例如,埃及法老就被认为是活在尘世中的神。

8.2 城 市

关于早期文明的考古学研究以城市的起源和发展议题为中心。今天,城市已经是世界范围内首选的人类定居模式,这一进程自工业革命改变了全球经济面貌以来便已开始。最早的城市呈现出多种类型,美索不达米亚有密集的带城墙的聚落;美索美洲则有一种仪式中心,中心区域居住的是核心人口,周围区域则分布着生活在村庄里的乡村人口。克里特岛和希腊大陆上的米诺斯文明和迈锡尼文明的宫殿,则承担了为周围散居的

表 8-1 年代表 C

距今年代	非洲	近东			欧洲	亚洲		美洲		
		美索不达米亚	黎凡特地区			南亚及东南亚	中国	北美洲	中美洲	南美洲
1532年	桑海 马里 津巴布韦 加纳 印度洋贸易 麦罗埃 班图的扩张	伊斯兰教的统治			大发现时代 中世纪	高棉文明 扶南 殖民地印度尼西亚 印度人贸易的扩张	历史时期 中国的统一	密西西比文化 古普韦布洛人 霍普韦尔 霍戈坎文化 莫戈隆文化 阿登纳	阿兹特克文明 托尔特克 特奥蒂瓦坎文明 玛雅文明	印加文明 奇穆 蒂亚瓦纳科 瓦里 莫希文化
1000年	东非的牛群	波斯帝国 亚述人	腓尼基人 海上民族 赫梯人		罗马帝国 古典希腊 迈锡尼文明	稻作农业	周文明	西南地区的玉米文明 狩猎-采集者社会	奥尔梅克	查文·德·万塔尔
公元元年	新王国 古 埃 中王国 及	巴比伦人		铁器时代 青铜时代	米诺斯文明	拉皮塔文化	商文明 夏文明?		村落农民	灌溉农业 埃尔·帕拉伊索
公元前1000年										
公元前2000年					石器时代的农民		农耕文化			
公元前3000年	古王国 苏美尔人								觅食者与局部农耕生活	

农村人口提供世俗的经济和贸易中心的功能。

城市可以按照其人口规模来定义，城市的人口通常比城镇和乡村的人口更多更密集。普遍采用的一个简单指数是，城市的人口下限为5000人。但是，人口数量并不是唯一的条件，经济和组织管理上的复杂性，以及人口的规模和密度也是将城市与其他居住模式区分开来的重要标准：

1. 城市是一种巨大且相对密集的定居模式，人口至少上千。古代世界的一些小型城市人口往往为2000—3000人，最大如罗马或中国的长安人口甚至可能已过百万。
2. 城市的特征还包括分工的专业化，以及城市与其乡村腹地之间、专业手工匠人与其他城市团体之间的相互依赖性。城市总是位于某个地区的中心地带，为周围的村落提供服务，同时又依赖这些村落为其提供食物，举例来说，大多数城市都会设立一个集市，用来进行各种农产品的交换。
3. 城市还具备小型农业社会难以企及的某种程度的组织复杂性。中央集权制被建立起来以管理内部事务，并确保外部安全，这通常体现在一些纪念性建筑上，如神庙、宫殿，有时还包括城墙。这里，我们有必要明确一下城市与国家这两个概念的重叠之处。国家也是以中央集权制为特征的，有的国家可能没有城市，但很难想象有哪座城市不隶属于某个国家。

考古学家通常可以从一处遗址的大小及其遗存的规模来判断这是不是一座古代城市。但国家就比较难判断了。作为一种政治单元，国家是由一个中央政府来管理的，其政治权力通常与血缘纽带交织在一起。家族当然没有消失，但其力量被削弱，一个以效忠统治集团为基础的新的控制轴心出现了。

8.3 国家起源理论

世界史前史上出现的一些新事物，鲜有像国家起源这一题目那样激起如此多的理论争议。以这些理论为基础的各种现代假设最早在20世纪30年代开始发展起来。

"城市革命"

与历史上的希腊人和罗马人一样，维多利亚时代的人们认为文明诞生于尼罗河畔的"法老之地"(Land of the Pharaohs)。最终，早期的理论建设采纳了一个更为广阔的空间，将整个新月地带都囊括了进去。

关于文明起源的第一个相对成熟的理论出自以"新石器革命"理论闻名的戈登·柴尔德。柴尔德提出了一个"城市革命"理论，在此期间，冶金术发展了起来，全职工匠和专业人员作为一个新兴的社会阶层出现在城市这一规模更大的聚落中。然而，对工匠们制作的产品进行分配以及获得原材料——通常需要长途贸易——的需求降低了农业社会的自给自足性，柴尔德如是说。随着养活日渐增多的非农业人口所需的人均农作物产量的提高，农业技术也不断得到完善。灌溉提高了生产率，并使食物的供给、生产和分配集中起来。税收和贡品使得资本得到积累。最终，一个等级社会形成了，其基础不再是传统的家族关系，而是不同的经济阶层。文字对各种记录工作，以及创建精确的可预测的各门学科来说变得至关重要。水路和陆路运输成为新秩序的组成部分，一股统一的宗教力量主导着整个城市生活，祭司王和专制君主掌握了权力，纪念性建筑成为其行为事迹的见证。柴尔德认为，技术以及全职工匠手工业技能的日益专业化构成了城市革命的基础。

早期生态模式

在对更多的数据进行研究之后，现代学者如今都同意，在柴尔德的"城市革命"理论中有三个元素在世界上所有早期文明的发展过程中曾起到过相当重要的作用，它们分别是：大量的食物盈余，多样化的农耕经济，以及灌溉农业。

在新月地带模式中，美索不达米亚洪泛平原和尼罗河谷那格外肥沃的土地是这些地区出现城市和国家的首要原因。农业效率的提高不仅带来了更多的剩余食物，也引发了社会和文化上的变革。但是，包括经济学家艾斯特·鲍塞罗普在内的许多学者持相反意见。他们认为人口的增加——而非食物剩余——才是集约型农业以及最终更复杂社会得以出现的诱因。然而，稠密的人口这一条件尽管重要，却并非所有的国家组织型社会都具备，例如迈锡尼文明和印加文明。

这些学者还指出，不同地区的环境生态多样性存在着很大的差异。多种经营的农业经济倾向于以更少的庄稼生产出更多的农产品，但基本的生活来源还是非常广泛的，例如埃及人曾大规模种植小麦和大麦，但也大量养殖牛和山羊。安第斯高地国家严重依赖其低地邻国为其提供鱼类、棉花等资源。这种食物来源的多样性确保人们免受饥荒之苦，同时也刺激了食物及其他产品的贸易与交换，并推动了中央政府支持下的分配组织的成长。

灌溉农业的出现也因其供养更多人口而被视为文明崛起的一个重要因素。早期的生态理论是与早期国家为提高农业产出而广泛采用的灌溉农业紧密相关的。人类学家朱利安·斯图尔德（Julian Steward）和历史学家魏特夫（Karl Wittfogel）曾于20世纪50年代论证说，灌溉农业是埃及、美索不达米亚等地出现等级社会的原因，这便是魏特夫提出的著名的"水利文明"（hydraulic civilization）理论。两位学者均论证说，在那些施行灌溉的地区,环境、食物生产与社会体制之间的关系有着很大的一致性。魏特夫是一位汉学家,他相信早期的亚洲文明逐渐演变成了"强大的水利官僚体制"(mighty hydraulic bureaucracy),在中国、埃及和印度这样人口稠密的国家,出于在降雨稀少的地带建立大规模水利工程而产生的技术和环境需求导致了专制统治的建立。因此,灌溉所需的这些社会必要条件在旧世界的许多地区导致了国家和城市的出现和发展。

包括大规模田野调查在内的一批新数据的出现,使我们有关早期灌溉的概念变得更加明朗。例如,考古学家罗伯特·亚当斯(Robert Adams)曾于20世纪60年代就美索不达米亚的古代灌溉工程开展了几次重要的田野调查。亚当斯发现,早期的美索不达米亚灌溉工程包括清理天然河道和兴建几条小的引水渠两种。大多数聚落都建在几条主要河流附近,并在最大程度上利用了这些水路的天然水文特征。每个社区都有自己的小型灌溉工程,但短短几个世纪之后便出现了由一个高度中央集权的国家政府所组织建设的大规模灌溉系统。埃及也是同样情况,那里在新王朝时期建起了最伟大的灌溉工程,动用了数千名以役代税的劳动力。相反,早期的埃及农业是依赖天然盆地来阻截尼罗河水的,这种小规模的运转模式往往只局限于单个村落,而且不需要官方监管。

尽管在世界上最早出现城市的南部美索不达米亚平原上,某种形式的灌溉是定居生活的必要先决条件,但是大规模的灌溉工程并不必然是所有早期文明出现的一个共同因素。出于同样的原因,现代研究者认为生态因素只是导致国家组织型社会出现的一系列错综复杂的变革中的一个要素而已。

技术与贸易

长期以来,复杂社会的起源和进化是与技术创新,以及黑曜石、铜矿石等原材料和各种奢侈品交易的日益增长联系在一起的。在柴尔德的城市革命理论中,冶金术是一个相当重要的要素,但实际上铜矿石等外来原材料最初是在亚洲西南地区被小规模地用来生产一些宗教用品和首饰的。在很多情况下,类似美索不达米亚的轮子和埃及的帆船这样的技术创新对交通运输所做的贡献往往大于其在生产上的用途。直至文明出现若干个世纪以后,铜器和青铜器的数量才随着运输和军事需求的膨胀而多了起来。只有在应对市场和各种新需求的不断扩张,并为满足一小撮精英日益膨胀的各种品味时,生产技术才会向前演进。

任何形式的贸易都包含两个要素,被交换的商品和货物以及实施交换的人。人们只有在无法在当地获得所需的商品和服务时才会发生贸易交换行为。这种贸易(trade,习惯上称作"交换"[exchange])可以采取馈赠(gift-giving)的形式,以交换礼物的方式巩固个人之间或不同群体之间的社会关系。在这里,礼物作为一种姿态为收授双方确定了义

科学专题

黑曜石探源

早在光谱分析技术发明以前,科学家们就已经开始研究用于制造石器的石料的来源了。他们依靠的是岩石学(petrology)和一些特殊石材,如黄油色的大布拉斯尼燧石(Grand Pressigny flint),这种石材很容易辨认,曾被石器时代的法国农民广泛使用。高科技的分析手段从20世纪60年代开始就为石材的探源带来了革命,当时英国考古学家科林·伦福儒等人借助光谱分析技术,确认了至少有12座早期农耕村落曾经从土耳其中部的契夫特利克(Ciftlik)地区获得黑曜石(即火山玻璃)(图8-2)。

这位先行者的研究显示,契夫特利克周围300千米的村落里出土的打制石器中,有80%是黑曜石。这条"供给带"之外,黑曜石石器所占比重随距离的拉长而锐减,一座叙

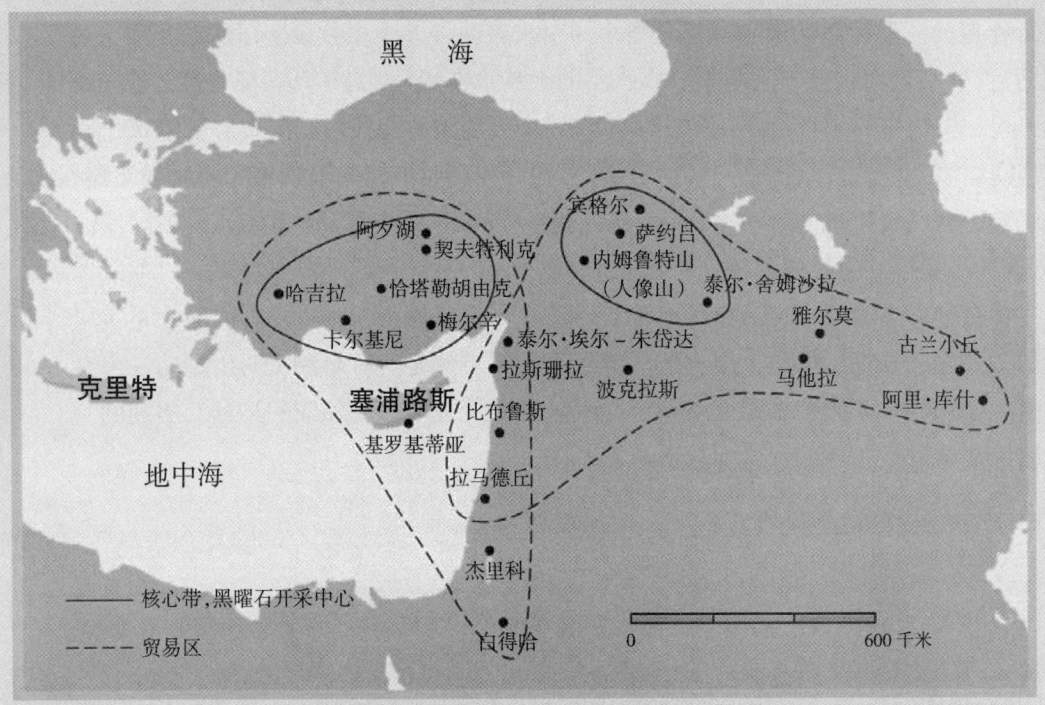

图8-2 地中海地区的黑曜石贸易。探源研究揭示,位于塞浦路斯、安纳托利亚(土耳其)和黎凡特地区的早期农耕社会是从安纳托利亚中部的两个来源获得黑曜石的。与此同时,像扎格罗斯山区的雅尔莫和东南部的阿里·库什这类村落的黑曜石来源则主要依赖于亚美尼亚。类似安纳托利亚的恰塔勒胡由克聚落,因为距离黑曜石产地非常之近,所以很有可能自行积累其供应。他们的石器中有超过80%是由这种材料制成的,供应线上的地区离产地越远,该地区的黑曜石石器也就越少。

务,并且经常成为物物交换的先声。这种作为先声的礼物交换至今仍普遍存在于新几内亚和太平洋地区,并在过去的2000年里广泛传播于非洲。物物交换(bartering)则是另一种时断时续流传了数千年的贸易机制,通常是基于互惠原则而在个体之间或群体之间开展的某些商品或物品的相互交换。这类商品在社会范围内的再分配掌握在一些酋长、

利亚村落是5%,约旦河谷中则只有0.1%(图8-2)。如果上述计算正确的话,那么,这条供给带上的每座村落都将自身进口黑曜石的一半传递下去。伦福儒及其同事确认,在撒丁岛和美索不达米亚之间至少存在着九个黑曜石"联动带",其中每个联动带都有各自明确的供应源,且各地黑曜石都含有光谱可测的独特的微量元素。

黑曜石探源如今已经成为追溯古代贸易的一种常见手段,并且在包括加利福尼亚和美索美洲在内的世界许多地区得到成功应用(图8-3)。

图8-3 美索美洲出土的黑曜石镜

宗教领袖和家族的手中。正如我们已经看到的,这种再分配是酋邦制的基本元素。从再分配向非个人色彩的市场经济贸易的转变通常建立在规范商务的基础之上,其中很可能包括固定的价格甚至货币。这种转变通常与日益提高的政治和社会复杂性,以及由此导致的国家的发展,密切联系在一起。

20世纪70年代,一些考古学家提出,贸易应在国家出现的过程中起首要作用。英国考古学家伦福儒(Colin Renfrew)将米诺斯文明在克里特岛以及整个爱琴海地区的繁荣鼎盛归因于日益频繁的贸易接触,并认为其受到了当地橄榄和葡萄种植业的影响。随着农业经济的日趋多样化,以及自产和长途贸易两种本地食物供应方式实现互补,一种意义深远的经济相互依赖关系形成了,并最终导向了奢侈品和基本商品再分配体系,组织和控制这一体系的则是米诺斯皇室以及爱琴海地区橄榄生产的几个重要中心。

现在,我们了解了更多有关古代商业贸易的信息,应该知道贸易不应被视为古代文明起源的唯一因素或首要起因,因为没有单独哪个方面在文化变革和贸易发展过程中起到了最重要的作用。广泛的长途贸易,就和大规模的灌溉工程一样,与其说是文明的起因,毋宁说是其结果。

战　争

20世纪70年代,人类学家罗伯特·卡内罗(Robert Carneiro)通过对秘鲁沿海河谷地区的考古学研究,论证了战争在国家形成过程中所起到的关键作用。他的国家起源"限制理论"(coercive theory)认为,由于这一地区农田数量非常有限,且被沙漠包围,因此,在一系列可预测事件的引领下,国家诞生并发展起来。起初,河谷地区涌现出了一些自治的农耕村落,然而,随着人口的增长以及更多的土地被占用,这些村落社会开始相互争夺有限的土地资源,突袭劫掠时有发生。有些村落首领成功转变为战争首领,并作为酋长统治了一些庞大的部落。随着河谷人口的不断膨胀,战争日益激烈,直到最后整个地区都落入了一位成功的武士手中,这位雄心勃勃的统治者在河谷中心区域建起了一个国家,接着便与其继承人一起开始侵袭邻近河谷。最终一个跨河谷的国家发展起来,并创造了一个影响范围更为广大的文明。

卡内罗的理论很难从田野发现中得到证实,有人曾为此在秘鲁的桑塔河谷(Santa valley)地区进行考察,结果没有发现有关自治村落的任何证据。因此,毋宁说这一理论描述的是经几百年演变进化的一种复杂得多的聚落形态。考古学家大卫·威尔森(David Wilson)指出,桑塔河谷地区曾出现的唯一一次"限制"进程发生于公元400年左右,当时莫希人(Moche)通过对邻近河谷发动军事征服而建立起了一个跨河谷国家(见第14章)。这次征服发生在桑塔河谷涌现出大量复杂的灌溉型社会之后很久。与灌溉假设一样,实际情况要比卡内罗简单的理论设想复杂得多。

从其他方面看,也可以将战争排除在文明起源的主要起因之外。早期村落社会松散的社会组织因为未能使财富和权力集中于少数人手中,因而,也就没能产生制度性的战争。在国家形成之前,几乎各地都曾出现过王国之间的相互劫掠和暴力冲突,这很可能给人们的生活带来了深刻的影响,但与此同时还有其他一些强有力的因素在发挥作用。只有在一些专制君主攫取权力之后,战争才日渐频繁,并建立起常备军队以控制重要资源,解决政治问题,并维护社会的不平等。这种形式的战争成为权威出现的先决条件,也是文明的后果之一。

文化体系和文明

大多数考古学家都同意城市生活和前工业文明是在出现重大的社会和经济变革时逐渐形成的,而且大家也都同意使用灌溉、贸易和战争元素的线性解释是远远不够的。最近,有关国家起源的理论援引了多重且通常是错综复杂的起因,并且大多是以系统模式为基础的。

20世纪60年代,古美索不达米亚专家罗伯特·亚当斯引入了新一代的复杂理论,他论证说,灌溉农业、战争的加剧,以及"本土资源的可变性"是城市文明出现的三个至关重要的因素,它们之间的相互作用以及各自对社会施加的影响带来了积极的反馈,从而有助于各方面的相互巩固。食物剩余和社会分层的出现是两个重要进展。灌溉农业能够供养更多的人口。而人口的扩充,永久性聚落的增加,以及以商品再分配为目的而与固定的中心进行的贸易,所有这些在统治集团主导下产生的压力,无不带来更高的生产力和更多的剩余产品。而剩余产品的大幅提高则使那些控制它们的集团得以雇佣更多本身不事稼穑的工匠和专业人员。

亚当斯认为,有些社会由于可耕种的资源比较丰富多样,因而,更容易转变为国家。人口的增多导致了对战略资源的垄断。这些社会最终脱颖而出,通过军事征服拓展其领地,并有效地对自身的优势进行开发利用。这些城市成为主要宗教活动、技术和艺术创新以及文字记录的早期中心。读写,一种只有少数人掌握的技能,成为一个重要的权力来源。

一些考古学家,如研究美索不达米亚的肯特·弗兰纳里,将国家看成一个复杂的"活的"系统,其复杂性可通过其内部差异及其农业、技术和宗教信仰等子系统的复杂性来衡量。起决定作用的是各子系统之间相互关联的方式,以及社会对整个系统的控制。用这种模式解释美索美洲国家时无懈可击,因为那里无处不在的宗教信仰在公共建筑、经济与文明的其他子系统之间建立起了密切的关联。

管理一个国家比管理一个小型社会复杂得多,也集中化得多。实际上,国家与次复杂社会之间最显著的差别在于文明制定决策的方式及其等级组织的复杂程度,倒并不必然表现在其各种生存活动中。早期国家的系统模式必定是复杂的,因为只有这样才能在文化变迁的机制与进程,和我们欲以之解释文明起源的社会环境压力之间,做出区分。宗教和信息控制开始成为早期文明的环境规划和经济变量中的一个关键元素——实际上，人类历史上哪个社会不是如此呢？

环境变化

以生态学为基础，同时又严重依赖系统研究方法的各种理论，其寿命要比许多其他假设长久得多。在对墨西哥河谷进行的一次经典研究中，威廉·桑德斯（William Sanders）和一组考古学家向我们展示了阿兹特克人是如何创建并组织了巨大的农业系统，并在曾经淹没了整个河谷的河水退去后形成的浅水区中将其全面推广的。当地环境的可变性意味着阿兹特克人必须充分利用所遇到的每个环境机会。因此，桑德斯论证说，阿兹特克人组织起了大规模农业来养活首都特诺奇蒂特兰城及周边的 25 万人口。桑德斯相信，对每个地区的各种文明来说，环境因素都是具有决定意义的。另一个重要因素则是中央集权式的领导体制。

生态学研究路径是非常有问题的。举例来说，我们要如何判断哪些环境能够孕育出国家？是像美索不达米亚和埃及那样肥沃的洪泛平原？还是像秘鲁那样的沿海河谷？是美索美洲的高原？还是那些土地资源稀缺的地区（如秘鲁沿海）？一些没有多少地理局限性的地区——如美索美洲的玛雅低地——也成为国家的诞生地。在伊朗和西南亚其他地区，前工业文明在没有出现人口迅速膨胀迹象的情况下依然发展了起来。尽管如此，在文化变迁和应对的复杂过程中，毫无疑问，环境因素起到了非常重要的作用。

8.4 社会路径：权力的三个范畴

近年来，考古学已经开始从系统–生态学路径转向一种更加关注个人和集体的研究倾向。之前的各种理论通常不太考虑人的因素，将国家视为一种按照复杂的文化变迁进程发展的机械实体。而新一代研究者们则沿着一个新的方向使用社会路径和权力研究，他们提出，所有的人类社会，归根结底是由各自追逐其目标但又相互影响的个人和群体组成的。

从考古学的角度看，权力可以分为三个范畴：经济权力、社会和意识形态权力，以及政治权力。就早期国家来说，这三个方面是至关重要的，经济生产率、对资源的控制以及对食物和财富的分配这三者的结合，社会等级体系及其意识形态的完善和维持，以及靠武力维持统治的能力。这些范畴紧密相联且互相影响，但是在考古资料中又可以分别加以研究。

经济权力有赖于组织更加专门化的生产和各种贮存和分配食物工作的能力。久而久之,藏于食物和产品中的财富最终在那些财富生产者和所有者、控制者及分配者之间发展出一种依赖关系。一个国家总是由精英(贵族阶层)、官员(管理阶层)和依附者(平民)构成的,持有土地的阶层以及精英——无论其所有者是神庙、统治者还是个人——则为地产的依附者提供保护。所有的早期国家都是在农业生产日渐集约化和多样化的基础上发展起来的。与此同时,这些早期国家也从纯粹以家族为基础的组织形式,转变成与家族纽带相交织或凌驾于其上的中央集权式的架构模式。

经济权力还立足于商业和长途贸易网络,这使得人们可以获得本地稀缺的各种产品。苏美尔人从安纳托利亚、伊朗和波斯湾进口金属,埃及人的黄金和象牙来自努比亚(即现在的苏丹),高地上的安第斯诸文明从太平洋沿岸进口鱼类。各种外来农产品和货物的获得,无论其规模大小,均需要一定的组织、记录和监督工作。考古资料显示,不同的文明在对贸易和商人进行的国家监督方面有着很大的差别。

社会权力也就是意识形态权力,来自对某种文化和政治共性所做的创造和修订。这种借由公共或私人仪式、艺术、建筑和文学来表达的公共意识形态,以一种超越家族关系的公共纽带将个人和社会联结起来。这些意识形态的创造者和维护者通常享有崇高的威望和特权,因为他们通常被视为凡人与神灵世界的媒介,有时甚至被看成神圣的化身。意识形态的守护者也都是一些特权阶层,因为这种精神权力赋予他们以特殊的社会地位,并容许他们将社会不平等维持下去。

意识形态的地位是如此重要,以至于我们不能因为美索不达米亚或玛雅是由一系列城邦国家组成的就将其视为一个政治单元,而是应将其视为一个意识形态单元。历史上许多伟大的城市,如位于危地马拉的玛雅城市蒂卡尔,都是精神性与世俗性的结合。他们都自诩拥有强大的祭司集团和宗教制度,而其财富则来自处理国家内部的精神事务,以及将统治者掌控宇宙秩序的地位合法化的能力。他们兴建的神庙和公共建筑为一系列繁复的公共仪式提供了一道壮观的背景,从而确保了人类生活和整个宇宙的连续性(图8-4)。

政治权力的构建取决于统治者借助行政和军事手段在整个社会建立权威的能力。在官僚机构和军队中占据要职的人并非来自家族系统内部,而是从这个系统之外招募而来的。这种政治权力体现在外交关系以及国家自身的攻防事务上。政治权力总是在国家层面上运作的,负责解决不同派系之间存在的一些重大争端。但是,有很大一部分政治权力被掌握在政治集团之外的社区和家族首领手中,他们负责处理围绕土地所有权和家庭法这类问题所产生的相关法律纠纷。

考古学家诺曼·约菲(Norman Yoffee)认为,这三种权力来源之间的互动导致了一系列有关最高统治者和国家的新社会体制的出现。约菲说,文明并不是在某个时间点

图 8-4　危地马拉蒂卡尔城的中央区，这里曾经象征了玛雅人的精神世界。

上突然出现的，因为社会演变并没有随着国家的出现而停止。前工业社会总是存在持续的变化和频繁的争吵，在这种氛围中运转的国家，有的衰落了，有的则延续了若干个世纪之久。

　　这种关于国家起源的研究路径认为社会复杂性的演变存在多种不同的轨迹。有些社会面临一系列严重的局限性，他们可能缺乏可依赖的庄稼或牲畜，或没有能力贮存大量食物。这些社会因此就走上了与国家非常不同的发展道路。有些社会没能转变为文明，并不意味着它们停滞于某种落后"阶段"中，而只是说明发展过程中的局限性使得一些相互作用的主要因素没能像其他一些地区那样促成形成国家。因此，可以说，酋邦制是国家的一种替代道路。在酋邦当中，社会不平等来自家族系统内部，而在国家中，不平等取决于是否能获得资源，以及对资源控制所带来的权力。

8.5 派系之争和意识形态

　　每个早期文明都有一套严密的宗教信仰和哲学网络，覆盖了社会的每一个角落。这种意识形态塑造了一个社会，保证了全体成员的一致性，但要研究这种无形之物可不是一件简单的事儿。意识形态以各种不同的艺术形式展现在我们面前，例如埃及人的艺术风格或安第斯地区的莫希艺术风格（图 8-5）。这些艺术产物以视觉的形式提醒着人们一个国家的意识形态，巩固着最高统治者的权力及其与众神和精神世界的特殊关系。在某些只有少数手握权力者才会读写(或拥有自己的抄书吏)的社会里,艺术和公共建筑在塑造社会和强化意识形态方面扮演了不可或缺的角色。

玛雅的精英们生活在科潘和蒂卡尔这样的城市里,这些城市用石头、木头和灰泥构建起了一片由圣山、神洞和森林组成的象征主义景观。在这里上演的各种复杂的公共仪式中,伟大的君主在众人面前现身于金字塔塔顶(见图8-4)。通过放血和萨满们的出神仪式,他们得以进入彼岸世界,一个众神和祖先的国度。这些宗教仪式确认了玛雅人的世界,并以一种复杂的社会契约将贵族与平民、统治者与卑微的农民联结到了一起。统治者作为一道中介与众神斡旋,祈求他们保佑五谷丰登,香火延续。在以金字塔、露天广场和神庙搭建而成的仪式舞台上,以永不止息的季节流变为背景,上演着一出出生老病死、春耕秋收的戏码。所有这些仪式都为存在于统治者和被统治者之间的巨大社会不平等提供了正当性。

古代与现代的意识形态在复杂性上是不相上下的,正是这种复杂性和非物质性使得人们难以用现成的考古分析来对其进行研究。近来,对玛雅文字的解读向人们展示了意识形态在古代文明中究竟多么重要,多么无处不在。而在此之前,多数专家都认为玛雅的统治者是一群爱好和平的祭司王,借助他们作为天象学家的权力来统治一些小型城邦国家。但从玛雅象形文字的内容来看,玛雅人有一套错综复杂的神明体系,以及很难靠现代分析来理解的宗教信仰。玛雅日历上的每一天都是几种特性的组合,每一个罗盘方向都包含几种颜色和特征,每一位神都有好几种角色和脾气。在玛雅人的世界里,任何事情的发生都会获得某种象征性的,并且通常是意识形态上的意义。埃及也是如此,法老统治的古老先例和众神的训诫渗透到整个社会生活当中,甚至成为税收和发放配给供

图8-5 作为意识形态表现方式的艺术品。这件莫希陶器发现于秘鲁沿海地带,年代约为公元400年,描绘了一名手持权杖的男性,很可能是一位萨满,装扮成一头鹿的样子。

应的指导方针。

与意识形态相伴生的是派系之争。正如我们已经看到的,古代社会在多样性方面是丝毫不逊色于现代社会的,尤其是在统治者与远近邻国开展贸易时。整个国家机器都在为少数享有特权的统治者和贵族服务,所有的财富和权力最终都掌握在这些人手中。统治者通常会把管理权分配给他的亲属和忠诚的追随者,让他们管理地方。但是不可避免地,总有一些更有野心的人会起来反叛权威,以攫取最高权力。本地和外地不同派系的竞争造成了更大的社会不平等,带来了领导模式的改变,扩大了分工,促进了国家的发展。文明一旦形成,它们又会威胁王位的继承,当统治者被认为软弱无能、优柔寡断时甚至会引发内战。派系之争在许多早期国家的发展史上往往有着灾难性的影响。想象一下,埃及法老宫廷中曾经上演着何等的钩心斗角、波谲云诡!要知道那可是一个人类寿命很短,随时有可能横死的年代。一旦新王即位,所有人都想赶紧占据一个有利位置。

在一个考古学研究日益专门化的时代,寻找一种可以适用于所有文明的国家形成理论的努力十有八九会是竹篮打水一场空。尽管如此,围绕着那些向国家转变的社会的生态学变量的含义,还是存在着一些基本问题:生态机遇或必然性是如何转化为政治变革的?在国家形成过程中追求个体目标的那些政治演员们还有哪些更大的企图?哪些机遇?要回答这些问题,我们就要借助将系统-生态学路径与"思维考古学"(archaeology of mind)相结合的一系列复杂的研究。"思维考古学"是英国考古学家伦福儒的说法,指的是隐藏于过去的物质资料背后难以捉摸的无形之物。

8.6 作为变革主体的人类

尽管我们曾无数次谈到"文化进程",但有一点是确定无疑的,即人——无论个人还是集体——才是政治和文化变革的主体。历史是由拥有杰出才华和领导才能的个人所创造的。毫无疑问,这类人在早期文明中也往往位高权重,但他们当中的大多数都籍籍无名,因为那时的文字记录是相当不完整的。有些情况下,例如埃及,我们知道几位最著名统治者的名字,如早期法老纳尔迈(Narmer),但他们也不过是一些站在历史舞台角落中的人。更近代的例子还有祖鲁人的国王沙卡(Shaka),他于19世纪早期在南非建立了祖鲁王国;此外,还有夏威夷的卡美哈美哈国王(Kamehameha)等。所有这些人,无论古代还是近代,无不是时代的产物,他们凭借自己的个人能力最大限度地利用了各种不同寻常的环境、偶然性和其他某些特定的历史时刻来推进其政治和军事企图(图8-6)。结果总会引起一场历史变革。

沙卡国王和其他近代变革主体们所具备的那种与众不同的才能,也体现在作为文明首创者的那些拥有特殊才干的酋长身上。他们是精英中的一员,野心勃勃,崇尚权力,杰出的军事才能使他们得以跻身上层社会。他们以或光明或低劣的手段篡夺权威之位,随即征服近邻,同时寻求建立起相对其远方对手的竞争优势(可能是发展技术,也可能是军事策略,等等)。他们利用这一优势向远方扩张,同时利用强制劳动力加强农业生产,在安抚臣民的同时为军队提供给养。如果无法提高农业产量,他们就会四处劫掠以获得额外的资源。最后,他们通过分享权力的方式来巩固自己的地位,不过,有时这只是一种有名无实的姿态。这种体制当然毫无民主可言,因为最早的国家都是由这些强有力的能人所统治的,他们独裁专制,尽管有时会成立一些虚有其表的顾问委员会。

在很大程度上,他们也需要依靠意识形态,因为前工业国家几乎

图 8-6 一名效忠于祖鲁王国国王沙卡的战士

毫无例外都是借由一种强大而独特的意识形态黏合在一起的。著名的《吉尔伽美什》(*Epic of Gilgamesh*)向我们展示了美索不达米亚意识形态的独特之处。在埃及,法老作为太阳神的人格化身进行统治。而玛雅君主们则扮演着萨满以及世人与祖先之中间人的角色。所有这些意识形态都反映在一些宗教场所中,盛大的典礼和统治者在公众面前的现身,都是一个社会的连续性和稳定性的重要象征,而臣民们也是在这里向国家的最高统治者敬献忠诚。意识形态从来都不是导致国家形成的原因,但后者一旦形成,意识形态便会成为其中的一个变量和重要组成部分。

无论进程还是作为主体的个人都在国家形成过程中扮演了关键角色。拥有宏图伟志的个人从一开始就是人类社会的一员,但是直到 6000 年前,类似美索不达米亚和尼罗河谷这些地区,以及稍晚些时候的美索美洲和安第斯地区,才出现了社会不平等以及诸酋长间的激烈争夺。随后,竞争性优势、军事上的骁勇及其他一些元素使其中一些强大的酋长转变为专制国王,并很快得到从早先朴素的世界观发展起来的强大的新意识形态的支持。

8.7 文明的衰落

许多历史学家都曾探讨过历史的循环、文明的崛起及其辉煌的鼎盛和突如其来的崩溃。最终,一个文明衰落,而另一个取而代之,而新的这个又再经历一番荣辱兴衰的周期。早期文明的历史可能很容易就写成一部循环史,因为在过去的 5000 年里,世界各地的大小国家都在以令人眼花缭乱的速度上演着一出出此起彼伏的情景剧。举例来说,墨西哥高地的大城市特奥蒂瓦坎繁盛于约公元前 200 年—公元 700 年间,公元 600 年它的人口已经超过 12.5 万。600 多年来,墨西哥河谷超过 85% 的人口都生活在特奥蒂瓦坎城里或周边(图 8-7)。然而,到公元 8 世纪,城市衰落下去,而其人口在半个世纪里便锐减至原来的四分之一。

一个复杂的社会衰落时,会瞬间变得更小、更简单,也更平等。人口密度下降,贸易和经济行为中断,信息不再流动,已知世界越变越小。约瑟夫·坦特(Joseph Tainter)是少数几位针对文明的衰落进行比较研究的考古学家。他指出,一个日益复杂的社会为解决当时所面临的问题,会开始进行某种投入,这是一种理智的做法。投入策略最初会起作用。借助更集约式的农耕方式,农业产量得以提高;渐渐形成的官僚机构运转良好;贸易的扩张将财富集中到少数精英手中,后者利用自身的威望和经济影响力开始建设像金

图 8-7　墨西哥特奥蒂瓦坎的太阳金字塔。这座巨大的建筑被当成一座圣山,以映衬其身后的山峰,此山在约公元 750 年特奥蒂瓦坎衰落之后的 800 年后依然是一处宗教圣地。

字塔和神庙这样庞大的公共建筑,以此来巩固自己的精神权威和神圣背景。

随着为满足社会需求所给出的最昂贵解决方案的耗尽,寻找新的组织形式和经济方案就变得迫在眉睫,当然这些新的答案很可能代价巨大,而回报却低得多。坦特论证说,随着压力的累积,一个如玛雅文明那样的复杂社会便越来越难以免于衰落。少量的贮存不足以支持整个社会撑过干旱、饥荒、洪水和其他自然灾害。崩溃终于来临,尤其是当一个社会的权力集团意识到中央集权和社会复杂性已经无法运作下去,他们最好各自为政时。于是,分裂和崩溃的趋势愈演愈烈。崩溃并不是一场灾难,而是在持续增长的压力急需获得某种组织管理上的变革时所启动的一种理性的进程。人口的减少,以及从崩溃开始前到结束后所带来的其他灾难性影响很可能一时间会带来巨大的痛苦,但它们可以被看成所谓"节约化进程"(economizing process)的组成部分。

当然,崩溃并不仅仅是一场节约化进程而已。只有在存在一个权力真空的情况下,完全的崩溃才会发生。许多情况下都有一个强邻环伺在侧,虎视眈眈。早期往往在一小片区域内就有大量的城邦国家既相互进行贸易往来,又不断开展竞争。苏美尔城市,希腊和爱琴海地区的米诺斯和迈锡尼皇宫,美索美洲的玛雅——所有这些政体都在统一的文化区域内有着密切的相互依赖,处于一种频繁的"对等政体之间的互动"之中。他们既彼此贸易,又相互争夺,同时开展频繁的外交往来。在这种情况下,一方的崩溃等于"邀请"其竞争对手入主取而代之。只有互动链条上的所有政体同时衰落时才有可能出现复杂性的倒退。

那么,早期文明的崩溃就很可能与社会复杂性的衰落性倒退密切相关,也与派系之争、社会动荡、继承权争端甚至内战等这些常态政治进程密切相关。

8.8 小　结

第 8 章对比了关于国家起源的历史学和人类学研究路径,总结了考古学家们提出的主要相关理论。戈登·柴尔德的"城市革命"理论主要围绕城市的发展而展开。另一组理论则涉及农业和灌溉的集约化。贸易网和战争也被视为文明诞生的潜在原因。许多现代理论都围绕系统进化论假设以及涉及环境变化的一些解释路径展开。另一方面,新一代的社会学路径认为宗教和信息因素——中央集权政府是其代表——在早期文明对环境和经济变量的规范管理中是一个关键要素。这类理论也强调一个社会的社会结构最终决定其转变,因此,要寻找文明的起因就要着重关注生态学变量,及其为不同社会追逐各自政治目标的个人——变革的主体——所提供的机遇。换言之,生态机遇或必然性是如何转化为政治变革的?近年来,研究者正在日渐将重心转移到派系之争、意识形态和性别这些探索领域中去。

第 9 章 美索不达米亚和东地中海世界

约公元前9世纪,亚述国王巴尼拔骑马出去猎狮。

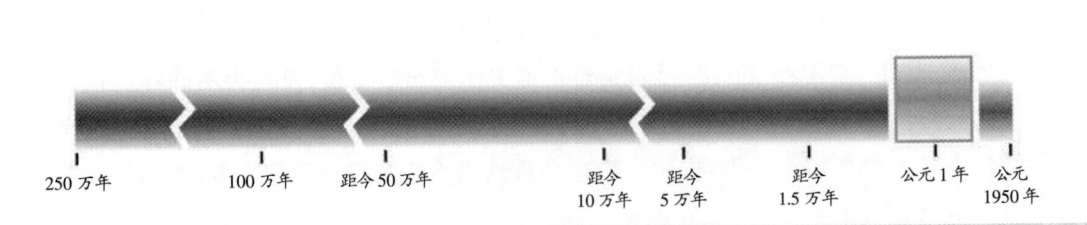

9.1 起源（公元前 5500 年—前 3000 年）

9.2 苏美尔文明（约公元前 3100 年—前 2334 年）

9.3 阿卡德人和巴比伦人（公元前 2334 年—前 1650 年）

9.4 赫梯人和海上商人（公元前 1650 年—前 1200 年）

9.5 米诺斯人和迈锡尼人（公元前 1900 年—前 1200 年）

9.6 海上民族和腓尼基人（公元前 1200 年—前 800 年）

9.7 亚述人和巴比伦人（公元前 900 年—前 539 年）

乔治·史密斯（George Smith）曾是一名老实的纸币雕版匠，后来改行成了研究泥版的专家。1872 年的一天，在大英博物馆里，史密斯正埋头整理着亚述国王亚述巴尼拔（Assurbanipal）的皇家图书馆出土的断句残章。突然，他在一块泥版上发现了一段有关一艘巨船停靠在山巅的描述。史密斯立即意识到这里对洪水的描述与《圣经·创世记》（*Genesis*）里记载的有关洪水的故事非常相似。泥版上说，一位名叫哈西撒德拉（Hasisadra）的先知被预先告知，上帝意欲毁灭所有罪孽深重的人类。于是，他便造了一艘大船，用来携家人和"林中的动物与走兽"避难。洪水将所有（其他）"各类的活物……都从地上抹去了"。巨船漂到了一座高山附近。哈西撒德拉派出一只鸽子，鸽子飞了回来，再派一只，又飞了回来，直到最后派出一只渡鸦，渡鸦一去不复返，哈西撒德拉才知道大水已退去。于是他放走了诸兽，变成神，从此快乐地生活。

在那样一个笃信《圣经》所描述的即为历史事实的年代，乔治·史密斯的发现引起了公众的一片哗然。鉴于泥版中缺少了七行文字，伦敦的《每日电讯》（*Daily Telegraph*）遂资助史密斯前往尼尼微寻找失落的残片。说来不可思议，这些残片竟在五天之内便被史密斯找到了！现在这些残片被安然存放于大英博物馆，并注明"DT"字样以感谢《每日电讯》所做的贡献。

维多利亚时代的人们认为，位于现在伊拉克南部的"美索不达米亚"（Mesopotamia，希腊语中意为"两河之间"）就是《圣经》中伊甸园的所在地。今天，这里早已不再是天堂之地，因为位于底格里斯河（Tigris）和幼发拉底河（Euphrates）之间的三角洲地区和洪泛平原已经变成炎热而地势低洼且不宜居住的环境，遍布着沙地、沼泽和干涸的淤泥滩。然而，就在现在这片满目疮痍的土地上曾经诞生了世界上最早的城市文明。美索不达米亚南北约965千米长，400千米宽，从伊朗高原一路向西拓展至西部的阿拉伯和叙利亚沙漠地区。这里夏季炎热而漫长，冬天严寒异常，幸亏有幼发拉底河和底格里斯河，否则，这里恐怕将只有连绵无尽的荒漠。除两河及其支流之外，美索不达米亚几乎没有什么永久性水源。降雨稀少，根本不足以灌溉庄稼。然而，借助灌溉系统的使用，人们成功地开垦了低地平原上的冲积土壤，并释放其自然肥力。农民从相对有限的土地上就可以收获较高

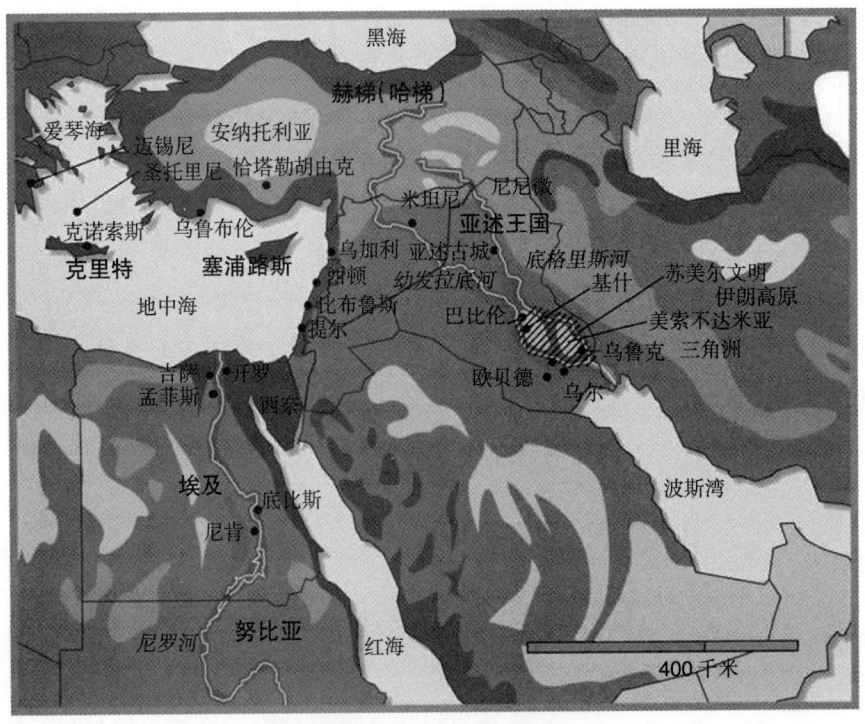

图9-1 第9章和第10章所涉及的考古遗址

的作物产量,足够养活相对稠密的人口。公元前6000年或者更早的时候,生活在村落中的农民已经学会将河水改道。在3000年的时间里,整个美索不达米亚的苏美尔人(Sumerian,即闪族人)的城市文明欣欣向荣。本章我们将讨论世界上最早的一批文明,并对从美索不达米亚最早的国家中发展出来的一批复杂的西亚社会进行描述(图9-1)。

9.1 起源(公元前5500年—前3000年)

在两河之间最早的聚落这一问题上存在着不少争论。酷暑严寒的气候环境使得这些地区非常不适宜农耕村落的存在。我们知道,到公元前5800年,美索不达米亚北部上游地区绵延起伏的平原上已经散布着上百个小型农耕村落,将这些村落连接在一起的则是从土耳其直到伊拉克南部的几条数百千米长的长途贸易路线,往来于此的是黑曜石和图案精美的陶器等货物。到这一时期,许多贸易往来,尤其陶器,是被控制在少数贵族手中的,他们生活在水路贸易路线上的一些重要的中心城市里。尽管许多学者对此深信不疑,但我们并不知道这片不宜居住的土地是否在约公元前6000年从北部开始出现一些农耕定居村落,我们也无法确定,早先出现于波斯湾沿岸的那些土生土长的狩猎-采集者在此时或更早些时候,是不是已经开始农耕生活。

波斯湾沿岸在冰期晚期时曾是一片广大的河口,我们尚不知道狩猎-采集者是何时出现于这一地区的。一派学者认为,随着距今15 000年前之后海平面的上升,波斯湾大幅向北延伸至现在的伊拉克南部地区,从而形成了一片富含鱼类资源和植物性食物的沿海和河滨沼泽地。全新世早期和中期的古代海岸线要比现在河底淤积层低若干英尺,那里曾发现了一些可能的早期遗存考古资料。这一论证指出,随着全新世气候日渐干燥,觅食者群体逐渐集中于资源更为丰富的地区。与西亚其他地区一样,人们很可能就是在这里首先开始尝试种植谷物的。在几千年的时间里,农耕村落便在河岸和沙漠里一些水源更丰富的地区发展起来。

各地最早的农民都曾使用水渠和天然水道来发展自己的耕种手段,这使得他们可以获得较高的作物产量。已知最早的农业社区出现于公元前5800年左右,是沿幼发拉底河河道聚集起来的一些小型社区。早在公元前5500年,一些农业社区就已经学会将幼发拉底河和底格里斯河泛滥的河水引到自己的农田中来,然后为防止土壤中盐分的累积而再将其抽走。这些社区群中最大者由一些小型乡村社区围绕一座占地约11.3公顷,拥有2500—4000人口的较大型中心城镇组成。有些小型灌溉渠距河道远达5千米。从一开始,这些欧贝德('Ubaid)文化(以古代乌尔城附近的一处村落命名)的聚落就大肆吹嘘其坚固的建筑、街巷和庭院。还有些聚落由一些泥砖和芦苇搭成的简陋的茅草屋组成。所有这样的聚落群都由一些靠亲缘纽带联系在一起的村落组成,宗族首领则生活

遗址专题

埃利都神庙

在苏美尔人的传说里，埃利都是世界上最早的城市，水神恩基（Enki）生活的地方，也是人类智慧的源泉。"起初地上尽是海水，然后埃利都造成了"，后世的一则美索不达米亚创世神话如是说。苏美尔人认为是恩基下令从太初之水的混沌中创建了秩序。埃利都城本身曾经位于一片肥沃的河畔心脏地带，如今环绕这座古城的只有一望无际的荒漠。城中的神庙废墟矗立在大城丘的一端，在一片坍塌土丘的下风侧形成了大片低平的黏土、沙堆和一座孤零零的土丘。若干个世代以来，由于缺乏将风干的泥砖从周围的土壤中辨识出来的专业技能，这座荒凉的遗址让世界上许多最好的考古学家都束手无策。1918年，英国考古学家理查德·坎贝尔－汤普森（Richard Campbell-Thompson）前来发掘埃利都，结果宣称空手而归。30年后，伊拉克考古学家萨法（Fuad Safar）与英国同行塞顿·劳埃德（Seton Lloyd）率一支大规模劳工团队重返埃利都，他们还随行带去了一条小型采矿铁路以运输大量的沙土。同时，他们还具备有关泥砖结构建筑的专业知识，并使用了第一次世界大战前夕由一群德国考古学家发展起来的方法，借助镐来"感受"不同的土壤质地。他们又在这项简单的技术之外附加了考古刷和压缩空气技术，结果证明这果然是一种清理泥砖的绝佳方法。在两位发掘者清除了足够多的沙子之后，一处保存完好的约2.4米高的小型泥砖公共建筑群显露出来。随后，考古学家们启动了一项长期工程，来解读这座曾矗立于城市中心的圣坛的历史。

萨法和劳埃德很快就发现，从更晚的一座金字形神塔（ziggurat）废墟的地基处延伸出一片结实的砖砌结构平台。他们花了两个星期的时间将散落的砖块拼接起来，并重建了一座周围环绕以同心砖砌三角形的小型长方形建筑的地基。经过了几天的琢磨，考古学家们终于意识到，这里原来是一处经历了数次扩建的神庙平台，人们当时一定是为了将这座圣坛建得愈发巨大而华丽，而在其四周一次又一次地砌起一层层的砖结构，最终建成了一座大金字塔，在被废弃前一直点缀着埃利都这座城市（图9-2）。在萨法和劳埃德发掘的这座神庙之上至少曾经矗立过五座神庙。在打破长方形结构，并向基岩内部深度探测时，他们发现了多达十座早先的神坛，按先后顺序层层累积。其中16号神庙建在原始沙层之上，测年为约公元前4500年，是一座面积为14平方米的小型泥砖神

在最大的聚落里监督村落事务，以及相关的灌溉系统。

在如此严酷的环境下，最早生活在美索不达米亚洪泛平原上的人们是如何获得并发展出生存所必需的技能的呢？对此我们尚一无所知。各个社区之间的相互依赖至关重要，因为适宜建造房屋的原材料大多来自两河之间的沙子、黏土、棕榈树和芦苇，即使要造一艘小小的独木舟也需要一些政治和社会领导。一年一度清理河道淤积的繁重任务也必须借助集体劳动才能完成。为生产必需的食物，三角洲地区的人们创建出一些更为行之有效的体系，从而带来了各种不同的社会变革。随着食物盈余的增多，以及那些欧贝德村落专门化的农业经济愈益获得成功，出现定居型聚落和高密度人口的趋势也愈

图 9-2　埃利都金字塔神庙最终外形（复原图）。位于伊拉克的这座金字塔是该地区最早的神庙之一。

坛，拥有一个入口、一座祭坛和一处献祭台。这里出土了数百件鱼骨，其中一条完整的鲈鱼骨仍被置于献祭台上。鲈鱼一般生活在咸水中，曾经位于埃利都附近的浅河口湾就是这种水质。

500年后，埃利都的神庙平台四周已经建起了一座占地至少180平方米的圣城，一座壮丽的阶梯形金字塔矗立于市中心，塔身表面饰以色彩明丽的烧砖。圣城里拥挤的居民区和市场鳞次栉比，但即使在数千米之外，金字塔仍十分清晰醒目。在对这些泥砖进行了数月的精细发掘之后，人们发现，在这座壮观的神坛之前，埃利都人为庆祝这片圣地曾经建起过数座神庙，但相比之下就简陋得多了。

发明显了。贸易网的扩张、食物盈余和交易物的再分配同样也对社会施加了影响，处于主导地位的欧贝德群体在剩余产品的生产中变得越来越积极主动，最终养活了越来越多的非农业人口。叙利亚的哈鲁拉村（Tell Zeidan）就是一个小型的欧贝德城镇，它是贸易路线中的一个重要枢纽，反映出那时大范围内的经济和社会变化。

在接下来的几个世纪里，随着美索不达米亚社会复杂性的迅速发展，人们越来越需要一系列的社会、政治和宗教制度来提供某种形式的中央集权。小型的村落型仪式中心渐渐成长起来，其中**埃利都**（Eridu）就是一座迅速壮大起来的城镇，该城由一座泥砖神庙和围绕在神庙四周的若干座牢固的泥砖型房屋构成，平面呈长方形（见专题"埃利都神庙")。上层集团聚居于神庙四周,手工业者居住在离他们不远的地方,更远处则生活着从事稼穑以养活所有人的农民。到公元前 4500 年,埃利都神庙已经有了相当的规模,包含若干圣坛、献祭处,在位于中央的一座房间旁边毗邻着成排的小隔间。彼时埃利都的人口可能多达 5000 人,但确切人口总数已经无从知晓。公元前 4500 年以后,涌现出许多像埃利都这样有着重要功能的城市,其中就有世界上最早的城市乌鲁克(Uruk)。

最早的城市:乌鲁克

乌鲁克(Uruk)最初只是一座小城镇,但不久便发展成为一座日渐壮大的城市,并迅速将附近村落的人口吸纳进来。公元前第 4 个千纪,乌鲁克城的面积已达约 250 公顷,其卫星村落至少遍及周围方圆 10 千米的范围,并且拥有各自的灌溉系统。这些村落为日渐增多的城市人口提供谷物、鱼和肉类。城市内则密布着成群的房屋、窄巷和庭院,很可能已经将城市划分成了不同的区,以供不同的家族或手工业者(如陶器工、雕刻工和画匠)居住。而所有这些都被笼罩于俯瞰方圆数英里低地的阶梯金字塔神庙的光芒之下。金字塔建筑群及其卫星神庙是乌鲁克人全部生活的中心,这些神庙不仅是受众人膜拜的圣地,而且承担了货栈、作坊和管理中心的功能(见图 9-2)。

乌鲁克城的统治者,也是神庙的负责人,承担了世俗和神圣领袖的双重角色。他的愿望借助祭司阶层和一个由低级官员、有钱的地主和商人组成的复杂的等级制度得以实现。商人和工匠的社会地位要低得多,在其之下的则是数千名渔夫、农民、水手和奴隶,他们构成了乌鲁克等城市里迅速膨胀的绝大多数人口。到公元前 3500 年,这座美索不达米亚城市已经发展起了一套完善的管理体系。这一体系对整个社会进行组织和规范,设立奖惩制度,并负责为其治下的数千子民制定各种政策方针。

文字和冶金术

在乌鲁克及其他城市迅速成长起来的过程中,出现了两项革新。首先是文字,其次是冶金术。文字记录的起源可追溯至苏美尔文明出现前的几千年前,当时人们刚刚学会生产食物不久,而大宗的村落间贸易又亟须发展出某些追踪货物的方式。我们对文字的起源所知尚少,一个普遍流行的理论认为,早在公元前 8000 年,村民们已经开始使用一些形状规范的泥版来做记录,然后用绳子串起来随身携带。到公元前 5000 年,各种各样的商业交易已经发展到如此复杂的地步,以至于偷窃和账目错误现象层出不穷。于是,一些聪明的官员便在那些小小的泥版上刻画出一些线条以表现相似的物体,如陶壶或动物等。由此,人们便向简化的、更为约定俗成的**楔形文字**(cuneiform)迈出了一小步(图 9-3)。

图 9-3 约公元前 2500 年的一块楔形文字泥版。这块泥版记录了不同神庙之间的贸易。一条竖线将文字分成两栏，每一行均以一个表示数字的符号（如右栏第三行的 6）或一位神的名字（如左栏第三行的苏鲁帕克神[Shuruppak]的名字）开头。

最初，行政事务的处理以及清单和账目的编制几乎全部由受过特殊训练的抄书吏（scribe）来处理；最终，他们当中最富创新精神者对这种通过书写来自我表达的能力所赋予的无限机会进行了开发和利用。国王利用泥版来炫耀武功，父亲们以此来责骂不肖的儿子，律法人员则用它记录复杂的事务。苏美尔人的文学既包括伟大的史诗和爱情故事，也包含不少对诸神的歌颂和忧伤的挽歌。

苏美尔人的居住地没有金属，所以早在公元前 3500 年他们便从伊朗高原等地进口铜、黄金和其他矿石。起初，这些亮闪闪的金属是相当珍贵的，但公元前 2000 年以后铅锡合金的发明使得青铜（bronze）被广泛用来生产农具和兵器。青铜技术使得金属器具刃部更锋利，也更耐用，更能应对一些费力的日常性操作。由此导致的一项革新便是金属头犁（以及木头犁）的出现，借助牛的牵引，这种工具所开出的犁沟要比早先简单的锄头和掘土棍深得多。犁这种农具——附带说一句，从未出现在美洲——是伴随着灌溉农业在苏美尔的日渐重要而出现的，这两种革新的结合大幅提高了农业产量，不但供养了更多的城乡人口，而且也为苏美尔及更广大地区的城邦国家统治者们加强对食物盈余以及长途贸易所带来的财富的控制提供了一种手段。

青铜刃兵器的使用给苏美尔人的生活带来了一系列重大的影响，因为这种兵器在当地军队中的出现，与靠战争来谋取政治目的的好战情绪的升温直接相关。像埃利都和乌鲁克这样的城市是不会与其他中心城市孤立开来的，实际上，这些相邻的城市对彼此

声音专题

苏美尔文学

当如一头大牛般的恩利尔踏上这片土地，
要让这美好的白日繁荣兴旺，
要让这曼妙的夜晚精致繁华，
要让植物越长越高，要让谷物遍撒四方……

苏美尔文学是世界上最早的文学，它富含大量的诗和散文，但也充斥着不少无聊之作。"你为何四处游荡？快去学校，站到你的学父面前，复诵你的功课；打开书包，在你的泥版上写字……"古代苏美尔人的声音仿佛穿越数千年的时空在我们耳边回响。行为不端的学生、爱的颂歌、农学目录，以及激动人心的史诗——苏美尔文学处处洋溢着热情和能量，散发着悟性和洞察力。一位新娘对她忠诚的新郎（Shu-Sin）这样唱道：

我的新郎，我心所爱的，
你何其俊美，胜过一杯蜂蜜。
我的雄狮，我心所爱的，
你何其甘甜，胜过蜂蜜。

在一部农业手册中，一位父亲用180行密密麻麻的楔形文字向儿子传授实用农耕技巧。作者在向自己的继承人讲授每一年的农业周期时，首先提到了两河在5月和6月的泛滥。"每块田要犁出8条宽约6米的犁沟。""要盯好撒大麦种的人，确保他撒种时两只手指要并齐。""待到种子破土而出的那天"，你要向田鼠和害虫之女神（Ninkilim）祈祷，让它们别来破坏庄稼的生长。手册中还提供了关于浇水的精确指导，命令年轻的农民"要让你的工具忙得发响"。

史诗《吉尔伽美什》至今仍在舞台上常演不衰，这部最著名的苏美尔文学佳作讲述了一名男子的爱恨情仇，哭泣与喜悦，希望与失望。吉尔伽美什是一位脾气暴躁的乌鲁克城国王，以其暴君似的自负闻名。他的臣民向诸神申诉，神便派遣与野兽一起长大的埃利都前来驯服吉尔伽美什。两位英雄在大战之后竟惺惺相惜结成了知己，并杀死了可怕的天之公牛。埃利都被众神判了死罪。于是，悲伤的吉尔伽美什便一心寻求长生不老，然而，最终也未能达成心愿，只能困顿而失望地回到乌鲁克度过余生。我们知道这部史诗是集众人智慧而写成的，但它的确是当之无愧的大师杰作。请看诗文：

吉尔伽美什对他的仆人恩奇都说：
"假如[你一定要下]到[阴间去]，
[我有话对你说，你可要牢记。]
[你要好好当心]我的告诫——
你切莫穿洁净之衣，
（否则）像个做客的，他们会[把你]注意。
你切莫涂用坛里的橄榄油，
闻到那芳香，他们就会往你的四周聚集。"

然而，那些言犹在耳的还是要数普通的苏美尔人发出的声音，正如时谚所说："我们命定要死，何不挥洒光阴；我们生命绵长，何不惜时如金。""友谊持续一天，亲情久远不散"，又或者"你能打败一个领主，也能战胜一个君王，但那收税官，才是真正可怕如虎狼"。

（引自 Kramer, 1981:304,15,246,67—68, 196—197,118,121,123）

了解得一清二楚。例如，拉旮什（Lagash）和乌玛（Umma）这两座相邻的城邦国家素来不和，双方在边界问题上各持己见，争端持续了三四个世纪之久。于是，苏美尔人把战俘场景刻在了印章上。也是在这个时候，现在的伊拉克北部地区，在横跨底格里斯河的苏萨（Susa），在扎格罗斯地区，以及在低地的北部和东北部外围地区都出现了南部美索不达米亚的"殖民地"，其中一些竟是整个社区的完整移植，还有一些殖民地出土了千里之外的典型乌鲁克风格的器物。在那些长途商队贸易在埃及和整个西奈半岛迅速扩张的世纪里，典型的乌鲁克艺术风格和器物便从尼罗河谷来到了这里。必须注意的是，向更复杂的社会，向国家和城市发展的趋势在许多地区都曾出现，并非南部美索不达米亚所特有。城镇化并不是在某一处地方发展起来的，而是许多群体相互联系后自然发展的结果。

9.2 苏美尔文明（约公元前3100年—前2334年）

随着公元前3100年左右苏美尔文明的出现，人类经验史上一个新的纪元开始了，此间人类所创造的各种经济、政治和社会体制开始对生活在相隔至少数百英里的不同城市、集镇和村落中的人们施加影响（见专题"苏美尔文学"）。人类历史上没有哪个社会是在完全隔绝的情况下发展起来的，但就长途贸易和有组织贸易来说，真正的起飞点发生于公元前第4个千纪，就是从这个千纪开始，单个社会的历史只有放在更为广阔的地区性发展的大背景下才能得以理解。从实际意义上来说，一个迅速演化的经济体系以一系列频繁变化的文化触角，将上百个西南亚社会串联起来，从伊朗东部和位于巴基斯坦的印度河流域，到美索不达米亚、东地中海、安纳托利亚和尼罗河谷。到公元前第3个千纪，这一体系不仅将整个西南亚地区囊括进去，还延伸到了塞浦路斯、爱琴海和希腊本土。

这一新生的经济体系，是位于不同生态区的各个社会在沿着大体相似的进化轨迹向更复杂社会演进的过程中对非本地原材料的需求不断增长所导致的结果。我们刚刚所描述的美索不达米亚南部地区的这一广泛的线性文化发展序列，可以与美索不达米亚北部和底格里斯河以东的一系列发展对应起来。触发这些地区出现上述发展和其他许多技术革新的因素，不仅包括一些基本的经济需求，还包括新兴的城市化了的精英们争强好胜的本性，他们利用大肆的炫耀和外邦奢侈品来重申其社会声望和权威。苏美尔文明就是这种日渐加强的地区间相互依赖性的一面镜子。

苏美尔文明的形成是多种环境和社会因素相结合的结果。苏美尔人生活在一个无树的低地环境里，虽然有着肥沃的土壤，但林木资源稀缺，而且不产金属和宝石。于是，他们便与盛产这些物品的地区开展贸易。苏美尔统治者不仅控制着可装船运载的大量剩余谷物，还掌握了日渐兴盛的纺织业和奢侈品制造业。两河上商船交织往来，平静温和的幼发拉底河景象尤其繁荣。古代陆上贸易路线将底格里斯河和幼发拉底河与遥远的黎凡特城市和港口联系起来。甚至早在苏美尔文明时期，一批批的商队已经将安纳托利亚和幼发拉底河流域，黎凡特地区和美索不达米亚，美索不达米亚和位于遥远东方的伊朗高原上相互隔绝的城镇联系了起来。

图 9-4　位于伊拉克乌尔城的重建后的苏美尔金字塔。原建筑兴建于约公元前 2300 年。

到公元前 3250 年,扩张中的贸易网络已经将从地中海到波斯湾,从土耳其到尼罗河谷的无数市镇联系到了一起。到这一时期,大大小小的国家不仅出现在了埃及和美索不达米亚,而且也在黎凡特地区和伊朗高地涌现出来。这些国家相互依靠以获得像金属矿石、皂石石材这样的重要原材料,以及木材甚至还有谷物。在美索不达米亚北部,在底格里斯河以东以及黎凡特地区,贸易的扩张以及一系列重要技术革新的出现,不仅是基本经济需求的结果,也是由新兴精英阶层的竞争天性所造成的。但尽管相互之间不时剑拔弩张,所有这些地区无不与其邻国和远方的贸易伙伴建立起相互依赖的关系。

将不同的社区和城邦国家联系在一起的是一种错综复杂而流变不居的政治联盟和个人友谊体系。渐渐地,一套以神庙为基础的行政体系终于获得了财政和后勤上的制约与平衡,从而为日渐兴盛起来的日常物物交换提供秩序。专门化的商人开始交易像铜矿石和天青石(lapis lazuli)这类货物。当时已经出现批发、贷款和交易合同,个人盈利成为首要动机。久而久之,每个城邦国家——实际上整个文明——都对我们所谓新生的世界体系产生了依赖,但并非以此求得政治稳定,而主要是为了生存。到公元前 3000 年,长期而可靠的相互依赖关系已经成为西南亚历史的一个至关重要的因素。

到公元前 2800 年,美索不达米亚已经出现了几个重要的城邦国家,这些国家已开始与黎凡特、伊朗高原,甚至已零星地与埃及法老展开接触。随着美索不达米亚三角洲逐渐为人类所控制,以及长途贸易总量的巨幅增长,对资源的争夺也日渐白热化。泥版文书和考古发现都向人们揭示了当时邻国之间曾存在着战争和频繁的争吵。于是,各国纷纷组建军队以捍卫本国的水权、贸易路线和城墙。繁重的防御任务和军事组织一起,在

图9-5 按伦纳德·伍莱爵士的描述绘制的乌尔城皇家葬礼复原图

一代代据称被诸神选中的专制国王间传递下去。像**乌鲁克**(Uruk)、**基什**(Kish)和**乌尔**(Ur)这样的城邦国家一旦建立起对其邻国的统治,便会使政治实力加强,经济繁荣(图9-4)。然而,很快这种财富的流向便会出现逆转,迅速归于沉寂。生活在周围群山和沙漠中的游牧民族也形成了一股持续的威胁,他们时常侵袭苏美尔人的聚落,有时甚至使城市生活和一切形式的旅行活动完全中断。事实上,城邦国家构成了早期美索不达米亚经济斗争和社会冲突的背景。

一些苏美尔城市培育出了强大而富有的领袖。英国考古学家伦纳德·伍莱爵士(Sir Leonard Woolley)在乌尔城发掘出一座皇家墓地。他发现了若干位国王和王后的遗体残骸,他们与全体陪葬的随从和廷臣一起被埋葬在了巨大的墓穴里。其中一座墓葬出土的遗存属于59个个体,这些男女身着正装,佩戴着王室徽章,在服用了致命剂量的毒药之后以正确的位阶顺序排列着躺倒死去(图9-5)。

野心使这些骄傲的苏美尔诸王不可避免地有了更大胆、更具冒险性的梦想,而不再仅仅是控制低地上的几个城邦国家。他们非常清楚,控制了获利丰厚的原材料资源和贸易路线,就等于控制了巨大的政治权力。公元前2400年前后,一位名叫鲁伽尔扎吉西的君主曾炫耀说自己统治了从波斯湾到地中海的广袤地区。这一声明很可能言过其实。苏美尔城市的确有可能统治了连接美索不达米亚、土耳其和黎凡特的陆上通道,但其影响力并不持久，他们的所谓控制很可能只是一种幻觉。鲁伽尔扎吉西等人代表了美索不达米亚文明的一项传统，即结合贸易、征服和无情的管理以及朝贡等手段，创建一个巨大的、高度不完善的动荡的帝国。所有这些帝国无不致力于攫取地中海和波斯湾之间大片土地的控制权。

美索不达米亚地区与安纳托利亚和东地中海沿岸的数十个城邦国家之间保持着微弱但时而正常的接触，这也就预示了频繁的政治和经济较量——对地中海沿海诸港口控制权的争夺——将在公元前第2个千纪成为整个西南亚地区历史的主题。这里是两大洋和三大洲的交汇处。东地中海沿岸没有自然港口，因此，控制其陆上通道就成为统驭疆域广阔的已知世界——物产丰富的安纳托利亚和盛产谷物的埃及——的关键。这一地区的历史便难以避免地与环伺其四周的更强大力量的命运绑在了一起。

9.3 阿卡德人和巴比伦人（公元前 2334 年—前 1650 年）

就在苏美尔文明繁盛之时，邻近地区则如走马灯般先后涌现出一个又一个的城市中心。这些地区的统治者同样有着更大的雄心，希冀创建更大的功业。到公元前 2500 年，苏美尔以北的阿卡德（Akkadian）城市已经开始就贸易和威望与一些低地城市展开争夺。大约在公元前 2334 年，一位说闪语的统治者萨尔贡在**巴比伦**（Babylon）以南的阿卡德镇（Agade）建立起了自己的王朝。借助熟练的商业冒险和果断的军事征伐，他的北方王朝很快便统治了包括苏美尔和美索不达米亚北部地区在内的更广阔的王国。在经历了短暂的经济繁荣之后，一场旷日持久的大旱降临美索不达米亚北部。干旱持续了约 300 年，期间饥饿的农民如潮水般涌入富饶的南方城市。暴力冲突接踵而至，阿卡德王国衰落了。

在经历了 50 年的政治动荡之后，乌尔城国王乌尔纳姆（Ur-Nammu）于公元前 2112 年接手苏美尔和阿卡德，并缔造了一个大幅向北推进的帝国。然而，萨尔贡在通过军事征服建立了帝国之后，并没有及时建立起行之有效的行政机构来巩固他的胜利。出土的皇家档案馆泥版告诉我们，乌尔纳姆及其乌尔第三王朝的继承人是一支新的皇家血脉，为巩固新的帝国，他们以旺盛的精力建立起了强大而完善的政府机构。

到公元前 1990 年，乌尔城已被巴比伦及其说闪语的统治者取而代之。公元前 1792 年，巴比伦在以其法典闻名的伟大君主汉谟拉比（Hammurabi）治下发展到了其早期历史的极盛时期。汉谟拉比曾将一些小王国短暂地整合到一起，然而，整座帝国却在他死后陷于分裂，与此同时，巴比伦与波斯湾之间的贸易关系式微，而与北方亚述王国的贸易关系，以及与西方地中海之间的铜矿石贸易却得到了加强。

9.4 赫梯人和海上商人（公元前1650年—前1200年）

所有这些发展都是西南亚不同地区间经济联系日渐密切的结果。这些联系代表的是一种即使政治变动或战争也无法打破的经济相互依赖性。沙漠中往来的商队和地中海上航行的船只可以说都是由一个超越地区甚至文明界限的更为持久的世界体系所带来的结果，而在这个世界体系中居于中心地位的便是具有战略意义的东地中海沿岸。

公元前第2个千纪，一系列繁荣的小国控制了东部地中海沿海地区。它们生活在一些大的内陆王国的阴影之下：南方的埃及（见第10章）、幼发拉底河以东的**米坦尼**（Mitanni）以及安纳托利亚的**哈梯**（Hatti，即赫梯人的王国）①。上述三个王国均控制着很大的一片疆域，周遭的内陆地区也或多或少在其影响之下（见图9-1）。三国在沿海地区展开直接竞争，并在边疆地带缔结了一系列复杂的交易。举例来说，米坦尼曾试图阻止美索不达米亚北部的亚述城邦国家走自己的发展道路，而著名的阿玛纳（Amarna）泥版，一份埃及外交信函档案，则揭示了沿海城邦国家效忠对象的转移。此时，东地中海沿岸已经出现了许多城市，并使用常规军和外交手段与其强邻周旋。

赫梯人

赫梯人（Hittites）是外交舞台上的最新面孔，但他们可能是最强悍的玩家。他们起先是**坎内什**（Kanesh）的统治者，随后逐渐扩大其统治力，并且在公元前1650年前就控制了安纳托利亚的其他地区。赫梯国王们坐镇他们那被6.4千米长的城墙护卫的首都**玻哈兹邱**（Boghazkoy）（图9-6），向亚洲西南施加了巨大的政治影响力。公元前15世纪，叙利亚已经成为埃及帝国的一个行省。赫梯人分别在外交和军事方面向埃及人施压，直到伟大的赫梯国王苏皮卢利乌马斯一世（Suppiluliumas I，公元前1375年—前1335年）宣称黎巴嫩是其边疆。以阿卡德楔形文字保存下来的外交档案包含有关公元前1269年赫梯人和埃及国王签订的一则和平条约的记录，该条约将埃及的利益局限在了巴勒斯坦南部地区。那一时期夸张的公共建筑普遍表现了埃及人与赫梯人使用最先进的武器交战的盛况，其中包括由弓箭手驾驶的轻型双轮马车，以及为攻打争议地区一些筑有围墙的城市而使用的围城机械。

公元前1200年，赫梯王国陷入麻烦当中。赫梯人的成功凭借的是良好的组织、职业化的军队，以及对东地中海长期稳定的影响。他们是职业外交家，通过对两座伟大的城市——幼发拉底河上的卡尔基米什（Carchemish）和西方穆基什（Mukish）的阿拉拉赫

---

① Hittite一词出自KJV皇家钦定本希伯来《圣经》，即赫（Heth）之子民，而Hatti则是阿卡德语。——译者

（Alalakh）——的统治,控制了现在的叙利亚北部地区。他们也与其他强邻,包括黎凡特北方沿海地区的**乌加利**(Ugarit,位于拉斯珊拉[Ras Shamra])保持着贸易往来。乌加利是一座繁华的大城市,其统治者是一位堪称商贾巨头的专制君主。他控制着广泛的黄金来源,并拥有一支由超过150艘船只组成的船队,其中一些规模相当可观。这支船队多次发动商业冒险,航行范围远至塞浦路斯和尼罗河流域,前者是与爱琴海地区进行商业贸易的中心。对赫梯人来说,乌加利的地位至关重要,但因为对船队的依赖,使得赫梯人始终未能称雄海上。

海上实力的缺乏以及封建体制的僵化导致了赫梯王国的毁灭。约在公元前1200年,成批的外来移民如潮水般从西北方涌入安纳托利亚,彼时从爱琴海地区到尼罗河流域的东地中海世界饱受严重干旱的肆虐之苦,其中就包括赫梯王国。赫梯人的中央王朝崩溃了,这部分由于遭受了来自外部的攻击,但也是因为臣民们不再效忠他们的国王。安纳托利亚被分解为数十个小的城邦国家,个个都在为着自身的独立生存而挣扎。

图9-6 玻哈兹邱的皇家大门,两侧各有一头石狮。

乌鲁布伦和海上贸易

大国采取的所有这些外交和军事行动都旨在控制东地中海地区利润丰厚的黄金、铜和陶器贸易。来自东地中海和迈锡尼的商人们操纵着这一贸易,其盛况在土耳其南部沿岸出土的一艘青铜时代失事船只中得到了生动展现。

从考古学的角度来讲,失事沉船的优势在于它们提供了一个胶囊般的密闭空间,将当时的海上贸易于瞬间凝结。考古学家普拉克(Çemal Pulak)在土耳其南部卡什(Kas)附近的水域中发掘了著名的**乌鲁布伦**(Uluburun)沉船,该船沉没于公元前1310年,装载了超过350块铜锭,每锭重量均约27千克,10吨的总重量足够为一支小型军队提供武器和装甲(图9-7)。两耳罐中盛满了来自叙利亚的松香(树脂),从埃及文献记录可知,它们作为焚香被埃及人用于仪式中。船上载有数十只从提尔城(Tyre)运往埃及的蓝色玻璃盘。货物还包括阔叶木材、波罗的海琥珀、龟壳、象牙、河马牙、鸵鸟蛋,以及成罐的橄榄,一些较大的罐子甚至还装有大量迦南人(Canaanite)和迈锡尼人制作

图9-7 土耳其乌鲁布伦沉船水下考古发掘现场

的陶器。

乌鲁布伦商船所装载的货品来自非洲、埃及、东地中海沿岸、希腊本土，以及爱琴海地区、塞浦路斯，甚至还包括来自撒丁岛的铜。它戏剧性地反映了公元前第 2 个千纪里东地中海贸易的真正国际性，彼时的赫梯人尚处于其国力的巅峰。说当时的几股重要力量为争夺对东地中海沿岸的控制而展开野蛮争夺一点都不夸张，因为这一地区恰好位于穿越整个文明世界的犬牙交错的贸易路线图的中心位置。

冶铁技术

在铁器和铁制兵器于东地中海地区的传播过程中，海上贸易扮演了重要的角色。人们认为，铁的提炼首先出现于公元前第 2 个千纪，地点可能在紧邻黑海南部的高地。这种新的金属具备许多优点，其坚硬、锋利的边缘对军事、农业和木器制作所起的作用是无可估量的。与被用于生产青铜合金的锡不同，铁的产量是巨大的。铁器很快在欧洲和西南亚的广大地区得到普遍应用，但要经过一定时间，这一新技术才被全面应用于斧头、锄头等家用工具的制造中。

9.5 米诺斯人和迈锡尼人（公元前 1900 年—前 1200 年）

东地中海贸易从希腊以西远远扩展至撒丁岛、北非和西班牙。但是，主要的西部边界还是位于爱琴海诸岛以及希腊诸岛上，那里于公元前第 2 个千纪出现了繁荣的米诺斯文明和迈锡尼文明。

爱琴海有许多避风港和海峡，从而使一些更原始、载重量更大的远洋船只都能得到休养补给、躲避风浪，并往来于诸岛之间。各岛屿间的贸易扩展迅速，不仅金属制品贸易往来频繁，橄榄油和葡萄酒也被装在精美的陶瓶、大理石容器和小雕像中漂洋过海。新的产品和思想在整个地区间持续流动。到公元前 2500 年，陆地和岛屿上已经涌现出大量由农民、商人和手工业者组成的小集镇。城市生活的出现为爱琴海地区孕育了明显的文化多样性，而持续的贸易联系和日渐复杂的政治和社会组织又使这一多样性得以滋长。

米诺斯文明（公元前 1900 年—前 1400 年）

公元前 1900 年，更早时期的土著农业文化中诞生了米诺斯文明（Minoan civilization）。**克诺索斯（Knossos）** 著名的米诺斯王宫是这一文明的最佳见证，该遗址位于北部沿海伊拉克利翁（Heraklion）附近，最早于公元前 6000 年出现定居者，同一时期，安纳托利亚出现了繁盛的恰塔勒胡由克。希腊本土上的一些地方和部分爱琴海岛屿早在公元前 6500 年

图 9-8　鸟瞰克里特岛上的米诺斯皇宫

便已出现农耕定居人口,但直到相当晚的时候,整个地区才普遍出现了村落社会。与此发展相伴生的是谷物、橄榄树和葡萄树栽培的出现。到公元前 3500 年,爱琴海和希腊本土的居民已经开始探索本地矿藏以制造优良的金属工具和奢侈装饰物。克诺索斯农民居住在干泥砖砌成的长方形棚屋里,棚屋既起到贮藏室的功用,也是他们的栖身之所。到公元前 3730 年,长途贸易的迹象已经越来越明显了,其表现形式便是进口物品如石碗的出现。克诺索斯的第一座宫殿建成于约公元前 1930 年,那是一座庞大的建筑,围绕着矩形中庭有许多房间。

在大约公元前 1700 年,该遗址的第一座皇室住宅在一场地震中毁于一旦,此时恰逢米诺斯文明发展至其最高点。在废墟原址上再建的另一座宫殿是一座具有中央天井的宏伟建筑(图 9-8)。有些建筑分为两层;水泥墙壁和地板上绘制了色彩明亮的几何图形、风景、海豚及其他海洋生物(图 9-9)。表现舞蹈和宗教仪式的艺术是其中最杰出者,其中有的描绘了杂耍演员灵巧地在欢蹦乱跳的公牛背上翻腾跳跃的场景。对当时占主导地位的以大型农舍和酋长居所为圆点的农村文明来说,位于克诺索斯的这座半是祭坛、半是皇宫、半是商业区、半是作坊的米诺斯宫殿是其中心所在。

米诺斯文明的突然繁荣是遍布整个爱琴海地区,并远至埃及和黎凡特的贸易往来日渐密切的结果。米诺斯人是杰出的航海家和国际贸易中间商。他们的船只曾运送过各种各样的货物。但是这一时期,橄榄树和葡萄树的种植既为当地的村落农业经济增添了

图 9-9 克诺索斯的宝座室,室内有石质的国王宝座和表现神鸟的装饰带。扮作诸神的男女祭司就是在这间房间里正式亮相的。

可喜的多样性,也提供了颇有价值的出口产品。这使得为一些重要领袖所组织和控制的分配体系得以发展,这些人居住在大大小小的宫殿里,掌控着船只、航线和市场。多山的环境,持续的低人口密度,以及主要靠出口贸易积累财富这一事实,决定了米诺斯社会完全是在本地基础上发展而来的。

约公元前 1650 年,一场大规模的火山爆发彻底摧毁了位于克里特以北 113 千米处的米诺斯人定居点**圣托里尼**(Santorini)。(人们对这一年代尚存在争议,有可能比这个时间要晚 175 年。)这一惊天大爆发带来了巨浪和火山灰,覆盖了米诺斯的大量田地,但在这之后克诺索斯依旧保持了繁荣。大约公元前 1400 年,这座伟大的宫殿毁于地震和火灾。此时,爱琴海世界的中心已经向西转移至希腊本土,在那里,迈锡尼文明此时已经达到了其国力的巅峰。

迈锡尼文明(公元前 1600 年—前 1200 年)

位于希腊南部肥沃的阿戈斯(Argos)平原中部的**迈锡尼文明**(Mycenaean civilization)诞生于约公元前 1600 年。壁垒森严的**迈锡尼要塞**的统治者们不仅通过战争技巧,还借助与爱琴海地区甚至更远的地方开展广泛的贸易接触来获得财富,提高经济实力(见图

图 9-10 希腊迈锡尼遗址的空中俯瞰图

9-10)。迈锡尼国王是驾驭战车和战马的专家,他们的物质文化和生活方式通过荷马史诗《伊利亚特》(*Iliad*)和《奥德赛》(*Odyssey*)而得以流传千古。这些史诗在迈锡尼人化为民间传说几个世纪之后方才成型。尽管如此,它们仍然为世人提供了一幅关于青铜时代希腊人富裕生活的辉煌生动的画卷。同样具备这一功能的还有迈锡尼人的坟墓。迈锡尼统治者及其亲属会将他们的财富一起带到阴间。他们被安葬在壮观的墓穴中,带着依据各自相貌模塑的精美黄金面具,并随葬以由金、银、铜装饰而成的武器(图 9-11)。

迈锡尼人的商业开始于米诺斯贸易的终结之处。大多数领袖的威信都是建立在他们与金属贸易的关系上的。东地中海一直对矿物,尤其是用来制造青铜合金的锡有很大的市场需求。土耳其和塞浦路斯中部盛产铜和锡,所以迈锡尼商人便作为中间商与两地以及爱琴海地区建立起必要的联系,以获得定期供应。这种贸易关系变得日渐复杂,以至于迈锡尼人发现有必要建立一套自己的书写体系(文字系统)。他们对一种曾被米诺斯人使用的简单的象形文字系统——即考古学家所谓的线形文字 A (Linear A)——进行了提炼,并将其写入希腊语,创造出学者所谓的线形文字 B(Linear B)。位于希腊西部**皮洛斯**(Pylos)的一处迈锡尼宫殿出土的大量泥版显示,这种文字曾被用来编制目录和清单,记录商业协定、配给等问题,以及产业管理的日常事务。

与米诺斯文明一样,迈锡尼社会也是以小集镇为基础的,皇宫是精英们的住所,同时也是贸易、食物集中贮藏和重要宗教仪式的发生地。迈锡尼本身就是一座令人望而生

图 9-11　迈锡尼的竖穴墓中出土的一件黄金面具,墓主为一位迈锡尼君主。

畏的城堡,四周围绕着巨石筑起的城墙。在作为主要入口的门廊上方雕刻着两只坐狮,过门廊一路沿山坡向上便可到达石砌的宫殿,从此处向下看,阿戈斯平原一览无遗。一切都是以储备和防卫为目的,城墙内有一座水塔,盛满了橄榄油的泥罐成排而立,此外,还有存放各种食物和皇室财富的贮藏室。统治者及其近亲被安葬在大门以西的一处环形圈地中,不过,大多数迈锡尼人死后会被葬在城堡外的一些蜂巢状公共墓穴里。

迈锡尼人一直保持着对东地中海世界海上贸易路线的主导权,直到公元前 1200 年,可能是由于严重的干旱和北方的入侵,他们的国力被摧毁。也是在这个世纪,北方其他蛮族突袭打击土耳其的赫梯王国。这些进犯,加上欧洲不稳定的政治局势和人口过度增长所引发的恶果,以及由大旱所导致的庄稼连年歉收,使得东地中海世界陷入一片混乱之中。

9.6　海上民族和腓尼基人(公元前 1200 年—前 800 年)

在经历了政治动荡、持续干旱和地震频发时期之后,赫梯文明衰落了,但那些曾将大大小小的国家联系在一起的贸易路线却继续将东地中海世界的各个角落维系在一起。作为公元前13世纪世界经济体系的组成部分的大帝国和小王国,是被高度中央集权的宫廷官僚体系所统治的。这些官僚体系控制着像玻璃锭和象牙装饰品贸易这样的专门活动,从而获得良好的经济运作和稠密的集中人口。

当赫梯文明和迈锡尼文明如多米诺骨牌般纷纷瓦解,而埃及也在同时陷入衰落,中央官僚体制便失去了对经济活动的控制。管理专门贸易的基础结构解体,城市精英的权力旁落。一个历时300年的政治真空出现了,苦难肆虐,海盗盛行,其中很大程度上要归因于被考古学家称为"**海上民族**"(Sea Peoples)的一些好战团伙。在黎凡特地区,一些地方群体迁移到了高地,转变为牧人和农民,从而减轻了对乌加利等贸易城市的依赖。其中一些集团在面对来自美索不达米亚北部亚述人这类新的外部力量的进攻时,组成了集镇、村庄和游牧民族的松散联盟以保留其最高统治权。其中一个联盟转变成以色列国家,在进入公元前11世纪之后建立起了自己的君主制度,并建立起围城(城寨)网络来保护本国。此时,东地中海贸易已在复原当中,坡地上的联盟扩张至低地,一方面陷入了大海和沙漠的包围之中,另一方面又要面临依然强大的埃及和美索不达米亚诸文明。

漫长的经济复兴最终由**腓尼基人**(Phoenician)在公元前第1个千年里完成。最初,他们在塞浦路斯和爱琴海贸易中充当中间人的角色,但不久之后便与塞浦路斯和尼罗河流域做起了黎巴嫩雪松生意,并与爱琴海地区交易铜和铁。像比布鲁斯(Byblos)、西顿(Sidon)和提尔这样强大的城市甚至已将西班牙的铜和锡囊括进其贸易范围。腓尼基商人从一种自贝壳中提取出来,并常用于昂贵织物的紫色染料中获得了巨大的利润。到公元前800年,腓尼基商人已经遍布地中海世界的每个角落,而同时,亚述人也已发展成为黎凡特地区的领头羊。在西方字母表的发展历史上,他们对高度精确的记录保存系统的需要扮演了一个相当重要的角色。

9.7 亚述人和巴比伦人(公元前900年—前539年)

自苏美尔人的时代以来,位于美索不达米亚北部底格里斯河畔的**亚述**(Assur)城便一直是东地中海世界的一支重要力量。亚述商人控制了极富战略意义的沙漠和河流贸易路线,以及与下游的巴比伦及更远的地区之间的商业往来。亚述帝国在公元前9世纪实现了大幅扩张,彼时连续几位目空一切、不切实际的暴君不惜年复一年地发动劳民伤财的远征来扩张其统治。他们都是拥有绝对权力的君主,在宫殿的城墙上吹嘘自己的征伐伟业,活在耀眼夺目的光辉当中,深知歌功颂德的价值所在。当阿苏尔纳西尔帕国王(Assurnasirpal)建在底格里斯河畔尼姆鲁德(Nimrud)的宫殿落成时,这位国王举办了一场规模盛大的宴会,邀请了该城16 000名市民、1500位皇室官员、"47 074位来自我国各地的男女",以及5000位外国使节出席宴会,而且大宴69 000多位宾客10天之久,期间这些客人共吃掉14 000只羊,消耗10 000壶酒。

最后一位伟大的亚述国王是约公元前630年去世的亚述巴尼拔。最终,在波斯和巴比伦军队的攻击下,亚述首都**尼尼微**(Nineveh)陷落了。在接下来的43年里,神武的巴比伦国王尼布甲尼撒(Nebuchadnezzar)统治了美索不达米亚,并将他的首都变成了一座古代世界的展览馆。他的城市筑有双重围墙,城里有巨大的泥砖砌成的宫殿,巧夺天工的空中花园(也叫"悬苑"),美丽的大道和巨型金字神塔。尼布甲尼撒的军队洗劫了耶路撒冷,并将一队数量庞大的犹太人作为人质带回巴比伦。《圣经·旧约》中的《诗篇》(*Psalm*)第137篇第1节中如此描述这一事件:"我们曾在巴比伦的河边坐下,一追想锡安就哭了。"

在尼布甲尼撒于公元前556年去世之后,巴比伦帝国已是奄奄一息,很快,波斯居鲁士(Cyrus)的军队便于公元前539年攻占了巴比伦,于是,东地中海世界落入了一个前所未有的大帝国统治之下,此时正值希腊的古典时期,罗马作为一支重要力量开始崭露头角,西方文明的基本要素已经成型,它们都来自历经数千年经济、政治和社会演进而来的东地中海世界。最初为适应干旱但肥沃的洪泛平原环境而做的调整,后来演变成一个前无古人的经济和政治相互依赖网——我们今天宏大的全球经济体系的先驱。正如我们将在第10章所看到的,当2000年前罗马帝国开始统治地中海时,新的贸易路线和市场已将遥远的印度和中国与西亚世界联系了起来。

9.8 小　结

或许美索不达米亚低地早在公元前6500年以前就已经出现了农民,但相关的第一条线索却出现于公元前第6个千纪的欧贝德文化当中。他们实施小规模的灌溉工程,并且以由贸易网联系起来的社区团体为生活单位。某些时期,像埃利都这样的城市成为仪式中心和集镇。迅速的城市生活演进接踵而至,其标志便是快速的人口增长,人群向小型城市集中,以及长途贸易的发展。这种新的城市社会衍生出了不同的社会等级。高地在同一时间发展出了冶铜术,并很快得到了广泛应用。

到公元前2900年,苏美尔文明的发展正如日中天,这一文明是我们所谓的发展中的经济体系的一个组成部分,正是这一体系将东方的伊朗高原和印度河流域,与西方的地中海世界和尼罗河流域的王国统统联系了起来。美索不达米亚从未在苏美尔人的统治下获得政治上的统一,事实上,数十个城邦国家为政治和经济霸权而展开争夺,并与美索不达米亚北部和扎格罗斯山脉附近的社会进行竞争。苏美尔文明的繁荣一直持续到公元前2000年,直到阿卡德人和巴比伦人崛起才黯然失色。

就北方和西方来说,米诺斯文明,以及继之而起的迈锡尼文明控制了爱琴海及其利润丰厚的葡萄酒和橄榄油贸易，与此同时，赫梯人崛起于现在的土耳其。进入公元前1200年之后，海上民族的入侵打破了持续几个世纪之久的政治秩序。公元前第2个千纪晚期，在亚述城的基础上崛起了亚述帝国，并在几位野心勃勃的专制君主的带领下于之后一个千纪的前500年内进行了扩张。一时间，亚述帝国曾横跨从地中海到波斯湾的广阔疆域。公元前612年，这个大帝国衰落了，继起填补这一权力真空的是尼布甲尼撒统治下的巴比伦，后者于公元前539年败于波斯的居鲁士大帝，美索不达米亚也变成了波斯帝国的组成部分。

第10章　埃及和非洲

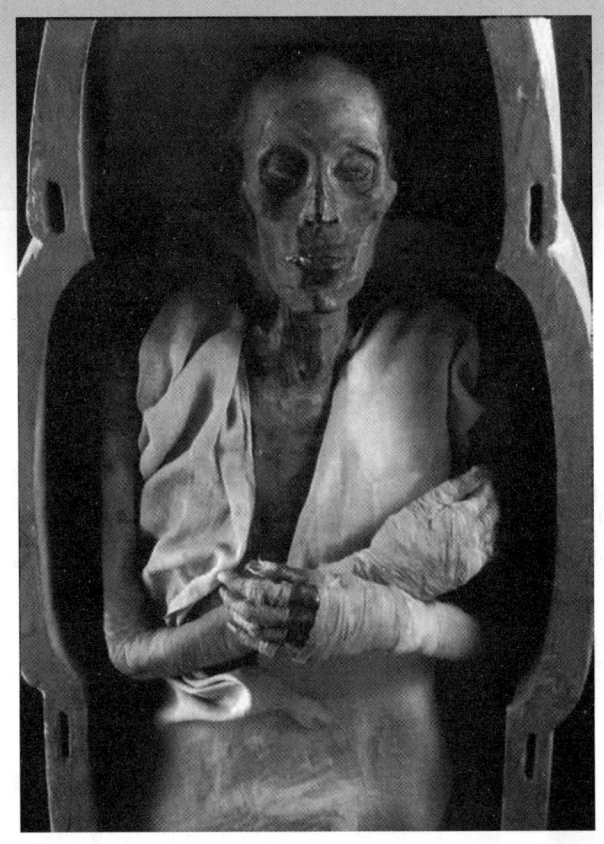

拉美西斯二世的木乃伊,公元前1224年。

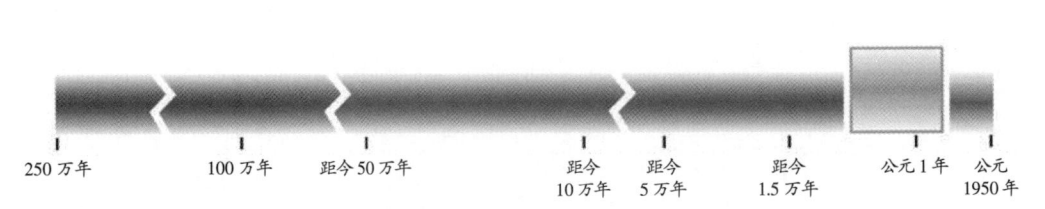

- 10.1 前王朝时期的埃及：古代"大富翁"（公元前5000年—前3100年）
- 10.2 王朝时期的埃及文明（约公元前3000年—前30年）
- 10.3 埃及和非洲中心论
- 10.4 努比亚：库什之地（公元前3000年—前663年）
- 10.5 麦罗埃和阿克苏姆
- 10.6 古代非洲王国

"终于快要成功了，我……坐了下来；但身体却压倒了一具埃及木乃伊，结果它顿时碎成了粉末……我也一块儿跌进了一堆碎骨、裹尸布和木棺残片当中，扬起的灰尘让我足足有一刻钟失去了知觉，直到它慢慢散去。"就这样，这位臭名昭彰的意大利人乔瓦尼·贝尔佐尼（Giovanni Belzoni）便从一名杂技演员，摇身一变成了盗墓人，并于1817年对古埃及遗址进行了勘探。贝尔佐尼身份的转变缘起于一次欲使埃及农业实现机械化努力的失败。他曾定下契约要将一座巨大的拉美西斯二世（Rameses II）胸像从底比斯移至亚历山大。这个高个子意大利人发现自己颇有一些探索冒险的天赋。在埃及忙碌的三年里，他打开了位于努比亚的阿布辛贝（Abu Simbel）古庙，成功进入了位于吉萨区的凯芙兰金字塔（Pyramid of Kephren）的内室，并且在帝王谷发现了法老塞提一世（Seti I）的坟墓。贝尔佐尼及其同伴压根儿忘了要使用火药，甚至在追击敌人时也没想到要配枪，因为所有人一心只想着搜刮这些惊世骇俗的发现，能搜刮多少是多少①。最终他冒死逃出埃及，并将他的发现带到伦敦展出，继而为寻找西非尼日尔河的源头而努力，直至最后去世。

---

① 19世纪初的埃及正逢历史文物大发现时期，因此遭到来自世界各地人们的掠夺，当时没有足够的法律加以约束，文物掠夺者常常手段野蛮，不时有开枪斗殴事件发生。——译者

正是因为贝尔佐尼及其同伴们的经历和图坦卡蒙(Tutankhamun)墓这样光辉灿烂的发现,古埃及被蒙上了一层神秘的面纱。许多冒险和浪漫奇遇都以尼罗河两岸为背景:黄金法老的坟墓、高耸的金字塔、壮观的寺庙。在众多古代文明中,古埃及文明是其中最著名,或许也是最被误解的一个。许多人认为埃及文明是在与古代世界其他地区隔绝的情况下在尼罗河谷地独立发展繁盛起来的。实际上,古埃及文明不仅从亚洲和热带非洲诸文明那里获益良多,而且是公元前第2个千纪东地中海世界中的一个重要角色。本章我们将讲述古代世界这一最辉煌的文明之一是如何起源、发展,并与广泛的古代世界建立联系的。

10.1 前王朝时期的埃及:古代"大富翁"(公元前5000年—前3100年)

到公元前5000年,从下埃及(Lower Egypt)三角洲到位于阿斯旺的第一瀑布(First Cataract)甚至更上游的尼罗河两岸已经纵横交错着许多简单的农耕村落社会。尼罗河本身充当了连接远近不同聚落的高速公路,当地盛行的北风甚至有助于航船逆流而上。这些村落很快演变成一个由在当地首领统治下聚集而成的诸小型王国组成的网络。这些小型的政治组织在2000年的时间里演变成为一个统一的国家,并成为当时世界上最大的文字社会。

大多数的国家起源理论都强调人口的增长和为争夺土地和自然资源而展开的竞争。就埃及来说,国家形成之时的人口密度仍相对较低,无主土地也还剩余很多,因此,上述两个因素都没有起到关键作用。

埃及学家巴里·坎普(Barry Kemp)认为,公元前4000年的村落农民对其祖先故土有着强烈的依恋,这通过许多高度象征性的形式而得以表达。起初只是数十个小型社区,它们各自有自己的可耕地,并与邻国开展竞争和贸易。坎普以一种名为"大富翁"(Monopoly)的游戏来比喻这种行为及其长期效用。在"大富翁"中,每位玩家都要将掷骰子获得的机会最大化;在埃及,无论个人还是整个村落都要对有利的地点、获取可利用资源(如陶土)的能力,以及发展过程中所遇到的时机等加以充分的利用。起初,就像"大富翁"中的玩家一样,这些村落都是平等的,但其中有些村落或小村庄最终会通过贸易或农作物丰收而出其不意地获得某种优势。一股看似不可避免的势头取代先前的均势，某些村落社会相比其邻居获得了更多的财富和权力——就像"大富翁"游戏中建在公园广场上的"大富翁酒店"。最终，他们成功地对贸易、剩余食物等方面实现垄断，从而凌驾于其他所有政治和经济玩家之上。

整个前王朝时期大概进行了十几种这类"游戏"。时间流逝，玩家的数量也越来越

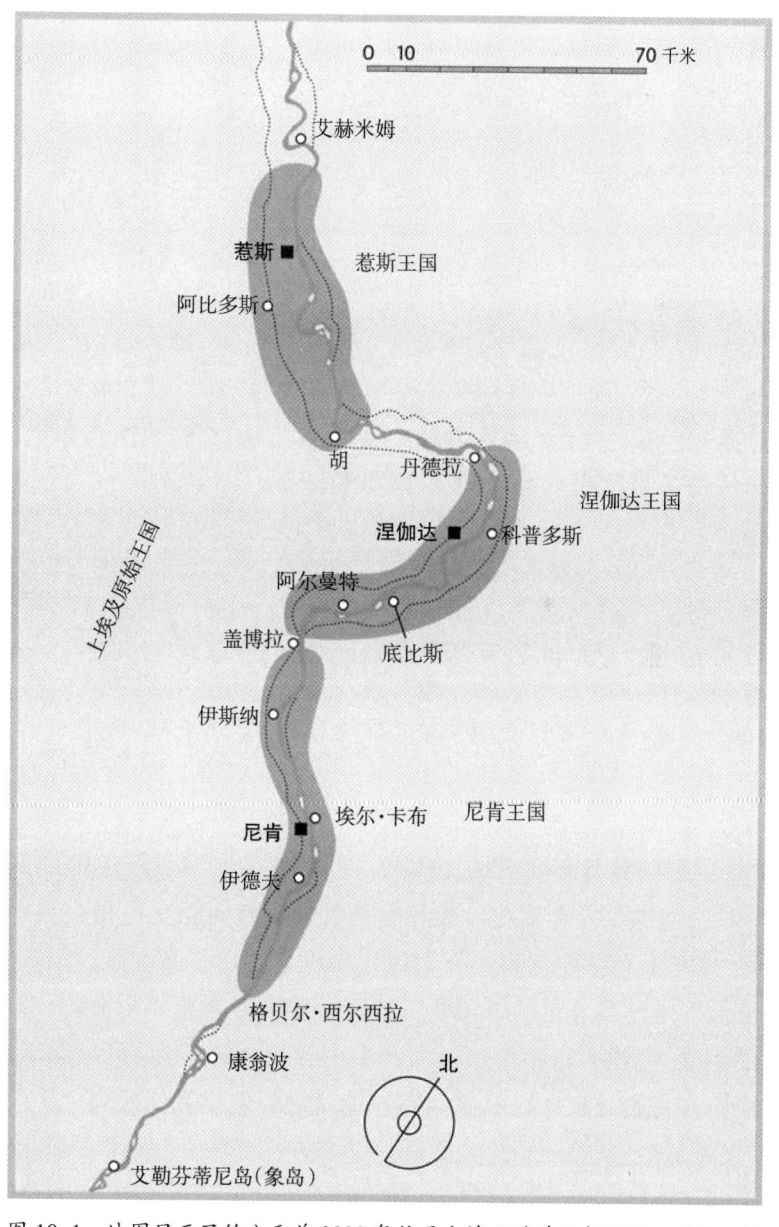

图 10-1　地图显示了约公元前 3300 年位于上埃及的前王朝王国。这是一幅简化了的草图，实际的政治状况要复杂多变得多。

科学专题

阿比多斯的古代佳酿

1988年，德国埃及学家冈特·德赫耶（Günter Dreyer）在位于尼罗河中游的**阿比多斯**发掘了一座坟墓，墓主为埃及最早的统治者之一蝎子王（Scorpion I）。蝎子王生活在公元前3150年左右。他的坟墓结构复杂，包含4个墓室，里面至少700个罐子里装满了总计约4550升（1200加仑）的葡萄酒。其中有47个罐子装满了葡萄种子，以及被成串放在葡萄酒里的无花果片残余，它们曾被用来为酒增加甜度。通过对附着在罐子内部的硬壳状残余进行红外光谱仪（infrared spectrometers）和液相色谱法（liquid chromatography）分析发现，当中含有酒石酸（tartaric acid，通常出现在天然葡萄中）和松节油树脂的残余，其中后者被古代葡萄酒商用来防止酒变成醋。对制作酒罐的黏土进行中子活化分析（neutron activation analysis），从中产生的微量元素群可与由埃及和东地中海地区采样构成的庞大的数据库做比较。该数据库资源来源于以色列南部丘陵地带和外约旦①，这个地区的葡萄种植业在公元前3100年已经很好地建立了起来。这些酒很可能是沿着"荷鲁斯大道"（the Way of Horus）往来于尼罗河，这条古代商路经由西奈沙漠将以色列南部与埃及联系起来。到公元前3000年，葡萄种植业已经在埃及北部的尼罗河三角洲很好地发展起来，1500年以后，这里便成了为图坦卡蒙法老供应葡萄酒的来源。

新王国时期的墓室壁画展现了劳动者从被分叉的树枝或架子支起的沉甸甸的葡萄树上采摘成串的葡萄的场景。他们把满篮的葡萄倒进黏土制成的挤压瓮中。五六个人为一组，赤足进瓮踩踏葡萄，同时抓住绳索以保持平衡。图坦卡蒙法老钟意把酒贮存在短柄的红色陶罐中，这些酒主要来自极下游三角洲西部地区的葡萄园。供法老饮用的大部分干葡萄酒来自于至少10位葡萄酒商。一位叙利亚酿酒师（Khay）为国王提供了不下6罐佳酿。一位法老喜欢观赏葡萄收获季节时人们采摘的盛况。在那位异教徒国王埃赫纳吞（Akhenaten）位于埃尔·阿玛纳（El-Amarna）的皇宫里发现了至少160多种葡萄酒标签。有些标注"好"，有些则是"非常好"。其他一些可能是下等酒，则简单标注上"以供玩乐"或"以供交税"。

少，但是随着日渐壮大的王国为了经济实力和政治统治而展开激烈争夺，赌注也越来越大。与"大富翁"一样，这些玩家也会随时间而变得物是人非，有些曾获得巨大的实力，却随着伟大统治者的死亡或贸易机会的转移而衰落。坎普指出，埃及所拥有的大量肥沃的土地和充足的资源使得这种游戏可以持续几个世代。谷物和石材的盈余是实力的基础，但坎普也相信埃及人具备一种天才的能力，可以编织出一套与众不同的意识形态来将领导权和权威注入到各种复杂的象征和仪式当中去。这些意识形态成为推动

---

① 1921年英国以约旦河为界，把巴勒斯坦分为两部分，西部仍称巴勒斯坦，东部称外约旦。1946年，第一次中东战争中，外约旦部队占领了1947年联合国分治决议划归巴勒斯坦人的约旦河西岸的大部分地区和耶路撒冷旧城。1950年4月24日，外约旦宣布把该地区纳入本国版图，国名改称约旦哈希姆王国。

统一的有力因素。

有考古发掘和调查的迹象显示,存在着一个政治权力向少数人集中的迅速而复杂的过程。到公元前 3500 年,三个前王朝王国统治了尼罗河:**涅伽达**(Nagada)、**尼肯**(Nekhen)及上埃及阿比多斯(Abydos)附近的**惹斯**(This)。这三个鲜为人知的王国是埃及统一的核心力量(图 10-1)。①

考古学和神话共同为我们提供了一个有关埃及统一的假说:到公元前 3500 年,上埃及的诸王国可能已经绕过下埃及而与阿拉伯以南和西南亚洲地区建立起了直接联系。在上埃及的遗址中曾出土有来自美索不达米亚的圆形印章,以及来自东部沙漠的黄金。冲突接踵而至,其中政治最为发达的中心尼肯渐渐显露出王者气象。尼肯(以及后来的惹斯)的统治者终于发动了一场军事征服运动,并最终使地中海和阿斯旺之间的整个埃及卷入了战争。

到公元前 3100 年,通过将荷鲁斯(Horus)②和赛特(Seth)③两神加以象征性的结合,上下埃及获得了一种政治统一的假象,这在日后的埃及艺术中得到了体现。随着事件的展开,一个新的政权形成了,它不仅建筑在实体上,而且还体现在一种象征主义地理学中,以及一种势均力敌的对立双方所达成的和谐当中,在其中荷鲁斯和赛特获得了同一种表现形式。数千年来,埃及人始终担心世界会被分裂为混沌和秩序两半,他们相信紊乱和失衡可以通过国王的统治和太阳能量的仁慈威力来得以遏制。这样,埃及人的智识(intellectual)宇宙观就与政治权力结构相重叠。作为几个世纪以来经济和社会生活的渐变,统一作为本地社会和政治发展的高潮而得到了实现。

前王朝时期的村落都是一些崇拜着各自神明的自治单位。在公元前第 4 个千纪,一些较大的村落纷纷成为各自领域的焦点,日后又在王朝时期转变成为州(nome),或者省(province),法老就是通过它们来管理整个埃及。而州长的责任就在于逐步将埃及各地合并为一个更大的政治和社会单位。他们的事迹被记录在那些用来打湿眼影粉的仪式性调色板(palette)上。有些调色板告诉我们,不少当地领袖曾为分割被征服的村落而进行联盟;有些则为那些通过优秀的管理手段带领村民度过干旱年月的领袖歌功颂德。埃及的统一是一个主动合并与被动融合相结合的渐进过程。导致主动合并的是共同的需求和经济上的优势。可能只是在统一进程的最后阶段,当越来越大的政治单元被整合到一名统治者手中时,军事力量才开始发挥作用。

---

① 下埃及包括与地中海毗邻的尼罗河三角洲以及现代开罗以北的下游谷地。上埃及则从上游延伸至位于阿斯旺的第一瀑布。这一划分自古代起已为埃及人所认可。
② 法老的守护神,王权的象征。——译者
③ 混乱之神。——译者

不管统一的进程以何种形式展开,有一点是毫无疑问的:统一是古埃及文明的制度得以立足的关键性和基础性概念。统一为政治混乱带来秩序,为一个动荡的世界带来祥和与公正。作为人民的守护神,国王的职责就在于保护在很大程度上是由统一衍生而来的玛阿特(ma'at),即"正义",在于在一个混沌的外部世界面前保持秩序。

埃及人自己认为,他们的第一位国王是纳尔迈(Narmer)(通用的"pharaoh",即"法老"这一叫法来自"大宅子"一词:par-aa 一词在公元前第 2 千纪里开始得到使用)。实际上,统一进程是由一系列迄今为止仍不为人所知的统治者实现的,纳尔迈就是其中之一。著名的纳尔迈调色板(见图 10-2)便描绘了这位国王及其继承者完成政治统一的场面。在善良与邪恶、统一与分裂的力量之间取得象征性平衡的基础上,一个新的国家诞生了。埃及人相信,只有通过国王的统治和来自太阳的仁慈力量才能遏制无序。但在历史上,统一实际上是一个灵活的政治联盟和持续的战争状态相结合的过程,历经几个世纪才得以完成。

10.2 王朝时期的埃及文明(约公元前 3000 年—前 30 年)

埃及学家传统上惯于把埃及文明划分成四个大的时期:古风时期(Archaic Egypt)和

图 10-2 纳尔迈调色板,板的两面雕刻有纪念纳尔迈国王(美尼斯)的场景。传说中把统一上下埃及的大业归功于这位法老。调色板上的他头戴象征这两个地区的红白皇冠,正在指挥对尼罗河三角洲的征服行动。调色板的中心设计是两条交缠在一起的怪兽,象征着统一的上下埃及和谐、平衡的图景。

表 10-1　古埃及文明

年代	时期	特征
公元前 30 年	罗马占领时期	埃及成为罗马帝国的一个行省
公元前 332 年—前 30 年	托勒密王朝时期	从公元前 332 年亚历山大大帝征服埃及开始,托勒密王朝逐渐将希腊影响力带到了埃及
公元前 1070 年—前 332 年	后王朝时期	法老权威逐渐衰落,终结于波斯的征服(公元前 525 年—前 404 年,以及公元前 343 年—前 332 年)
公元前 1530 年—前 1070 年	新王国时期	埃及历史上的伟大帝国时期,这一时期的法老包括拉美西斯二世、塞提一世和图坦卡蒙以及异教徒法老埃赫纳呑
公元前 1640 年—前 1530 年	第二中间期	喜克索斯人统治了三角洲
公元前 2134 年—前 2040 年	中王国时期	底比斯获得突出地位,是供奉阿蒙神之城
公元前 2040 年—前 1640 年	第一中间期	政治混乱和分裂
公元前 2575 年—前 2134 年	古王国时期	专制法老建起金字塔,并热衷于兴建醒目的墓葬纪念建筑;古埃及的制度、经济发展战略和艺术传统得以建立
公元前 2920 年—前 2575 年	古风时期	国家的巩固
公元前 3100 年	纳尔迈(美尼斯)和蝎子王治下的埃及统一时期	

古王国时期、中王国时期、新王国时期,以及近代时期。前三个时期分别被两个出现政治和社会动荡的中间期隔开(见表 10–1)。

古风时期与"伟大文化"(公元前 3000 年—前 2575 年)

　　埃及真正统一之后的第一位统治者是国王荷鲁斯·阿哈(Horus Aha),他于约公元前 3100 年登上王位。之后的四个半世纪是一个漫长的巩固强化时期,即古风时期(Archaic Period),此时法老被视为神君圣主(divine king),他们和手下的高等官员创造出了埃及的王室传统,然后将其移植进那些能够千古流传的伟大建筑和艺术表现形式当中。就像美索美洲诸王(参见第 12、13 章),法老们也为自己在公众面前的每次罕见现身设计了一番极富戏剧性的仪式,并为重大仪式和节庆场面做出了很大的调整。他们还创建了一套中央集权的官僚机构以分配劳动力,管理食物的储存以及征税。这个国家的主旨在于这样一个概念,即世上有一个伟大的统治者,他象征了秩序对混沌的胜利。在埃及,"祖先"、"国王"和"神"这些表述不但互为隐喻,而且共同隐喻了一种建立在社会不平等基础上的政治权力形式,这种社会不平等被视为创世之初诸神建立的自然秩序

遗址专题

埃及萨卡拉阶梯金字塔

与古王国早期的其他国王一样，第三王朝的卓瑟法老（公元前2668年—前2649年在位）也努力克服了国内的政治问题。他成功地将自己的统治范围扩展到了上游的阿斯旺，并且花相当大的力气去塑造自己作为国王和至高无上的疆域拓展者的形象，用来为这一形象歌功颂德的是一块巨大的圈地，其中占据主导地位的便是这座独特的建筑：位于皇家都城**孟菲斯**（Memphis）对面的萨卡拉阶梯金字塔。

卓瑟的大臣伊姆霍特普是这座阶梯金字塔的设计者（图10-3）。赋予设计师以灵感的是早先的一些皇家墓穴，如位于阿比多斯的那些矩形建筑，用来为死去的君主提供永恒的住所。这些古坟（tumuli）与那些曾在埃及创世神话中有着不可或缺作用的原始土墩墓有很大的关联。伊姆霍特普为国王建立了一座阶梯式金字塔，以取代土墩作为其精神的栖身之所。这座高达60米的金字塔矗立在沙漠中，其六级台阶渐行渐窄，四面则朝向四个基本方位。每一级台阶都模仿早期的皇家墓穴那样建成长长的平台，或者说石室墓（mastaba），这样层层叠加形成一座阶梯金字塔，其效用就好像一座直通天堂的双楼梯。

围绕着整个墓葬建筑群的是一座周长超过1600米的厚厚石墙，石墙正面又似皇宫，从而形成了一个187米长、108米宽的巨大天井，并在东南角开有一道主门。通过一座圆柱装饰的门厅可到达前庭。国王的内脏被埋葬在所谓的南墓（South Tomb）中，从而与位于天井南侧的主金字塔遥遥相望。因此，存在两个墓穴，分别对应上埃及和下埃及。

阶梯金字塔的地基是一种蜂窝状的竖穴（shaft）和地道，其中很多已被盗墓者盗扰过，通常包含相当数量的精致石瓮。其中，有些石瓮会标注早期国王的名字，仿佛是卓瑟法老将他们纳入自己的金字塔，以此来表示对前辈的虔敬。国王自己的遗体则只剩下了一只木乃伊的左脚。王室的其他一些成员被葬在上述竖穴和地道中。随着金字塔的扩大，这些墓室也被封锁起来。最后，建造者便在北侧为卓瑟的墓室开凿了一个新的入口，然后以一个3吨重的花岗岩石栓将其关闭。

阶梯金字塔为向法老的全体臣民展现王权及统治者本人提供了一个复杂而正式的背景。金字塔前的广场是皇室成员出场的重要组成部分。

古风时期见证了埃及"伟大文化"的诞生，这种与众不同的意识形态通过建立本土宗教狂热（cult）的形式，在广大的范围内对埃及文明实现了系统化。对一个只有少数人具备读写能力的社会来说，这种意识形态的重要性是不可替代的。"作为一名抄书吏，……你外出旅行时应着洁白的服装，受人尊敬，廷臣须向你致敬。"一位年轻人被这样建议道。文字是一种权力，在对成千上万的劳动力进行控制时起到了关键作用。

古王国时期（约公元前2575年—前2134年）

在古王国时期，埃及社会形成了这样一幅图景，即人民的福祉仰赖于被劳动者供养

图10-3 埃及萨卡拉的阶梯金字塔

地方,包含一个仪式性的界限标记,一个宝座式平台,以及一座象征性的宫殿。在仪式上,法老会沿广场边界及其标记大踏步走过,以宣示其权威。整个建筑群都是对尘世王权进行永恒而壮丽的展示的舞台。在整个埃及历史上,"国王现身"都是一个非常重要的场合。

的统治者。公元前2649年卓瑟(Djoser)法老去世之后——这位法老的建筑师伊姆霍特普(Imhotep)建造了第一座作为皇家墓室的金字塔,即位于**萨卡拉**(Saqqara)的著名阶梯金字塔——新的王权形象发展起来。国王现在被吸收进有关太阳的神话象征当中。太阳神成为天国的统治者,法老则成为神在世间的代表。古王国时期的法老在死后(灵魂)会与其在天堂中的替身会合,并升天成为太阳神。因此,卓瑟法老及其继任者耗费巨大的人力、物力来建造自己的坟墓——最初是简单的土墩,然后是金字塔,它象征了通往天国的阶梯,而几面斜坡则象征了冲破云层洒向大地的太阳的光辉。

古王国时期的法老们所建造的皇室墓地和金字塔建筑群沿西部沙漠边缘绵延超过35千米,其中大多数在孟菲斯稍偏北地区。

图 10-4　吉萨区的斯芬克斯像（the Sphinx），由古王国时期的法老胡夫修建于约公元前 2500 年。狮身人面（即斯芬克斯）是当时皇室权力的重要象征。

为修建金字塔而劳民伤财的趋势在胡夫（Khufu）和哈夫拉（Khafre）统治期间达到了顶峰，这两位法老修建了大名鼎鼎的**吉萨**（Giza）金字塔群（图 1-2）。在大约公元前 2528 年，胡夫修建了吉萨大金字塔，这是古代非洲最辉煌的奇观之一，也是古代世界七大奇迹之一。这座金字塔占地达 5.3 公顷，高 146 米。塔身由 200 多万块石灰石（其中一些仅单块便重达 15 吨）砌成。一条长长的砌道将吉萨建筑群内的所有金字塔串联到一起后，径直通向一座皇家祭庙。这些朴素的建筑承载的是帝王的权威。附近的坟墓皆从属于这些神庙的无上权威，因为它们实际上将统治者与一种强大的祖先崇拜联系起来，正是这种狂热的崇拜把他们与祖先和上帝联系到了一起（见图 10-4）。

我们实在无法理解为什么法老们仿佛一夜之间掀起了一股兴建金字塔的狂热，尤其是考虑到加诸新生国家身上的一系列沉重负担时。像埃及其他公共事业一样，这些工程是埃及政府机构的伟大成就，是组织和运输食物及建筑材料的成功典范。官员们招募能工巧匠和村里的劳动力，让他们采石掘土，把石头搬运到所在地，在附近建立一个专门的金字塔村以为他们提供住所，准备配给。令人震惊的是当时高效的管理手段，在没有计算机的时代，他们在短时间内有效地调动和给养了成千上万的村民，使其以劳役代替了每年应对国家行使的赋税义务。

或者，正如物理学家科特·门德尔松（Kurt Mendelssohn）曾论证的那样，建造金字塔是为了以这种方式将人们与作为其守护者的国王，以及太阳神这一人类生命和庄稼丰收的源泉联系起来。国王与其臣民的关系既是互利互惠的，也是精神性的。法老是所谓的神君，其肉身则受按年雇工(annual labor)的奉养。简单地说，建造金字塔催生出的公共事业有助于定义统治者的权威，令其臣民依附于他。每逢洪泛季节，一旦农业陷入停滞，法老就会组织起成千农民编成建筑队，并通过附近的金字塔劳工社区提供给养。全年性常备劳动力的人数相对较少，主要是一些有技能的工匠，其工作成果每年都会在主要建筑物的适当位置上展示一次。就目前所知，农民们可以以此免除赋税义务。而为这一工作提供动力的则是他们对神圣法老的忠诚。

通过以再分配的食物交换劳役的方式，金字塔工程促进了埃及国家的制度化。随着工程的代代相传，村民们渐渐变得每年中有三个月要依赖中央政府提供食物，而这些食物又是从村民自己以赋税形式上缴的食物盈余中获得的。金字塔完工后，国家直接领导的劳工就可以被转移至其他不那么万众瞩目的国家工程中去。一种新的国家组织形式诞生了，它培养同时也利用了埃及各村落之间的相互依存关系。

埃及在古王国时期第一次形成了如今规模的国家。法老的旨意便是金科玉律，与美索不达米亚城邦国家的立法者不同，他们并不遵循任何书面法律。法老有权统驭尼罗河的洪水、降雨，以及所有人民，包括外国人。他是一个神，被全体人民尊为看得见摸得着的神，其自身作为玛阿特，即正义的人格化而存在。正如我们之前提到的，玛阿特远不只是正义那么简单，它还意味着"正确的秩序"，象征了秩序和公正。玛阿特本身就代表了法老的身份和不朽，是埃及国家的化身。作为玛阿特的化身，法老负责宣布法律，并受早期法老们所设立的诸多背景的约束。一套承袭下来的政府机构有效地治理着王国，并在各级官员的辅佐下形成真正的王朝。当时的记录告诉我们，官员们的大量精力都被用来征收赋税、收割庄稼，以及管理灌溉。

埃及的古王国时期是一个统治者强大而自信的时代，由皇亲国戚和高级官员等特权阶层统治的政府雄浑有力，他们以高度的智慧创造了一个为极少数人谋福利的文明。埃及商人正是为了这个以神君为首的特权精英阶层而与黎巴嫩交换其著名的雪松，在西奈开采绿松石和铜矿石，寻找象牙和半宝石，并从努比亚为埃及军队招募雇佣兵。

公元前2180年后的一场持续的干旱破坏了古王国统治者的绝对权力。300年来反复爆发的饥荒引发了政治动荡，削弱了法老的权威（见表10-1）。埃及分裂成不同的行省，在野心勃勃的军阀统治下展开割据混战。

中王国时期（公元前2134年—前2040年）

约公元前2134年，上埃及的**底比斯城**(Thebes)获得了最高权力，并在一系列励精

(a)

(b)

图10-5 中王国时期廷臣麦克特瑞（Meketre）的船和庄园粮仓（模型）。(a)乘船的麦克特瑞正端坐在华盖之下；(b)在他的庄园里，工人们正在贮藏小麦，而隔壁的抄书吏则在记录存储的数量。

图治的法老带领下重新统一了埃及。中王国时期的统治者专制色彩稍弱，而亲和力更强一些，相比之下不那么自视为神。他们从过去学到了不少教训，并且严重依赖高效的政府机构来储备食物和提高农业生产力（图10-5）。在几位才能出众的法老统治下，埃及安享了三个世纪的经济繁荣和政治稳定；他们果断的领导扩展了埃及的海外贸易，强有力的军事征服巩固了埃及的边防。通过有力的领导和官僚监督，那些才华最为卓越的国王呕心沥血,打造了一个高度中央集权的国家。与此同时,通过发展更大规模的农业,特别是在尼罗河西岸肥沃的法尤姆洼地(Fayum Depression)开展建设,他们努力增加农业产量以对抗干旱。

这一切都有赖于卡里斯玛型(charismatic)的领导阶层和强有力的国王。公元前17世纪,底比斯宫廷陷入继承权之争,彼时正值数千亚洲移民迁至三角洲地区。埃及很快分裂为两个王国,其中心分别在上、下埃及。下埃及落入来自亚洲的游牧民族喜克索斯(Hyksos)诸王之手。第二中间期是埃及历史上的一个转折点,因为喜克索斯为这个日渐故步自封的文明带来很多新的思潮。他们引入更先进的青铜冶炼工艺、马拉战车,以及新的战争武器。所有这些创新保证了埃及始终走在最前沿,并确保后世法老能够在更广泛的东地中海世界扮演领导者的角色。

新王国时期(公元前1530年—前1075年)

在连续几位底比斯统治者起而反抗并最终战胜喜克索斯王朝之后,新王朝开始了,埃及再次获得统一。一位能干的法老,解放者阿赫摩斯(Ahmose the Liberator)将埃及变成一个高效运转的军事国家,对对手采取零宽容政策,对士兵则以土地作为褒奖,同时将经济实力和财富牢牢掌握在自己手中。阿赫摩斯为埃及历史上最辉煌的时期定下了基调。现在这位国王成了国家的英雄,一位同时统驭北方的亚洲人和南方努比亚诸黑色王国的军事领袖。他是帝国的统治者,一位技艺高超的将军,一个超级大国的领袖。正如我们在第9章看到的,埃及成为风云流变的东地中海政治中的一个重要角色,与赫梯人和米坦尼人争夺利润丰厚的商路和海港的控制权。新王国时期的法老们用来自努比亚的黄金充实自己的王国,将第一瀑布以外的地区变为一座富庶的殖民地。

底比斯(被埃及人称为瓦塞[Waset])成了埃及的首都,太阳神阿蒙之地(Estate of Amun)。主要修建于公元前16—14世纪之间的**卡尔纳克**(Karnak)阿蒙神庙是这座圣都的心脏(图10-6)。阿蒙神是诸神的王,正是这位太阳神孕育了法老,并在其生前死后承担庇佑之责。"阿蒙之地"覆盖了底比斯对面位于尼罗河西岸的地区,法老们在那里建起了一座精巧的死亡之城,而他们自己则葬在位于贫瘠的帝王谷中由岩石凿成的秘密坟墓里。这些墓室便成了子夜的太阳所照耀的阴间巨穴的样板。

公元前1353年,新王国经历了一段短暂的异教统治时期,彼时,埃赫纳吞(Akhenaten)这位异教徒法老将对阿蒙神的信仰转移到另一种建立在太阳盘阿吞神(Aten)基础上更为纯净的太阳神崇拜形式,埃赫纳吞一心想在底比斯下游的埃尔·阿玛纳建立新都,他要把新都建在与现存的诸神没有任何联系的土地上。在他死后,都城即被废弃,却为后人留下了一处无价的考古遗产——一份关于新王国社会的独一无二的档案,考古学家

声音专题

阿巴纳之子——阿赫摩斯

埃及人在他们的墓墙上常常爱夸大其词,以至人们都不知道该信什么了。他们有关铁血胜利的故事因为太过完美而有失真实,但是,偶尔我们也能邂逅一位真正杰出的历史人物。这位名叫阿赫摩斯的武士,阿巴纳之子,就是一个绝佳的例子。这位古老的武士简直就是一部活的历史。作为一名战士的儿子,阿赫摩斯继承了父亲的衣钵,最初作为步兵,在国王"驾驭马车"之时紧随其后。他的勇敢引起了人们的注意,于是,获赐骁勇者的金牌(gold of valor),从而开启了一段梦幻般的戎马生涯。阿赫摩斯先后效忠于五位法老,见证了对亚细亚喜克索斯王朝的驱逐,目睹了对位于三角洲的首都阿瓦里斯(Avaris)的蹂躏,参与了对亚洲沙鲁亨(Sharuhen)的围攻,并在多次对努比亚的血腥征伐中冲锋陷阵。当法老阿赫摩斯(与本专题主人公不相关)围攻阿瓦里斯并在那里发动了三场战役时,武士阿赫摩斯写道:"将俘虏带去,一男三女,共计四人,陛下将他们赐给我作奴隶。"历经苦战终于摧毁阿瓦里斯之后,阿赫摩斯的军队追击喜克索斯人至巴勒斯坦,并对他们位于南巴勒斯坦的大本营沙鲁亨城展开围攻。

刚刚完成对沙鲁亨的大屠杀,得胜而归的底比斯王便将注意力转向了努比亚,阿巴纳之子阿赫摩斯随君出征。"现在陛下解决了亚洲的游牧民,他便向南航行……去摧毁努比亚的弓箭手。陛下对他们展开大肆的屠戮,而我也从那儿带来了战利品:两个活口和三名手艺人。之后我再次受赏黄金,还得到两名女奴。陛下向北征伐,他的心中为战士的英勇和胜利而欣慰。南人北人尽数被他征服。"阿赫摩斯参与了之后几次对努比亚的征伐,并被任命为其中一艘战船的全员指挥官,凭借其在指挥船只穿越激流汹涌的瀑布时所表现出的卓越组织能力而获得晋升。"我带回一辆战车,驾车的马,以及马上的战俘。我将他们呈献给陛下,结果获得黄金为赏。"

努比亚之后,这位身经百战的老将光荣退休,并获封诸多荣耀和大量土地。"全员指挥官阿赫摩斯,阿巴纳之子,公正的人……让我告诉你我获得了哪些荣誉。全国人民见证,我七次获得黄金赏赐,还被赐予大量男女……"

我经常幻想能坐在老年的阿赫摩斯这位阿巴纳之子的对面,与他好好畅谈一番。他带着荣耀和崇敬死去,其事迹被记载在他的墓墙上:"这位勇敢者的名字被镌刻在了他的事迹当中,它将在这片土地上永生。"
(摘自 Lichtheim,1976:12—14)

对此进行的挖掘工作断断续续持续了一个多世纪之久。

公元前 1333 年,8 岁的图坦卡蒙继承了王位,迎接他的已是一个麻烦不断的王国,所以谏官们采取唯一可行的一道路线。他们恢复了旧的精神秩序,早期法老的王朝传统得以复辟。图坦卡蒙的统治仅持续了 10 年,但他死后创造的不朽却超越了其他所有的法老,这完全应归功于霍华德·卡特(Howard Carter)和卡尔纳冯勋爵(Lord Carnarvon)在帝王谷发现的原封未动的图坦卡蒙墓(见图 10-7)。

公元前 1307 年—前 1196 年间,拉美西斯时代的法老们曾付出大量的努力恢复埃

图 10-6　卡尔纳克的太阳神庙

及之前的帝国荣耀。拉美西斯二世（公元前 1279 年—前 1213 年在位）曾远征至叙利亚，用努比亚的黄金为自己的军队和大兴庙宇买单。在叙利亚的卡迭石（Kadesh）战役中，拉美西斯二世遇到了对手，在那里，他的军队与赫梯大军陷入僵局。从那时起，埃及失去了在西南亚的政治优势，走上了一段缓慢的，起先甚至难以觉察的衰落之路。

近代时期（公元前 1070 年—前 30 年）

随着拉美西斯三世在公元前 1070 年去世，埃及进入了一个政治虚弱时期，期间地方统治者纷纷忙于争夺对尼罗河的控制权。法老们受到了南方努比亚统治者的威胁，他们曾在公元前 8 世纪统治了埃及一段时间。亚述人、波斯人和希腊人分别在不同时间控制了尼罗河流域，直到罗马于公元前 30 年将这个世界上最悠久的文明纳入其帝国版图。希腊人把大量的埃及传统和知识引入新兴希腊文明的主流，从而使古埃及文明为西方文明的诞生做出了贡献。

10.3　埃及和非洲中心论

古希腊人和罗马人相信埃及是所有文明的基础。虽然考古发现显示，城市文明是在

图 10-7 图坦卡蒙墓的前厅,位于前景的是这位法老的皇家战车(左),右边的则是墓床。

埃及和美索不达米亚同时发展起来的,但大多数学者相信,文明是沿着尼罗河那肥沃——然而难以预测——的河谷这一特殊地域独立发展起来的。

一些属于所谓非洲中心论(Afrocentrism)学派的非洲裔美国历史学家对此持相反观点,他们相信西方文明制度诞生于热带非洲,而古埃及就是一种黑非洲文明。这些争论最初于20世纪50年代浮出水面,并在语言学家马丁·伯纳尔(Martin Bernal)著名的"黑色雅典娜"(Black Athena)理论中得到最为详尽的阐述。通过呈现来自考古学、历史学和语言学的证据,伯纳尔将古埃及置于西方文明的核心位置。埃及学家几乎毫无例外地指斥他的论点缺乏科学证据的基础。举例来说,非洲中心论者宣称古埃及人是黑皮肤的热带非洲人。实际上,无论是洞穴壁画还是生物学数据都指出,他们基本上应属于地中海人,但在随后的几个世纪里,随着埃及与包括热带非洲在内的其他地区更为密切的接触而变得日益国际化。值得一提的还有,古埃及社会对肤色和种族的看法与我们现代人有很大的不同——在论及每个人类社会时都应记住这一点。

10.4 努比亚:库什之地(公元前3000年—前663年)

如果古埃及真的是一个自给自足的文明,那么他们与居住在阿斯旺第一瀑布以南的人们又有哪些联系呢？位于上游的是常年干旱的国家**努比亚**（Nubia），即**库什**（Kush）之地，以黄金、象牙和奴隶而为古埃及人所熟知。努比亚横跨尼罗河中段一块狭长的肥沃地带，向上游远远延伸至现代的苏丹和埃塞俄比亚高地边界。最肥沃的谷地位于第三和第四瀑布之间的栋古拉河段（Dongola Reach）。最早的一批努比亚复杂社会就是从在那里的一些自公元前4000年来就从事畜牧和农耕的集团中发展起来的。

古王国时期的法老曾出兵征伐努比亚，并津津乐道于其屡屡得手的牛袭战术。埃及探矿人远赴沙漠寻找上好的矿石和半宝石。中王国时期的诸王更有野心，正是他们发现了努比亚的黄金。公元前1900年，阿门埃马特（Amenemhet）法老在一些具有战略意义的河段修筑了十个要塞，其中多数位于商路与河流的重要交叉点上。这一贸易掌握在位于栋古拉河段心脏地带的**凯尔迈**（Kerma）努比亚酋长手中。凯尔迈是一座小镇，镇上有宫殿和神庙，以及复杂的防御工事和四座城门。小镇的统治者生前享有无尽的财富，死后则被葬在巨大的土墩墓中，随葬者多达400人（图10-8）。所有这些财富都来自与下游的埃及人、生活在沙漠和更远的上游地区的人们进行的贸易往来。但是，新王国时期的

图10-8 凯尔迈的一处皇室墓地——葬礼进行的同时，另一边人们则忙着为土墩墓做收尾工作。

法老们为了独揽这些财富，于公元前 1500 年兴兵库什，并将其变为殖民地。努比亚便从一个由村落农民和部落酋长组成的地区，转变成一个巨大的种植园国家，通过以最低的成本提供各种各样的农产品来为在外地主（absentee landlord）服务。

公元前 1200 年以后席卷东地中海世界的经济和政治动荡，不仅击垮了赫梯和已遭削弱的埃及（见第 9 章），还使法老放松了对努比亚的掌控。经过了四个世纪的混乱，努比亚文明终于达到了新的高度。新库什的统治者拥护古埃及人的宗教信仰，并且获得了法老的权力和意识形态。他们的财富来源于埃及的出口贸易，以及黄金、象牙和其他一些农产品。

公元前 730 年—前 663 年间，努比亚的君主不仅统治着库什地区，还主政埃及。国王皮耶（Piye）于公元前 730 年北伐，在底比斯祭祀了太阳神阿蒙之后继而镇压了极下游三角洲地区的反叛首领。皮耶非常希望能坐镇库什遥控埃及，但是，他的继承者却为了翻身做主人而把皇宫迁到了底比斯。努比亚法老大费周章地复兴艺术和宗教，但对国外事务的经验不足导致他们最终垮台。公元前 663 年，亚述国王亚述巴尼拔洗劫了底比斯，迫使当时的统治者逃亡库什以寻求安全。公元前 591 年，一支埃及人的军队向上游进军，结果令"库什血流成河"。国王埃斯帕尔塔（Aspelta）逃往更上游 500 千米外的麦罗埃，在那里，努比亚君主维持了 800 多年的和平统治。

10.5 麦罗埃和阿克苏姆

迁往**麦罗埃**（Meroe）之时，恰逢努比亚贸易的重心从东地中海转移到红海和印度洋之时。这个新的商业世界将红海、波斯湾诸国、印度，以及最终与东南亚和中国连成一个巨大的网络。

非洲东北沿海的索科特拉岛（Socotra）和红海南部沿海神秘的彭特之地（Land of Punt）均盛产香料，非洲人和印度人分别在这两处地方与阿拉伯人和埃及人往来。顺畅的贸易路线将红海沿岸与尼罗河和东地中海沿岸连接起来，商路上往来行走着负重的驴子，后来骆驼渐渐多了起来，这种被恰如其分地称为"沙漠之舟"的动物最早在公元前 2500 年首先由阿拉伯人开始驯养。到公元前 3 世纪，骆驼已经作为陆上商队的主要交通工具为麦罗埃带来了繁荣。

麦罗埃（公元前 593 年—公元 350 年）

麦罗埃位于尼罗河西岸，距离现在的苏丹首都喀土穆（Khartoum）以北约 200 千米。其统治者管理着从下努比亚到青尼罗河的森纳尔（Sennar）之间沿岸的一系列村落和集

图 10-9 麦罗埃的金字塔和铁矿渣堆。2000 多年前的麦罗埃曾身处一片壮美的草原中,现在却已是满眼荒漠,这部分由于过度放牧和为满足城市居民的木炭需求而滥砍滥伐。

镇,控制着与埃及之间的黄金、象牙和奴隶贸易。这座城市还横跨多条连接尼罗河与红海的繁忙商路,这些商路沿着撒哈拉沙漠的南部边界一直向极西延伸(见图 10-9)。

公元前 593 年—前 220 年间,共有约 24 位国王与王后统治过麦罗埃。这些黑皮肤的统治者是伟大的皮耶法老及其继承人的后裔,他们继承了古埃及文明的许多保守之处,同时又表现出独特的非洲文化个性。几个世纪以来,他们管理着一个复杂的剥削性经济实体,并通过对贸易路线网的严密监督和武力实现了对贸易的控制。

因为附近盛产铁矿石,所以铁器制作成了麦罗埃的一大产业。肇始于公元前 7 世纪的铁器制造业在历经几个世纪的累积之后形成了成堆的矿渣,小山般的矿渣眺望着城里的神庙和宫殿。在与其他沙漠邻国的较量中,铁头工具和武器为麦罗埃的军队赢得了战略优势。

麦罗埃在公元 1 世纪达到了其财富的顶峰,彼时他们已经与罗马帝国建立起了固定的贸易往来。一个世纪以后,这座城市开始衰落,并最终于公元 325—350 年陷落于阿克苏姆王国厄查纳(Ezana)国王的铁骑之下。

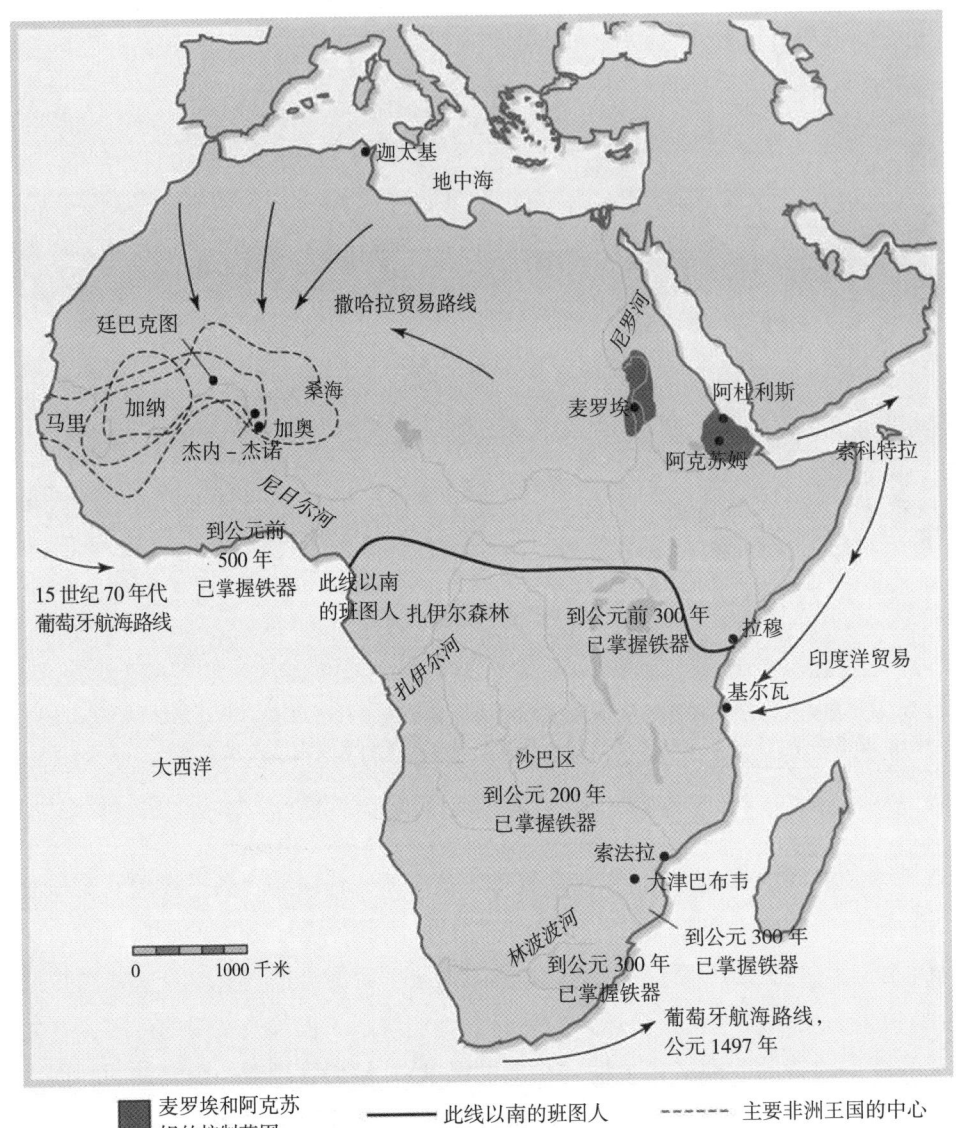

图 10-10 非洲国家和王国

阿克苏姆（公元100—1000年）

发端于红海贸易的**阿克苏姆**（Aksum）是一个非洲王国，其统治者在公元前的5个世纪里借鉴了很多来自阿拉伯南部的思想（图10-10）。位于高地的阿克苏姆发源地拥有优越——反过来也可以说是难以预测——的环境可以用来灌溉谷物，其中，当地盛产一种叫埃塞俄比亚画眉草（teff）的特有粮食作物，可在风调雨顺时提供大量的食物盈余。

图 10-11　埃塞俄比亚阿克苏姆的皇家石柱

到公元 1 世纪,阿克苏姆已经发展成一支强大的力量,与罗马保持着频繁的接触,并通过其在红海的**阿杜利斯**(Adulis)港口负责各种奢侈品和农产品贸易。随着阿杜利斯的地位变得日渐重要,很快,麦罗埃便在阿克苏姆的繁盛下黯然失色,与此同时,尼罗河贸易也开始出现衰落。

对阿克苏姆的考古发现依然所知甚少,但我们了解到其统治者在世时享受着庄严的多层宫殿,死后则被安葬在高达 33 米的巨型圆柱下,这些精雕细刻的圆柱象征了相似的建筑(见图 10-11)。大概就在攻克麦罗埃时,厄查纳王废弃了其先辈的宗教而改信借助阿克苏姆广泛的贸易关系而接触到的基督教。

基督教在埃塞俄比亚的兴旺一直延续到今天,而阿克苏姆却早已随着公元 7 世纪伊斯兰教在红海贸易中影响力的愈益强大而渐渐衰落下去。在其实力达到顶峰时,阿克苏姆曾经有力地象征了一个新的更加国际化的世界，这个世界崛起于罗马帝国的废墟之上，并为亚洲和非洲建立起持久的联系。

10.6 古代非洲王国

连接印度洋和红海的新的商业网络，以及横跨撒哈拉沙漠的长途商业路线的发展，为非洲历史带来了持久的影响，它们将热带非洲的大小王国与一个更为广袤的外部世界联系了起来。下撒哈拉非洲的文化孤立终于在基督纪元的早期被打破。邻国对铜、黄金、象牙和奴隶的贪得无厌将非洲与地中海和印度洋的贸易体系联系到了一起。

骆驼为横跨沙漠的联系带来了革命，这种动物被完美地应用到沙漠旅行当中，以至于北非的商人可以定期组织商队从地中海横穿撒哈拉直达热带西非。来自非洲的黄金和象牙最终成为中世纪欧洲财富的重要来源。

没有人知道水手们究竟何时发现了印度洋季风环流。冬天，东北季风将航船带往非洲，到了夏天，西南季风又把他们带回目的地。这些环流是如此的规律，以至于航船可以在 12 个月内在印度和阿拉伯或东非之间航行一个来回。埃及和希腊的航海家们在公元 100 年前就已对季风有所了解，此时印度洋已经是联结中国、西南亚和地中海世界贸易网的组成部分。而在阿拉伯和印度，对非洲象牙、黄金、白银和奴隶的需求源源不断，供不应求。

阿拉伯人的独桅帆船和顺风船队将一船又一船的印度棉花、成串的廉价玻璃珠和中国瓷器等一些异邦舶来品运到东非沿岸，并在那里换取象牙和其他原材料以运回沿海港口和曼达（Manda）、拉穆（Lamu）与**基尔瓦**（Kilwa）这样的集镇。从港口出发，一些小的贸易团队会沿着村际道路深入至内陆地区，从而发展起能够维持数个世纪之久的贸易关系。到公元 300 年，居住在中非心脏地带的村民已经能够得到来自至少 950 千米之外的印度洋的印度玻璃珠了。

铁器的传播（约公元前 500 年—公元 250 年）

最早在公元前 5 世纪，铁器和铁器制作工艺就已经借助撒哈拉贸易被带到了沙漠南部。由于比装饰性金属更实用，且非常适合用来清理热带树林和发展农业，所以铁器早在农业经济扎根之初便已在下撒哈拉地区迅速传播开来。在公元前的最后几个世纪里，农民们已经在广袤的东非湖区定居下来，并于公元早期在赞比西（Zambezi）河和林波波（Limpopo）河两岸实现定居。新的移民对当地觅食者采取吸收、扬弃和驱逐相结合的措施。今天，只有在像非洲南部的卡拉哈里沙漠这样不宜农耕的干旱地区才生活着幸存下来的觅食人口。

加纳、马里和桑海王国(约公元 800—1550 年)

在整个公元第 1 个千纪里,撒哈拉黄金贸易始终呈渐次扩展的态势,这反映在沙漠南部扩大了的定居点上。伊斯兰征服者在公元第 1 个千纪末期统治了撒哈拉贸易,这为撒哈拉南部带来了文字和四处游历的阿拉伯地理学家。在那里,地理学家阿巴克里(al-Bakri)曾描述加纳王国盛产黄金,"据说国王拥有一块大如巨石的天然金块"。

加纳(Ghana)王国位于上尼日尔(Niger)和塞内加尔(Senegal)盛产黄金的河谷的北方边界上。没人知道这个王国最初形成于何时,但是阿拉伯的作家们曾在公元 8 世纪对它进行过描述。加纳人靠黄金、象牙和盐巴贸易而致富,也出口可乐果(可用来制作兴奋剂)和奴隶。作为回馈,他们及其后人们则获得了棉布、羽毛制品、玻璃珠和武器。加纳国王所统治的只是一个由小型酋长国和集镇组成的松散联盟,几乎没有实权。

公元 7 世纪,加纳分裂为各加盟酋长国。接下来,便是两个世纪持续不断的争吵,直

图 10-12 位于马里杰内(Jenne)的伊斯兰教清真寺。这座清真寺建在撒哈拉沙漠南部边界上。伊斯兰教对西非王国具有强大的影响。

到在一位有才干的统治者松迪亚塔(Sundiata)带领下建立了**马里**(Mali)王国。松迪亚塔约在1230年开始执政，并在尼日尔河畔的马里建立了新的都城。一个世纪以后，马里王国拓展到了西非下撒哈拉的大部分地区。马里诸王的威名传遍整个伊斯兰世界（见图10-12）。位于西撒哈拉外围的城市廷巴克图(Timbuktu)不仅发展成为著名的商队集散中心，还成为一处声名远播的伊斯兰学术圣地。所有这些繁荣景象都是奠基于黄金和象牙贸易之上的。马里黄金不仅巩固了大部分伊斯兰世界，也增加了欧洲诸王的财富。在哥伦布发现新大陆之前，马里及其稍逊一筹的邻国所提供的黄金至少占据欧洲黄金总量的三分之二。

马里的伊斯兰统治者拥有真主安拉(Allah)授予的最高权力，并借助凭借忠诚和政治敏锐性而谨慎挑选出来的宗教人员，或机灵的奴隶对被征服的行省进行统治。伊斯兰国家拥有一个由掌握读写能力的官员组成的人才库，所有人才都经过认真培训，并且相信政治的稳定可由有效的政府管理和健全的贸易行为获得。实际上，马里国王曼萨·穆萨(Mansa Musa)对其王国的体系是如此的自信，以至于他在1324年撇下政务，横穿撒哈拉，踏上了一段漫长的麦加(Mecca)朝圣之旅。这位国王及其随从人员在开罗过得自由自在，却致使金价持续下跌了几年之久。

大约一年以后，曼萨·穆萨将位于尼日尔河畔的大贸易中心加奥(Gao)纳入自己控制之下。加奥统治者怨恨马里的控制，便于1340年摆脱马里而创建了一个名为**桑海**(Songhay)的王国与之竞争。这个新政权在先后几位有才干的统治者的版图扩张下获得了繁荣。这些君王中最有名的当属桑尼·阿里(Sonni Ali)[①]，他在1464—1494年间将桑海的边界拓展至撒哈拉内陆，并深入马里国，与此同时，还对黄金和象牙贸易进行垄断经营。

哥伦布登陆巴哈马(Bahamas)时，恰逢桑海帝国发展至其顶峰。欧洲人探索美洲使得欧洲各民族国家找到了贵重金属的新来源，这使得在欧洲流通的黄金和白银总量在半个世纪里增加了3倍。每年从美洲输出的贵重金属的总量10倍于世界其他地方的总和。撒哈拉黄金贸易的衰落是急剧的。像加奥和廷巴克图这样的城市，与桑海王国一起渐渐变得相对默默无闻。到1550年，桑海已经衰落下去，政治权力中心也南移到了热带森林和沿海地区，即现在的加纳、尼日利亚(Nigeria)和象牙海岸(Ivory Coast)，在那里，来自欧洲的船只继续进行着黄金、象牙和奴隶贸易。

---

① 又名大阿里。——译者

图 10-13 筑有围墙的大津巴布韦卫城

大津巴布韦(Great Zimbabwe,公元 1100—1500 年)

象牙是印度洋贸易中的一个主要物品。相比易碎的印度象牙,非洲象牙更柔软、更易雕刻。印度象牙作为印度婚礼装饰物,在整个印度拥有广泛的市场。古代商业在公元第 1 个千纪晚期被很好地建立了起来,并且在发现美洲之后的很长一段时间里继续繁荣着。到公元 1100 年,从北方索马里到南方位于坦桑尼亚南部的基尔瓦(Kilwa),一系列小型伊斯兰沿海集镇发展起来。它们形成了一种完全建立在印度洋贸易基础之上的与众不同的沿海文明。从基尔瓦和桑给巴尔(Zanzibar)这些地方出发,小规模的商队携带成捆的棉花、玻璃珠,以及来自印度洋海滨的成千上万的贝壳,浩浩荡荡向内陆进发。不久之后,这些货品将在内陆地区被当作装饰品来使用。从单纯的货币角度来讲,这种贸易是非常单边的,因为像玻璃珠、廉价棉布等这些被非洲内陆人视为神圣的罕见物品(或者叫奢侈品),与砂金、铜锭、象牙和奴隶这些被认为是整个海运贸易推动力的商品相比,实在不足后者的九牛之一毛。

许多东非黄金都来自位于非洲南部的赞比西河和林波波河之间的高地。沿海商人会与居住在内陆高原上的**卡朗加人**（Karanga）进行物物交换，后者是由农民和牧牛人组成，并由世袭统治者统领的几个强大的王国。这些酋长通过控制铜、黄金和象牙的来源，以及将与沿海地带交换来的进口物品在臣民中进行再分配这两种方式而获得政治权力。卡朗加酋长们还是重要的精神领袖，他们扮演着人民与祖先神灵的中间人的角色。

其中，有这样一个酋长国把雄伟壮观的石墙首都建在了**大津巴布韦**（Great Zimbabwe）（图 10-13）。大津巴布韦遗址有着大规模的石砌城墙，整个遗址位于一座低矮的小山脚下，一条河谷的源头，从而为遗址带来了从遥远的印度洋过来的温润的风和雾。酋长和他的祭司们正是在这里举行祈雨仪式，并向祖先陈情。也是在这里，酋长与偶尔来访的沿海商人进行贸易，这些人多数是半阿拉伯血统、半非洲血统的男子。尚没有证据证明津巴布韦酋长接受了伊斯兰教，这里是本土非洲王国的真正中心。

津巴布韦遗址至少已经有五级遗存，其中最早的可回溯至公元 4 世纪。最初的聚落只是一个简陋的村落，剩下的四级遗存则是卡朗加人留下的，他们建造了日益复杂的石砌卫城和挡土墙。津巴布韦于 1350—1450 年间达到最繁盛期，彼时正值欧洲人抵达沿海的前夜。1450 年之后不久，随着当地可食用植物和可耕地的耗尽，这处遗址也被废弃了。

所有这些非洲本地王国都是在受到外部经济和政治机遇的刺激下发展起来的。但是，它们的政治、社会和经济制度都是在适应本地环境的前提下的早期农业文化的必然发展。

15 世纪以后，非洲遭受剥削的方式除原材料之外，还有奴隶贸易。国际奴隶贸易的触角不仅伸到了非洲沿海，还到达内陆最深的大本营。直到 19 世纪，维多利亚时代的探险家们在探寻一些难以解决的地理学之谜——如尼罗河的源头——时，才揭示了奴隶贸易的凶残真相及其为非洲社会带来的灾难性后果。

10.7 小　结

古埃及文明的崛起是一个发生在尼罗河谷的被动吸收与主动融合相结合的复杂过程。与西南亚之间日渐频繁的贸易接触加速了这一过程，而约公元前 3100 年，古埃及国家的出现，则使之终结。埃及学家们按照惯例将古埃及文明细分为四个主要阶段：古风时期和古王国时期、中王国时期、新王国时期，以及近代时期。前三个阶段分别被两个政治混乱的中间期隔开。古王国时期以其专制法老和对兴建金字塔的狂热而闻名，这一行为可以与促进国家统一这一务实目标联系在一起。中王国时期见证了政治和宗教权力向底比斯和上埃及的转移。新王国时期的法老们将埃及发展成为一个对亚洲和努比亚怀有强烈兴趣的帝国。公元前1000年之后，古埃及文明开始衰落，并在公元前30年落入罗马的统治。

几个世纪以来，位于第一瀑布上游的努比亚饱受埃及的剥削，但随着法老权力的衰落，它也获得了独立。来自库什的努比亚国王最终在公元前8世纪统治了埃及，但两个世纪以后，他们被迫退回到极上游的麦罗埃。麦罗埃变成红海和印度洋贸易的一个中心，统治它的则是那些保留了埃及传统的国王和王后们。这座城市持续繁荣，直到公元4世纪被来自埃塞俄比亚高地的阿克苏姆王国征服，并最终衰落下去。

骆驼的应用使得撒哈拉沙漠出现了定期的黄金和盐巴贸易，因此，孕育了像加纳、马里和桑海这样强大的西非国家。与此同时，壮大中的印度洋贸易催生了一个东非沿海贸易集镇网。14—15世纪间，非洲南部的大津巴布韦控制了东南非洲的大量黄金和象牙贸易。

第 11 章　南亚、东南亚和东亚

守卫秦始皇陵的陶俑士兵,约公元前221年。

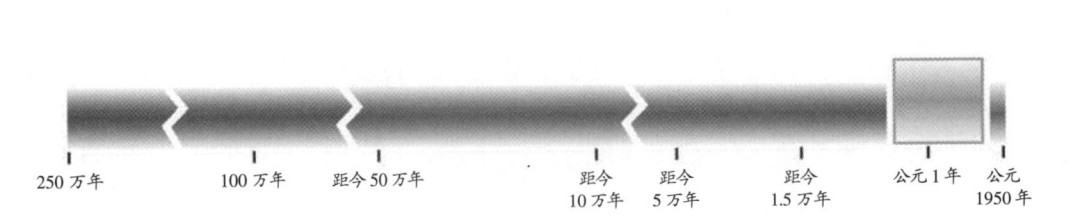

11.1 南亚:哈拉帕文明(约公元前 2700 年—前 1700 年)

11.2 哈拉帕之后的南亚（公元前 1700 年—前 180 年）

11.3 中国文明的起源（公元前 2600 年—前 1100 年）

11.4 诸侯争霸（公元前 1100 年—前 221 年）

11.5 东南亚文明（公元 1—1500 年）

    1950 年，英国著名考古学家莫蒂默·惠勒爵士（Sir Mortimer Wheeler）带领一支由年轻考古学家、学生和当地民工组成的队伍，开赴位于印度河畔的巴基斯坦古城摩亨佐达罗（Mohenjodaro），去发掘一处从风化的城堡中凸现出来的泥砖混合遗址。随着民工们一米一米地把沙子移开，越来越多的砖块暴露出来，"直到一方大平台的裸墙开始从坡体上显现出来。一座堡垒渐渐被还原出来，威严冷峻地矗立在平原之上"。(Wheeler, 1968:317)

    面对眼前的这座砖砌建筑，惠勒陷入了沉思。狭窄的棋盘式通道，木制上部建筑的痕迹，一处设计严谨的带通道的平台，惠勒将这些发现一一记下。而这座巨大的建筑看上去也越来越不像一座堡垒，但它到底是什么呢？突然间，惠勒茅塞顿开。那些狭窄的通道实际上应该是通气管道，通过送气使这座曾被用来为城市储存谷物的木制粮仓保持地面干燥，这些通气管道远离那些多水的街巷，从这处遗址方能进入。这座"堡垒"，实际上是政府的一座粮仓。

更多新近的考古发掘向惠勒的大胆解释提出了诸多质疑,但是就南亚的哈拉帕文明这一世界上最不为人所知的文明来说,许多细节都是来自一个世纪以前惠勒所进行的经典调查。世界上最早的文明出现于尼罗河地区和西亚。在 15 个世纪里,埃及、东地中海、美索不达米亚以及伊朗高地被一个结构松散、流变不居的经济体系联系到了一起。一个个国家此起彼伏,统治者获得最高权力,结果只是见证了其统治疆域如一个不切实际的梦幻般崩溃,军队为争夺战略港口和重要物资而战,但彼此间密切的互动关系在做出调整之后依然得以维持。不久,这些经济交往的触角远至东方,进入南亚及更远之地。

在第 10 章我们了解到,在古埃及于约公元前 1000 年衰落之后,长途贸易的重心是如何南移至红海和印度洋地区的,本章我们将回溯时代的足迹,讨论一下南亚、东南亚和中国的国家组织型社会是如何发展起来的(图 11-1)。

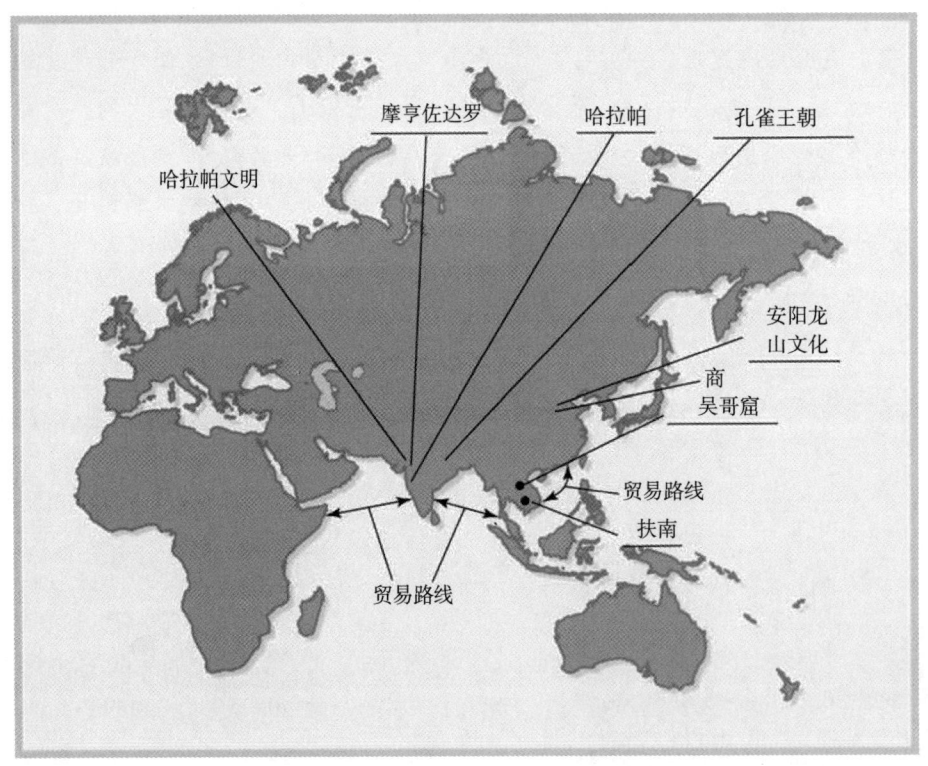

图 11-1　本章所涉及的亚洲遗址和社会地图

11.1 南亚:哈拉帕文明(约公元前2700年—前1700年)

作为南亚文明的发祥地,印度河(Indus River)发源于中国西藏南部白雪皑皑的喜马拉雅山脉,在克什米尔(Kashmir)境内奔流1600千米之后进入巴基斯坦平原。在这里,如同美索不达米亚和尼罗河谷地一样,肥沃的洪泛平原土壤在国家组织型社会的发展过程中起到了非常重要的作用。每年6—9月间,来自远山的春季径流(spring runoff)汇入这块平原,淹没了上千亩良田,随洪水裹挟而来的丰富淤泥作为天然肥料在这块无须借助金属工具即可开垦的软土上沉积下来。

到公元前3000年,印度河谷已经涌现出数百个乡村聚落,其中许多都是筑有防御工事的小型集镇,铺设有工整的街道,建筑在最高水位线以上,但尽量靠近河流。在接下来的500年里,灌溉渠和防洪堤的修筑使印度河谷变成了一片人工景观。这些新的社区显然是由酋长、商人、祭司和家族首领所领导的,他们起到了普通人与诸神之间桥梁的作用。他们相信这样一种哲学,即人是这个已被安排好的宇宙(cosmos)中的组成部分,而通过不懈的辛苦劳作,以及让个人野心服从于社会公益,则可以使这一秩序得以维持下去。没人知道这一原始哲学是何时发展起来的,但它很可能与农业一样古老,这在亚热带地区从来都是一项充满风险的事业。到公元前2700年,一些大聚落的最成功的领导者已经开始统治各级城市、集镇和村落了。

公元前3200年—前2600年是**哈拉帕文明**(Harappan civilization)的早期阶段。生活在小村落里的人们日常活动范围在方圆几公顷内,也没有证据表明当时已经出现了社会分层。他们的环境很像美索不达米亚:地势低,天气炎热,土壤肥沃但不出产金属矿物。因此,这里的居民无法孤立地获得繁荣。在哈拉帕文明崛起于河谷之前很早的时候,低地居民就已经开始和北方以及西方的邻居,尤其是位于巴基斯坦西部的俾路支(Baluchistan)南部高地进行频繁接触。金属、半宝石和木材纷纷从高地运来,那里的人们靠旱作农业(dry agriculture)和牧羊维生。在这1000多年里,高地和低地之间的关系不仅通过食物和其他农产品的定期交换而得到维系,还通过季节性的人口迁移以加强,当西方正处于严冬季节时,这种人口迁移便将大量的绵羊和山羊从俾路支的高山夏季牧场带到了低地。这种俾路支与印度河之间的互利关系成了两个地区产生复杂社会的重要催化剂,不仅在印度河谷,在遥远的美索不达米亚,这种互利关系也是至关重要的。

早期哈拉帕文明与公元前2600年以后在低地发展起来的复杂社会(有时是城市社会)截然不同。这种从平等主义到等级社会的转变是一个本土过程,持续了1—2个世纪,直至公元前2500年,期间曾经历了一个短暂的激增期。这与发生在埃及和美索不达米亚的社会、政治和经济复杂性的长期增长有着巨大的差异。

考古学家格雷戈里·柏塞(Gregory Possehl)相信这种增长可能是与苏美尔贸易模式

图 11-2　摩亨佐达罗的城堡,位于照片前景的是居住区。

的重大转变同时发生的。公元前 2600 年以后,美索不达米亚的城邦国家重新组织了自己的奢侈品和原材料贸易,并通过海运从三个外邦那里获得他们所需的产品,这三国分别是:位于波斯湾巴林岛(Bahrain)上的**迪勒蒙**(Dilmun),更往东的岛屿**玛干**(Magan)①,以及更远的可以获取象牙、油料、家具、黄金、白银、玛瑙等物品的**麦鲁哈**(Meluhha)。苏美尔人用这些货品交换羊毛、布料、皮革、油、谷物和杉木。柏塞认为麦鲁哈位于印度河流域。在大约公元前 2350 年,美索不达米亚的阿卡德国王萨尔贡曾炫耀说,所有这些地方的船只都要在他的城市系泊。历史档案中甚至也提到了一些关于**拉旮什**(Lagash)附近的麦鲁哈村落及美索不达米亚其他地方村落的资料。这是一种由职业商人主导的高度组织化的商业贸易往来,它与内陆地区的高原贸易网络非常不同。

　　海上贸易大幅提高了苏美尔人的进出口总量。资料曾记载有一艘载有 5900 千克铜的船只。整个苏美尔人的贸易活动与伊朗高原上那种基本上非商业性质的贸易体系非常不同。这种贸易被控制在美索不达米亚人手中,其中相当一部分通过迪勒蒙来管理,

---

① 即阿曼(Oman)。——译者

而且在柏塞看来,它对哈拉帕文明的发展有着非常重要的影响。有趣的是,海上贸易的起始与美索不达米亚和印度河谷城市中心的发展相一致。尽管如此,许多学者还是认为海外贸易并不像经常被描述的那样重要,并且他们相信哈拉帕文明是一个完全土生土长的文明。

成熟的哈拉帕文明

成熟的哈拉帕文明是在一片近130万平方千米的广袤版图上发展并繁盛起来的,这一地区比现在的巴基斯坦还要大得多。印度河谷和萨拉斯瓦蒂(Saraswati)是哈拉帕文明的文化中心,但它们只是这个更大、更多变的文明的一个组成部分,后者的影响力和联系直达低地的旁遮普(Punjab)和信德(Sind),从位于俾路支的高原到拉基斯坦(Rajastan)的沙漠,从喜马拉雅山脚到孟买(Bombay)附近。俾路支高原与印度平原之间这一由来已久的贸易关系,以及与波斯湾之间的海上联系,使得哈拉帕文明被放置到了一个更广阔的文化系统当中。

哈拉帕文明与美索不达米亚占主导地位的苏美尔城市文明有很大的不同,后者覆盖了一块77.7万多平方千米的核心区域。格雷戈里·柏塞拿埃及来做类推时指出,上埃及与下埃及虽然是同一个文明的两个组成部分,但是二者之间总是存在各种行政管理、

图11-3 位于巴基斯坦的哈拉帕大城堡

文化和社会上的差异。哈拉帕文明也有几个主要的地区性分支，它们有共同的象征体系和宗教信仰，这是一个文化传统——尽管可能表现为不同的形式——得以持续几个世纪的基础。与苏美尔人一样，哈拉帕人也以城市作为组织和控制其文明的手段。已知的哈拉帕城市至少有 5 座，其中最著名的是整个文明以之命名的**哈拉帕**（Harappa），以及**摩亨佐达罗**（Mohenjodaro）。哈拉帕和摩亨佐达罗建筑在多次洪水侵袭后的人工土丘上，这两座城市的修建可以说耗资巨大、颇费周章。摩亨佐达罗是目前已知最大的哈拉帕城市，面积达哈拉帕的 6 倍，至少经历过 9 次重建，其中有几次是因为大规模洪灾（图 11-2）。根据对现代稍具相似性的聚落进行推断而得出的最可靠的估计认为，当时的摩亨佐达罗人口为 35 000—40 000 人，哈拉帕则为 23 500 人。

这两座城市是如此相似，以至于人们认为它们很有可能出自同一个设计师之手。两座城市的西端都耸立着一座城堡，统驭着下面的街道。统治者居住在城堡里，受牢固的防御工事和防洪工程的保护（图 11-3）。摩亨佐达罗雄伟的城堡高达 12 米，周围筑有大规模的防洪堤，并附带塔楼长长的城墙。位于城市制高点的公共建筑包括一处近 27 米见方的柱厅，统治者可能就是在这里倾听请愿者和来访官员的汇报。这里，没有金碧辉煌的庙宇或精心装饰的圣坛。

每座城市的统治者都能俯瞰城市中至少是部分得到规划的错综复杂的道路网（图 11-4）。那些围绕着一个中央天井而建的宽敞住宅很可能是贵族和商人的府邸，而天井

图 11-4　巴基斯坦摩亨佐达罗的街道

图 11-5 摩亨佐达罗出土的胡须雕像

则用来待客、准备膳食或供仆人做事。从楼梯和厚重的地墙可以看出,有些房子可能有 2—3 层。在哈拉帕和摩亨佐达罗都有成组的单排房屋或作坊,生活在那里的都是最底层的人,其中许多可能是劳工;而且这两座城市都拥有附带商店的市场。

我们并不知道到底是谁统治着哈拉帕和摩亨佐达罗这样的主要城市。哈拉帕统治者的这种匿名性甚至延伸到他们的出现方式上(图 11-5)。他们不会用宫墙来为自己的事迹歌功颂德。迄今为止的考古发掘告诉我们,统治哈拉帕的可能是商人、仪式专门负责人,或者掌控着关键资源或大量土地的人。他们似乎并没有过一种耀武扬威的生活;也完全没有由僧侣主持的隆重仪式或劳民伤财的公共展览。哈拉帕文明的统治者完全不像亚述王那样热衷于武力征服,也不像埃及法老那样喜欢吹嘘拍马的讴歌。

对哈拉帕统治者所知甚少的一个原因在于,他们的手稿尚未得到破译。从哈拉帕图章中已经识别出近 400 个不同的象形符号,但语言学家们甚至尚未就这些手稿所使用的语言达成一致,但他们知道这种文字是一种音和意的混合,就像埃及象形文字那样。哈拉帕图章中所表现出来的神是一个保持瑜伽坐姿的三头形象,它佩戴着有角的头饰,身边围绕着老虎、大象、朝天犀牛、水牛和鹿。一些哈拉帕专家认为这位神实际上是作为万兽之王的湿婆(Shiva)神的先驱。许多哈拉帕图章中都会出现牛，这可能是湿婆的象征，此神曾以多种形式受到崇拜。与后世信仰不同的是，这位神可能具备两种角色，既是肥沃之神，也是野兽的驯服者或者摧毁者。他可能部分象征了洪水和饥荒的不可预测性，因为它们随时可能会威胁城市和村庄。如果这些雕塑和图章作为证据可以被采信，那么可以说，早期印度宗教的象征主义与现代印度教有着显著的相似性。

11.2 哈拉帕之后的南亚（公元前1700年—前180年）

哈拉帕文明在大约公元前2000年发展到了巅峰。3个世纪以后，哈拉帕和摩亨佐达罗开始衰落，不久就被废弃了，其人口则分散成小型的聚落而散布到了一片广大的区域里。对这一变化出现的原因我们仍知之甚少，但可能要归因于一系列不同的因素，如印度河的泛滥，美索不达米亚贸易模式的转移，以及农场经营(subsistence farming)的变革等。一个根本性因素在于，在地位异常重要的萨拉斯瓦蒂河(Saraswati River)源头附近发生了一场严重的地质运动，导致河流干涸，一些支流改道，因此灾难性地中断了沿河两岸的农业生活。长期的森林开采和土壤侵蚀也可能导致了印度河流域城市的灭亡。

其他变化不久便接踵而至。到公元前1500年，水稻种植出现在东方的恒河盆地(Ganges Basin，这里不宜耕种小麦和大麦)，从而为农业开出了一片新的天地。到公元前800年，一项本土发展起来的冶铁工艺在整个次大陆获得了全面应用。铁器加快了恒河平原的水稻生产。两个世纪以后，16个主要王国围绕着恒河平原上的城市中心聚集了起来。

恒河河谷城市生活的出现标志着南亚文明古典时期的开始。一系列新兴城市不仅成了拉动经济的重要动力，也成为酝酿知识和宗教的伟大中心。婆罗门教(Brahmanism)是公元前第1个千纪早期占统治地位的宗教，它是印度教的一种，特别强调仪式和献祭。但是，公元前6世纪的哲人们，如佛陀(Buddha)和拘舍罗(Makhali Gosala)，提出了不再以献祭为中心的革命性教义，从而对婆罗门教提出挑战。很快，佛教及其关于个人精神发展的教义便迅速传播开来，并在5个世纪里成为北方的主导性宗教。

与此同时，外部强国也在觊觎传说中的次大陆财富。波斯国王大流士(Darius)于公元前516年入侵东北地区，并将印度河谷吞并入波斯帝国。两个世纪之后，亚历山大大帝(Alexander the Great)来到印度河，并将希腊文化带到了这里。从亚历山大大帝征服之后出现的权力真空中得利的是摩揭陀（Magadha）帝国的伟大统治者旃陀罗笈多·孔雀(Chandragupta Maurya)，正是他塑造了**孔雀帝国**(Mauryan Empire)，并将帝国的疆域从尼泊尔(Nepal)及西北方拓展到了德干(Deccan)地区(见图11-1)。旃陀罗笈多的孙子阿育王（Asoka）在公元前269年—前232年间统治了帝国,并将其势力推向巅峰。阿育王力图通过以佛教教义为基础的一套明确的道德和伦理章程来统一其多样化的人民。随着孔雀帝国在公元前185年的终结,南亚遂变成联结地中海世界与印度洋其他地区,以及(间接地)若干海里以东新的原材料来源地的巨大贸易网的组成部分。

11.3 中国文明的起源（公元前2600年—前1100年）

在第6章,我们曾描述了中国农业的起源,以及谷物和水稻栽培所带来的本土社会的日渐复杂化。人们至今不了解中国文明的开端。早在公元前4000年,小国林立,相互之间争夺霸权。到公元前3000年,中国已经形成了一幅若干大小王国犬牙交错的图景。王国的统治者们往往得到风光的厚葬。关于中国文明在其传统的北方摇篮的起源,我们多从传说得知。这些传说告诉我们,约公元前2698年,伟大的黄帝在北方创建了文明。这位具有传奇色彩的部落首领为后世压抑、严苛的统治定下了基调,这也成为早期中国文明的特征。约公元前2200年,夏朝统治者禹凭借其军事才能和治水本领获得了权力,而治水也保证了黄河流域的人民免受洪涝之灾。与其后继者一样,禹似乎也曾使用牛的肩胛骨来预言,从而做出决策(图11-6)。

这些传说到底意味着什么？夏朝和商朝的统治者都是何许人也？最有可能的解释是,夏商都是由本地统治者建立的王朝,在经历了几个世代的艰苦争斗之后,终于在相邻诸国中脱颖而出,获得了持续的优势。酋长们都生活在筑有城墙的城镇里,在物质财富上也不相上下,但都来自不同的世系,竞争者之间有着错综复杂而密切的效忠关系和家族纽带。这些王朝依次从北方僭取权力,但是就所有这些政治变动来说,**商文明**本身是一个多少未受影响的、由不断冲突争战的各对立小王国组成的松散统一的国家联盟。

王 都

中国北方许多地方的商文明聚落都在次复杂聚落基础上出现了分级现象,它们代表了物质文化和社会组织复杂性的巨大飞跃。据称差不多在同一时期,中国其他地方也出现了复杂程度日益增长的趋势,南方和东方可能也已出现掌握文字的国家。形式上,它们可能与商王朝非常接近,但是具体细节我们所知不多。商王朝的统治时间大约在公元前1766年—前1122年间,不过期间其他国家也在持续发展当中。中华文明的重心最终从北方延伸至黄河和长江流域的中下游河段。在本小节的描述中,我们将着重描述北方的中华文明,因为相比其他早期国家,商文明的考古发现更充分一些。

商朝统治者至少曾在7个都城居住过,分别位于今中国河南省、山东省和安徽省内

图 11-6 商朝甲骨,早期中国人以之进行占卜。加热牛的肩胛骨直至裂开,然后由祭司对裂纹进行解读并记录下所有发现。

的黄河流域中游河段(见图 11-1)。所有这些都城的地点都不确定,但是大约在公元前 1557 年,商王将其都城迁到了一个名叫"隞"的地方,考古学家已经发现这座都城位于距离安阳以南 150 千米的现代工业城市郑州的下面,靠近黄河。考古工作者在那里发现了一个巨大宫殿基址,这个宫殿区筑有一圈至少 9.9 米高的土墙,面积达 5 平方千米。10 000 名工人每年拼命大干 330 天,也要至少耗时 18 年才能建成这样一座防御工事。这座城墙建筑群内包含统治者居住的宫殿、庙宇,以及贵族居所。位于商城墙之外的是居民区和手工作坊,包括两个青铜作坊,其中一个面积近 1 公顷。

约公元前 1400 年,安阳成为新都,并持续了 250 多年,直至商朝灭亡。这座位于黄河北岸的皇家都城又名"殷",是一个由复合建筑、宫殿、村落和墓地组成的网络,面积超过 310 平方千米。这座都城的核心位于距离今安阳市西北 2.4 千米的小屯村附近。多年来对小屯的发掘已经发现 50 余处基址,其中很多都用人和动物献祭。在已挖掘区域的北边有一组包含 15 个地基,它们曾支撑起以泥和砖做墙的木结构房屋,其中不含随葬人畜。据信这是皇亲国戚的大家族所生活的皇家住所,厅堂宽敞,以门隔开的房间相对较小。

皇家墓地

最初,商朝统治者们将死者葬在安阳东北 1.6 千米的一处墓地里。20 世纪 30 年代曾对这个墓地中的 11 座皇室墓穴进行发掘。它们布置奢华,年代在公元前 1500 年—前 1200 年间。其中最著名的是一座呈十字形的墓井,墓深约 9.9 米,墓壁略为倾斜。四条墓道分别从墓井四面进入墓内。墓主的棺被放置在墓穴内一座木制墓室里,随其一起出土的还有一些精美的青铜器、贝壳、骨器和石器装饰物。其中一件青铜戟,刃部为雕刻的玉,青铜柄上饰有龙,并镶嵌有孔雀石。陪伴墓主人的人牲在墓室和墓道里随处可见。其中许多是被斩首的,所以常常出现身首异处的情况。

围绕在商王墓周围的是成百座次等墓葬。附近至少发现了 1221 座小型墓葬,其中多数在一个墓中埋葬 2—11 人。1976 年,考古学家们发掘了其中近 200 座墓葬,其中大多数人或被斩首,或被肢解,或肢体严重不全。有些随葬者在死前曾被捆绑。这些只可能是商王及其亲属死后的随葬者。

青铜器制作

商人以其青铜器制作工艺闻名,其中最广为人知的便是皇室墓葬中出土的随葬青铜器。对商人来说,最贵重的金属不是他们短缺的黄金,而是青铜。大多数商朝青铜器都是食器或酒器,也有一些武器和乐器,还有一些战车和马具。统治者谨慎地垄断了青铜

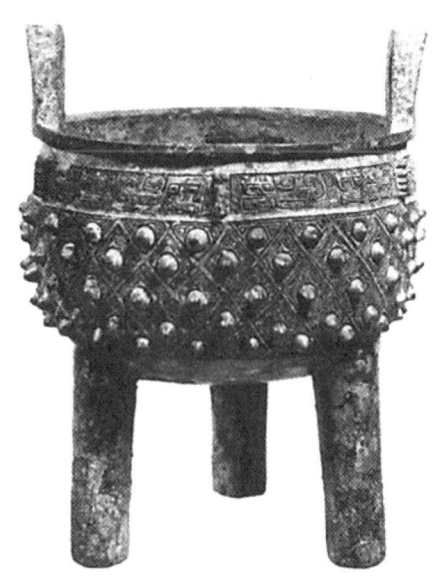

图 11-7　商朝青铜器

器制作，这门复杂的艺术是中国人在公元前2000年以前独立于西方而发展起来的，中国工匠成功地制作出了人类有史以来最为精美和高雅的青铜制品（图11-7）。这些复杂的艺术品实际上是在泥模的基础上加工而成的。泥模在烘烤过的黏土内核上精心雕刻而成，然后被装入一个可分离的模子里。一旦泥模完成，外部的烘烤模子便被移开，模型从内核脱离，这两部分被重新组合以接收青铜溶液。这项复杂的工艺被传承了至少5个世纪之久。

商朝勇士

早期中国的每一位统治者都是依靠一支强大的军队来维持权力的。商朝社会组织形式立足于所谓的"军事路线"，从而保证了皇家常备军可以在短时间内招募到上千人以补充军力。商王善战，他们保护疆土，镇压叛军，为寻找牺牲而突袭劫掠。在某种意义上说，早期中国的每一个政权都是能够召集至少万人前来充军的卫戍部队。其中的秘密就在于他们都有一个先进的永久性部队编制，并以宗亲关系为纽带，这样一旦被征召，人们就有义务勤王。这一基本组织形式即使在商朝于公元前1100年覆亡后仍持续了很

图11-8 安阳附近商朝皇家墓葬出土的随葬战车。顺着木头沤麻后在土壤中留下的痕迹发掘出了战车的木制部分。

长时间。

大多数传下来的商朝武器都来自随葬的战车,1973 年在安阳附近就曾出土这样一件器物。考古学家发现的并不是木制战车本身,而是保存在土壤中的木头部分的轮廓(图 11-8)。他们小心翼翼地刷去周遭的土,直至接触到已经取代随葬战车的木结构而存在的硬化的细砂颗粒。他们不仅拍摄下战车的"幽灵",也记录了两匹马的骨架。战车驭手已经死于葬礼中,其尸体位于战车后。战车驭手所驾驭的车由柳条和皮革制成,宽 0.9—1.2 米,两个车轮均有辐条,并通过一条结实的车轴连接起来,巨大的轮毂装饰有青铜帽。这辆无钉战车十有八九是靠大量结实的绳索捆扎在一起的,并饰有青铜和绿松石装饰物,而且很有可能被漆以明亮的色彩。

11.4 诸侯争霸(公元前 1100 年—前 221 年)

约在公元前 1100 年,商王朝覆灭于强邻周人之手。其征服者并没有创造出一个新的文明,而毋宁说,他们接手现存的城镇和官僚体系,将其整合到自己的国家组织当中,从而将政治和经济权力的重心转移到南方和西方,即从安阳转移到现代西安市附近肥沃的渭河流域。到此时,可笼统称为商文明的这个文明实体,其影响力已远远超出北方地区,而到达盛产水稻的南方和东部沿海地区。周朝将其统治疆域划分为几乎独立的不同省份,他们相互争战达几个世纪之久。直到公元前 221 年,伟大的始皇帝才将中国统一为一个帝国(图 11-9,见本章章首图和专题"秦始皇陵")。取而代之的汉朝统治者们开始通过著名的丝绸之路,横穿中亚与西方世界开展贸易,同时还与新近崛起的东南亚诸国展开交流。

图 11-9 秦始皇陵出土的一套四驾马车(实物的三分之一大小),整体由青铜铸成并镶嵌白银。

遗址专题
秦始皇陵

被称为"秦之虎"(Tiger of Qin)的嬴政是中国历史上第一位统一帝国的皇帝("始皇帝")。公元前246年,年仅13岁的嬴政成为秦王,并通过一系列残酷的军事征伐,于公元前221年统一了中国。秦始皇陵的修建可能早在公元前246年就已经开始了,统一使这一过程得以加速。始皇帝自视独一无二,所以他的墓穴也必须是有史以来最大的。据后世宫廷史家记载,这位皇帝招募了至少70万人(其中有不少是囚犯)修建帝陵、首都和皇宫。

这座壮观的帝陵每面长均超过335米,高度超过其周围村庄43米,地理位置在渭河河畔咸阳以东40千米。据说陵内放有一件皇室领土的"缩微复制品",凡河流中流淌的均为水银,并借由某种机关流入大海。墓室顶部显示的是天上诸神,下面则是地形地貌。模型按比例呈现作为帝王个人财产的华美宫殿、亭台,侍臣则在他死后陪伴着他。许多本身承担造陵工作的妃嫔也作为随葬品被埋葬在陵内。尽管汉代史学家提出在秦朝覆亡后,这座帝陵曾遭劫掠,但是中国的考古学家们从坟墓土壤的化学测试中探测出超高浓度的汞,因此,怀疑这座始皇陵可能依旧完好无损。中国考古学家们拒绝对陵墓进行挖掘,他们称缺乏足够的人力、物力和技术在不破坏墓室内部的前提下进行适当的发掘。这座帝陵曾位于一座巨大的墓园中心,墓园四周筑有6.4千米长的外围墙。

20世纪70年代,中国考古工作者们发掘了墓坑侧翼的一个兵马俑随葬坑——装备齐全的骑兵、跪立的弓箭手,以及他们的长官,可能是被任命来保护陵墓东侧墓室的警卫。这些全副武装的陶俑在发型、胡须等方面各具特色。墓室附近的其他发现包括两个实物一半大的青铜战车、马匹和地下马厩,其中还有被活埋的马(见图11-9)。

11.5 东南亚文明(公元1—1500年)

进入公元前5世纪以后,整个东南亚都出现了重大文化和社会变革的征兆,这与公元前600年—前400年间冶铁技术的传入同时。这一新的冶金术被嫁接到已有的青铜工艺中,但是冶铁工艺到底是来自使用煅炼术(在小型熔炉中熔炼)的印度,还是来自包括高温熔铁在内的复杂浇注工艺已经非常普遍的中国,至今尚不明确。更大的社区发展起来,它们通常是手工业的中心。更大规模聚落的出现可能与灌溉和犁耕的发明同时,后者极大地提高了食物产量,并产生出更多的剩余庄稼。

公元前第1个千纪即将结束时,一些东南亚社会转变成了高度分层的中央集权王国。对作为统治者的贵族来说,正式场合下的露面、宴飨和仪式具有至高无上的重要意义。他们依靠与祖先的密切关系来维持统治。这些社会日渐增长的复杂性部分来自其最高统治者吸纳忠诚的追随者以及组织人力的能力。许多统治者或迟或早开始追求更高的地位,想要控制更广阔的疆域,于是,他们诉诸武力,施展个人魅力,或者修建更辉煌的宫殿和庙宇,以此作为复杂的公共仪式和声威远播的公众展示的重点。

上述东南亚王国始终处于一个政治不稳定、边界不固定的状态。相邻统治者之间开始发展结盟关系。一切都以最大的领主为中心，以他的能力巩固联盟，处理那些影响其与对手关系的潜在威胁。有些专家使用梵语(Sanskrit)中的 mandala(曼陀罗，一种印度政治教条)一词来描述这些环状领土上的统治者之间的关系。这就好像几把六角琴，它们各自延伸接触，作为不同的王国产生互动。每个社会都有自己的中心、自己的宗教领袖及其大批的随从。在一个复杂而多变的政治方程里，领袖的个人品行和精神气质是非常重要的变量。

神圣的王权使东南亚的社会和政治组织发生了革命性变化。在湄公河(Mekong)下游的沿岸和低地地区，在包括操高棉语(Khmer)各民族的故乡，著名的洞里萨(Tonle Sap)平原在内的湄公河谷中部地区涌现出大大小小的王国。

中国人称湄公河下游地区为**"扶南"**(Funan)，即"千河之港"的意思，但这个称谓并没有真实的历史意义。从中国记载的史料来看，三角洲诸港口负责处理从中亚海运来的青铜、白银、黄金、香料甚至马匹。中国人在文献里称颂扶南繁华的贸易，描述了当地的排水和运输系统迅速地将三角洲大部分地区荒芜的沼泽变成富裕的农田。而这些农田的扩充又使生活在三角洲各支流沿岸的数百人口纷纷脱离捕鱼业而生存。多数扶南人都生活在巨大的湖泊城市里，牢固的防御工事护卫着城市，护城河里鳄鱼频繁出没。每个大型聚落都是一个港口，并通过运河网络与海洋和邻国联系起来。

独立发展冶金业及其他手工业的长久传统和贸易经验，使沿海地区在公元3—6世纪获得了巨大繁荣。但是到公元6世纪，经济中心和政治重心转移到了湄公河中游的内陆地区和肥沃的洞里萨平原，即中国人口中的"真腊"。好胜的真腊统治者们获得了足够的食物剩余以进行一系列野心勃勃的征服，最终发展出了一个有关神圣君权的新概念，并将其辽阔版图上的子民统一到这个共同目标之下，即太阳王在人世间的荣耀。对印度创世之神湿婆的崇拜变成一种为君权提供神证(divine justification)的心理机制，同时，也强调统治者的追随者要保持忠诚和虔敬，反过来他们要捐赠寺庙以报答皇家眷顾。野心家们会一再尝试让自己凌驾于他人和整个王国之上以追求最高统治权。整整几个世纪都没有出现过西方意义上的国家。毋宁说，是这一王国政治的"六角琴"在持续发挥作用，期间某些参与争战的政体会不时宣布独立，而在其余时间里则可能沦为朝贡者和诸侯。

吴哥王朝(公元802—1430年)

洞里萨平原上的所有最高领主都有着一样的雄心，即在尽可能广阔的领域上建立权威。在高棉王朝的专制君主阇耶跋摩二世(Jayavarman II)于公元802年获得权力之

遗址专题

柬埔寨的吴哥窟

在于公元1113年即位4年之后，国王苏耶跋摩二世开始着手兴建他的杰作，一处前无古人的圣地，一个集美丽、神奇和辉煌于一体的大观，也是世界上最大的宗教建筑——吴哥窟。吴哥窟长1500米，宽1200米（图11-10）。其中央建筑面积为215米×186米，高达60米。即使最大的苏美尔金字塔也在它的面前相形见绌，而与它相比，摩亨佐达罗的堡垒看上去就像村里的土地庙。

这座卓逸非凡的建筑的每一个细节都像天堂在人世间的再现。高棉人相信这个世界是由一个叫作"阎浮提"（Jambudvipa）的中央大陆及其中心升起的巨大须弥山（Mountain Meru）组成的。众神生活在须弥山的山巅，反映在吴哥窟中，即最高的那座塔。剩下的四塔代表须弥山的次高峰；城墙则代表位于世界边缘的群山，而护城河代表大陆之外的海洋。吴哥窟代表了高棉人力图为世界的保存者印度毗湿奴（Visnu）再造一座纪念性建筑的最高水平。

在吴哥窟的浅浮雕中，苏耶跋摩戴着精致的王冠和胸饰，端坐在木制的宝座上，聆听他的高官显臣表达忠诚。接下来，在大祭司和大将军的陪同下，苏耶跋摩乘大象沿山坡缓缓前行。一队皇室人员与国王一起穿过一片树林，其中贵族女子均乘轿而行，个个都被重兵武装的勇士保护着。战争场景以及表现飞天（celestial maiden）的浅浮雕散见于吴哥窟各处。这些舞者赤裸着上身，下着奢华的长裙，修长而诱人。无论是其鲜花盛放的背景，曼妙婀娜的舞姿，还是闪耀着宝石光芒的项链和冠饰，无不展现着许诺给国王的死后天堂的欢乐。而在刻辞上也清楚表明了做错事者将会受到怎样的惩罚。

吴哥窟丈量使用的是一种叫作"海特"（hat）的高棉单位，1海特等于0.435米。吴哥窟中心构造的长宽约为365.37海特，而大道的轴向距离刚好与印度历史上四个重要历史时期相对应。如果在春分时站在西大门前，你可以看到太阳从中央莲花塔的正上方

前，还没有哪个国王具备统一国家的能力。阇耶跋摩二世征服四方，建立起新的诸侯国，为其忠诚的大将分封授土。

据说阇耶跋摩二世将对祖先的迷信和对湿婆的崇拜融合成一种林伽（linga，即"阳具"之意）的形式，以此来巩固自己新的王国。他的臣民被教导要视他如神。日益中央集权化的政府动用一切资源来维持对神君的狂热崇拜。每个人，无论贵族、大祭司还是普通人，都要服从于国王或王后渴望在尘世永垂不朽，并在来世今生得到神的认同的野心和夙愿。这位杰出的领袖统治了45年之久，是至少延续了三代的高棉王朝的开山始祖，该王朝的统治者们往往都是经过多番恶战才得以获得权力，在他们治下，这个常年动荡的国家在公元900—1200年间处于鼎盛时期。

之前的君主曾鼓励以阳具崇拜的形式表达对湿婆的虔诚，但现在阇耶跋摩二世说他自己就是湿婆在尘世的化身。他是varman（跋摩），即"保护者"，而他的祭司们则是实用政治权力的傀儡。那些大祭司无一例外都是些精力充沛而道貌岸然的贵族，他们主持

图 11-10 吴哥窟，柬埔寨

冉冉升起。在苏耶跋摩的一生中，他都把吴哥窟当作自己这个神君与诸神交流的地方。死后他的遗体被安置在中央塔里，以保证其灵魂可以进入神界并与皇室祖先交流。这位流芳百世的统治者就这样变成了毗湿奴，世界的主人。

着一个由宗教公职人员构成的高度严谨的等级制度。统治者本人是由那些位高权重的家族组成的官僚体制的最高元首，体制中还包括那些负责解决土地争端的文官武将们。这个官僚体制监控着高棉人生活的方方面面，从农业到战争，从征税到举行国家宗教仪式。就像所有前工业文明那样，高棉王朝在食物盈余和控制大量劳动力以满足兴建寺庙、水库等公共设施的需要之间，也存在着密切的关联。

在所有宗教仪式中，最重要的一项莫过于修建一座雄伟神圣的庙宇以供奉每位国王的林伽。结果阇耶跋摩二世的三十多位后继者留下了大量为纪念其统治而建的宗教建筑。而这些矗立于首都中心人工土墩之上的建筑，即今天被称为吴哥（Angkor）的地区，就是高棉人的宇宙中心。与印度河流域朴素的文明不同，高棉人独特的王权表现形式创造了一个对财富、奢华和神圣君主制狂热到无以复加的社会。这种狂热在苏耶跋摩二世（Suryavarman II）治下达到顶峰，正是这位国王在公元12世纪兴建了著名的寺庙**吴哥窟**（Angkor Wat，见专题"柬埔寨的吴哥窟"）。

在一个与邻国冲突日渐升级的时期，吴哥窟的修建严重消耗了王国的资源。1181年，另一位佛教徒统治者阇耶跋摩七世开始在附近的**大吴哥**（Angkor Thom）修建一个更大的新都。一道长 12.8 千米威严冷峻的城墙将新都包裹其中。走进城内，就仿佛走进了一个充满象征色彩的印度世界，埋葬着国王的寺庙位于正中央。在大吴哥，大广场（Grand Plaza）是举行仪式、论辩、大规模阅兵和乐队演出的场所。

据说在大吴哥城内外曾经生活着 100 万人口。在一座献给国王父亲的寺庙里曾拥有至少 430 个形象，而在更大的行政区里则有 20 000 多个以黄金、白银、青铜和石头等形式呈现的形象。在不远处敬献给国王母亲的塔普伦（Ta Proehm）寺的题词里，提到了曾动用 13 500 座村庄的 306 372 人修建这座圣坛，每年消耗掉 38 000 吨水稻。塔普伦寺附近另一座寺庙的题词里则详细记录了一份包括 18 位高级祭司、2740 位低级公职人员、615 位舞娘，以及 66 625 名"为神服务的男女表演者"在内的人员名单。所有这些皇室建筑的目的都是歌颂国王及其继承人。为获得更多的赞誉，国王还兴建了人员齐全的医院，并为朝圣者们建起了庇护所。阇耶跋摩这些土木工程的结果便是建成了一个完全具有向心凝聚力的宗教乌托邦，在那里，每一件产品，每一个人的劳动力，每一个想法都被用来美化宇宙的中心，以及歌颂乐在其中的国王（图 11–11）。

如果在一个社会里，统治者的权力依赖于赐予恩宠，依赖于成功地忽悠那些重要的豪门贵族的话，那么它的繁荣和稳定就是虚幻的。国王向诸神祈雨，平息争端，并使用丰富的资源以在臣民中对财富进行再分配。他身处这个以曼陀罗为象征的圈子正中央，圈子的边界只能靠治理偏远省份的贵族的忠诚来界定。一位高棉国王是否掌控着权力的

图 11–11　如今已成废墟的塔普伦寺，树根将墙壁和精美的雕塑彻底推倒。

缰绳取决于其对中心，即吴哥的控制。因此，当中央行政机构衰弱时，这个王国就会出现地方分裂的趋势。1430—1431年，在一段长时间的围困之后，吴哥被泰国（Thai）军队攻陷，这个伟大的国家最终分崩瓦解了。

13世纪晚期，伊斯兰世界控制了穿越马来海峡（Malay Straits）的战略贸易路线，从而揭开了国家贸易的新篇章。马六甲（Melaka）成为海峡北岸上的一个重要港口和堡垒。王国的其他地区和岛上诸港口很快便改信了伊斯兰教，一个在盛行了几个世纪的以神圣王权为基础的印度治国纲领眼皮底下宣扬宗教平等主义的宗教。在接下来的3个世纪里，大概是为了继续控制那些张开双臂欢迎这一新宗教的臣民，爪哇岛的统治者也接受了伊斯兰教。伊斯兰宗教和贸易从此在东南亚诸岛上并肩前行，直到1519年武装的葡萄牙航船登陆马六甲。

作为一个经典范例，高棉国家向我们展现了文化进程与伟大个体的结合是如何造就了一个强大但不稳定的国家。然而，这样的国家不仅要频繁面对控制中心的问题，还要注意外围，尤其是在统治不力，并且受到外部竞争的威胁时。

11.6 小　结

印度次大陆上的国家组织型社会是在公元前2700年以前独立自主地发展起来的。位于印度河谷低地上的哈拉帕文明，是苏美尔长途贸易模式发生重要转移，以及低地哈拉帕文化与俾路支高地之间长期互动的结果。哈拉帕文明沿印度河持续繁盛了约1000年，这是一种有很多小型卫星聚落的城市社会，受到掌控宗教和经济生活的祭司王的精心规划和控制。公元前1700年以后，一些主要城市陷入衰落，但是哈拉帕社会在乡村又繁荣了很长一段时间。经济中心和政治重心向东移至恒河谷地，并在公元前第1个千纪的孔雀王朝治下达到极致。

早期的中国文明首先在西方出现了独立的国家组织型社会。黄河流域的商文明是最为著名的，繁盛于公元前1766年—前1122年。它可能是整个中国北方地区占统治地位的王朝。商朝社会是按阶层组织的，统治者和贵族的生活区是被隔离开的，普通大众则散布于周遭的小镇和村庄里。周朝取代商朝导致商文明的终结，从公元前1122年—前221年，周朝统治了中国北方的广大区域，直至中国在始皇帝的统治下实现了统一。

东南亚国家的形成过程大约始于同时，但是最早有关复杂国家的历史记载出现于公元3世纪。许多这类国家都是从湄公河谷地内外，以及后来的柬埔寨盆地发展起来的。公元802年以后，高棉文明，一个建立在神圣王权和强大的一致性概念基础上的社会，从柬埔寨盆地繁荣起来。在经历了6个世纪的辉煌之后，高棉文明与扩张中的伊斯兰贸易网络以及新的宗教戒律发生接触，从而导致其部分衰亡。

第12章　美索美洲低地文明

一位衣着优雅的女性正在虔诚招待玛雅统治者，这位女性要么来自蒂卡尔(Tikal)，要么来自多斯皮拉斯(Dos Pilas)。

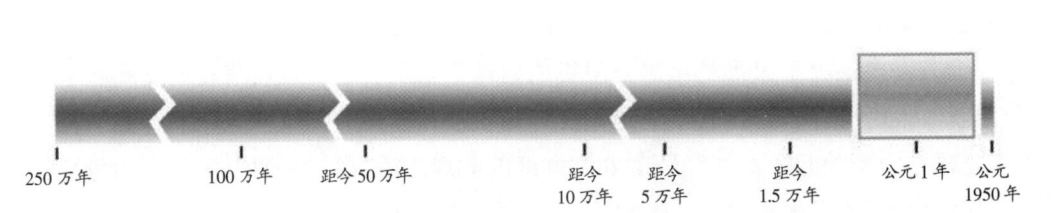

12.1 起源：前古典时期的低地人（公元前 2000 年—公元 300 年）

12.2 奥尔梅克文明（公元前 1500 年—前 500 年）

12.3 玛雅文明的起源（公元前 1000 年以前—公元 300 年）

12.4 古典玛雅文明（公元 300—900 年）

12.5 古典玛雅的衰落

12.6 后古典时期的玛雅文明（公元 900—1517 年）

    无论用什么标准衡量，探险家约翰·劳埃德·史蒂文斯（John Lloyd Stephens），这位曾经的纽约律师都是一位了不起的人物。1839 年，他与苏格兰艺术家弗雷德里希·卡瑟伍德（Frederick Catherwood）一起深入到美索美洲内陆的雨林中去探险，寻找传说中消失的文明以及被淹没于原始丛林深处的传奇废墟。他们的第一站是一座叫科潘（Copán）的现代小村落，在那里，"环绕在他们四周的是死气沉沉的森林掩映下的灰黑色的废墟轮廓。这是一座死亡之城，唯一打破寂静的是在树枝间跳跃的猴子发出的声音"。（Stephens, 1841:48）就在卡瑟伍德将他在玛雅石柱上发现的复杂的象形文字描画下来时，史蒂文斯正试图以 50 美元的价格从当地人手里把这座科潘城买下来，好将其一块一块地运回纽约。但他很快发现根本无法将古迹运到下游，这桩交易也就随之化为泡影。史蒂文斯和卡瑟伍德两人先后游历了帕伦克（Palenque）、尤科迈尔（Uxmal）和奇琴·伊察（Chichén Itzá）等城，并且在历史上第一次确认了这些伟大城市的建立者正是玛雅人："这些城市……的创造者并未死去……同一个种族依旧在那废墟上盘旋。"史蒂文斯这样写道（1841:222）。后世所有关于玛雅文明和古代美索美洲文明的深入研究都是建立在上述成就基础之上的。

精密的历法,伟大的仪式中心和宏伟的建筑,神秘的象形文字以及令人目眩神迷的萨满仪式——多彩的**玛雅文明**(Maya civilization)令考古学家和外行人纷纷对其着迷不已。直到最近人们仍对充满异域色彩的玛雅人所知甚少,他们被视为中美洲(Central America)[①]古代文明传统的一个缩影。对玛雅文明的追根溯源将我们带回到约4000年前美索美洲村落农耕社会的繁盛时期,彼时正值埃及文明发展的最高峰,商文明也正统治着中国北方。本章我们将描述玛雅等中美洲低地文明的起源与发展,至于曾与这些文明进行频繁互动的高地人,我们将在第13章进行探讨。

12.1 起源:前古典时期的低地人(公元前2000年—公元300年)

两条伟大的山脉构成了美索美洲高地的脊梁,沿海岸线蜿蜒而下直抵中央高原(Mesa Central,亦称阿纳瓦克高原)的一道东西走向的火山链(图12-1)。墨西哥河谷盆地及其五大湖构成了高原的心脏,并在几千年的时间里承担了美索美洲高地政治和经济生活中心的职能。美索美洲南部的高地地区多山,但瓦哈卡(Oaxaca)的高原上拥有这一地区少见的平坦地带。在更南的地方,绵延的山脉将现代危地马拉城所处的高原围住。生活在墨西哥盆地和南部高地的人们喜欢这里凉爽的气候,6—11月间大量的降雨提供了单一作物一年所需的雨水量。更偏南的高原也很肥沃,但是气候更温暖。

随着向北延伸,密集的山脉遂让位于低洼的石灰质尤卡坦(Yucatán)半岛,这就是所谓的玛雅低地。与高地气候状况截然不同的是,低地全年炎热潮湿。占据尤卡坦半岛南部三分之二面积的(危地马拉)佩藤省(Petén)是一块被热带丛林所覆盖的多山石灰岩地貌,湖泊和沼泽交错其中。尤卡坦北部的石灰岩平原则要干燥得多,并有一套建立在地下水渠基础上的排水模式。墨西哥湾的沿海地区低洼炎热,如韦拉克鲁斯(Veracruz)和塔拔斯科(Tabasco)地势较低的沿海平原、尤卡坦半岛,以及洪都拉斯湾(Gulf of Honduras)沿岸丛林茂密的狭长地带。

到公元前2000年,定居村落在整个美索美洲已经十分普遍,它们星罗棋布于低地

---

① 中美洲是一个地理单元,即连接北美洲与南美洲的一片区域。中美洲被视为美索美洲的组成部分,但不包括巴拿马南部地区。——译者

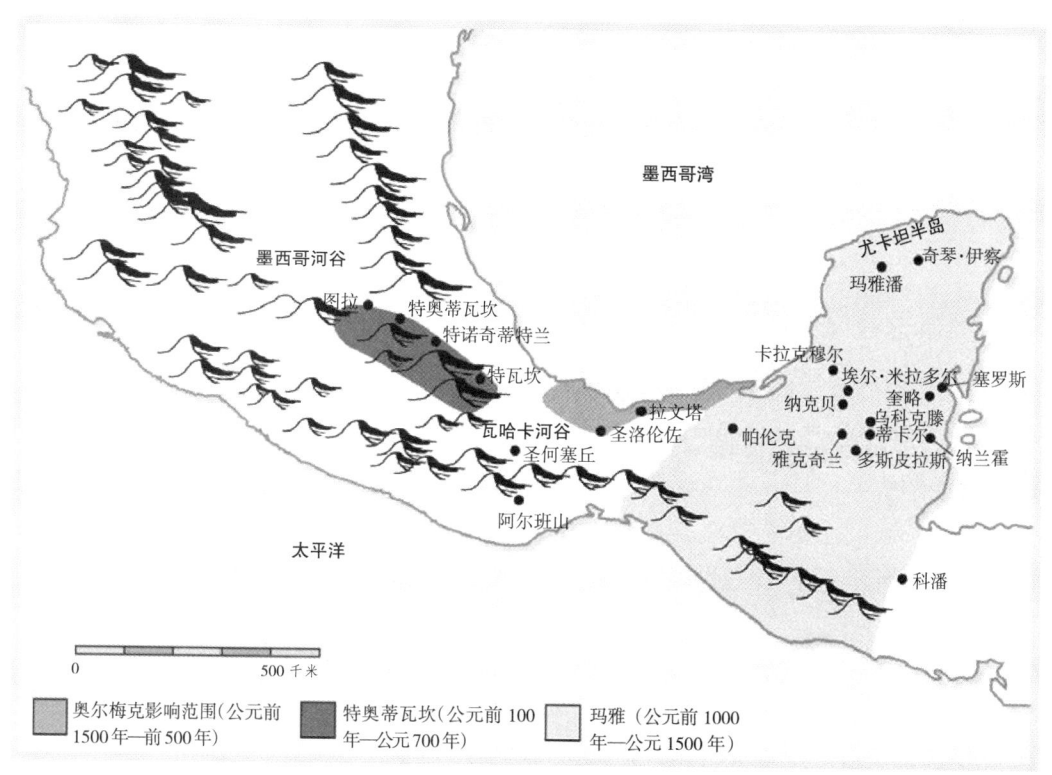

图 12-1 第 12、13 章涉及的遗址

与高原地区那些农业环境高度多样化的小型社区中。美索美洲自然环境的多样性及其广泛分布的食物和原材料资源，使得这些定居村落必须相互依赖，并依赖那些与自身生存环境截然不同的社区而生存。自远古起，一个物物交换的网络就将村落与村落联系到了一起，生活在低地的群体得以与生活在半干旱高原上以及墨西哥盆地中的人们发生接触。同时借由这个网络得以传播的还有一些强大的意识形态，从而为古代美索美洲文明奠定了象征主义基础。借此，美索美洲文明的核心形成了，即在那些相隔数百千米、生存环境有着天渊之别的人们之间频繁发生的产品交换和思想互动。

公元前 2000 年—前 1000 年间，即所谓的**前古典**(Preclassic)时期或**形成期**(Formative)，高原与低地的许多地方都出现了政治与社会复杂性的最初征兆。不少地区出现了由一位酋长和一小撮贵族领导的小的强国。相似的模式也曾出现于美索不达米亚、埃及、中国等一些曾发展出早期国家组织型社会的地区，只是后者社会和政治复杂性更胜一筹。与其他地区一样，在美索美洲，新的社会复杂性亦体现在房屋设计的不同、小型祭坛的出现，以及鱼刺、贝壳这类得自与墨西哥湾沿岸(Gulf Coast)贸易并被用于放血等宗教仪式的圣物身上。在这里，与其他地区一样，控制不同地域间的外来贵重物品和知识的交换,对这些王国的意识形态来说是至关重要的。这些物品以及与之相关的意识形态,使统治者控制人力与自然资源的权威得到了象征化和合法化。

不同地区社会政治复杂性的出现不是前后相继的,而毋宁说,这是一个在美索美洲不同地区或多或少同时发生的进程,这一进程不是孤立的,各个地区之间充满了互动。在这些早期社会中,最为著名的便是奥尔梅克文明。

12.2 奥尔梅克文明(公元前1500年—前500年)

在后来的美索美洲文明传奇中,**奥尔梅克人**(Olmec)有着令人敬畏的地位。玛雅祭司也承认,他们从这一所知甚少的美索美洲先辈那里继承了伟大的文化遗产。早期学者认为曾有这样一个"母文明",即存在一个奥尔梅克国家,它是其后所有美索美洲文明的先驱。今天,我们已经了解"奥尔梅克"指的是位于韦拉克鲁斯和塔拔斯科的墨西哥湾沿岸地区的一系列王国,并且这一文明在前古典时期早期曾对恰帕斯(Chiapas)邻近地区以及墨西哥中部产生了某些影响。在奥尔梅克文明的活跃期,作为相距遥远的不同社区

图 12-2　圣洛伦佐的奥尔梅克巨型头像,其头饰雕刻有鹦鹉状的象形文字。

领袖之间建立起正常接触及日常贸易的结果,不同地区的一些发展中王国也共享了某些艺术母题、宗教象征和仪式信仰。出土奥尔梅克艺术品和人工器物的地区面积相当于墨西哥湾沿岸地区心脏地带的20倍之多。位于玛雅低地的奎略(Cuello)发现了很多类奥尔梅克器物,而在科潘城则出土有一些前玛雅时期的墓葬(参见"帕伦克和科潘"小节)。考古学家亚瑟·德马雷斯特(Arthur Demarest)将这一现象称为"网格式互动"(lattice of interaction),该现象持续了数百年,为日后几个世纪里发展起来的美索美洲文明创造了复杂而深刻的传统。

约公元前1500年—前500年间,奥尔梅克人一直生活在墨西哥湾南部沿岸地区。他们的家乡地势低洼,气候炎热潮湿,土地肥沃。那里的沼泽、湖泊和河流盛产鱼类、鸟类等动物,它们都是新形成的复杂艺术风格的重要组成部分,而这种艺术风格则将为美索美洲人的生活留下永恒的印记。奥尔梅克文明的起源完全是个谜,但是他们的文化毫无疑问有着强大的本土根基。

最早的一些奥尔梅克聚落位于**圣洛伦佐**(San Lorenzo)的一块平地上,在一片频繁泛滥的林地平原中部。最早的村落遗存几乎没有显示任何显著的奥尔梅克特征,但是到公元前1250年,圣洛伦佐人已经在河堤上一些干燥肥沃的土地和原野上开展农耕,并创造出极高的农作物产量。很快,圣洛伦佐的统治者们便在其平地四周建起了山脊和土

图12-3 拉文塔的一座奥尔梅克祭坛,刻画了在展开的美洲虎皮下坐着一位王,他从壁龛(也可能是洞穴)里探身而出,手中的绳索将雕刻在王冠两侧的囚犯连接到了一起。

遗址专题

圣巴托洛的玛雅壁画

威廉·萨图尔诺已经又渴又累了。他找到一处阴凉的盗墓人探沟爬了进去。圣巴托洛位于危地马拉的佩藤省，是一处小型的前古典时期玛雅遗址。盗墓人的破坏使得为后世建筑所覆盖的房间部分暴露了出来。一面可以看到的墙上绘满了彩色的壁画，因为被泥土覆盖以及房间被封存而得以保存了下来。

经过小心的绘录，9个神话人物渐渐凸显了出来。其中的主角便是佩戴着珠宝饰物的玉米神（Maize God），其头部被刻画成玉米须的样子（图12-4）。玉米神正回头注视着身后双膝跪地的女性，两人双臂均向上伸出。另有一位黑发女性似乎飘浮在跪地女性之上。一位男性跪倒在玉米神面前，与此同时，其他形象则似乎在列队行进。这是所知最早的有关玛雅创世神话的描绘，不过与之后很晚的几个世纪里出现的神话艺术形式非常相似。AMS放射性碳测年给出的读数是公元前400年—前200年间，从而使圣巴托洛的壁画成为所知最早的玛雅壁画艺术。壁画中的黑色部分刻画了10个象形文字，专家们即使在了解了后期玛雅文字之后迄今仍未成功解读，但其中至少一个字形已被认为是王权的象征。

早期玛雅艺术可回溯至文明起源之初，并有着复杂的艺术传统、文字和宗教信仰，而圣巴托洛则堪称这一艺术的西斯廷教堂（Sistine Chapel）。早在公元前400年这一与众不同的玛雅文化传统就已经迅速发展起来了，这比我们之前所认定的时间要早得多。

丘，又在其上建造了金字塔和类似足球场一样的建筑。一个世纪以后，圣洛伦佐出现了显然是为彰显其统治者而建造的宏大的纪念性雕刻（图12-2），很可能这些统治者死后曾被奥尔梅克人肢解。圣洛伦佐人一直和美索美洲的许多地方进行黑曜石和半宝石贸易，直到公元前900年以后他们的中心陷入衰落，并被距离墨西哥湾最近的拉文塔，这座最著名的奥尔梅克遗址所取代。

奥尔梅克社会究竟是一个巨大的同质国家，还是通过国王、宗教和贸易关系联系起来的一系列小型王国？目前的观点倾向于后者，并认为最初握有村落用地的是一些大型家族。经过多个世代的发展之后，或许某些家族控制了那些最肥沃的土地，垄断了上等捕鱼业以及水禽的捕捞。他们成为奥尔梅克社会的统治精英。为了给新获得的权力建立起象征性及仪式性的表达，这一新的精英阶层建造了令人赞叹的人工山脉，战略性地设置了一些开放空间，以此来表现权力的无所不在。统治者们在这些场合下举行一些精心设计的公开仪式和展演，以巩固其最高权威。统治者还会用他们巨大的雕像来装饰自己的疆域。

位于沼泽中央一座小岛上的**拉文塔**（La Venta）拥有最令人叹为观止的建筑和雕刻。岛上占据核心地位的是一座长方形土丘，120米长、70米宽、32米高。在这块巨型土丘的前方是一座长方形的广场，又低又矮的土丘环绕其四周，广场对面则筑有围墙和阶梯

图 12-4 圣巴托洛出土的前古典时期壁画中的玉米神

状的土丘。整个遗址散布着一些雄伟的巨型石刻，其中包括一些头像，表达了不敬和残忍的情感（见图 12-2），很可能就是对其实际统治者的刻画。

在一处王冠状的石刻中，一个可能是统治者的人物席地而坐，从深深凿进石头里的壁龛中探出身来（图 12-3）。石刻两侧刻画了格式化了的美洲虎形象，可能是为了象征这些动物正是统治者的神秘起源。约 400 年的时间里，拉文塔人最远曾与哥斯达黎加就仪式用玉石和蛇纹石开展贸易，期间奥尔梅克的王权思想和宗教意识形态在整个低地和高地传播开来。然后，约在公元前 400 年，拉文塔陷于覆灭，它最精美的名胜古迹悉数遭到恶意的损毁。

奥尔梅克社会出现的最重要的制度之一是王权制，如今我们只能通过那些充满神秘色彩的半美洲虎半人类形象所展现出的与众不同的艺术风格窥见一二。奥尔梅克王可能已将古代关于美洲虎的观念嫁接到了新出现的王权制度上，在这种制度中，统治者是一位萨满王，拥有非凡的超自然能力。奥尔梅克的雨神很可能是一个半人半兽的形象，有着美洲虎般尖利的牙齿，但这只是人们幻想的许多复合型神兽之一，而并非真正的丛林生物。奥尔梅克的艺术家们将鹰的羽毛和爪移植到蛇等动物身上，从而形成一些神物，或许其中就有"羽蛇神"（Quetzalcoatl），美索美洲诸神中流传最为久远的一位，并作为高地文明的核心延续了几个世纪之久。

当位于高地和低地的古典美索美洲文明兴起之时，美索美洲已经被世袭脉络明朗的王朝统治了将近 1000 年。

12.3 玛雅文明的起源（公元前 1000 年以前—公元 300 年）

古代玛雅文明的源头要到早得多的美索美洲低地文化传统中去寻找。波士顿大学考古学家诺曼·哈蒙德（Norman Hammond）成功地将玛雅文化追溯到了公元前第 2 个千纪位于伯利兹（Belize）北部的奎略遗址。

奎略是一处小型的玛雅仪式中心，现存的遗址包括一处一亩见方、高 3.6 米的平台，以及一个低矮的金字塔。哈蒙德对遗址进行了逐层发掘，最终发掘出一处建置在石膏面上的柱结构房屋基址，房子以棕榈叶为顶，年代约为公元前 1000 年。奎略人将这种广场布局模式保持了好几个世纪，并将其不断扩大直至公元前 400 年。在这一时期，村民们用木料对仪式区进行了改造，并用茅草为寺庙加盖屋顶，使其变成巨大的公共场所。他们用碎石和瓦砾在广场上建起了一座面积超过一公顷的高台。哈蒙德从碎石中清理出来的碎骨遗存属于 30 多名随葬者，其中一些人首级或四肢被斩，其他的则围坐在两个年轻男性周围。在随人牲陪葬的 6 个骨管上镌刻有象征了日后玛雅王权的交错席纹母题。这种席纹象征了王冠。这一母题在此处的出现可能验证了玛雅在公元前 400 年已经出现了精英阶层。

圣巴托洛、纳克贝和埃尔·米拉多尔（约公元前 1000 年—前 300 年）

前古典时期人们的生活比我们最初所设想的要复杂得多，正是这一时期见证了一系列重要玛雅文明中心的惊人发现，其年代可追溯至约 2000 年前古典玛雅文明出现以前。

圣巴托洛（San Bartolo）遗址位于危地马拉，是一处从公元前 400 年延续至公元前 200 年迄今仍所知甚少的遗址，其标志性建筑是一座小型金字塔，但在塔内的房间里考古学家意外发现了大量色彩鲜艳的壁画。2005 年，玛雅学家威廉·萨图尔诺（William Saturno）和鲍里斯·贝尔特兰（Boris Beltrán）打通了通往塔内的隧道，发现了一间布满五彩缤纷壁画的房间。虽然碑铭学家们尚未破解房间里的象形文字，但是它们毫无疑问证明了早在 2500 年前，玛雅社会就已经出现了文字，这比我们曾经所认可的时间要早得多。

位于危地马拉佩藤省的一些前古典时期遗址有着相当可观的规模和重要性。**纳克贝**（Nakbé）距离危地马拉城约 350 千米，距离位于**埃尔·米拉多尔**（El Mirador）的早期玛雅遗址 13.6 千米。这两处聚落曾由一条堤道连接起来，但是面积更小的纳克贝遗址要早得多，大约在公元前 1000 年。公元前 650 年—前 450 年间，纳克贝的统治者们在其原来的仪式性建筑基础上建起了巨大的平台，并在其上筑起了表面无装饰的金字塔。3 座小型神庙攒集于金字塔顶部，可通过一道由栅栏和挡板搭成的陡峭的楼梯抵达。纳克贝神庙的正面反映了当时玛雅社会正在形成的 Ch'ul Ahau 概念，即神圣王权。在盛大的公共仪式中，至高无上的王们带着神的面具现身，象征了他们就是活着的神。

纳克贝在公元前 300 年前后发展到了巅峰，但是不出几代人便陷入了完全的政治动荡和经济衰落，与此同时，其位于埃尔·米拉多尔的邻国崛起了。

公元前 150 年—前 50 年间，埃尔·米拉多尔发展成为一块占地 15.5 平方千米、地势较低的波状地带，其中部分地区会在雨季遭受洪泛。埃尔·米拉多尔堪称一座金字塔和广场的迷宫，拥有包含阶梯、神庙和皇宫在内的 200 多座建筑。这座城市坐落于一片下沉地带当中，因此，雨水可蓄积在此以供旱季使用。到这一时期，玛雅人已学会建造巨大的水库以蓄水。这种谨慎的处理方式表明，他们已经充分意识到要为干旱年月做好准备。这一策略似乎颇见成效，因为玛雅文明迅速演变成一个复杂的城邦国家。

美国杨百翰大学考古学家在埃尔·米拉多尔至少发掘出 200 座建筑，包括一处结构复杂的金字塔、神庙和广场建筑群。位于遗址东头的旦达（Danta）金字塔矗立在一座 70 多米高的天然小山上。西面 2 千米多一点的地方矗立着虎塔（Tigre）建筑群，一座 55 米高的金字塔，四周环绕着一座广场和一些小型建筑（图 12-5）。埃尔·米拉多尔出土了一些最早的玛雅文字，它们多数被刻写在陶器碎片上，偶尔也会出现在灰泥雕塑上。一条

图 12-5　埃尔·米拉多尔前古典时期古城复原图

上升的大道将埃尔·米拉多尔与其西北 38 千米处的另一座重要的前古典时期文明中心**卡拉克穆尔**(Calakmul)连接起来。这座迄今仍罕为人知的重要城市在公元早期突然衰落。其衰落的原因尚不明了，但却在其他一些王权制度兴起后又被抛弃的前古典时期玛雅社会中得到了反映。

王权、象形文字和政治周期

王权是低地玛雅文明的核心所在。玛雅统治者会将其行为与诸神和祖先的事迹联系起来，有时则通过宣称神秘事件的再现使其继承者的地位合法化。从实际意义上说，玛雅的历史是与当下，与彼岸世界，以及远古时传奇般的奥尔梅克文明联系在一起的。玛雅社会被深深地嵌入于一个宗教时空的母体之中。

玛雅人的王权是在一个相当神圣的背景下发展起来的，在这片人工景观中，整年——或以更长的周期——上演着复杂的仪式。因此，在玛雅人的生活中，历法有着至关重要的意义，因为复杂的宗教时间地理与空间地理在决定政治策略和社会运动方面是同等重要的（图 12-6）。与其他事物一样，复杂的象形文字也被用来计算时间的流逝和定期的宗教仪式，因此，它与历法一样在玛雅人的生活中处于核心地位。

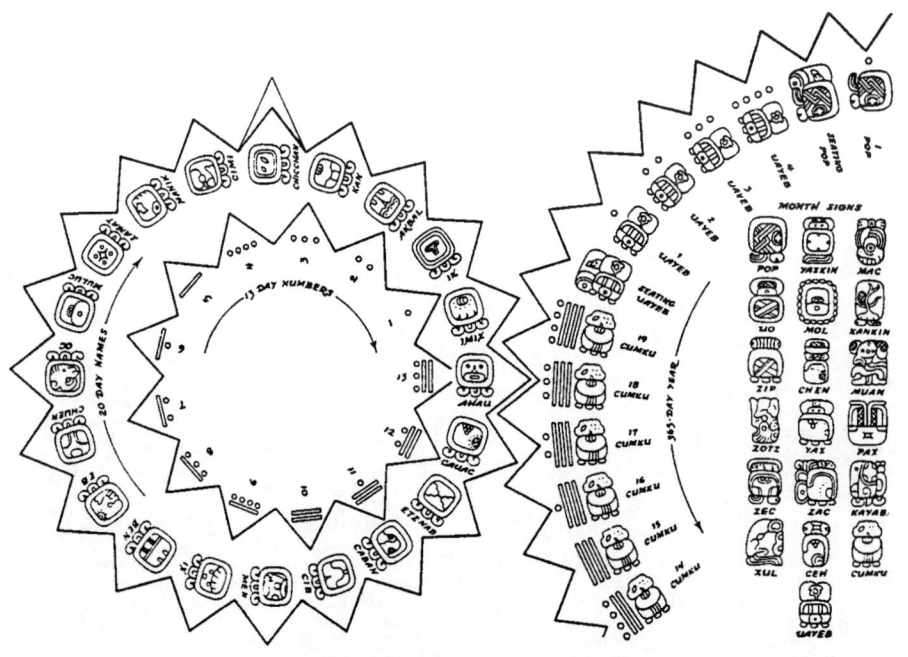

图 12-6　玛雅历法中两个互相交织的周期。左边的轮盘是 260 天的卓金历(tzolkin)，这套神圣历法分为 13 个阶段（内轮）和 20 个节日（外轮）。右边的是哈布历(haab)，是一套世俗历法，分为 18 个月，每个月各 20 天。

玛雅文字

玛雅人的先辈们有着漫长的象形文字传统。一些奥尔梅克这样的美索美洲社会早在公元前 900 年便已掌握了文字，但我们对其所知甚少。

对玛雅文字的解读贯穿于整个 20 世纪所有最伟大的科学成就当中。几代玛雅学家都认为这套错综复杂的符号是被用来记录历法的，而古代玛雅王们都是一些崇尚和平的天文学家兼祭司。但是，1952 年，苏联金石学家尤里·诺索罗夫（Yuri Knosorov）论证说，玛雅文字是一种有音节的表音象形文字，与埃及文字一样。20 年后，有学者成功地为**帕伦克**（Palenque）和**蒂卡尔**（Tikal）这类重要中心城市的玛雅王们建立了王朝史。从那时起，经过了二十多年高强度不间断的团队合作，终于破解了大部分古典玛雅文字，尽管尚有许多难题有待解决。

与埃及和苏美尔文字不同，玛雅人的成就非常具有局限性，文字只出现在了陶壶、建筑和石柱的铭文中，而且在经历了西班牙人的征服之后，只有四部抄本（鹿皮文献）幸存下来，记录的都是有关君王即位、军队凯旋和重要仪式的公文，是玛雅王的政治宣传手段，是为替其行为和世系正名这一崇高意图服务的"政治正确"的文献，其中几乎并不涉及关于玛雅人日常生活的内容。但是，现存的文本告诉我们，玛雅统治者并不是什么崇尚和平的天文学家，而是指挥着军队，向与其竞争的一系列城邦国家大肆征伐的残忍军阀。对文字的解读揭示出，玛雅文明是一片交织着外交联姻、政治联盟和血腥征伐的频繁转变的流沙。接下来对玛雅文明的描述既是建立在考古学的基础上的，也是以所破译的象形文字为依据的。

政治周期

考古学家乔伊斯·马库斯（Joyce Marcus）在美索美洲诸国崛起、达致巅峰和衰落的轨迹中发现了很大的相似性。她注意到，在低地和高地诸文明中，如玛雅文明，再如特奥蒂瓦坎（Teotihuacán）和托尔特克（Toltec）以及位于高地的阿兹特克（Aztec）文明（参见第 13 章），存在着一种一致的局面。

这种局面以如下步骤展开：首先，一座新的城邦国家，如玛雅人的蒂卡尔和特奥蒂瓦坎，借助外交手段、政治联姻和军事征服而拓展了自己的疆域。在其发展阶段的早期，这座城邦国家将达到其疆域的极限，然后，一旦某些行省的实力和文化复杂性发展到一个可观的程度，他们就会从已经有名无实的宗主翼下脱离出去而成为一个独立的政体。在出现衰落之前的很长时间里，这个核心国家始终保持着繁荣，倾其能量和资源用于本土建设，而非扩张。但有时这些原来的行省，现在的独立国家会联合起来征伐其旧的宗主，从而使原来的国家变成一个二级中心。这样一个崛起、开疆拓土、分裂然后两败俱伤的周期一遍又一遍地循环往复，足以被视为美索美洲文明的一个连续模式。马库斯的这一模式在玛雅人的政治史中得到了很好的体现。

12.4 古典玛雅文明（公元300—900年）

甚至就在埃尔·米拉多尔大概由于其水源供应或贸易联系衰落而崩溃的同时，另外两个中心城市蒂卡尔和**乌科克滕**（Uaxactún）开始介入继之而来的政治和经济真空。这两座城市相距不足20千米，以至于一山难容二虎。但是，它们相互对峙的这一时期也是古典玛雅文明的繁盛期。

在玛雅文明的古典时期，玛雅人为应对低地环境因素的挑战而做出了新的适应性改变。现在许多社区建在了山顶上，这样山脚下曾被用来建造金字塔、神庙等建筑的采石场就可以改造成巨大的水库，环绕于四周的假山和广场作为集水面而将水蓄积到了水库里。凭借着天才的智慧，玛雅建筑师们建造了重力管道，将水从中央水库里输送到了一个个水箱和四周的灌溉体系中去。

这些复杂的水管理系统正是为了满足那些不具备埃及和苏美尔那样的季节性河流泛滥——甚至也没有大的河流——来为灌溉系统提供水源的地区的蓄水需求，而历经几个世纪发展起来的。玛雅人发展出了一种被考古学家弗农·斯卡保罗（Vernon Scarborough）称为"小流域"（micro watershed）的系统来弥补降雨的不足。但是，这种体系有诸多限制，因此，不可避免地只能服务于有限的区域。降雨蓄满了水库和水箱，但是降雨量年年变化较大，因此，不可能像典型的美索不达米亚灌溉系统那样控制洪水的释放。低地的水管理和灌溉要求必须具备合适的地形、高度机动的劳动力管理以及无数次的反复试验。

几个世纪以来，玛雅人的农业慢慢创造出了一种高度工程化的基础结构，产量也日渐提高。一切都被缓慢而从容地设置进了一个与脆弱的热带现实环境相适应的社会和政治背景中。正是因为花费了几个世纪的时间去学习如何在这种环境下经营农业，玛雅人才最终在环境的局限下获得了成功，他们从困难中学习，他们的村庄星罗棋布，并且发展出了与整个地区土壤和食物来源的不平均分布相映衬的高度的相互依赖性。只要这一体系运转良好，他们就能相对不受气候局限性的约束。因此，玛雅文明呈现出由许多小型城邦国家组成的马赛克式图景并不是巧合，而在此图景中居于中心地位的小流域，则赋予这些城邦国家以灵活性，以及持续数个世纪之久针对短期气候事件的快速还原能力。

随着人口尤其是城市郊区人口的增长，玛雅人也在拓展着农业的规模。早在公元1

世纪,他们就开始排干沼泽,开凿运河,在曾经不宜耕种的地势低洼且季节性泛滥的河滨土地上开辟出成畦的填土造田系统(raised field system)。这些小块的土地与几个世纪以后著名的湿地园(swamp garden)非常相似,后者被生活在墨西哥高地的阿兹特克人用来给养他们伟大的首都特诺奇蒂特兰(Tenochtitlán)。随着人口的日渐膨胀,玛雅人开始在陡峭的山坡上开凿出层层的梯田,以将暴风雨时倾泻下来的淤泥囤积起来。

到公元800年,就在衰亡前不久,低地上已经生活着大约800万—1000万玛雅人,这样高的人口密度对于一个自然承载能力较低的热带环境来说,已经是摇摇欲坠了。

蒂卡尔和乌科克滕的崛起

蒂卡尔在公元前1世纪经历了大规模的扩张,与此同时一些巨大的公共建筑在早先一些稍显简陋建筑的基础之上拔地而起,其目的很显然是为了盖过埃尔·米拉多尔的辉煌。在这个世纪里,蒂卡尔出现了一个精英群体,这从两座墓葬可以得到最佳体现,其中一座是葬于圣坛下的贵族妇女墓,另一座则是以墓室壁画闻名的贵族墓,墓主衣饰华丽。北面的乌科克滕也在这个世纪里经历了类似的转变。那里的前古典时期神庙表面都粉刷有一层灰泥,上面描绘了玛雅人的世界以及兴建了这些建筑的国王们。在整个公元前1世纪,这两个中心在政治和经济方面始终并驾齐驱(图12-7)。

蒂卡尔的铭文记载了一个辉煌王朝的编年史,从古代早期直到公元9世纪,这个王

图 12-7 蒂卡尔的中心区

朝一直统治着玛雅的四个首都之一。最早有记录的君主是 Yax Ch'aktel Xok（即"First Scaffold Shark"，第一皱鳃鲨），据称他曾在公元 200 年左右建立自己的统治，虽然城市的历史要早得多。在其治下，来自高地特奥蒂瓦坎的影响突出显现出来，体现在陶器风格以及来源地被这座城市密切控制着的绿色黑曜石上。这一加诸蒂卡尔政治、军事和宗教领域的强烈影响一直持续到了公元 550 年。

Yax Ch'aktel Xok 并不是首位君王，但就随后几个世纪里统治蒂卡尔的皇室来说，他却扮演了奠基人的角色。据蒂卡尔象形文字揭示，在王朝建立者之后共记载了 31 位统治者（其中 18 位有名可寻），其中最早的可追溯至公元 292 年，最晚则到公元 869 年，于是形成了历时 577 年的有文字记录的"信史"。乌科克滕也诞生了一个强有力的王朝，并且与蒂卡尔诸王一样，他们的纪念性建筑上很快也出现了这样的场景：即将被献祭的人牲伏在统治者的脚下瑟瑟发抖，贵族随葬者们则为即将在公共仪式上举行的献祭而展开徒手肉搏。这些场景昭示了玛雅历史上关键的一步：以征服为目的的战争和讨伐所扮演的角色越来越重要了。

公元 320—378 年间，正当与近敌乌科克滕的对抗处于危急关头之时，Yax Ch'aktel Xok 的第九位继承人大虎爪（Great Jaguar Paw）统治了蒂卡尔。这位国王死于公元 378 年，就在那时，蒂卡尔来了一位名叫"火之诞"（Fire-Born）①的武士，他自"西方"来，可能就是从高地上的特奥蒂瓦坎城来的（参见第 13 章）。大虎爪之死与火神到来之间的关系尚不清楚，但是正是前者于公元 378 年 1 月 16 日击败了乌科克滕的军队。他的军队弃长期建立起来的战争统治于不顾，在洗劫了乌科克滕之后，建立了一个新的王朝，并拥立火之诞为王。蒂卡尔的军事扩张是在特奥蒂瓦坎的协助下实现的，期间这座伟大的高地城市与其他一些玛雅中心城市之间存在着正常的贸易联系，这从出土的许多采自蒂卡尔的独特绿色黑曜石中可见一斑。新的接触有可能带来了新的战争哲学及与之相关的仪式，而这些仪式很快成为美索美洲宗教传统的组成部分而流传了数百年。

在接下来的几个世纪里，蒂卡尔王朝繁盛了起来，并最终发展成一个多中心的政治实体，通过征服、长途贸易以及旨在将临近统治者纳入母系血缘集团的政治联姻，蒂卡尔拓展了自身的影响力。据估计，鼎盛时期的蒂卡尔，其广阔的疆域上可能生活着多达 30 万人，蒂卡尔城及其腹地人口则为 62 000 人，不过这可能是最高估计。

约公元 557 年，蒂卡尔在被新崛起的国家卡拉科尔击败之后，遂陷入衰落，不过到了古典晚期时又再度崛起。

---

① 也译为"火神下凡"。——译者

卡拉科尔和卡拉克穆尔

卡拉科尔（Caracol）位于伯利兹中南部，距蒂卡尔东南 70 千米。作为一个重要的竞争对手，卡拉科尔控制着价值巨大的水晶矿石供应。公元 7 世纪它那辉煌的仪式中心占地至少 2.25 平方千米，期间生活着 3 万—5 万人，另有 10 万人生活在外围村落里。公元 557 年，就在蒂卡尔囚禁并最终处决了它的一位重要领主后不久，卡拉科尔与蒂卡尔之间陷入了敌对状态。卡拉科尔统治者水王（Lord Water）击败了蒂卡尔人，俘虏了他们后来的统治者"双鸟王"（Double Bird），蒂卡尔遂成为卡拉科尔的臣属地，但随着宗主国的衰落，其规模和自主性也在日渐增长。水王的继承者们统治了蒂卡尔至少 150 年，并于期间对邻近的卡拉克穆尔和纳兰霍（Naranjo）发动了野心勃勃的征伐。但最终卡拉科尔还是为其军事冒险付出了代价，只在古典时期晚期才再度崛起。

发生在低地上的这一幕幕令人眼花缭乱的外交和军事戏码将数十个大大小小的城市和城邦国家卷入其中，它们与主要中心和次级王国之间的关系就像一团交织着掠夺与反击以及考古数据的乱麻。除了卡拉科尔，同样位于南部低地的蒂卡尔和卡拉克穆尔在古典早期也是敌对的地区性中心城市。卡拉克穆尔实力最强时，仅仪式区的面积就接近 2 平方千米，而其周围的居住区面积则超过 20 平方千米。最晚于公元 514—814 年间，作为蒂卡尔的重要对手的一座大城的中心区曾生活着 5 万多人。与蒂卡尔一样，卡拉克穆尔也横穿一条重要的陆路贸易路线，因此，这两座城市的竞争既是权力游戏，也是为了争夺长途贸易的控制权。两座城市之间很可能存在某种家族纽带。双方的对峙相当白热化，并最终升级为战争，而蒂卡尔、卡拉克穆尔和卡拉科尔之间也频繁变换着结盟关系。

蒂卡尔很少与近邻结盟，倒是与两个距离较远的城市保持着友好关系，它们就是帕伦克和科潘。

帕伦克和科潘

帕伦克城是玛雅人的另一座中心城市，位于西部低地，不仅拥有杰出的建筑，而且以其统治者对祖先的执著和痴迷闻名。有这样两位帕伦克统治者以其宏大的视野和智慧脱颖而出，他们是帕卡尔大帝（Pacal the Great）及其长子强·巴鲁姆①（Chan-Bahlum，即"虎龙"［Snake-Jaguar］），他们曾于公元 7 世纪统治这座城市。帕伦克王朝史开创于公元 431 年 3 月 11 日巴鲁姆-库克（Bahlum-Ku'k，即"鹃鸟-虎"［Jaguar-Quetzal］）即位

---

① 也译"陈巴伦"。——译者

图 12-8　帕伦克的宫殿

之时,并一直持续到公元 799 年以后。

在 67 年的统治生涯即将结束之时,帕卡尔大帝修建了著名的碑铭神庙(Temple of the Inscriptions),并最终把自己葬在了这座玛雅建筑的大师杰作之中(图 12-8)。在他的石棺盖上详细记录了其皇室宗谱。公元 603—702 年,帕伦克统治了整个西南低地地区。

位于洪都拉斯的**科潘**(Copán)是一座拥有多座金字塔和广场且占地 12 公顷的城市,在大广场和中广场形成的巨大的开放空间里,一座被考古学家称为"卫城"(Acropolis)的由高耸的封闭式天井、金字塔和神庙构成的复杂建筑群岿然矗立(图 12-9)。这些前后相继的统治者们修建的纪念性建筑层层叠加,形成了一副绝佳的考古七巧板。

遗址出土的最早铭文是在公元 435 年 12 月 11 日由统治者蓝色鹦鹉王(Blue Quetzal Macaw)下令镌刻的,尽管他并不是最早的统治者。在接下来的 4 个世纪里,蓝色鹦鹉王的继承者们在科潘城建立了一个强大的王朝,并成为玛雅世界的一支重要力量。科潘曾一度统治了毗邻的**基里瓜**(Quirigua),1 万多人曾经生活在周围的河谷里。公元 738 年 5 月 3 日,基里瓜的附庸王起而反抗,俘虏并处决了宗主,但是科潘似乎保住了一定的独立性并最终得以幸存。公元 749 年,一位新的统治者"烟壳"(Smoke Shell)君临这座曾经辉煌的大城,并立即着手发动一场旨在复兴的野心勃勃的征讨,为此他甚至迎娶了遥远的帕伦克的一位公主。他还大兴土木，其中尤以兴建于公元755年的玛雅象形文字阶梯庙宇(Temple of the Hieroglyphic Stairway)最为突出。等"烟壳"与帕伦克公主所生的儿子雅克斯潘(Yax-Pac，即"破晓"[First Dawn])登上王位之时，整个科潘已处于动荡期，内部派系之争愈演愈烈。此时的科潘城已被追逐特权的贵族搞得摇摇欲坠，政治阴谋甚嚣尘上，崩溃已是不可避免。

今天的玛雅考古学家与碑铭学家们展开密切合作，利用谨慎破译出的文字和铭文来重建复杂的建筑大事记，并发现隐藏在其背后的宗教或政治动机。考古学家威廉·法什和芭芭拉·法什(William and Barbara Fash)将两条证据线索结合起来以重建科潘的玛雅象形文字阶梯，这座由"烟壳王"兴建的建筑物矗立在科潘城最神圣的区域中。20世纪30年代，卡内基研究院(Carnegie Institution)的考古学家们搜集了这段石阶的大部分残段，以近似的顺序将这些文字块重新拼接了起来。由于他们无法解读铭文，使得这项工作进展起来困难重重。1986年，一支由考古学家和碑铭学家组成的团队在法什夫妇的带领下开始修复和保存这座建筑，并力求确立这段石阶的真正含义。通过精心的发掘，考古学家们发现了上千块榫合在一起的碎片，并在对其绘图和拍照存档之后，在对这一建筑加以精确重建时将这些碎片拼接到一起。最终，他们成功

图12-9 美国女考古学家塔蒂阿娜·普罗斯库里亚科夫(Tatiana Proskouriakoff)制作的科潘城复原图

地重建了这一强有力的政治宣言(图 12-10)。

石阶两侧超过 2200 个象形文字为玛雅诸王的超自然之路提供了一份绝佳的宣言。威廉·法什认为,这座建筑是"烟壳王"为了重新赋予早先通过征服而建立的王朝以合法性而建的。石阶将科潘的领主们生动地描绘成手持盾牌的武士,并在铭文中详细讲述了他们的事迹。在石阶底端的一座祭台旁站着一个可能是"烟壳王"本人的人物形象,祭台则是雨神特拉洛克(Tlaloc)的倒置头像,看上去就像特拉洛克把那些铭文一一喷射出来,而他的下颌则形成了石阶的顶部。放置在雨神头像内的贡品是以燧石打制的雕像和人工制品,很有可能就是"烟壳王"本人在为庆祝石阶落成而举行的祭祀和放血仪式中所使用的。不幸的是,由于仓促修建,这座石阶的建筑质量相当不过关,很快便崩塌了,与此同时,科潘城也迅速失去了其政治权威(图 12-11)。

联盟的建立和顷刻瓦解频繁地改变着这片土地上的外交和军事局势。公元 771 年以后,已进入古典晚期的这一地区出现了一种新的政治模式,反映了变化了的紧张局势。科潘等地的贵族住所中开始出现铭文,仿佛统治者已经开始将使用铭文的特权赐予一些重要人物,以此来确保他们在危难时刻依旧保持忠诚。铭文在南部低地及其他一些地区的增多,反映了一些次级贵族利用动乱时期政治权威分裂之机而获得了短暂的独立。动荡不断升级,到公元 800 年,玛雅人口开始锐减,无论是纪念性建筑上的雕刻还是主要建筑物都很快走到了尽头。

图 12-10　塔蒂阿娜·普罗斯库里亚科夫笔下的科潘玛雅象形文字阶梯

图 12-11　科潘城里的一场球赛复原图

王权是玛雅文明的重要体制，正是这一概念将整个社会凝聚成为一个整体。坐落在科潘、帕伦克和蒂卡尔等地的建筑为我们提供了一个历史背景，在此背景下玛雅诸王的生活和事迹在我们眼前徐徐展开。玛雅精英阶层的生活在统治者的时空中凸显出来，反过来，贵族生活也折射出成千上万平民的身影。而对于他们的历史，我们只是刚刚开始揭开那层面纱而已。

12.5　古典玛雅的衰落

玛雅文明在进入公元 7 世纪以后达到顶峰。到 8 世纪末，一些位于佩藤省和南部低地的伟大仪式中心便被废弃了。长历法终止，国家和宗教生活分崩离析。在短短一个世纪里，南部低地的大部分地区被荒废，此后再未被起用。在蒂卡尔这座可能最伟大的玛雅城市里，精英阶层消失了，人口降至原来的三分之一。一些幸存下来的非贵族人口依旧聚集在那些宏大建筑的废墟四周，试图保留以前生活的光鲜外表。然而，在接下来的一个世纪里，甚至这些也消失不见了。所有这些并不是说玛雅文明已经完全消失了，因为邻近地区已经有新的中心冒了出来，接纳了一些迁移来的人口。玛雅文明继续在北部尤卡坦地区繁荣下去。

研究 9 世纪那场衰落的人们无不同意，一系列多重因素——生态的、政治的和社会

遗址专题

圣萨尔瓦多的赛伦惨剧

如果不是那场自然灾害，我们将对古代玛雅平民的生活一无所知。那是公元6世纪8月的一个夜晚，一阵隆隆声突然打破了位于萨尔瓦多**赛伦**(Cerén)的一座玛雅村庄的宁静。不到1英里以外的一处地下裂口突然毫无预警地炸裂开来。一大团迅速移动的灰尘立即使朦胧的夜色黯淡下来。村民们丢下一切纷纷逃命。几分钟后，他们的房子便被掩埋在一层厚厚的火山残渣下面。1500年以后，考古学家佩森·希茨(Payson Sheets)使用地下雷达找到深埋于灰烬下的几处房址，并对其进行了发掘。在对每一件人工器物，甚至每一片墙体残片、每一粒种子和每一片茅草屋顶断片进行考古绘图之后，希茨发现了几户人家的遗存，火山灰在他们快要吃完晚餐时倾泻而下，家人正飞快地逃离厄运。

有一家人生活在一座包含四个房间的建筑里：一间厨房、一间作坊、一间储藏室和一处住所。人们就在这里饮食起居，并进行社交生活。住宅有一个三面开放的前门廊。主屋面积为4平方米，一些储藏用的陶罐抵后墙而立。其中一个陶罐里存放着一只用来纺棉线的锭盘。屋内东面放置着一张巨大的用来睡觉的砖坯长椅。白天，人们卷起铺盖，把它们和木橼子放在一起。即使那些锋利的黑曜石刀也出于安全考虑而被放到了高高的屋顶上，和茅草放在了一起。一条走道连通了居所与附近的储藏室，中途会经过一块食物碾磨区，在那里，一块磨盘依然矗立在一段距地面50厘米高的叉状木桩上。这家人还在储藏室旁边拥有一处精心打理的花园，三种草药整齐地成排而立，每种间隔1米，每株草药都被栽种在一个小小的土丘上。南面灰烬覆盖的农田里依然还有几垄未成熟的玉米，约20—40厘米高，正是当地典型的8月时令植物。有些玉米还被叠加到一起，穗贴着梗，这种"储存"方法至今仍在中美洲一些地区继续使用着。

的——导致了南部低地的灾难。20世纪70年代的一些理论认为，特奥蒂瓦坎的衰落为玛雅强化自己在美索美洲贸易中的管理功能提供了一个机会。按照这些理论，精英阶层被越来越多地卷入到战争和地区性竞争当中。古典晚期出现了一股兴建公共建筑的热潮，人民的负担日益沉重，兴建大型工程所需的食物来源和劳动力资源供应越来越紧张。农业生产力下降，疾病肆虐，可能已经达到了流行病的规模，人口密度直线降低，因此，复兴无望。有证据表明当时已经出现了疾疫、身高下降和营养不良等现象，但这些证据并不完整。

近年来，频繁的战争被视为导致衰落的一个主要因素。位于危地马拉北部的**多斯皮拉斯**(Dos Pilas)距离蒂卡尔105千米，由蒂卡尔叛乱贵族兴建于公元645年，在这里，考古学家亚瑟·德马雷斯特发现了一些有关内战和长期冲突的证据。多斯皮拉斯后来的统治者为扩张而发动多场征伐，并且在公元8世纪中期以前就将其疆域扩大到超过3884平方千米。此时，多斯皮拉斯已经控制了玉石和黑曜石贸易的主要路线。当地领主们倾其财富，兴建华丽的宫殿和塔顶有三座神庙的金字塔。德马雷斯特和胡安·安东尼奥·巴尔德斯(Juan Antonio Valdés)深入发掘了位于"2号统治者"纪念石柱后面的一座小型神庙,以及这位于公元698—726年君临该地区的统治者的墓室。墓主人戴着一顶由贝壳镶嵌而成并饰以兽面的头饰、沉甸甸的玉项链和玉镯。与该墓相关的文字告诉我们,这位统治者是如何精心谋划与邻国的外交联姻,并介绍了这些微妙的政治婚姻和军事征伐。

多斯皮拉斯的兴盛一直持续到了公元761年。那时,尽管付出了大量努力来维持统治,这座城市还是因过度扩张而力不能支。同年,尽管遭到了多斯皮拉斯居民的誓死抵抗,但邻近的附属国**塔玛林多**(Tamrindo)还是袭击了自己的宗主国并杀死了"4号统治者"。入侵者将皇宫夷为平地,拆了寺庙的墙表用来建造带木栅栏的粗糙的围墙。聚集在这里的人们建起简陋的棚屋,从而形成一个小小的村落,而贵族则纷纷出逃,并在**瓜得卡**(Aguateca)陡峭的悬崖上建起了一个新的中心。这座中心高悬于一道深深的峡谷之上,既有天然的地理优势,又建起了大规模的围墙。尽管多次遭受攻击,但瓜得卡人仍然坚持了半个世纪之久。德马雷斯特相信,公元9世纪早期的激烈战争迫使这些多斯皮拉斯的幸存者们迁移到了一些更为坚固的城镇和村落里,在那里,他们甚至在成片的农田四周都竖起了围墙。当地局势变得如此不稳定,以至于农民不得不只耕种那些得到有效保护的农田,以确保大幅度地提高农作物产量。作为最后的拼死抵抗,剩余的瓜得卡人沿佩塔斯巴呑湖(Lake Petexbatun)里的一座半岛开挖了三条护城河,各长140.2米,从而建起了一座浮岛要塞。开凿护城河挖出的基岩被用来修筑城墙,同时也为停靠独木舟的码头建起了围墙。这个边远的居民点并没有持续多久,早在公元9世纪的第一个10年里它便被废弃了。

包含模拟分析,以及对可能影响人口密度的贸易模式、人口压力和生态压力进行检验在内的各类研究对种种有关衰落的理论进行了详尽的分析。考古学家帕特里克·卡伯特(Patrick Culbert)检视了人口密度和南部低地农业生产的潜力。他证明,古典后期相当大一块区域的人口密度已经增加到了最多每平方千米200人,以至于年头不好时人们无法通过迁移或移民来渡过难关。卡伯特认为,公元800年以后的两个世纪里人口下降幅度如此之巨,以至于单单社会运转不灵这一条根本不足以提供完整的解释。就局部来说,农业基础的薄弱应该也是衰落方程式的一个重要组成部分。

随着人口的增长,玛雅人的农业也日益紧张,低地的许多地区都建起了梯田和填土造田系统。在许多像蒂卡尔这样较大的城市里,人们甚至从50—100千米以外的地方运来大量的食物以补充供给。简言之,这种集约化的策略奏效了,但却埋下了衰落的种子。其中,包括气候变化、植物病虫害、土壤侵蚀以及土壤肥力的长期流失在内的各种危险都起到了各自的作用。为了继续有效地行使其功能,新的集约化体系将不得不频繁做出调整。仅洪水和暴雨后对造田系统进行修补就要耗费大量细致的工作。没有任何证据显示，玛雅人曾做出任何社会变革以实现如此高的管理水平，尤其是在大多数人都被征召来从事公共建设和军事活动的情况下（可能玛雅人受到了来自北方的压力）。

卡伯特认为长期的环境退化是这一局势形成的重要因素，短期生产力的提高之后接踵而至的便是灾难性的衰落。例如，随着人口的增长，休耕轮作的周期可能被缩短，以至于农作物和杂草之间的竞争日渐激烈：这是一个只有通过频繁除杂草才能解决的问题，是一项需要耗费大量人力资源的工作。休耕周期的缩短还导致了植物营养水平和粮食产量的下降，我们并不了解玛雅人是否曾通过系统覆盖或种植有助于修复地力的庄稼来抵消这一趋势。侵蚀问题甚至更为严重。有证据表明，生活在低地的人们因为没有及时修建保持土壤所需的梯田而致使许多土壤被径流带走。这类土壤侵蚀有不少是过度森林采伐所造成的。

从低地湖泊沉积中采集到的地核以及来自位于委内瑞拉沿海的卡里亚科盆地（Carioco Basin）的深海岩心为我们提供了新的古气候数据，很有可能为玛雅人衰落提供"铁证"。这些数据显示，在玛雅文明 2500 年的历史中，曾发生过三次蔓延至整个尤卡坦地区的大规模干旱。第一次干旱从公元前 475 年持续至公元前 250 年，彼时正值玛雅文明的形成期。第二次大旱始于公元前 125 年，一直持续至公元 210 年，与埃尔·米拉多尔这座早期玛雅诸城中最伟大者的繁盛期相始终。公元 150 年埃尔·米拉多尔的被废弃至少部分是由持续的干旱所导致的。最严重的一场大旱从公元 750 年一直持续至 1025 年，正值玛雅文明在南部低地遭遇衰落。卡里亚科盆地的岩芯纹理非常清晰，完好地记录了上述最后一个阶段的四个主要的干旱期，大约每 45 年发生一次。这或许可以解释那场席卷中部和南部低地的城市大衰落的渐进本质。北部尤卡坦地区发展得要好些，因为塌陷的灰岩坑帮助他们获得了大量的深层地下水。

如果将玛雅文明的历史置于这一干旱反复来袭的背景当中，就会发现一系列引人注目的巧合。三个干旱周期中的第一个发生时，玛雅农业尚能提供足够有效的灵活性以应对水资源危机。第二个干旱周期来袭时，恰逢玛雅城市和文明第一次出现于低地。埃尔·米拉多尔等城市均坐落于地势低洼的区域，因此容易积蓄水源。这一体系最初运转良好，但是，很快便随着城市的大规模扩张而最终突破了其临界点。在环境灾难面前，埃尔·米拉多尔的领主们失去了精神上的公信力，遂导致人民去国离乡——此时尚有足够的空间允许他们这么做。

旱期过去了，百废俱兴，玛雅文明开始了一次令人震惊的快速扩张进程。到最严重的一次干旱蔓延至整个低地时，基本上所有的可耕地都已开垦殆尽，玛雅农业已经非常迫近一个危机临界点，此时哪怕农业生产力的些微下滑都会带来严重的问题。在近三个

科学专题
从科潘看玛雅文明的衰落

科潘究竟是因何以及如何衰落下去的？在与多位同事一起对这座城市进行了长期的调查之后，考古学家大卫·韦伯斯特（David Webster）和威廉·桑德斯决定通过研究聚落形态的转化和人口密度的改变来调查该城的废弃机制。他们仿照早年著名的墨西哥盆地大调查而建立了一套大规模的聚落调查模式，对城市中心地带及周遭超过135平方千米的范围进行调查。借助空中照相技术和系统的田野调查，这支团队记录了超过1425个考古遗址，其中包含4500多座建筑。队员们对每个遗址都进行了绘图和表面采集。有252处遗址经凹痕测试（test-pitted）发现含有器物和测年样本，因此，能够被放入整个河谷地区的大体年代框架中加以比对。

数据进入实验室后，研究者便按照规模等标准建立起了一套遗址类型分类系统，将其纳入到一个从简单到复杂的等级体系中，以此来描摹几个世纪以来不断变换的景观。与此同时，通过使用黑曜石水合法（obsidian hydration）对火山玻璃碎片进行测年，他们获得了2300个数据。这场调查为伴随聚落在整个河谷的扩张和收缩而出现的大幅度人口变动提供了一个鸟瞰的视野。

调查中发现的早期遗址记录了人口，尤其是城市内部及周遭人口的迅速增长。彼时只有一小撮分散居住的宗教人口，公元700—850年间，科潘城的社会政治复杂性发展到了极致，人口也迅速增长到了20 000—25 000人。这些通过遗址规模而推算出的数据表明，当地人口规模每80—100年便会翻一番，而其中80%的人口居住在核心区或紧贴城市外围生活。渐渐地，这些宗教聚落沿谷底向外扩展，但仍是相对分散的。这时人们开始在山脚下开展农耕，而城市核心区的人口密度也达到了每平方千米8000多人，城市周边则每平方千米约500人。人口中，约82%生活在相对简陋的住所里，这也象征了科潘社会的金字塔式结构。

调查显示，公元850年以后出现了巨大转变。城市核心区和外围区人口下降了大约一半，而宗教人口则扩大了将近20%。由于经年累月对森林过度开采，甚至对包括边远农田在内的土地的过度开垦，以及中心城市周围难以控制的土壤侵蚀，导致小型地区聚落取代了早期分散的村落。到1150年，科潘河谷的人口已经下降到了2000—5000人。

科潘研究并没有解释这座城市何以衰落，但它将人口快速增长对生态脆弱地区所施加的巨大影响载入了编年史。这些证据暗示，环境的退化是导致玛雅文明衰落的一个主要因素。玛雅文字告诉我们，玛雅领主们视自己为世俗世界与超自然世界之间的中间人，尽管如此，当环境衰落的无情压力席卷而来时，他们的权威便会消失于无形，而农人与复杂的宇宙之间所建立起来的那种延续了几个世纪之久的精神关系旋即也被抛诸脑后了。

世纪里，严重的干旱造成水位下降，降雨不足，使得本就难以满足贵族集团不断扩大的需求的农业经济更是雪上加霜。

那么，玛雅衰落的一个根本原因，就是造成饥荒和灾难性社会变动的至少四次干旱。大领主们无力祈得雨水，动乱时有发生，这样的城市比比皆是。考古学家向我们证实,这些城市的人口不是消亡,就是分裂为小的村落。在雄心勃勃的扩张终于过度消耗了自己之后,不幸的玛雅人眼睁睁地看着自己的文明走了下坡路。

对科潘城及其腹地的调查显示了该地的聚落曾发生了何其戏剧性的转化(见专题"从科潘看玛雅文明的衰落")。

生态因素是导致衰落的核心力量。玛雅人口的膨胀所仰赖的是一个无力应对长期问题的农业体系。当这个体系最终再也无法创造更多财富,再也无法扩张时,它只能衰落——并带来灾难性的后果。但是,要说玛雅的"衰落"是一个普遍现象则不尽然。毋宁说,发生在公元9世纪的这场衰落是玛雅文明所特有的一系列漫长的周期性兴衰历程中一段令人瞩目的插曲——实际上,对整个美索美洲文明来说也是如此。

12.6 后古典时期的玛雅文明(公元900—1517年)

尽管南部低地的玛雅文明衰落了,但玛雅人的宗教和社会秩序依旧在更为广阔的北部尤卡坦地区得以维系下去。就在蒂卡尔和其他一些著名的城市衰落之时,像东北部的**奇琴·伊察**(Chichén Itzá)这样的北方中心城市在后古典时期获得了杰出的地位。奇琴·伊察本身从未获得过完整的测绘,因此,其面积和实际人口始终是个谜。这座城市的核心建筑举世闻名,那就是统驭整个中央广场的卡斯蒂略金字塔(the Castillo,也叫大城堡金字塔)和羽蛇神庙(Temple of Kukulcán),这座方形的阶梯金字塔约23米高,羽蛇神庙位于塔顶,四面塔身均配以阶梯(图12-12)。战士神殿(Temple of the Warriors)坐落在卡斯蒂略金字塔的西面,神殿外围竖立着一些雕刻石柱,后来又对石柱附加了一些更为复杂的构造。无论是拼贴画式雕刻的外表,还是后一座神殿所雕刻的毒蛇和战士,都显示出受到来自高地托尔特克的影响。在其最繁荣的时期,这座伟大的城市始终与墨西哥湾沿岸低地的玛雅人保持着联系,并通过他们与瓦哈卡河谷和高地进行接触。

与之前一样,后古典时期的玛雅文明也有着反复多变的特点。政治内讧和生态危机很可能是部分起因。随着奇琴·伊察在13世纪的衰落,**玛雅潘**(Mayapan)继之而起填补了经济和政治真空,并统治了北部玛雅世界。玛雅潘位于北方尤卡坦地区的中心地带,是一座拥有稠密人口的壁垒森严的城市,生活着大约12 000名居民,附近还有一些天然的深井。玛雅潘是一座贸易中心,作为城市命脉的是一条规模较大的水运路线,往来运送的都是像可可豆、盐和黑曜石这样的大宗货物。15世纪中期,玛雅潘陷于分裂。四分之三个世纪以后的1519年,西班牙人赫尔南·科尔蒂斯(Hernan Cortés)率领其征服部队登陆墨西哥湾低地,从此永远地改变了美索美洲的历史面貌。科尔蒂斯的目标并不在于低地的玛雅世界,而在位于遥远高地上盛产黄金的墨西哥王国,即阿兹特克帝国,我们将在第13章讲述这段历史。

图 12-12 塔蒂阿娜·普罗斯库里亚科夫笔下最繁荣时的奇琴·伊察，从圣井（Sacred Cenote）向南方眺望。

12.7 小　结

前古典时期的美索美洲史前史从大约公元前 2000 年持续至公元 250 年，此间低地和高地都发生了重大的文化变革。定居村落之间展开原材料和舶来品的贸易。这些交换网络变得日益复杂，最终落入一些大村落的手中。与日益加强的社会复杂性同步出现的是公共建筑的兴建和社会阶层分化的征兆。上述变化在繁盛于约公元前 1500 年—前 500 年间的奥尔梅克低地文化中得到了很好的年代记录。奥尔梅克人的艺术风格和宗教信仰于前古典时代后期在整个低地和高地得到了广泛传播。

对公元前 1000 年以后低地玛雅社会的发展来说，宗教意识形态、仪式的组织管理以及广阔的贸易网都是关键因素。古典玛雅文明繁荣于公元 250—900 年间，是一幅大小国家相互竞争所形成的流变不居的马赛克式图景。玛雅文字揭示玛雅文明远非铁板一块。将玛雅社会统一起来的是宗教信仰，而不是政治或经济利益。约公元 600 年以前，最大的一些国家位于东北部的佩藤省，是一个在蒂卡尔的"天空"统治者统领下的多中心政治实体。公元 7 世纪以后，玛雅文明在南部低地发展到了巅峰，公元 900 年之后则在尤卡坦突然衰落下去。衰落的原因尚不明确，但显然包括环境的恶化、劳动资源的压力及食物的短缺。衰落之后，玛雅文明的中心转移到了尤卡坦北部地区，并在奇琴·伊察等中心城市继续保持兴旺，直至 16 世纪西班牙人入侵。直到今天，还有一些玛雅社区在低地上继续繁荣着。

第13章　美索美洲高地文明

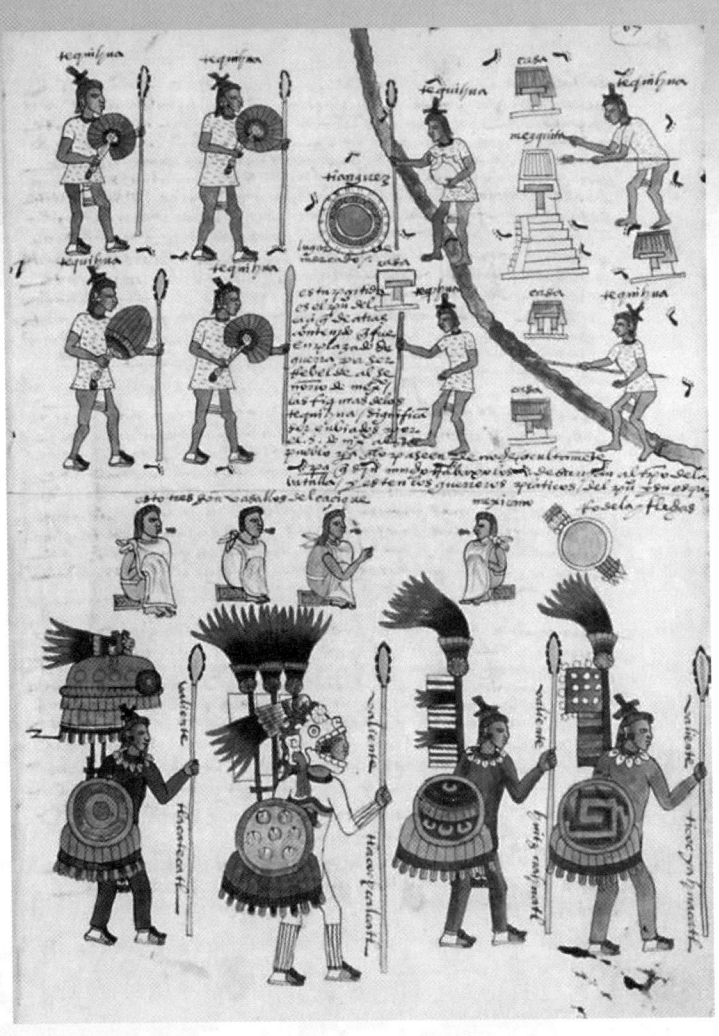

一本古抄本中描绘的阿兹特克战士

13.1 高地文明的崛起：瓦哈卡河谷（公元前2000年—前500年）

13.2 阿尔班山（公元前500年—公元750年）

13.3 墨西哥河谷：特奥蒂瓦坎（公元前200年—公元750年）

13.4 托尔特克人（公元650—1200年）

13.5 阿兹特克文明（公元1200—1521年）

"当我们看到那些建在水中的城市和村庄，看到那些建在土地上的伟大镇子，那平坦而笔直的堤道径直通往墨西哥，我们惊呆了。这些宏大的市镇、金字塔和建筑如出水芙蓉般展现在我们面前，它们全部用石头砌成，宛如一个被施了魔法的幻象……实际上很多战士都在问这到底是不是一个梦……"当赫尔南·科尔蒂斯从墨西哥湾沿岸出发，向阿兹特克帝国的心脏进军时，西班牙征服者伯纳尔·迪亚兹（Bernal Diaz）便是他统帅的600战士和冒险家之一。1519年，年轻有为的迪亚兹远远地眺望着整个墨西哥河谷，将阿兹特克帝国首都特诺奇蒂特兰（Tenochtitlán）尽收眼底。半个世纪以后他写道："我就这样站在那儿看着它，心想这个世界上再也不会发现这样的一片土地了，因为那时的秘鲁既不为人所知，也不为人所想。"随后，他补充道："之后我所见到的一切都遭到了毁灭。"在1521年一场血腥围攻中，科尔蒂斯将特诺奇蒂特兰夷为平地，并在其废墟上建起了墨西哥城。阿兹特克文明自此灰飞烟灭。成千上万的印第安人被天花等一些征服者们带来的外来疾病夺去了生命。但是，迪亚兹知道，他见证了历史上一个无与伦比的时刻，在这座井井有条的前工业城市的巅峰时期有幸目睹了它的全貌，这段回忆即使到他年逾古稀之时仍历历在目，就如他有生以来第一次瞥见墨西哥河谷时那般清晰如昨（Cohen, 1963: 214—215）。

阿兹特克文明的根源至少要追溯至1500年前，它的飞跃以本土为根基，也可以从低地文明中找到源头。在美索美洲文明的漫长历史中，低地和高地始终被宿命般地联系在一起。本章我们将探讨生发于高地上的诸美索美洲文明，它以阿兹特克人创造的复杂而急剧变动的世界为最高潮，继而在公元1519年由于西班牙人的征服而转入了灾难性的衰落（图12-1）。

13.1 高地文明的崛起：瓦哈卡河谷（公元前2000年—前500年）

美索美洲高地文明主要出现于两个地区：瓦哈卡河谷和墨西哥河谷。

温暖而半干旱的瓦哈卡河谷是现代萨波特克人（Zapotec）的故乡。到公元前2000年，玉米和豆作农业已经养活了数十座人口在50—75之间的小型村落。一段时间之后，某些此类聚落逐渐发展成可观的规模，有的人口已多达500，其中包括一些不事农活的手工匠人和祭司。最早的农耕村落出现于河谷底部，因为那里水源更充足。随着本地人口密度的攀升，瓦哈卡人开始向坡地以及更干燥的地带扩张。最终，如肯特·弗兰纳里（Kent Flannery）所论证的，不断扩大的农业人口所催生出的经济实力为上述高地地区带来了相对其周边地区的优势。

瓦哈卡等地更大规模聚落的演进与长途贸易的发展密切相关。早期简单的物物交换网络慢慢发展成复杂而成熟的地区性贸易组织，其中，瓦哈卡及其他村落的领导者们垄断着黑曜石的生产和分配。很快，磁镜（在奥尔梅克人的仪式中有着重要用途）、热带皮革和陶制品贸易便在低地和高地之间广泛开展了起来。受低地影响最强烈的当属瓦哈卡地区，那里于公元前1150年—前650年间曾出现了奥尔梅克陶器及其他一些仪式用品，其中许多都表现了奥尔梅克意识形态中占有重要地位且与众不同的人-美洲虎母题（human-jaguar，参见第12章）。

公元前1300年，**圣何塞丘**（San José Mogote）发展成为瓦哈卡河谷最大的聚落。这座聚落位于三面河谷的衔接之处，是一座由茅草屋组成的村落，约150位居民共享一座表面饰灰泥的公共建筑。在下一个世纪里，圣何塞丘迅速发展成为一个人口达400—600的社区，其房址呈矩形，以黏土铺地，墙体抹以灰泥并涂白，屋顶则铺以茅草，整个社区占地约20公顷。接着，在较大的瓦哈卡聚落中出现了建在土制平台上并以黏土为坯的

图 13-1 出土于瓦哈卡河谷圣何塞丘的 4 个面具舞者,他们的位置和动作都不是随意安排的,而是被刻意设计成表现某种场景,证明该社区早期即存在仪式性纪念活动。

公共建筑,考古工作者从中发掘出一些海螺壳号和龟壳鼓的残片。在圣何塞丘的仪式性建筑中还发现了一些戴着面具、穿着戏服的黏土舞者小雕像(图 13-1)。这里还发现了咸水鱼的鱼刺,几乎可以肯定是被用来在诸神面前表演放血仪式的。到公元前 400 年,瓦哈卡河谷至少已经诞生了 7 个小型的王国。

　一千多年前,高地形成了美索美洲文明的基本模式。在墨西哥河谷,在瓦哈卡,以及其他地方,精英集团统治了更大的中心,为其服务的农村人口则生活在散布于周边各个角落的小型村落里。到公元前 50 年,至少某些中心,如瓦哈卡河谷的阿尔班山,已经发展出相当可观的规模和复杂性。新的高地精英阶层统治了包括祭司和官员在内的整个等级体系,并能指挥至少上百名农民兴建和维护神庙、金字塔和宫殿。他们控制着巨大的食物盈余,从而供养不断增长的非农业人口、商人和手工业者。其政治权力的基础在于他们胁迫他人的能力,在于精心打造的一套社会不平等理念,以及在此之上的一个复杂的、一再于公众面前重现的统治者与臣民之间的社会接触。人民视统治者为生者与祖先之间的媒介,是世俗层面与精神世界之间的纽带。他们使用复杂的历法——以及不久之后发明的文字——来规范仪式和日常生活的方方面面,帮助世世代代的统治者掌控更多的王国,并为其王朝的建立和与诸神的关系建立起合法性。伴随精心规范的农业、市场和利润丰厚的贸易垄断,高地文明持续繁盛了两千年。

13.2 阿尔班山(公元前 500 年—公元 750 年)

当古典玛雅文明在公元第 1 个千纪早期繁盛于低地时,此时统治美索美洲高地的是这样两个重要的城邦国家:位于瓦哈卡河谷的阿尔班山和位于墨西哥河谷的特奥蒂瓦坎。

阿尔班山(Monte Albán)于公元前 900 年左右兴建于一座 400 米高的小山上,俯瞰着瓦哈卡河谷的三道狭长地带(图 13-2)。这座新的聚落发展迅速,很快便号称拥有居民超过 5000 人。尽管拥有绝佳的景色和独特的背景,但作为一处主要的仪式中心,它却并不具备多少经济意义,因为这里远离河谷肥沃的农田地带。可能附近圣何塞丘的首领选择这样一个俯瞰其统治区域的宏伟城址只是作为其实力和政治统治的象征。但是不管怎样,阿尔班山的重要性迅速上升,到公元前 150 年已经成为一个重要国家。公元前 350 年—前 200 年间,这座城市的人口已达 16 000,在公元 500—700 年间的古典时期后期则达到了 30 000 人的高峰。这里再度体现了前面提到过的马库斯模式,即先迅速扩张,继而是中心城市的发展,最终衰落(参见第 12 章)。

公元前 300 年—前 100 年间,萨波特克统治者削平山巅,在那里建起了他们的主广场(Main Plaza)。阿尔班山于是变成了一处巧夺天工的建筑群,其中宫殿、神庙和露天广

图 13-2 瓦哈卡河谷的阿尔班山

场鳞次栉比,人们在那里举行仪式或开展交易。这座城市横跨三座小山,被划分成至少15个居民区,各有各的露天广场。人们在地势陡峭的地带开凿出了层层的石砌台地,大多数居民都生活在这里的小房子里。多年的考古发掘和调查标记出了2000多座房址,以及一处以主广场为中心的巨大仪式区。这片仪式区历经1000多年持续不断的重建和修缮,渐渐将中央的露天广场及居住在其周围的人们与城市的其他部分隔离开来。公元500—720年间的古典晚期,这座广场已达300米长、150米宽,南北两侧各有一座12米高的平台,并分别有楼梯通往平台之上的建筑(图13-2)。北面平台既是统治者及其家族的住所,也是正式接见高级官员和来自特奥蒂瓦坎等地特使的场所。

阿尔班山在进入公元前3世纪以后达到了其国力的巅峰,并与另一个扩张中的政权,北方的特奥蒂瓦坎并驾齐驱。两个大城相互开展贸易,和平共处了几个世纪之久。阿尔班山的部分地区直到西班牙人到来之前一直都被使用着。

13.3 墨西哥河谷:特奥蒂瓦坎(公元前200年—公元750年)

早在公元前600年,一系列王国便统治了墨西哥河谷。5个世纪之后,其中位于西方的奎奎尔科(Cuicuilco)和东方的特奥蒂瓦坎(Teotihuacán)就河谷统治权展开争夺。正在双方争得难解难分之时,大自然伸出了干预之手:一场大规模的火山爆发彻底埋葬了奎奎尔科,特奥蒂瓦坎遂成为墨西哥河谷及中央高地毗邻地区的主人。

图13-3 特奥蒂瓦坎的太阳金字塔(左后方)、黄泉大道和月亮金字塔(前景)

在接下来的几个世纪里，随着上千人从外围社区迁移到大城市中来，特奥蒂瓦坎得以迅速发展。但这些人究竟是主动迁徙还是征服或被迫重新安置，我们就不得而知了。到公元 100 年，至少已经有 80 000 人生活在这座城市里。与阿尔班山一样，特奥蒂瓦坎的发展可能也得益于频繁的军事征伐，因此，可以说是马库斯最初迅速扩张模式的又一例证。公元 200—750 年间，特奥蒂瓦坎人口已超过 15 万，面积已与当时西亚和中国一些最大的城市相差无几。

考古学家热内·米隆（René Millon）为该城绘制的地图揭露了一个在长期总体规划指导下历经几代人辛勤努力而建成的庞大社区。8 个多世纪以来，特奥蒂瓦坎人兴建了 600 座金字塔，500 个作坊区，一座大市场，2000 座住宅建筑以及广场区，统统坐落于棋盘状的城市格局中。一条 5 千米长的黄泉大道（Street of the Dead）作为横贯南北的中心轴线将城市一分为二，其方向恰好为北偏东 15.5 度，一个经天文观测所获得的方位（图 13-3）。

特奥蒂瓦坎地图显示，这座城市里的人们在按照家族纽带和商业因素划分的不同区域里群集而居。多数人生活在围墙环绕的居民区里，四边的围墙每边长 60 米，靠狭窄的小巷和院子连接起来。一些手工业者如黑曜石工和制陶工就生活在这类街区里。除此之外，还有军事区。来自瓦哈卡河谷和低地韦拉克鲁斯的外国人生活在他们各自的街区里，地位更加重要的祭司和工匠居住在附带小型天井的住宅中。而显赫的贵族则生活在中央设有下沉式庭院的富丽堂皇的宫殿里。

图 13-4　特奥蒂瓦坎的羽蛇神庙

遗址专题
特奥蒂瓦坎的聚集区

在特奥蒂瓦坎仪式区的外围建有大量由有庭院和通道的单层平顶矩形住宅群组成的街区。狭窄的小巷和约3.6米宽的街道将各个小院隔开。每个住宅群都能容纳20—100人，这些人很有可能隶属于同一个家族。从器物纹饰判断，其中一些住宅应该曾生活着一些有一技之长的工匠：黑曜石和贝壳装饰品匠人家族、纺织工，以及制陶工。

在特奥蒂瓦坎这些籍籍无名的聚集区（barrio）①里究竟上演着怎样的人生戏码呢？墨西哥考古学家琳达·曼扎尼拉（Linda Manzanilla）曾对特奥蒂瓦坎西北边界附近一处这样的建筑群进行了发掘，以探寻是否有其他活动的遗迹。住宅内的灰泥地面和庭院已被夷为平地，因此，曼扎尼拉和同事们对地面沉积物进行了化学分析。她发展出了多种不同的化学解读方式，比如在卷心菜腐蚀的地方会有很高的磷酸盐（phosphate）读数，而高浓度的碳酸盐（carbonate，这种化学物质既可用来生产灰泥，也可被用来制作墨西哥玉米饼）含量则暗示这里曾被用作灶台或曾是建筑现场。曼扎尼拉的化学方案已足够精确地帮助人们确定哪里曾起过灶火，人们曾在哪里尽情享用鹿肉、兔肉和火鸡等食物。她识别出3个约由30人组成的核心家庭，他们生活在一个大社区里的某个小社区内的3个独立住宅里。每个住宅都有用来睡觉、吃饭及进行宗教活动的专门区域，也有专门的丧葬区。

特奥蒂瓦坎的聚集区向我们揭示，在这些相互熟识的人们之间，以及在那些社会关系密切的社区与更广阔的城市秩序之间存在着密切的互动。随意沿一条已被踏平的街道信步前行，你可以尽情想象1500年前的场景，那时街道两边各自矗立着一道光秃秃的灰泥墙。你会不时发现一扇临街而开的门，透过门你可以看见一个阴凉的小院，陶盆、陶罐和纺织品正在太阳下等着被晒干。街道上充斥着一股由声音和气味构成的调子——袅袅的木烟，此起彼伏的狗叫声，研磨玉米所发出的单调的刮擦声，女人们织布发出的柔和的声音，以及飘过鼻端的焚香的气味。

特奥蒂瓦坎是一个由数百个小型社区构筑而成的巨大的城市社会，它的市场出售来自整个美索美洲高地和低地的商品和异域珍稀。特奥蒂瓦坎人高度重视他们的对外贸易，以至于允许外国人在已被使用了几个世纪之久的某些特殊聚集区里定居。来自低地韦拉克鲁斯地区的移民生活在城市东边的一处街区里，这从那些与众不同的茅草屋顶的环形土坯房址即可判断，它们与其位于海湾沿岸老家的居民区相吻合。这些人以其橙色、棕色或奶油色的特色彩陶闻名，可能曾就来自热带的奢侈品，如色彩亮丽的鸟类羽毛，进行贸易。来自瓦哈卡河谷萨波特克城的商人生活在城市西边的一处街区里，这座城市位于特奥蒂瓦坎以南400千米处。从在其被隔离开来的院落里发现的陶器碎片来看，他们的确曾经在这座熙熙攘攘的城市里存在过。

在特奥蒂瓦坎居于核心地位的是位于64米高的太阳金字塔之下的圣井（Sacred Cave），一个进入亡灵世界的入口。圣井是城市统治者所传承的强大的创世神话的焦点所在。一道光线从洞口透出，射向西方的地平线，这可能将某种天文现象——比如日

---

① Barrio在英语中指操西班牙语居民集居的贫民区。——译者

落——与本地历法中的某特定日期联系在一起。特奥蒂瓦坎的第一位，也是非常有才干的一位统治者以圣井和创世神话为催化剂，使这座城市获得了政治和宗教上的重要地位。实际上，整座城市的布局都可看作一道纪念创世及诸神的象征主义景观。特奥蒂瓦坎的建筑师们将黄泉大道和圣井设计成直角关系，然后，在如今月亮金字塔的位置上建起了一座小型金字塔，以敬献给学者们口中与太阳有关的"大女神"（the Great Goddess），从而与地平线上的一座圣山相映成趣。然后，他们在圣井的位置上建起太阳金字塔，以此敬献给大女神以及火神、雨神和风神。

一条宽广的大道在向南延伸了 3.2 千米之后与另一条东西向的大道交会，从而将整座城市划分成四个区，位于四区交会处的是一个巨大的方形广场（Ciudadela）①，四边长 400 多米。羽蛇神庙（Temple of Quetzalcoatl）就坐落于此，这是一座六层的金字塔，倾斜的塔壁上装饰有层层的长方形嵌板（图 13-4）。建筑师们采纳了特奥蒂瓦坎流传了几个世纪之久的圣井作为通道的象征意义，将其嵌入到了羽蛇神庙当中。神庙正面描绘了创世之初两条相对立的大蛇，一条象征了生生不息的绿色与和平，另一条则代表着荒漠、火焰和战争，两蛇在原始的海洋里放荡嬉戏，将背景都涂成了蓝色。与羽蛇神庙伴存的有至少 200 个人牲，年轻的战士双手被缚于身后，殉葬时每 18 个人一组，以此来象征一年当中的 18 个月（每个月均为 20 天）。

一种对圣战和人牲的强烈信奉——有时被现代学者冠以"星战"崇拜——开始与羽蛇神、暴风雨神和金星的周期运动建立起了联系。与此"星战"崇拜相关的各种信仰在美索美洲广泛地传播开来，并对玛雅文明产生了深刻的影响（参见第 12 章）。位于特奥蒂瓦坎城正中央的城堡广场就处于这座城市的十字路口处，也象征了宇宙的中心，是世界旋转的轴心所在。

特奥蒂瓦坎是一座独特的城市，占地至少 21 平方千米，是一处重要的朝圣圣地，一座有着最重要的象征意义的圣城。贸易是这座城市致富的源泉，尤其是在它附近发现的绿色黑曜石，特奥蒂瓦坎的商人们曾用它来换取各种各样的热带产品，如羽毛、贝壳和从低地来的鱼刺等。食物的供给则来自对河谷土地的密集开垦，以及在附近湖泊浅水区建起的成亩的沼泽园。这是一个五彩缤纷的城市，一片布满了各种色调的景观，涂在屋墙身上的优雅的白涂料至今仍附着在墙体残片上。但最重要的是，这座伟大的城市所传唱的是一种强烈的象征语言，并以建筑、艺术和陶制品的形式展现在我们眼前。统治者在起源神话中把自己的城市说成宇宙起源和时间循环开始的地方，并一代代地将这一神话流传下去。所有发生于特奥蒂瓦坎的仪式都在孕育这样一个信仰，即人们有责任去

---

① 即城堡广场。Ciudadela 源于意大利语 cittadella，是"城市"一词的缩略语，意指城市堡垒。——译者

维系宇宙的秩序,这既是义务,也是荣耀。8年一轮回的对战争和牺牲的狂热崇拜保证了宇宙、城市及其子民的福祉。特奥蒂瓦坎的军队在战场上所向披靡,而他们的胜利也为向诸神献祭提供了源源不断的战俘。

做一名特奥蒂瓦坎人是光荣的,因为你生活在整个世界的正中心,但与这种荣耀相伴随的是对城市、领主和诸神的义务。每位公民都通过手工业、参加公共事业的建设及到军中服役的方式效忠国家。而作为每一户人家、每一处住宅和每一座皇宫之基础的家族纽带,则将城市中的每一个人团结到维持宇宙秩序这一共同事业中来,从而使上述义务得以履行。政府机构偶尔也会动员生活在城市里的人们到附近那些未被充分开发的土地上重新安家立业,在那里,尤其是在邻近湖泊的可灌溉地带,农业生产可以实现最大化。但是,大多数人还是选择继续生活在城市里,因为就一个与地中海的西西里岛面积相当的、占地约26 000平方千米的巨大而松散的国家来说,城市才是它的心脏。

特奥蒂瓦坎的统治者们掌控了大约50万人的命运,但它对美索美洲低地和高地地区的影响主要还是在经济、意识形态和文化方面,而不是在政治领域。它的实力来自征服和贸易,以及最重要的,来自一个精心打造的意识形态,正是这种意识形态使特奥蒂瓦坎成为创世之地和文明的摇篮。这种政治宣传是如此成功,以至于即使在7个世纪以后,西班牙人前来征服之时,已被摧毁的特奥蒂瓦坎依然受到阿兹特克人及其他高地民族的深深敬仰。

约公元650年以后,特奥蒂瓦坎的意识形态变得日渐尚武,而其政权也变得更加专制残暴。巨大的人口加之对墨西哥河谷资源的不均衡开发,造成了严重的经济问题,进而动摇了国家的根基,并带来了灾难性的后果。大约在公元750年,城堡广场遭到攻击,神庙和宫殿被付之一炬,这些毁坏行为是从政治和宗教意义上为特奥蒂瓦坎进行系统性去神圣化(desanctification)作用的一个组成部分,以阻止新的统治者在废墟上浴火重生。没有人清楚这次彻底性摧毁的真正主导者是谁,但是特奥蒂瓦坎及其国家从此便从历史上消失了,只在传说中作为后世托尔特克人和阿兹特克人的起家之地而被人纪念。

13.4 托尔特克人(公元650—1200年)

对于生活在高地上的农村人口来说,特奥蒂瓦坎几个世纪以来始终具有巨大的吸引力。当这座伟大的城市衰落时,它的子民纷纷向外迁移,而其他的墨西哥中心城市则进而填补了其征服者们留下的政治真空。政治权威如走马灯般悉数粉墨登场。有一支民族最终获得了表面上的统治权,他们就是托尔特克人。

托尔特克人的早期历史相当含混不清,但是与其他高地民族一样,他们也是由不同的部落组成的,其中就包括来自美索美洲边缘地带,操纳瓦特语(Nahuatl)的半文明部落

图 13-5 位于图拉金字塔 B 顶端的巨大战士雕像

托尔特克-齐齐梅克人(Tolteca-Chichimeca)(纳瓦特语是西班牙人入侵时阿兹特克帝国普遍使用的一种语言)。生于公元 935 年或 947 年的一位名叫羽蛇神之子托皮尔岑(Topiltzin Quetzalcoatl)的统治者将托尔特克的首都迁到了托兰(Tollan),即"芦苇丛生之地"(也就是考古学家口中的**图拉**[Tula]),该城最繁盛期人口为 3 万—6 万,比特奥蒂瓦坎少得多。在这里,爱好和平的羽蛇神之子托皮尔岑的追随者,与其尚武的对手,战神和生命之神泰兹卡特里波卡(Tezcatlipoca,即"烟镜")的拥戴者之间爆发了激烈的冲突。泰兹卡特里波卡集团擅长使用阴谋诡计和羞辱的手段。托皮尔岑率众逃离图拉,并最终来到了墨西哥湾沿岸地区。据一段文献记载描述,这位统治者最终在自己的庆典上自焚而死。随着他的遗骨升入天堂,托皮尔岑最终化成了天边的一颗晨星。在西班牙征服者了解到的另一个版本中,羽蛇神之子托皮尔岑变成了许多大毒蛇,乘木筏向着东方地平线驶去,并承诺将在 1 芦苇年时重返人间,这一段我们将在下文做更详细的讨论。

在托皮尔岑离去的这段年月里,托尔特克的疆域扩展到了最大规模,控制着墨西哥中部海岸之间的大部分地区。到公元 900 年,图拉已经变成一座繁荣的手工业集镇,并很快发展成为一座人口多达 40 000、占地 16 平方千米的城市。到公元 1000 年,托尔特克诸领主已经在他们棋盘状的首都格局中建起了一座宽广的中央露天广场和仪式中心,并在其四周建起了几座雄伟的金字塔和至少两座球场。其中一座金字塔的顶端坐落着一处神庙,支撑起其屋顶的是四座手持长矛和香囊的巨大的战士雕像(图 13-5)。一座 40 米长的"毒蛇墙"(Serpent Wall)沿金字塔的北面森然屹立,墙上的浮雕描绘了大毒蛇正在吞噬瘦骨嶙峋的人类。所有这些都显示,这个社会正在变得日渐穷兵黩武,执著地痴迷于人牲这一形式。

约 1200 年,图拉城的神庙、金字塔和球场被夷为平地,托尔特克帝国就此陷于分裂。

13.5 阿兹特克文明(公元 1200—1521 年)

在接下来的一个世纪里,墨西哥河谷出现了一个政治真空,一些中等规模的城邦国家发展起来并相互争夺,其中就包括一个名为阿兹特克(Azteca)或墨西卡(Mexica)的名不见经传的小集团。仅仅用了两个世纪,这支来自高地的籍籍无名的竞争者便统治了前哥伦布时期美洲最强大的帝国。

阿兹特克人的历史,正如他们自己所讲述的那样,就是一部乞丐变王子的传奇。他们宣称自己来自亚兹特兰(Aztlan),位于墨西哥以西或西北一处湖泊上的小岛,并在其部落神维齐洛波契特利(Huitzilopochtli)的指引下移民来到了河谷。维齐洛波契特利意为"左边的蜂鸟",很快他便作为太阳神而获得重生。这是经由阿兹特克官方历史学家传承并被西班牙人记录下来的正式版本。这种移民传说在古代美索美洲非常常见,因此,不宜对其做字面上的理解。阿兹特克人的确在 13 世纪已经在河谷中定居下来,但对于

图 13-6 特诺奇蒂特兰中心区复原图,位于左边的就是大太阳神庙。

这块已经聚落密布的地区来说,他们的到来并不受欢迎,最终他们在河谷里最大一处湖泊的湿地上的某些沼泽岛上定居下来,并于1325年之后在那里建起了双子都,特诺奇蒂特兰和特拉特洛科(Tlatelolco)。1367年,勇猛残忍的阿兹特克战士成为扩张中的特帕内克(Tepanec)领主特索索莫克(Tezozomoc)的雇佣兵,从其不断扩张的版图中获得了大量的战利品,并很快从雇主那里借鉴了一些体制和建国战略。

1426年特索索莫克去世之后,一位名叫伊兹科阿图(Itzcoatl)的统治者和他满腹谋略的军师特拉卡勒(Tlacaelel)对特帕内克发动了阿兹特克战争史上的一场著名恶战,并将其一举摧毁。阿兹特克人成了整个墨西哥河谷的主人,旋即开始改造社会,并重写本族的历史。伟大的特拉卡勒下令将阿兹特克对手们的历史抄本全部予以焚毁,并从自己的立场出发重新撰写了一部神话般不切实际的墨西卡历史。阿兹特克人现在成了太阳神维齐洛波契特利的选民,古代托尔特克人的真正后裔。作为伟大的战士,他们的使命就是在太阳每天降临大地之时将战俘贡献给它。随后的几位聪明而残暴的统治者相继发动了一系列野心勃勃的征伐,以此来完成自己的使命。阿兹特克最伟大的统治者当属第六位特拉托阿尼(tlatoani),即"发言人",亚威佐特(Ahuitzotl,1486—1502在位),他的军队跨出河谷直达危地马拉边界。与特奥蒂瓦坎和蒂卡尔一样,最初的征服很快重新划定了阿兹特克的领土边界。

阿兹特克帝国将低地和高地都囊括了进来,在其势力范围中生活着500多万人。雄才大略的战略家、能干的管理者亚威佐特是一位道地的尚武主义者,对自己供奉太阳神的神圣使命怀有炽烈的信仰。据说1487年,当在特诺奇蒂特兰中心区为重建的太阳神和雨神(特拉洛克[Tlaloc])庙举行落成典礼时,仅人牲一项就夺去了2万名战俘的生命。

特诺奇蒂特兰

在14世纪晚期发展到巅峰时,**特诺奇蒂特兰**已经是一座相当成熟完善的大都市了,其政治机构和经济组织已经具备了足够的灵活性将大量的外来人口——商人、朝圣者和外国人——以及数千名劳动力整合到本就十分庞大的原有人口当中去。这座阿兹特克首都反映的是一个依靠军事力量和组织管理大规模人口的能力来达到目的的社会。上千亩精心规划的沼泽园(即"奇昂帕"[Chinampas])与运河纵横交错,为巨大的城市人口提供食物。

这座城市最初包含两个自治的社区,分别是各自拥有其仪式区的特诺奇蒂特兰和特拉特洛科。到1519年,特诺奇蒂特兰成为宗教和世俗权力的中心,而主要的市场则位于特拉特洛科。这座首都被平均分成四部分,并在直通太阳神和雨神庙的一座阶梯脚下

遗址专题

特诺奇蒂特兰的马约神庙

位于特诺奇蒂特兰心脏地带的太阳神和雨神庙是整个阿兹特克宗教生活的焦点。直到最近，我们对这座阿兹特克世界中心城市的了解还主要来源于文献记载。西班牙人在征服这里时摧毁了这座最终建成的神庙，并几乎是在原址上建起了墨西哥城大教堂。1978年，电力工人挖坑时于大教堂不远处发现了一块直径超过3.2米的椭圆形巨石。石头上雕刻了表现女神柯约莎克（Coyolxauhqui）被分尸的场面，根据神话中的说法，这位女神是被她的兄弟维齐洛波契特利所杀害的。在对该遗址进行了为期5年的发掘之后，考古学家马托斯·蒙特苏马及其同事发现了著名的大神庙（the Great Temple），即马约神庙（Templo Major[①]）遗址。在西班牙人的扫荡下，神庙几乎所剩无几，但是在其下至少保存了该神庙的六个早期阶段，其中第二个出现在1390年左右，其时神庙基本上已经建成。

最初的神庙构造是非常小而朴素的，后来才附加上了日渐扩大的外观、拥有独立圣坛的新金字塔、雕像、祭品以及其他一些人工制品。从总计86个不同的祭品存放处里发掘出大约6000件器物——其中有些出自阿兹特克人之手，但绝大多数显然是来自帝国不同地区的贡品或战利品，它们作为体现阿兹特克实力和权威的圣物而被埋葬在了这里。出土物包括由黑曜石和玉石制成的精美器物，以及赤陶（terra-cotta）——甚至还有来自特奥蒂瓦坎的古代石面具。或许，阿兹特克人本身就是一些业余考古学家，那些石面具就是他们从这座城市的废墟中挖掘出来的。

大神庙展现了阿兹特克人眼中的宇宙秩序。支撑整个神庙构造的平台象征了万物的世俗层面。金字塔本身四层渐行渐窄直达顶端的台阶则代表了性灵层面。位于塔顶的是最高层，放置着为两位最高神明维齐洛波契特利和特拉洛克而设的圣坛。平台以下代表的是地狱，大多数祭品都发现于这里。这些祭品绝大多数都与特拉洛克有关——不仅有对他的描绘，还包括专供这位雨神独享的大量鱼和海底动物。

根据阿兹特克人的说法，地球位于宇宙的中心，其外围被一圈水环绕着，天堂在其上，地狱在其下。而大神庙就是万物世俗层面的中心点所在，阿兹特克世界的四个方位便是从这里四散开去。大神庙是一个中枢，竖立在这儿的一条通道上达天庭，下至地府。这一象征主义说法有时甚至会更极端，因为特诺奇蒂特兰本身就位于一片湖的中央。实际上，这座城市有时会被叫作"Cemanahuac"，即"水中之地"，这里特诺奇蒂特兰被看作犹如一个绿松石指环。同样的情况也适用于阿兹特克人的故乡，位于西北部被水环绕的岛国亚兹特兰。因此，特诺奇蒂特兰便象征了整个宇宙的中心，最高统治者就在这里代表世人向众神说情，并与之斡旋。

交会。神庙矗立于四周建有围墙的矩形中央露天广场内，广场面积约为457平方米，在举行重要公共仪式时足够容纳近万人（图13-6）。

墨西哥考古学家爱德华多·马托斯·蒙特苏马（Eduardo Matos Moctezuma）的发掘实

[①] 也做Mayor。——译者

践，使我们了解到这座大神庙位于广场和一座有两道楼梯和两处圣坛的阶梯金字塔的北面，是专门敬献给维齐洛波契特利和特拉洛克的。维齐洛波契特利的红色小礼拜堂位于右边，特拉洛克的蓝色圣坛则在左边。蒙特苏马发掘出至少6个早期的神庙基址，其中大约建于1390年的第二阶段基址实际上已经算是完工了。蒙特苏马指出，这座大金字塔象征了阿兹特克宇宙秩序的四层空间，最初的起始面则象征了一切存在的世俗层面。阿兹特克世界的四个主要方位就是从这一点发散开来的，并且各自具有对应的颜色，以及不同人格的男女诸神。一条垂直的通道从这里出发，直直通向凌驾于地狱之上的天庭。

特诺奇蒂特兰象征了宇宙的中心，这座城市被水环绕，而亚兹特兰本身也是一座被水环绕的神秘小岛。所有最重大的阿兹特克节日都会在大金字塔下进行庆祝，仪式中最著名的一项便是让衣着闪亮的成排战俘爬上倾斜的楼梯以受死。人牲四肢大开地躺在献祭石上，旋即，一名手持黑曜石刀的祭司便剖开他的胸膛，取出他尚搏搏跳动的心脏，使劲向献祭石摔去。人牲的尸体沿陡峭的金字塔滚落下去，被站在塔下的屠夫们掠去，遂将尸体大卸八块，头颅则被放到附近堆叠起来的头骨堆上（图13-7）。尽管博得了人相食（cannibalism）的恶名，但大多数专家相信，宗教场面只占墨西卡人生活的一小部分，

图13-7　阿兹特克人祭仪式。太阳神庙上，一名人牲的心被挖了出来。

> **声音专题**
>
> ### 阿兹特克人眼中的人类
>
> 尽管生活中的一切都被安排得井井有条，但阿兹特克的智者们还是在苦苦思索着生命的意义，他们追问现实的本质，探寻生命的真谛，好奇生活是否只是黄粱一梦：
>
> 我们是否在说真话，生命的赐予者？
> 我们只是在做梦，我们只是从梦中醒来，
> 一切都像一场梦……
> 在这里，没有人说真话……（Leon-Portilla, 1963:220）
>
> 这些大同小异的哲学家们还肩负着更为实际的使命，那就是"在众人面前竖起一面镜子，让他们知道自己可以变得更加明智，更有先见之明：以自己的智慧为他人提供道义上的支持"。他们的任务是赋予那些默默无闻的芸芸众生以目的和认同。为此，他们苦苦探寻人类存在的意义：有没有这样一个关乎人类生命的真理？人究竟是有血有肉的存在，还是只是转瞬即逝的幻影？
>
> 智者们教导说，一个人总是能通过寻找智慧和艺术，寻找自己的形象来填补自身的虚空。阿兹特克人所谓的个人形象即"脸与心"，这一观念的传统是如此深厚，以至于阿兹特克人称老师为"脸之师"。
>
> 除了试图影响学生的意志之外，阿兹特克的智者们还通过严格的教育来教授自我修养。他们非常清楚，一个有着少量个体自由的人在面对造物主所统驭的世界时，总会陷入进退两难的境地。"我们只是他的玩物；他对我们嗤之以鼻。"一位智者这样说道。人类的存在是为了侍奉诸神。世间万物都是转瞬即逝的。借由死亡，我们将进入彼岸世界，一个亡灵之地。在那里，那些被雨神特拉洛克宠爱者将进入一个叫作特拉洛坎（Tlalocan）的人间天堂，那里"谷物常青，瓜果丰盛，植物永不凋谢，鲜花四季常开"。（Anderson and Dibble, 1963[6]:122）
>
> 大多数人都过着有序而乏味的生活，智者们已令他们完全做好了准备：
>
> 我们的祖先，古老的男人和女人们……一直说我们在世上不过走一遭，我们沿山巅而居。这里一道鸿沟，那里一道深渊。无论你在哪里偏离轨道，无论在哪里误入歧途，你都将枯萎凋零，你都将陷入绝境。在人间时刻保持谨慎，因为你一定听过自我节制实乃必然。（Anderson and Dibble, 1963[6]:121—126）

或可被视为一种精神复活的举动。

第五太阳纪

阿兹特克人的确非常尚武，但他们的每一次行动，生活中的每一个重要时刻无不被赋予象征意义，并受到仪式的支配。他们继承了循环的时间观念，这种观念来自对天体运动的观察，在一千年里始终处于美索美洲文明的核心地位。他们用一部包含365天的世俗历法来计算季节和集市日的流逝。另有一部每260天一循环的宗教历法将一个周期划分成20个"星期"，每个"星期"13天。每个星期和每一天都有各自的守护神，每一

位神明都具备某种或善或恶的品行。每52年这两个历法便会重合一次,此时时间停止,直到祭司在一名人牲的胸口上重新点燃一把圣火,然后在一片举国欢腾之中,一个新的周期开始了。

阿兹特克人的创世神话中,在现在的太阳出现之前曾先后出现过四个太阳。一场灾难性的大洪水在第四太阳纪吞没了整个世界,太初之水覆盖了整个地球。于是,诸神汇集于圣城特诺奇蒂特兰展开讨论,其中两位神明被选出来代表太阳和月亮,在进行了整整四天的苦修、自我惩罚和忏悔之后,他们在众神面前自焚以献祭,随后化作太阳和月亮,被风神伊厄科特尔(Ehecatl)吹到了各自的周期轨道上。第五太阳纪就这样诞生了,但这是一个注定要周期性湮灭的世界。一种强烈的宿命论弥漫于整个阿兹特克帝国,但是,他们相信通过向太阳献上人类心脏这一神奇的灵丹妙药,他们可以确保生命的延续。这就可以解释为什么人牲现象在美索美洲社会如此盛行,因为通过这种方式,人类所创造的食物和能量便可还诸大地、天空和江河湖海。给养太阳是战士的职责,因为作为被太阳选中的子民,他们命中注定要么征服,要么成为战俘而接受"华丽献身"(Flowery Death,即死在献祭石上)。无论是出生、上学还是正式的演讲,无论是艺术、建筑、陶器甚至着装规范,阿兹特克人被告知他们生活中的方方面面都是一种神圣的探索,即通过辛勤的努力,以太阳神维齐洛波契特利的名义建造起一座人间帝国。

阿兹特克国家

阿兹特克帝国是一个由频繁变动的联盟组成的国家,借由一套复杂的进贡体制而凝聚在一起。控制帝国的是一个小型统治集团,特诺奇蒂特兰的领主在其中占据主导地位。一切都在为一个日渐扩大的精英集团服务,而后者则通过无情但高效的征税运动、政治联姻以及频繁的军事威胁来维持自己的权力。贡品都是从被征服的城市那里征集而来的,可采用多种形式,既可以是原材料如金粉,也可以是金属制成品,或者是仪式用披风或头饰所需要的热带鸟类羽毛(图13-8)。精美的装饰品,甚至披肩都可以从专事生产这类产品的社区获得。就有这样26座城市,其功能就在于为一处皇宫提供柴火。能干的铁匠们打造出了乐器如钟,并将铜铸成合金以产生熠熠闪光的金色或银色色调。颜色和声音在美索美洲意识形态中占据重要位置,它们被用来纪念太阳、月亮、雷声、雨声以及响尾蛇的声响,从而为世界带来象征性的秩序。聚落研究及其他考古数据都显示,无论是作为一个社会还是一个经济体,阿兹特克帝国都不如特奥蒂瓦坎那般中央集权化。它的起源究竟在多大程度上应归因于上层政策的制订,或是市场动态如供求关系的变化,我们尚不得而知。

在高度张扬且被广为吹捧的帝国表象之下的,是一个由被一一整合到当地经济中

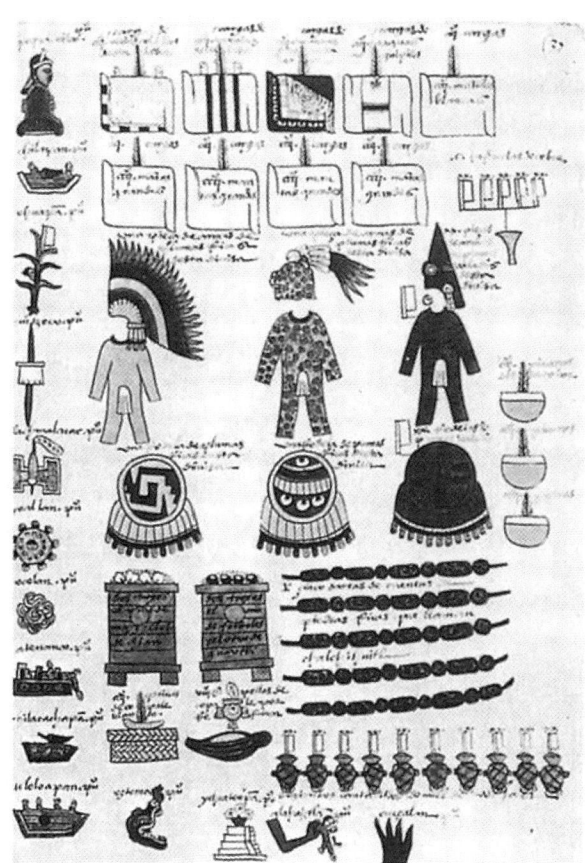

图 13-8 阿兹特克人的贡品清单。这是保存在《门多萨抄本》(*Codex Mendoza*) 中的一份清单。《门多萨抄本》是西班牙人征服之后为新西班牙总督编撰的一份描述阿兹特克社会的文本,内含各种清单以及来自图斯特佩克(Tochtepec)省的物品:"1600 件华丽的披风,800 件红、白、绿色条纹相间的披风,400 套战士短上衣及短裤……"贡品中还包括彩色鸟羽毛、可可豆和树胶。

的小型王国、集镇和村落组成的集合体,它们中许多比阿兹特克国家还要久远,最终形成的文明在西班牙人征服之后依旧存在下去。与此同时,帝国的经济和政治模式就不同地区和社会化程度来说是相当多变的,这体现在各个方面,从土地制度到手工业分工,从城市化模式到商人和市场。新一代考古学研究近来揭露出一个在政治和经济统一及中央集权的表象掩盖下的错综复杂的社会多元图景。

进贡与贸易双管齐下,因为阿兹特克帝国特别依赖于职业商人,即"波其德卡"(pochteca)。阿兹特克商人形成了一个紧密团结的阶层,他们作为这个国家的耳目,有时会获取巨大的财富。位于特拉特洛科的特诺奇蒂特兰大市场是整个阿兹特克世界的中心,据西班牙编年史学家记载,那里每天至少有 2 万人往来,集市日则高达每天 5 万人。从金银商人,到贩卖奴隶和热带羽毛的贩子,甚至经营披风和巧克力的卖主,你所能想象到的各色商品都能在这里找到。特别任命的官员负责对市场进行监督,以确保公平贸易得以实现。

整个国家都服务于统治者和贵族的利益,这个特权阶层控制了土地,并有权使用公共劳动力。通过背景出身、赋税的征收以及获取官职,这些贵族掌控了帝国内几乎所有的战略资源以及相关的贸易路线。严格而繁复的着装规范涵盖了从装饰品到披风和凉鞋在内的一切事项,以此来约束贵族集团的规模。成千上万的平民提供的赋税和劳动力维持了这个国家的运转。布衣百姓用他们写满沧桑的双手为这一小撮人提供了取之不竭的华服美食,供他们水,供他们柴,还从整个低地和高地为他们搜集来成堆的奢侈品。在这个社会等级制度中,只有奴隶和囚犯的地位比他们低。

每一个阿兹特克人都是**卡尔普伊**(calpulli,意为"大房子")的成员,这种以血缘关系为基础的家族集团是按照男性世系从一个共同祖先那里繁衍下来的。特诺奇蒂特兰的四个大区就是以这些集团为基础而分成不同街区的。卡尔普伊就像平民与国家之间的媒介,它为劳工和贡品付税,并组织人们参加公共事务。最重要的是,卡尔普伊实行土地公有,并在其成员间进行分配。成员选举出一位领袖,来保管分配土地的具体方案,并与政府的收税官打交道。卡尔普伊为每一个社会成员提供一种安全感,为国家提供一种有效的机制,以保证即使在临时通知的状况下仍能对数目庞大而多样化的城市和农村人口加以管理,并组织起大规模的国民加入军队或参与工程建设。所有这些阿兹特克社会制度和政治体制都不是什么新鲜事物,因为它们都是从托尔特克人和特奥蒂瓦坎统治者那里继承而来的,尽管就阿兹特克人来说,他们所处的环境更具多样性,也更灵活。

西班牙人的征服(公元 1517—1521 年)

当野心勃勃的尚武主义统治者亚威佐特于 1502 年去世时,阿兹特克帝国已经发展到了巅峰。次年,蒙特苏马二世(Moctezuma Xocoyotzin)登基为王,这位新国王个性复杂,据说他骁勇善战,但又喜爱反省。当 1517 年消息传到特诺奇蒂特兰,说山脉正向波斯湾移动,而来自东方的白胡子来客已去往遥远的尤卡坦拜访玛雅人时,蒙特苏马开始着迷于古托尔特克传说,以及托皮尔岑驶向东方并发誓于 1 芦苇年时重返人间的传说。历史巧合的荒诞不经之处便在这里呈现,赫尔南·科尔蒂斯登陆韦拉克鲁斯的时间,1519 年,正是 1 芦苇年,这便使蒙特苏马确定这一定是托皮尔岑归来要重新夺回他的王国。

接下来,西班牙人征服的故事便像一出希腊悲剧般展开。一支大约由 600 人组成的身经百战的远征军孤军深入,与一个勇敢奋进的民族展开争夺,后者与他们杰出的先辈一样,深信战争的每一个细节都蕴含着深深的象征意义。长久以来,阿兹特克人利用战争来满足诸神的饕餮大口,并以此为一系列附属国维持秩序。然而,由于这次的强敌利用了他们松散的联盟,阿兹特克人发现现在只能靠自己了。他们能做的只有与这前所未遇的劲敌展开背水一战,而这支不见黄金不回头的小型探险队早已对漫长而艰苦的军事征服司空见惯,毫无疑问胜利最终属于他们。

当整个墨西哥(新西班牙)完全落入西班牙人的严密控制时,10 年已经过去了。成千上万的人在一场场血战中失去生命,更多的人则死于流行性感冒和天花这类被外来者带来的疾病。没有什么羽蛇神的神圣恩赐,相反,征服者们带来的是痛苦、死亡、致命的疾病和奴隶制。繁衍了 3000 多年的美索美洲文明在之后几个世纪的历史中迅速地黯淡下去。

13.6 小　结

美索美洲高地文明是本土根源和低地因素双重作用的结果。来自奥尔梅克文明的影响非常强烈,但至少在公元前 1000 年瓦哈卡河谷就已经出现了一些小型王国,它们最终被合并到了阿尔班山国家当中,后者于公元第 1 个千纪发展到了顶点,并与特奥蒂瓦坎共存于墨西哥盆地的边缘地带上。

在公元最初的 7 个世纪里,特奥蒂瓦坎始终是高地和墨西哥盆地占据统治地位的政治和经济力量。它的统治者与玛雅人开展频繁的贸易往来,而它的尚武哲学和宗教信仰则传遍了美索美洲的大部分地区。这座大城拥有巨大的金字塔和专门的仪式区,并作为阿兹特克文明的发源地而广受尊崇。

同样立足于墨西哥河谷的托尔特克文明填补了特奥蒂瓦坎衰落之后留下的政治真空,但在公元 1200 年便四分五裂了。14 世纪,发迹于盆地西北部的阿兹特克人渐渐发展成为高地的一支主导力量。在接下来的两个世纪里,他们的统治者创建了一座进贡型(tribute-paying)帝国,并很快进入了低地地区,甚至向南拓展到了危地马拉。阿兹特克文明依靠尚武教条和人牲献祭来满足太阳神维齐洛波契特利的野心。当赫尔南·科尔蒂斯率领 600 人的远征军于 1519 年进入阿兹特克首都特诺奇蒂特兰时,这座帝国已在重压之下显露出些许式微的迹象。两年后,这座城市便在一场艰苦的围攻战中毁于一旦。在起兵反抗恶主的一些附庸国的帮助下,阿兹特克文明在先进军事科技面前就这样骤然陨落了。

第14章　安第斯诸文明

秘鲁帕拉卡斯(Paracas)的一片织物上描绘的一个萨满巫师

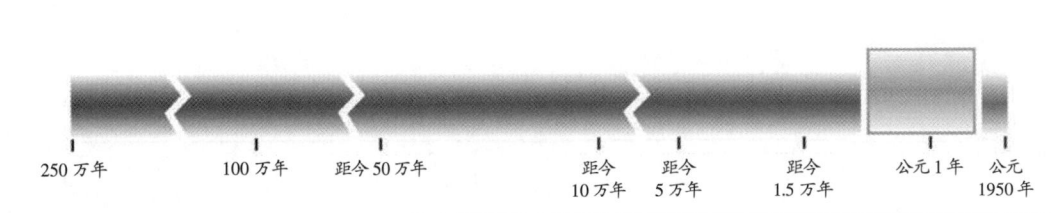

250万年　　100万年　　距今50万年　　距今10万年　距今5万年　　距今1.5万年　　公元1年　公元1950年

14.1 安第斯文明的海洋基础
14.2 沿海初创期（公元前 2600 年—前 900 年）
14.3 初升期和查文·德·万塔尔（公元前 900 年—前 200 年）
14.4 起始期
14.5 莫希王国（公元前 200 年—公元 700 年）
14.6 中兴期：蒂亚瓦纳科和瓦里王国（公元 600—1000 年）
14.7 晚期中间期：西坎文化和奇穆文化（公元 700—1460 年）
14.8 晚期：印加帝国（公元 1476—1534 年）
14.9 西班牙人的征服（公元 1532—1534 年）

时间是 1911 年。高高的安第斯山上，美国探险家海拉姆·宾罕（Hiram Bingham）正沿着一条险峻而茂密的丛林小路艰难地前行，不时陷到齐膝深的泥沼中去。宾罕正在寻找比尔卡班巴（Vilcabamba），印加帝国统治者曼科·印加（Manco Inca）1537 年逃出西班牙人的魔爪后的最后避难所。在当地一名农民的指引下，宾罕和他的手下手脚并用地爬到了山脊上。脚下的深渊里，乌鲁班巴河（Urubamba River）正在奔腾咆哮。突然，一片空地出现在他们眼前。宾罕走过这片"被生长了几个世纪的树木和苔藓所覆盖的花岗岩迷宫"。他花了几个小时漫步在这些"由平整的白色花岗岩精巧砌成的石墙"之间。山坡上凿出巨大的石阶，一条小径蜿蜒通向印加石屋。沿花岗岩石阶拾级而上，宾罕来到了一座露天广场，广场上有两座神庙，其中一座附有一处巨大的石祭坛。"眼前的景象让我震惊得说不出话来。"宾罕宣称。印加人就是在这座山脊上建起了著名的马丘比丘（Machu Picchu），此处地点是如此的偏僻而难以接近，以至于被宾罕称为"失落的印加城市"（见图 14-14）。这位探险家在这里工作了整整三年，孜孜不倦地清理、发掘，不厌其烦地为每一座房址和神庙丈量、记录、绘图。

马丘比丘是世界上最光辉灿烂的考古遗址之一，但它从来都不是一座"失落的城市"，当地农民始终知道它的存在。宾罕相信自己发现的就是比尔卡班巴，但在 1964 年，探险家金·萨沃依（Gene Savoy）确认，位于帕马科纳斯河谷（Pamaconas Valley）的埃斯皮拉图·潘帕（Espiritu Pampa）遗址其实才是印加帝国最后的首都（Bingham，1964：212）。

15世纪晚期,庞大的印加帝国**塔万廷苏尤**(Tawantinsuyu,即"四方帝国")正值盛世,其疆域已从**安第斯山**(Andes)上的高纬度山谷,越过干燥的高地平原,直达被热带雨林所覆盖的山麓,甚至沿海沙漠,其中囊括了地球上最干燥的一些地区(图14-1)。

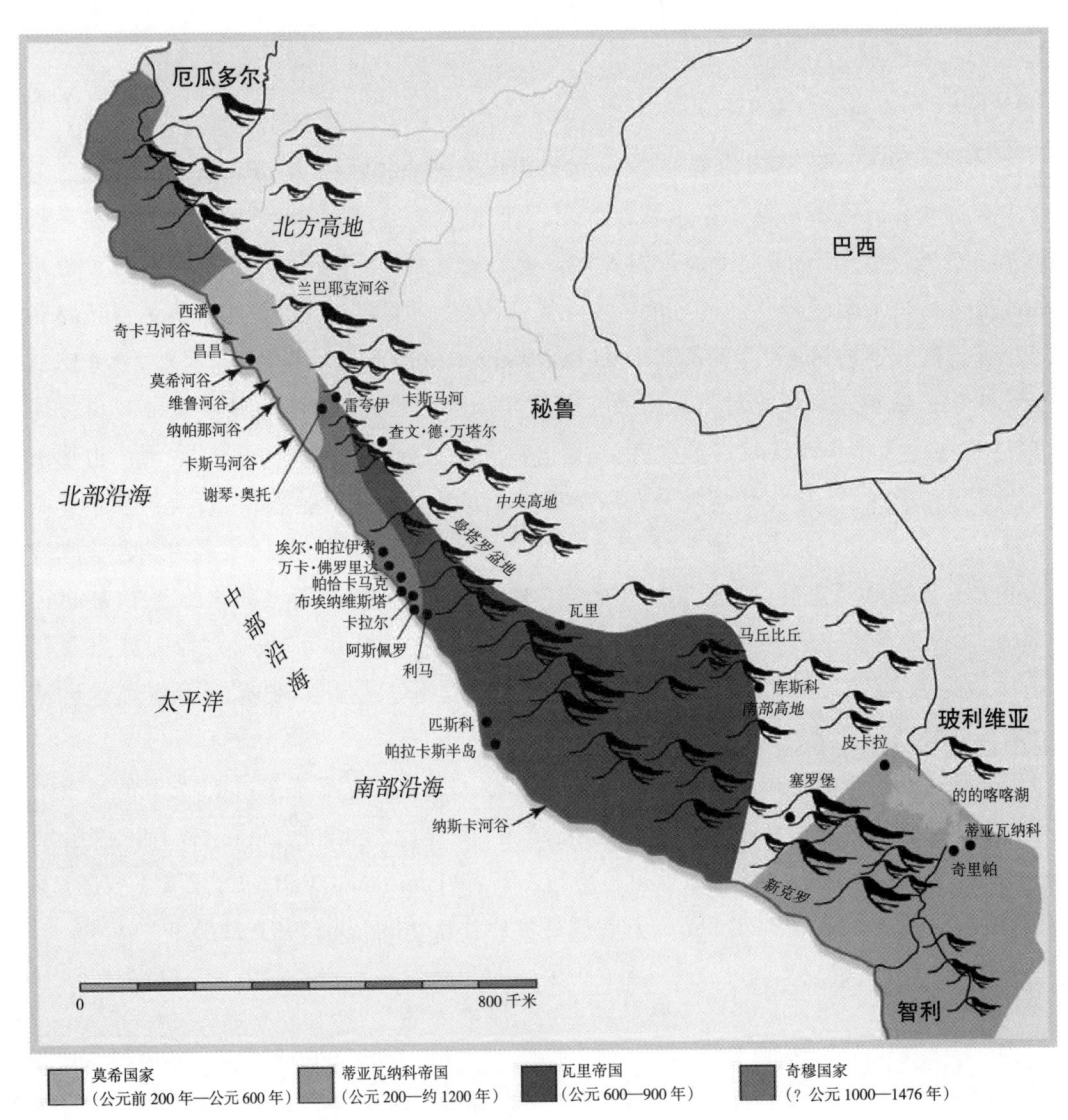

图14-1　本章所涉及的考古遗址图

历经几个世纪的演变，**安第斯文明**（Andean civilization）发展成了两"极"（pole），其中一极位于北部沿海即现在的秘鲁，另一极则位于安第斯山脉的中南部地区。只有印加人成功地将这两个中心整合成一个庞大的帝国。北方高地以阴冷无雨的秘鲁沙漠平原为中心，这片沙漠平原沿海岸线向南延伸了近550千米，最远达科利亚苏尤（Collasuyu），整个地区向兰巴耶克河（Lambayeque River）地区延伸了多达100千米。来自安第斯山的40多条河溪穿越平原，但只有在周围沙漠地势够低的地区它们才被用来灌溉。

南部高地包括的的喀喀湖盆地（Lake Titicaca Basin）周围的高地平原、玻利维亚高地，以及阿根廷和安第斯山中南部的智利北部部分地区。这片区域的大部分地区因过于干燥寒冷而人烟稀少，的的喀喀湖盆地北端气候稍为温暖，水源也更充足，因而，羊驼和美洲驼的放养以及土豆和奎奴亚藜的种植成为可能。

安第斯诸文明衍生出了多种不同的演进道路，从而形成了一幅异彩纷呈的国家和帝国拼图，这很大程度上是广泛持有的精神信仰以及沿海与高地之间、相邻河谷和大的人口中心之间持续展开的贸易往来所带来的结果。塔万廷苏尤本身就是在与欧洲人发生接触之前的几个世纪里由安第斯山脉的印加诸王联合而成的一个独特的政治综合体，是整个安第斯地区的社会复杂性在历经几个世纪的发展之后达到的最高点。

本章我们将探讨安第斯文明的发展演化，这一文明在印加帝国达到了顶峰。

14.1 安第斯文明的海洋基础

崎岖的安第斯中央山脉是仅次于喜马拉雅山的世界第二高峰，但这一地区的降雨只有10%会回到太平洋流域。覆盖山脉西面坡麓和平原的沙漠差不多延伸至赤道以南30°，其中大部分位于秘鲁沿海，这是世界上最干燥的沙漠之一。然而，这片沙漠濒临的太平洋沿岸一带又是美洲鱼类资源最丰富的地区，盛产大量像沙丁鱼这样群居生活的小型鱼类。这种可轻易网获的鱼群不仅在今天供养了数百万当代人口，也曾是该地区稠密的史前人口的主要食物来源。相反，垦殖这片干燥的沙漠地带需要建立起巨大的灌溉系统来控制安第斯山的径流，而这种灌溉系统所需的绵长水渠往往需要数百名劳动力的协同合作。整个沙漠中只有10%是可耕地，因此，这里的居民更多地依赖太平洋的慷慨恩赐才能维生，其中就包括大量易网获的沙丁鱼。或许令人惊讶的是，这片显然不宜居住的沙漠竟成了一系列复杂的早期国家的重要中心，这些国家与高地邻国开展贸易，并兴建了一些大型仪式中心。

20世纪70年代，考古学家迈克尔·莫斯利（Michael Moseley）提出了一种"安第斯文明的海洋基础"（maritime foundation of Andean civilization）假说。他论证说，太平洋沿岸独特的海洋资源为迅速增长的群居定居人口提供了充足的热量。另外，这些食物来源所产生的大量盈余释放了更多的时间和人力,从而能够在新的复杂沿海社会首领的组织下建造大型的公共建筑和神庙。这一假设与视农业为国家组织型社会经济基础的传统考古思维相悖。莫斯利认为,在安第斯山地区,渔业是经济基础。几千年来,沿海人口的不断增长使得人们为在后来的环境下开展大规模灌溉和玉米农业进行了预适应。

针对这一海洋基础假说所做出的批判都是建立在以下观点之上的,即单靠海洋资源根本无法维持大型沿海聚落的运作。绝大多数此类批判都倾向于忽视沙丁鱼的潜力。如果将海洋基础视为一个更广泛的进化过程——这一进程也同样发生于内陆、高地及那些沿海陆架妨碍了大规模捕捞沙丁鱼的地区——中的一个组成因素的话,那么总体上来说,海洋基础假说经得起时间的检验。

理查德·伯格(Richard Burger)论证说,随着农业在高地变得日渐重要,当地饮食模式的改变最终使农民对低地产品如盐、鱼类和海藻等有了需求。海藻富含海碘,并且作为一种重要的药材而被高地人用来对抗流行性甲状腺肿大等疾病。出于同样的原因,太平洋低地的一些遗址也出土了一些马铃薯等无法在沿海地带种植的碳水化合物食物。因此,无论在低地还是高地,国家的形成都是沿海与内陆之间持续不断的贸易交换所带来的结果。

迈克尔·莫斯利认为,对海洋资源的依赖导致庞大的密集人口的出现,使统治者能够组织起大量人类资源来兴建大型仪式中心,并开展大规模灌溉工程以改造河谷,从而以这种方式实现预适应。在这种情况下,灌溉农业就被掌握在一群严格限定的权威人群手中,他们利用现有的简单技术和当地人口创造出了新的经济。显然,这种建立在贸易、玉米农业和海产品基础之上的转变,在安第斯社会发生的激烈变革中起到了临门一脚的作用。但是,这种变革是以早在几千年前就已出现于一些沿海早期村落中的古代渔猎传统为基础的。

14.2 沿海初创期(公元前2600年—前900年)

直至相对晚近以前,农业活动在低地始终仅占次要地位。尽管如此,公元前2500年—前1800年间在北部沿海地带还是出现了一些拥有数百人口的定居村落。安第斯文明的这段起始期非常关键,因为对宇宙秩序和宗教信仰的新的关注渗透到了整个安第斯山地区,这从低地和高地涌现出的兴建纪念性建筑(主要是U形仪式建筑)热潮可见一斑。

我们不知道沿海地带最初的较复杂社会具体是何时出现的,但那一定是在公元前3000年前。公元前3055年,苏沛河(Supe River)河口地区兴起了一座占地至少15公顷的聚落**阿斯佩罗**(Aspero)。到公元前2600年,在现在的首都利马(Lima)以北约193千米处炎热的苏沛河河谷中出现了一个巨大的王国,统驭这个王国的是一座名叫**卡拉尔**

(Caral)的中心城市。苏沛地区约有17座中心城市,靠出产番石榴(guava)、豆类、甜椒和一些水果的精细灌溉农业维生。这里的农民也种植棉花,但还没有学会种植玉米和马铃薯这两种日后成为安第斯人主食的作物。这座王国可能就是靠生产和交换用来制作渔网的棉花而繁盛起来的。从遗址发现的人类排泄物粉末来看,当时人们的食物有很大一部分来自沙丁鱼。

图14-2 卡拉尔的一座阶梯金字塔

图14-3 埃尔·帕拉伊索

卡拉尔的主要建筑是6座巨大的石台，石台之上矗立着的石头建筑原料来自荒料石，并填充以来自附近河流的鹅卵石。石台中面积最大者达152米×137米，高18米（图14-2）。一小股精英统治着这座王国，但无论是对这个统治集团，还是他们指挥至少数百名劳动力来建造这座宏伟首都的手段，我们几乎一无所知。公元前2000年—前1500年间，就在一系列王国崛起于北部沿海地区的同时，卡拉尔却出于某些未知的原因而被废弃了。在位于利马附近智伦河（Chillon River）河畔的**布埃纳维斯塔**（Buena Vista），人们发掘出一座阶梯金字塔神庙，以及公元前2200年的一些独特雕像。这座圣坛在春、秋、冬、夏四季的某时日会与太阳和星座排成一线，安第斯人就是凭此来安排农活的。

大约于公元前1800年建于利马附近智伦河河口地区的**埃尔·帕拉伊索**（El Paraíso）是最古老的U形仪式建筑群，也是距离太平洋最近的一处（图14-3）。这片巨大的遗址包括至少6座由形制粗糙的石块借未烘焙过的黏土黏合而成的巨大方形建筑。打磨过的黏土外墙都被绘以斑斓的色调。每座建筑群都由一座方形建筑及其周围几层平台构成，平台可通过石块和黏土搭建而成的楼梯到达。最大的建筑群长度超过250米，宽50米，高10余米。从现场遗存来看，这些房间显然是以席为顶，并靠柳木支撑。为建造这些建筑，人们大概从附近山丘上采来了多达10万吨的石头，但建筑周围几乎没有居住痕迹，仿佛它们只是一些神坛或公共区，而非住宅区。两座最大的巨厦坍塌所形成的土丘平行相对，形成面积超过2.5公顷的巨大狭长平台。

最令人惊讶的是，建造这些巨型建筑的人们来自许多分散的村落。出于我们尚未知晓的原因，他们通过这一建筑工程联合起来，以大部分多余精力建造了一座庞大的纪念中心，中心没有多少人居住，但每逢重大公共仪式便成为众人聚集之处。

与埃尔·帕拉伊索的U形布局同时出现的，是类似形状的仪式中心在内陆地区的大量涌现。与此同时，沿海地区的人们开始消耗更多的根茎类作物，学习制作陶器，并逐渐将其聚落由内陆迁移到河谷地区。U形仪式中心的普遍出现很可能反映了激烈的社会重建以及与之相伴随的重大经济变革。

这一切又有何宗教意义呢？在美洲许多地区的仪式中，烟和水的仪式行为是为了沟通空气、土壤及宇宙中的各个水域。沿海和高地的早期仪式中心很可能反映了使用这些物质来与宇宙保持交流的一种古代传统。

14.3 初升期和查文·德·万塔尔（公元前900年—前200年）

1943年，考古学家胡里奥·泰约（Julio Tello）在秘鲁高地一片广大区域内的石器、陶器和贵重金属中发现了一种特别的艺术风格，并以位于秘鲁中部的著名史前仪式中心查文·德·万塔尔（Chavín de Huántar）将其命名为查文文化。泰约的研究使得秘鲁学家们

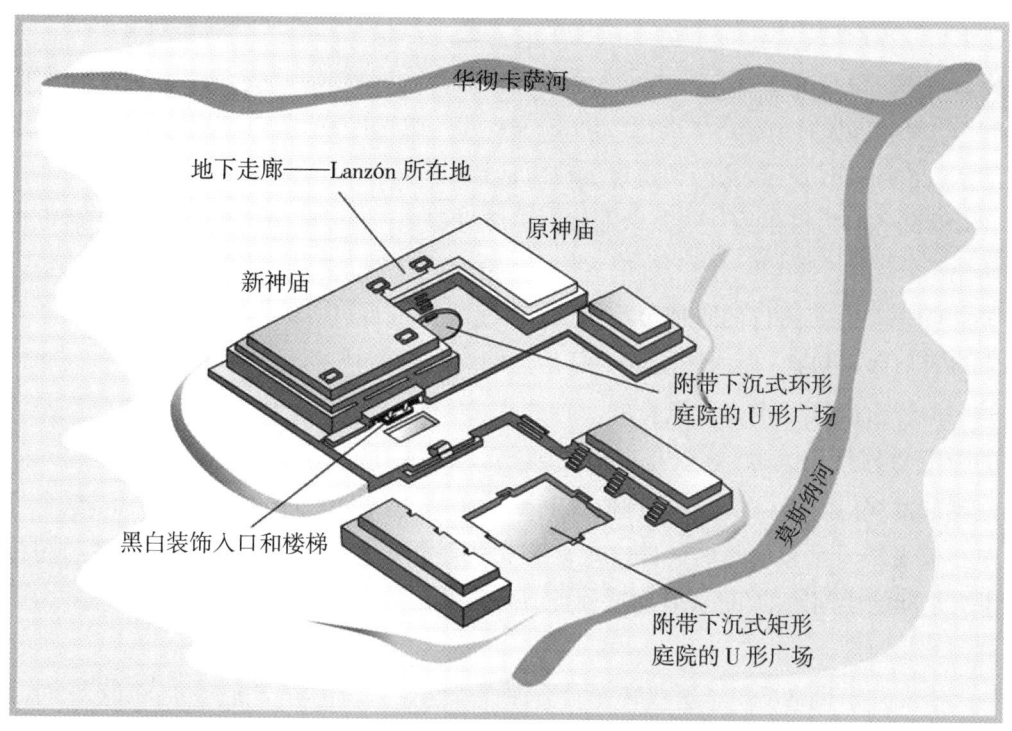

图14-4 查文·德·万塔尔。(a)包含主要建筑特征的仪式中心平面图。(b)雕刻在神庙内部中央一处石柱上的兰松(Lanzón)神。

在很长一段时间内相信这种普遍存在的查文艺术风格是其后所有安第斯文明的"母文化",大体上类似奥尔梅克文化在美索美洲史前史上的意义。这一文化便是秘鲁史前史的初升期(Early Horizon),约始于公元前900年。这一时期,随着文明的开启,土生土长的宗教信仰通过征服、贸易和殖民运动而得到了广泛的扩张。

查文·德·万塔尔为一幅复杂而绚烂的画卷提供了证据。这处历史悠久的遗址最晚始建于公元前1500年,是在最初一些小型圣坛的基础上扩充而来的。神庙区的最高处竖立着一座引人注目的阶梯金字塔,塔顶被削为平台(图14-4a)。这座10米高的金字塔看似坚不可摧,但内里实际上是由房间和通道组成的空心蜂巢状结构。一些特制的矩形管道确保了走廊通风良好。神庙中的雕刻惟妙惟肖地刻画了一种颇似美洲虎的带毛发的蛇形人像,这就是著名的兰松(Lanzón)神,他很可能是连接天堂、人间和地狱的轴线(图14-4b)。兰松神似乎起到了平衡与秩序之间仲裁人的作用。整个仪式中心被用作天堂和地府的调停之地。查文的祭司和宗教官员扮演的是生者与超自然世界之间的中间人的角色,借助这种类似萨满的角色,他们变身为具有超自然神力的美洲虎和长冠鹰。

查文艺术风格反映了这些转变。美洲虎母题始终占据着支配地位:无论人、神还是兽都被赋予了类似美洲虎的獠牙和羽翼;许多形象的身体上长出了毒蛇。这种艺术风格既怪诞,又流露出些许不祥的气息。这些形象大多雕刻在石头上,但也出现于黏土和骨料上,通常都是描绘吸食致幻物质引起的黏液正从鼻孔中滴下。这位主神很可能是一位自然神,与雷电等附近高山上强大的自然现象有关。

理查德·伯格的理论指出,人们普遍相信查文·德·万塔尔是一座分四阶段建成的人工山丘,那里举行的仪式都以水的循环为主题。这种信仰认为地球是漂浮在一片巨大汪洋之上的,水从这里出发绕群山循环直至天空中的银河(Milky Way),并在那里变成雨降至田间,最后再度循环回到海洋。秘鲁考古学家路易斯·伦贝拉斯(Luis Lumbreras)复制了水通过这座圣坛复杂的石砌通道和水渠时所发出的巨大的咆哮声,他认为雨季来临时这种咆哮声会在整座神庙中回响,从而象征了存在于赐予人类雨水的山脉、神庙和宇宙中各层空间之间的联系。查文艺术这种纠结的动物与人的母题淋漓尽致地呈现出热带雨林所特有的炫丽风格和异国情调。这里所描绘的鳄鱼、美洲虎和毒蛇都是生活在森林中的动物。查文艺术很可能起源于安第斯山东边的热带森林,但是,在初升期的查文神庙中所发现的带下沉式中央广场的U形建筑设计,早在几个世纪以前就已经出现于沿海和高地的其他遗址当中了。

查文代表了来自沿海和森林地带的特征与思想的结合,它们在高地的局部地区形成了一股火焰般绚烂的文化图景。初升期很可能是一段漫长的文化变革和政治调整期。

14.4 起始期

在起始期，一些截然不同的沿海和高地社会在安第斯世界的两极发展起来，一个是北部沿海地区，一个则是位于南方的的的喀喀湖畔。

沿海地区（公元前1800年以后）

公元前1800年以后，一系列相互影响的王国在莫希（Moche）、卡斯马（Casma）、智伦等一些灌溉农业发达的河谷中发展起来。几个世纪以前，一些新兴的交流传播网络不仅将相邻的沿海河谷连接到了一起，而且也在低地和高地之间建立了联系。这些贸易路线将各种各样的自然环境带串联到一起，在一片广大的区域里传播着技术、意识形态、陶器以及建筑风格，从而形成一种粗浅的统一意识，并反映在广为共享的艺术母题中。

这一时期，人们已经从沿海迁移到了内陆地区。基本生存方式也从渔猎转变为大规模的灌溉农业。虽然最早的农业可能也曾有限地使用水渠来灌溉河畔农田，但是，新出现的灌溉农业规模要大得多，这得益于多项有利条件：丰富的太平洋鱼类为大批劳动力提供了给养；内陆地区拥有许多缓坡可用来耕作；而当地人也已学会种植棉花、葫芦以及南瓜、豆类这些次要作物。

起初，各个家庭可能各自灌溉自己的坡田，但是随着各个社区的耕作量渐增，基本的灌溉工作只需协同合作即可完成。最初的有组织灌溉可能只是发生在单个家庭和相邻村落之间的较低级的合作。历经几个世纪的演变，这些简单的工程最终发展成了覆盖整个内陆河谷地区的庞大公共事业，控制这项事业的则是垄断水源和被灌溉土地的共同权威。

的的喀喀湖盆地：奇里帕和皮卡拉（公元前1000年—公元100年）

随着查文·德·万塔尔崛起并在北方高地占据统治地位，另一个初升期复杂社会也在极南的的的喀喀湖周围独立地发展起来，而盆地的平原景观也逐渐被前所未有的集约式农牧业所改变。

在位于湖南岸的**奇里帕**（Chiripa），人们将农耕和畜牧与更早的狩猎-采集传统整合在一起。奇里帕最初只是一个小村子，但到公元前1000年，这里建起了一座平台式土墩，并在之后几个世纪里多次修整。最终墙体中开始嵌入一些雕刻有毒蛇、其他动物和人类形象的石板，这种石刻传统在湖畔持续了若干个世纪之久。庭院四周环绕有16座矩形建筑。奇里帕圣坛的许多特征，特别是阶梯形入口、下沉式庭院及壁龛式窗户，都与

遗址专题
秘鲁西潘诸王

位于秘鲁北部沿海的西潘墓葬群，堪称有史以来最伟大的考古发现之一。秘鲁考古学家沃尔特·阿尔瓦花费数月对这些皇室墓葬进行了辛苦的发掘，并在秘鲁和欧洲的一些文物修复实验室里进行了文物修复（conservation）。这些成就堪称科学考古学的胜利。

I 号墓墓主是一位年龄在 35—45 岁之间的武士-祭司（图 14-5）。砖砌墓室深建于金字塔里（图 14-6），墓室两边和顶端砌有坚固的泥砖长凳，长凳下的小壁龛里放置了上百件陶罐。祭司为死去的王穿戴好全部行头，带上金面具，然后将穿戴好的尸体用裹尸布包裹起来。接着他们把死者放进木棺中，再将木棺放在墓室中央，棺盖以铜带加固。人们会在木棺两头放置更多的陶器，其中大多数是带嘴的陶瓶。下一步，两只美洲驼作为随葬品被放在木棺脚部两侧。有时，祭司们也会在墓主顶端放一名羸弱的 9—10 岁男孩的尸体作为陪葬。

接下来，五副各包含一名成人死者的藤编棺材被放进墓穴。其中两副是男性死者，他们可能是士兵或国王的随扈，这两副棺材被分别放置在刚才提到的那两只美洲驼上。两名男性中的一名体格强健，年龄在 35 岁以上，佩戴有铜饰物，身旁放有一根战棍。另一名男性佩戴有珠状胸饰，年龄在 35—45 岁之间。另三副女性棺材中有两副被置于墓主棺材的顶部，而位于脚部的第三副

图 14-5　身着西潘王服饰的人偶

日后的蒂亚瓦纳科建筑传统一脉相承，后者也在自己的仪式性建筑中使用了同样的布局。与这种建筑相关联的宗教信仰聚集到了亚亚-玛玛（Yaya-Mama）宗教传统下，并持续发展了几个世纪之久。

另一座主要中心出现于的的喀喀湖西北 75 千米处的**皮卡拉**（Pukara），这处遗址拥有一片巨大的居住区，宏伟的仪式建筑群矗立于石坛之上，三面各有一座单屋式建筑，中间则是一座矩形的下沉式庭院。从皮卡拉陶器风格的分布情况来看，这座王国的权力

图14-6 西潘 I 号墓复原图，显示出在不同的棺材里分别安放着装扮齐全的墓主及其男女随从。

棺材里，女死者呈侧卧姿势。有趣的是，这些女性脱落而凌乱的尸骨表明她们并不是人牲，因为她们已先于墓主死去多时，而且在被埋葬时已经部分开始腐烂。她们生前很可能是妻妾或女仆。一旦这些棺材摆放完毕，便会在整个墓葬上加盖一层木质墓顶，墓顶之低使得墓室中难容一人起身。然后将墓穴掩埋，期间会埋入一个足部被削的男性人牲。最后，在南面墙壁上距离墓顶约1米处凿一个小小的壁龛，一个呈盘腿坐姿的尸体作为墓室的守护者而被放置在壁龛中。

应该局限于北部的的喀喀湖地区，而从北方沿海远道而来的陶器等器物则反映了贸易触角的分布之广。那时的蒂亚瓦纳科还是一个小型中心，规模远不及后来几个世纪的发展，公元前400年—公元100年间它统治了湖的北岸。没有证据表明当时的皮卡拉已经与其南部邻国合并。

从起始期开始，安第斯山地区涌现出一系列杰出的国家组织型社会，它们展现出了令人目眩神迷的文化、艺术、组织形式和宗教信仰的多样性。与此同时，它们在宇宙观和文化上的一些广泛的相似性又将这些社会与世界史前史上的其他国家区分开来。

14.5 莫希王国（公元前200年—公元700年）

到公元前200年，莫希王国已经出现于秘鲁的北方沿海地区，并繁盛了800年。莫希国家发祥于奇卡马河谷（Chicama Valley）和莫希河谷，那里有着伟大的仪式中心和巨大的灌溉工程。

在利马西北680千米处的西潘（Sipán）村附近发现的莫希墓葬群，革新了我们对莫希贵族的认识。秘鲁考古学家沃尔特·阿尔瓦（Walter Alva）曾发掘出3座未被盗扰的皇室墓葬。平躺在木棺里的男性墓主佩戴着金质耳饰和鼻饰，以及用金珠和绿松石珠串成的臂镯，脚穿铜凉鞋。在墓主周围则散放着一些仪式上使用的响板（拨浪鼓）、新月形刀、权杖、长矛，以及一些来自外邦的贝壳。

在将墓葬出土物与莫希艺术中所描摹的人物做了一番比较之后，人类学家克里斯托弗·唐南（Christopher Donnan）确认墓主为一名武士-祭司（warrior-priest）。这些人主持战俘牺牲仪式的画面经常出现在莫希人制作的陶壶上（图14-7）。显然，莫希战士发动战争就是为了获得战俘。他们掠夺战俘的盔甲和武器，然后将其带到武士-祭司面前，割开他们的喉咙，在武士-祭司等人嗜饮鲜血的同时将尸体大卸八块。在许多陶壶的描绘中，这位武士-祭司头戴尖顶头盔，上有月牙形头饰，与西潘墓葬中出土的王服一模一样。这些人其实是充当祭司的贵族，他们散居于王国各处，并在规定时间举行牺牲仪式。

莫希社会由农民、渔民、手工匠人和祭司组成，其中祭司在陶器上总是被描绘成长着凌厉的獠牙，戴着用美洲狮的皮做成的头饰。一些手艺精湛的制陶工会在一些精美的容器上以惊人的笔法刻画出莫希统治者的形象，他们往往自命不凡、意气风发（图14-8）。当然制陶工也塑造战士形象，在他们的刻画下，莫希战士手持盾牌和战棍，头戴结实的头盔，身着彩色棉制服。从莫希墓葬可以看出，这个社会已经出现贫富分化，富人墓葬中随葬的容器有的多达50件，有的随葬品还包括武器和代表社会地位的权杖。

我们并不了解莫希社会的具体组织形式，但可以推测，统治者管理着的是一个由战士、巫医（priest-doctor）、手工业者和大量农业人口构成的等级国家。例如，在莫希王国控制下的每条河谷中都至少有一个莫希风格的聚落。

这一时期，沿海地区的人们已经熟练掌握了金属冶炼技术。他们了解了金矿石的特性，并已经学会在河床中淘金而不是通过采矿来挖掘黄金。不久之后，他们又发展出一种方法以把黄金锤打成薄薄的金箔片，并学会了用黄金制作浮雕装饰（见图14-9）。他们还发明了一种焖火技术，能将这种金属软化并锤打出更复杂的形制，此外，他们还用上好的焊料将金箔片焊接在一起。铁匠们以黄金为底,饰以绿松石和贝壳类饰品,精心制作出皇冠、臂饰、针和镊子等物品。

莫希王国的统治领域覆盖多个河谷,每个河谷都有各自的中心,这些中心又作为卫星城而效忠于位于莫希河谷的大中心。莫希河谷的势力范围曾一度向南延伸至纳帕那河谷(Nepeña Valley),他们曾大张旗鼓地推广其野心勃勃的灌溉系统,以期将邻近几个河谷连成一片,然后再仿照首都建起一些规模较小的城市,以此为基础对新的势力范围确立起牢固统治。

与所有沿海安第斯社会一样,莫希人面对干旱和厄尔尼诺现象(El Niños)也是束手无策。迈克尔·莫斯利认为,一系列自然灾害曾在16世纪晚期袭击莫希版图,从位于库斯科和的的喀喀湖之间的高山冰川深处的年轮数据判断,第一波大概是发生于公元564—594年间的一场大旱,有些河谷的农作物产量很可能下降了20%。公元650—700年间某时,一场大地震袭击了安第斯山,引发山体滑坡并造成河流堵塞。仅仅半个世纪以后,安第斯文明便衰落了。

14.6 中兴期:蒂亚瓦纳科和瓦里王国(公元600—1000年)

中兴期(Middle Horizon)于公元600—1000年间出现于南方高地。纪念性建筑正是在这一时期开始出现于高地遗址蒂亚瓦纳科的,这一遗址日后对秘鲁世界的许多地区都产生了重要影响。

蒂亚瓦纳科

公元600—1000年间,高地上最富足之地当属位于安第斯中部地区南端,环绕着的的喀喀湖的一块高地的平坦地带。这里是美洲驼繁衍栖息的圣地,当地人不仅蓄养了大量美洲驼,还精于灌溉农业。这片高原供养了高地上最稠密的人口,所以无论从经济实力还是人口密度来看,的的喀喀湖地区几乎不可避免地成为与富饶的北部沿海分庭抗礼的一极。

到公元450年,位于湖东侧的**蒂亚瓦纳科**(Tiwanaku)日渐成为这一地区的主要人口中心及经济和宗教重心。蒂亚瓦纳科所处的干旱土地经灌溉后供养了生活在遗址中心区附近纪念性建筑周围约20 000人口。到公元600年,与湖南岸地区的贸易已经成为蒂亚瓦纳科重要的财富来源。炼铜术很可能也已脱离北方沿海完善的制铜工艺而独立发展起来。

蒂亚瓦纳科不仅是经济重镇,也是宗教中心。在著名的卡拉萨萨雅(Kalasasaya)大圈地里,占据核心位置的是一座外部砌石头的巨大土台。不远处的一处长方形圈地旁边竖立着一排直立的巨石，入口处雕刻有一位拟人化的神，据信即为权杖神（staff god）①，有时也被称为维拉科查（Viracocha）（图 14-10）。

蒂亚瓦纳科宏大的艺术风格是与更早在皮卡拉发现的形象息息相关的。这一形象，以及或许还有蒂亚瓦纳科背后的政治和经济实力是如此强大，以至于进入公元 13 世纪以后，当蒂亚瓦纳科莫名陨落之后，在南方留下了一个巨大的政治真空。

瓦 里

位于阿亚库乔河谷（Ayacucho Valley）的**瓦里**（Wari）是一座建在山丘上的高地城市和仪式中心。与其相关的巨型石墙和住宅占地若干平方英里。瓦里艺术模式也呈现出某些来自皮卡拉的影响，尤其是拟人化表现手法的使用，以及描绘于陶器上的虎、鹰、蛇等动物。与其南部诸邻一样，瓦里人也崇拜一种类似维拉科查的神。到公元 800 年，他们的统治区域已经从位于北方沿海兰巴耶克河谷中的莫希国家，向南拓展到了纳斯卡（Nasca）地区，并深入到安第斯山中南部的莫克瓜河谷（Moquequa Valley）以及库斯科以南的高地地区。瓦里人都是贸易能手，他们通常通过征服、商业活动以及宗教皈依来开疆拓土。货栈和道路很可能已经被国家掌控。就像后来几个世纪的印加帝国那样，食物的供给和劳动力都被控制在了国家手中。

虽然瓦里在公元 9 世纪便被废弃，但其艺术风格在沿海地区至少又持续了两个

图 14-7　绘制在陶壶上的装饰带：在一位莫希国王的主持下，一群行将被牺牲的囚犯正在列队行进。

---

① 安第斯文化的主神，因通常手执权杖而得名。——译者

图 14-8 莫希头像

世纪。瓦里和蒂亚瓦纳科都是秘鲁史前史上的重要转折点,在这一阶段,一些小的地区性国家合并为大的政治单元。位于高地和低地的安第斯文明两极各自有着非常不同的食物来源和产品,双方存在着频繁并且时常大规模的互动。这种互动关系在很长一段时间内一直是安第斯人生活中的一个重要特征,并将在未来的几个世纪里得到极大的加强。

14.7 晚期中间期:西坎文化和奇穆文化(公元 700—1460 年)

高地国家与正崛起于沿海地区的若干政治实体开展定期贸易往来,所有这些新兴政体无不建立在大规模的灌溉系统之上。公元 700 年以后,**西坎文化**(Sicán)填补了兰巴耶克河谷在莫希王国衰落后出现的权力真空,并在公元 900—1100 年间以兰巴耶克为中心发展至其国力的巅峰,其中尤以杰出的黄金铸造工艺闻名,而位于西坎首都的贵族墓葬则可与西潘贵族墓相媲美。然而,发生于 1050—1100 年间的一次厄尔尼诺现象给这一地区带来了一场大范围的洪水和分裂,到 1375 年,扩张中的奇穆国家推翻了西坎,将其疆土纳入麾下后形成了一个新的帝国。

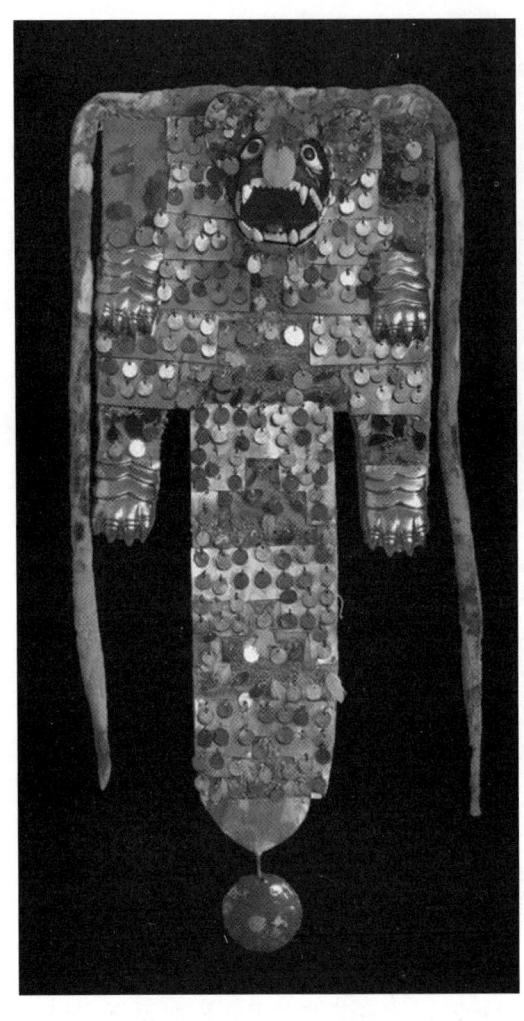

图 14-9 来自秘鲁月亮神庙(Huaca de la Luna)的莫希饰物

长期以来莫希河谷的耕作开发一直都很密集,但**奇穆人**(Chimu)现在所从事的灌溉工程则要雄心勃勃得多:他们建起巨大的蓄水池,开辟出数百英里的坡地以控制水流在较陡峭斜坡上的循环。这些灌溉技术效率之高,使得奇穆人借此控制了 12 条以上河谷中至少 50 600 公顷可耕地,并且全部使用锄头和掘土棍作业。

位于莫希河谷入口处,靠近太平洋的**昌昌**(Chan Chan)是奇穆王国的中心,这座巨大的建筑群由围墙圈地构成。昌昌城面积近 10.3 平方千米,位于其中央区的 9 座巨大的圈地以看似断裂的长方形排列开来。这些圈地大概是当时昌昌统治者的宫殿,而后来的统治者很可能又——在其前任的宫殿附近新建起一座(图 14-11)。这些土坯墙一度高达 10 米,圈占面积多达 200 米×600 米。筑墙的目的不是为了护卫统治者,而是为了保护隐私,以及在必要时躲避海风。每个圈地都有各自的供水渠道、一处墓葬台,以及装饰复杂的住宅,这种住宅的屋顶以藤条为架,覆以泥草混合物。统治者生前居住的宫殿同时也是他死后的墓葬。普通百姓则生活在城市西边一些由土坯和苇席搭建而成的房子里,这种住宅时至今日仍可见于沿海地带。

口述传统告诉我们,奇穆统治者奉行的是一种分裂继承权(split inheritance)制度,因此,每位继承者都不会得到物质财产来为自己的领土提供财政给养。分裂继承权制度将在印加文明中扮演重要角色(这点我们将在下一节加以介绍)。奇穆统治者掌控了庞大的人力资源,他们雇佣工人来扩大和维护灌溉工程,并通过征兵开疆拓土和扩大课税基础。

统治者们很快意识到,官方经营的道路在迅速转移军队方面有着极大的价值,于是,他们立即着手兴建道路以将版图内的各个河谷与首都连接起来。正是借由这些道路,大量的黄金饰品和锤打制成的精美容器被源源不断地运到昌昌,而布匹和漂亮的黑绘容器也被运往帝国各地。所有的税收和贡赋经官方道路汇集到首都,被征服地区的人们也被迫远离家乡,沿着这些道路来到新的定居地。这一严格执行的迁土政策非常成功,因而,日后也为印加帝国所继承。统治者继而在新土地上重新任命下属官员,而他们所居住的宫殿也仿照昌昌而建,只是规模较之要小。

奇穆王国(也写作 Chimor)曾至少向南扩张至卡斯马(Casma),甚至可能已经抵达现

图 14-10 玻利维亚蒂亚瓦纳科的太阳门。中央的雕像为门神。请注意门神的虎口和毒蛇状的头饰。门神两侧跑动的形象通常被称为信使。

图 14-11　奇穆王国的首都昌昌，图中呈现的是皇家宫殿。

代利马城附近，但是文明的重心还是在秘鲁的北部沿海地带，那里土壤肥沃，也更适宜建设大规模的灌溉工程。

尽管曾开展各种各样的军事行动，也拥有丰富多样的物质财富，但奇穆王国在面临外部攻击时常常是不堪一击的。只需一个雄心勃勃的征服者便很容易使北方河谷的大规模灌溉工程中断，因为任何一个领导者，无论多么强大，都不可能控制帝国的所有边界。长期的干旱也是奇穆人的一个不能承受之痛，因为他们那些伟大的灌溉工程的蓄水能力在荒年时仅够维持一两个季度而已。也有可能的是，被灌溉的沙漠土壤因含盐量过高而不宜发展农业，导致庄稼产量在人口激增之时便大幅下降。奇穆人所依赖的农业体系是高度专门化的，因此，一旦体系崩溃——无论是出于自然抑或人为原因——军事征伐和夺取灌溉网便如探囊取物，对兼具野心与能力的征服者如印加人则尤其简单，他们最终在 15 世纪 60 年代征服了奇穆。

14.8　晚期：印加帝国（公元 1476—1534 年）

在秘鲁考古学中，晚期（Late Horizon）是最短的，约在 1476—1534 年间，其中，包括印加帝国的巅峰期。印加人（Inca）诞生于一个高度竞争性的世界，他们的家乡位于库斯科附近的的喀喀湖西北。印加社会是一个小规模的农耕社会，人们生活在小型村落里，其组织形式是一种叫作阿伊鲁（ayllu）①的氏族公社，每个阿伊鲁拥有一个共同的祖先，

---

① 也译为亚由。——译者

成员共同拥有土地。

后来的印加统治者为其起源披上了一层光荣英雄事迹的外衣,但事实上印加很可能是一个好斗而小气的小王国,一天到晚争吵不断。有关早期征服的编年史表明,村落头领们间存在频繁的争吵,而且早期的印加统治者们十之八九都是些心胸狭窄的战争头子(即所谓的"辛奇"[Sinchi]),依照战功和战利品来任命官员。要想长期执政,他们必须既能扬威沙场,又善于政治手腕,只有这样面对许多潜在的敌人时才能做到剿抚结合。据印加官方历史记载,1200—1438年间至少有过8位统治者,但这套宗谱是非常不可靠的。

14世纪,印加在这种好斗的氛围中繁荣昌盛起来,因为他们的领导者既是手段高明的政客,也是战功显赫的勇士。15世纪伊始,维拉科查·印加(Viracocha Inca)攫取了最高权力。然而,与其掠夺成性的前任不同,维拉科查希望建立永久统治,并很快控制了一个以**库斯科**(Cuzco)为中心的小型王国。维拉科查·印加遂被奉为在世神,而以这一事件为起点的一系列频繁的宗教变革也确保新王国处于严密控制之下。

1438年左右,在成功征服相邻的昌卡(Chanca)部落之后,一名叫作库西·印加·尤潘基(Cusi Inca Yupanqui)的武士登基成为印加王("印加"一词既可指统治者,也可指印加人民)。他立即采用了帕查库蒂(Pachakuti,意为"重建世界之人")这个名字,并开始着手改革国家。帕查库蒂及其追随者专门建立起一种皇室祖先崇拜,这种崇拜本身并不具备特殊意义,因为帕查库蒂只是对一项古老的安第斯传统加以改造而已,但与这种意识形态相配套的分裂继承权原则则具有极其久远的影响。统治者死后,尸体会被制成木乃伊,他的宫殿、仆从和个人财富仍被视为他的资产而为其继承者(通常是他的一个儿子)之外的所有男性后代所继承。但是,这位往生者并不被视为是已死的,他的木乃伊仍将出席一些重要的仪式,甚至有时还会走访一些在世人家(图14-12)。

有专人像照顾活人那样照料国王木乃伊的饮食起居,与他交谈。这种持续性使得这些皇家木乃伊成为整个帝国最神圣的人工制成品。死去的统治者被视为与诸神的纽带,是整个印加国家与自然繁殖力的化身。

与此同时,新的统治者尽管拥有威望,却缺乏足够的资产。要显示皇家威仪并为将来自己的木乃伊做好准备,新王必须获得财富。而对高地王国来说,唯一的财富就是应税劳务(taxable labor)。因此,为维持阿伊鲁的基本开销,印加王国的每个成年人每年都要提供一定量的劳务。印加帝国实行一种米达制(mit'a system),实行这种制度需要有桥有路,有国家控制的可耕地,要为军队做人员配给,并开展公共工程建设。这是一种互惠互利的体制,国家或体制的既得利益者必须供养和抚慰体制中的参与者。既然印加统治者需要获取土地以生产食物来养活为他们服务的人,而库斯科周围的绝大多数土地都为之前的诸王所占有,那么,对一个新的统治者来说,为自己争取土地的唯一方法便是

图 14-12　印加人的祖先崇拜。绘制者是 17 世纪安第斯一位本土编年史家 Felipe Guaman Poma de Ayala。

扩展新的疆土。但这种征服必须是永久性的，统治者必须牢牢控制住被征服来的土地，并在向其臣民征税的同时，确保他们了解长期占领政策的意义所在。

印加人的征服和占领受到了一系列复杂的利益因素、经济诱因、奖赏和正当性辩解的刺激和巩固。印加帝国的统治者们都是些聪明的政宣专家，他们时刻不忘提醒每一位臣民自己是神的化身，所有臣民的福祉都有赖于从过去到现在的所有统治者的财富，有赖于不断的军事征伐。他们也会改善对抗饥荒的方法来作为最原始的经济优势，并且谨慎地奖赏战争中的骁勇善战者。贵族被赐予新的官阶和徽章，从而使他们更能接近国王的生活方式，而勇敢的武士甚至可以获得中级贵族的身份。

印加人的意识形态成功地为他们提供了相对于其邻国的关键优势。帕查库蒂在位的 10 年里，印加人成了南部高地的主人。他们的军队攻无不克、战无不胜。在短短不到一个世纪的时间里，帕查库蒂治下的这个小小的王国变成了一个巨大的帝国。图帕·印加(Topa Inca，公元 1471—1493 年在位)①统治时，印加帝国的版图推进到了厄瓜多尔、阿根廷北部、玻利维亚部分地区以及智利。图帕·印加之后即位的是国王瓦伊纳·卡帕克(Wayna Capac)，在他统治的 32 年里，印加帝国又成功地推进至厄瓜多尔内陆地区。

塔万廷苏尤帝国曾被划分为四个巨大的行省，即苏尤(suyu，意为"四分之一")，每个苏尤又被划分成若干小的省份，其中一些的前身就是之前被征服的王国。政府中所有

---

① 帕查库蒂之子，瓦伊纳·卡帕克之父。——译者

重要的实权职位都被控制在印加贵族手中。然而,印加统治者意识到,要想对地形如此复杂多变的国家建立起有效统治,就必须确保交通运输的高效。所以,他们强占了被征服国家古老的交通要道网络,并用固定的驿站将其连成一个协调体系。借助这一交通运输渠道,印加人得以运送军队和货物,并能第一时间将信息从王国的这头传到那头。

印加人对组织管理的热衷给每个人的生活都造成了重大的影响。为方便人口统计和税额的评定,整个印加社会被分成12个年龄段,其依据既有身体上的变化如青春期,也有重大社会性事件如婚姻。成年期是最重要的一个阶段,贯穿于一个人能够胜任日间劳作的全部时间。帝国的人口统计等数据不仅会记录在泥版上,而且也会以结绳记事的方法记录下来,即"奇谱"(quipu)。奇谱是一种复杂而巧妙的记录体系,其效率如此之高,以至于看上去不像是仅仅为了弥补文字的缺乏而发明的。作为一种强大的工具,奇谱还被用来编纂法典,并为整个国家的巡查员提供数据,这些巡查员会定期巡访各个家庭,以确保人们都在从事生产劳作,并且保持环境的清洁。

西班牙人前来征服之时,印加帝国内已经生活着多达600万人口,其中大多数都生活在分散于大型中心城市周边的小型村落里。印加帝国的政治和宗教实力是以一些重要的仪式中心为基础的,比如安第斯山上的库斯科,那里的仪式区往往由一些巨石精心砌成(图14-13,见专题"印加帝国的首都——库斯科")。印加统治者将宫廷建在库斯科,使得这座城市终日被派系间的明争暗斗和政治力量的潮起潮落所主宰。分裂继承制是刺激印加统治者开展军事征服的一个罪恶源头,结果使得每位统治者都不得不面对日渐棘手的治理难题。愈演愈烈的征服导致巨大的军事、经济和行政压力。远距离军事征讨所依托的后勤补给变得无以为继,要给战士提供给养只能靠国有土地而非皇室地产。更重要的是,尽管他们的战术在开放地带可以得到很好的使用,因而使其军队所向披靡,但统治者最终还是要在森林地带展开征战,在那里,他们的推进就不那么顺利了。

与此同时,整个帝国已经膨胀到如此地步,以全十交流的过程逐渐变得冗长繁复,并由于印加帝国境内居民巨大的多样性而不断恶化(图14-14)。在光鲜强悍的表象之下,塔万廷苏尤内部已经是一个烂掉的苹果。最终推翻印加帝国的不是秘鲁人,而是一小股武装外来者,他们充分利用了这个统一的等级社会的内在弱点,将其一举击倒。

14.9 西班牙人的征服(公元1532—1534年)

这种脆弱性很快便招来了恶果,1532年,一小股贪婪的西班牙征服者登陆秘鲁北部。当弗朗西斯科·皮萨罗(Francisco Pizarro)来到秘鲁时,印加帝国已经陷入一片政治混乱当中。第一批征服者带来的天花等疾病使得人口锐减,瓦伊纳·卡帕克国王已死于1525年爆发的一场流行病,整个帝国遂陷入一场内乱,瓦伊纳·卡帕克的儿子瓦

遗址专题

印加帝国的首都——库斯科

库斯科是塔万廷苏尤的心脏，是太阳神因蒂（Inti）的故乡和庇护之地。整个皇室加上依附人口都生活在这座首都，总计约4万人。周围50千米以内更生活了大约20万人，其中有很多是手工业者、低级官员和技师。最高等级的贵族都在这座被称为"世界的肚脐"[①]的城市近郊拥有上好的地产。

在帕查库蒂统治时期，一位杰出建筑师（Huallpa Rimachi Inca）建议在萨克塞华曼山（Sacsahuaman，意为"带斑点的鹰"）上兴建大规模要塞。这座雄伟的陡岬及其堡垒俯瞰整个库斯科，坐西向东面朝太阳升起的方向。早在城市的其他角落被阳光眷顾之前，萨克塞华曼山就已经沐浴在太阳的光辉中了，所以以这里作为太阳神因蒂华希（Intihuasi）的住所实在是再合理不过。因蒂华希是库斯科的难民所（pukara）。因为事关重大，所以这一要塞通常由统治者的一名近亲来指挥，他负责看管皇室金库及储藏于军营附近军械库中的大量兵器。库斯科伟大的城墙在西班牙人征服之后不久便被摧毁，如今的城墙与其前身相比简直判若云泥（图14-13）。

印加人把这座城叫作图帕·库斯科（Topa Cuzco），即"皇家库斯科"。这座首都建于横跨两道深涧之上一道狭窄山脊的中轴线上，位于一片面向东南的三角地中。统治者与其死去的列位前任所居住的大围场就在这片三角地之中。每个围场都是一个独立的世界，紧邻但又相互独立，其所催生的激烈的派系之争构成了印加宫廷的重要特征。

库斯科的中央广场叫作武器广场（Huacaypata），即今天的阿玛斯广场（Plaza de Armas）。广场与河平行的长轴长120米，宽91米。广场南侧毗邻沙比河（Sapi River），一座石板桥横跨河上，将武器广场与河对岸的另一座广场Cusipata连接起来。武器广场是帝国四条主干道的交会处，被这四条大道区分开来的四个部分在这里汇聚。广场四周围绕着宏伟的建筑和皇宫，帕查库蒂的皇宫矗立在西侧，与它相连的是修习之屋Yuchahuasi，即培养年轻贵族和抄书吏的学校。整座广场都是纪念印加统治者及其事迹的建筑杰作。

相比之前的乡村农耕圈地，无论在规模还是结构上，印加皇宫都要庞大复杂得多。从入口进去便会来到一座庭院，那里驻扎着一个卫队团，他们身着统一的典礼制服，手持战杖，维护着宫殿入口处的秩序。通过此处便可以到达前厅，高级官员们就是在这附近的朝堂里等候觐见皇帝。而朝堂也是高居大位的萨帕·印加（Sapa Inca）皇帝接见各国大使和代表团的地方。储备区和国库位于皇宫的心脏地带，这里设有最多的重兵把守。一座"战利品之屋"里存放着统治者凯旋归来时带回来的纪念品，有时也会出现风干后被填塞的敌方首领的尸体。后宫是整个皇宫最为隔绝之地，皇家女眷们生活在如牢房般毗连在一起的房间里，与葱郁而美丽的后花园一起和外部世界隔离开来。皇帝生活区离后宫不远，在那里，精心遴选出来的年轻人负责照看皇帝的饮食起居。在印加皇帝的

斯卡尔（Huascar）和他同父异母的兄弟阿塔瓦尔帕（Atahuallpa）为夺取最高王位而展开争夺，后者最终夺得大位，但就在他从厄瓜多尔南下巩固疆土时，获悉皮萨罗已经踏上

---

① Cuzco在克丘亚语中意为"肚脐"。——译者

图14-13 位于库斯科附近的萨克塞华曼堡垒的一处入口。印加建筑大多由石块紧密契合而成,由于安第斯山的美洲驼只能承载45千克以下的辎重,所以这些石块应该全是靠人力搬运过来的。

一生中,这座宫殿就像一座迷宫,轮番上演着一系列的重大事件、仪式庆典和阴谋诡计。统治者死后,除了没人再激辩国是之外,皇宫里似乎一切照旧。

太阳神殿(Coriancha)是所有宫殿中最大的一个,至少曾有4000人依附于这座神殿,其中有200—300人是专门为太阳神因蒂做妻子的处女。她们为他烹煮食物,缝制衣衫,用玉米为他酿制美酒,重大节庆时还要为他击鼓助兴。这些妃嫔(manaconas)作为太阳神的妻子,也需象征性地满足他的性需求。太阳神殿建筑在城市最古老的一片险峻的台地上。以石块巧妙砌成的围墙颇给人一种崇高而有力的幻觉,而这道墙本身也的确比其圈住的神殿最高层还要高3米。神殿本身被饰以耀眼的金箔,象征太阳的金色雕像就位于神殿当中,而在雕像所在的房间前面,则有一个种满"黄金植物"的花园。

库斯科还是一座巨大的仓库,从战袍、羊毛,到武器、金属和食物,数不清的原材料和制成品从塔万廷苏尤的四面八方涌进首都,整齐地排列在这里的数百座石房子里,展示着这座帝国那令人难以置信的巨大财富。

了秘鲁的土地。

誓将秘鲁纳入西班牙版图的西班牙人以决绝的姿态四处烧杀抢掠、巧取豪夺。皮萨罗最初伪装成一个亲善的外交家,尔后又背信弃义地绑架了阿塔瓦尔帕,先是以他为人质索取大量黄金,最后又残忍地杀害了这位印加国王。一年后,西班牙人仅出动一支小规模的军队便颠覆了印加帝国的首都。在进行了小范围的抵抗之后,世界上最后一个前工业国家就这样轰然崩塌了。

14.10 小　结

秘鲁沿海最早出现的复杂社会很可能是大规模开发海洋资源(特别是一些使用独木舟便可轻易网获的小型鱼类)的结果。充足的食物盈余、增长的人口以及更大的定居聚落最终使沿海地区的人们预适应了这种集约型的灌溉农业。这些社会的组织形式日渐复杂。到了起始期,大型的纪念性建筑开始出现,其中有很多呈独特的U型,这一变化出现在人们开始更多地依赖玉米农业之前,在之后又持续了很长时间。这也是沿海与高地展开持续互动和大规模贸易的时期。

我们可以在各种不同的地方传统中看到这一趋势的高潮,其中之一便是著名的查文风格。查文·德·万塔尔一度被认为是秘鲁文明的来源,现在则被视为始于公元前2000年的几种文化趋势的一个晚期表现。从初升期终结的公元前200年左右,到约公元700年前,一系列沿海王国发展起来,其政治和经济影响力很快便越过发祥地而向周

图14-14　位于安第斯山高处的马丘比丘遗址,一度曾被认为是印加帝国最后的首都,实际上它的年代要早得多。

边传播。其中的莫希王国繁盛于公元前200年—公元700年间,以其精致的陶器风格和高超的合金术以及黄金冶炼术闻名。

约在1375年,奇穆王国及其位于北部沿海的伟大首都昌昌城控制了低地的一片广大区域。奇穆圈地反映了这是一个拥有许多能工巧匠的等级制国家,同时也体现了其复杂的物质文化。在秘鲁史前史的晚期(公元1400—1534年),低地和高地曾在印加帝国的统治下统一起来。印加帝国出现于1200年左右,一直持续到1532—1534年为西班牙人所征服。印加统治者们都是官僚主义和军事化组织的大师,他们统治的是一个高度结构化的国家,尽管如此,在内战和疾病的联合打击下,这个国家最终轻而易举地倒在了征服者皮萨罗和他那支由探险者组成的小股军队脚下。

后 记

我们这趟穿越史前史的时空隧道之旅在现代化的门槛前戛然而止。它伴随着大发现时代的开始而终结,这个时代见证了欧洲的探险家们离开家园,航行到从未去过的远方,寻找黄金和香料来侍奉上帝,或仅仅是为了满足心中难以遏制的巨大好奇。

西欧诞生于 3000 年前。几千年来,西欧始终是远离亚洲的一个偏僻的地理概念,处于近东和地中海地区各个文明和帝国的边缘。25 个世纪以前,欧洲变成了一个有着自己的意识和认同的西方半岛,诞生自希腊文明的这种意识在更晚近时欧洲人对德国人(Huns)、土耳其人(Turks)和摩尔人(Moors)的胜利中得以进一步成熟。这是一块深受个人与国家同样重要这一信条驱使的天主教的飞地。个人主义意识和探险意识的增长导致对外部世界的强烈好奇。在广袤无垠的撒哈拉沙漠以南的人们是如何生活的?西方那无尽的海平面之外是否还有遥远的土地?

在 15 世纪二三十年代,绰号"航海家亨利"(Henry the Navigator)的葡萄牙王子组织了一场向欧洲以南探险的年度航海,并深入到赤道地区。他的船队沿着非洲西海岸向南进发,并在 1433 年绕过西方的大海角①。1488 年,巴塞洛缪·迪亚士(Bartolemeu Diaz)绕过了非洲的南端。他与**科伊科伊人**(Khoe Khoe)进行了接触,这个简单的牧牛民族其实也只是赶着他们的牛群漫无目的地四处游荡。他们在西方人眼中留下了深刻的印象,因为他们似乎有着比世界上其他民族更原始的风俗。几个世纪以来,科伊科伊人都被视为半猿半人的,在那条"存在之链"(the Great Chain of Being)上处于最低的一环。在欧洲人于 1652 年定居好望角仅 70 年后,科伊科伊人就消失了,入侵的白人农民摧毁了他们的游牧生活方式。

1497 年,瓦斯科·达·伽马(Vasco da Gama)追随迪亚士的步伐,沿非洲的东海岸航行到了现在的肯尼亚,然后循着信风(trade wind)到达了印度。借此,欧洲人便发现了直通南亚和东南亚丰富的黄金和香料市场的替代路线。他们沿着古老的海上运输线航行,这些航线将非洲那似乎无穷无尽的黄金、白银和奴隶输出,与对这些货品贪得无厌的市

---

① 这里指的应该是博哈多尔角(Cape Bojador),由亨利派出的航海家吉尔·埃阿尼什(Gil Eanes)首次发现。——译者

场连接在了一起。在接下来的几个世纪里，非洲同时遭到了来自欧洲诸国和伊斯兰世界两方面对人力资源和物质财富的剥削。迅速发展起来的国际奴隶贸易使沿海广大地区人口锐减。欧洲探险家们直到19世纪才渗透到非洲内陆，那时非洲已经成为巨大而繁复的世界经济体系的组成部分。

就在迪亚士和达·伽马探索非洲海岸的同时，克里斯托弗·哥伦布（Christopher Columbus）也于1492年向西对"印度"进行了探险。他以为自己来到了亚洲的门口，但实际上，他发现的是一个遍布着各种千奇百怪的动植物和美洲印第安人社会的新世界。正如我们已经看到的，墨西哥和秘鲁这样伟大的文明在西班牙征服者面前迅速地土崩瓦解，与此同时，凡欧洲人所到之处，天花等一些外来疾病的蔓延在历经几个世代之后便使美洲土著人口急剧减少。

随着好望角和美洲大陆的发现，掀开了人类史前历史的最后一章，这是一场错综复杂而旷日持久的碰撞和争锋，一方是日益发达精细的西方文明，一方则是遍布世界各地的大量的非西方社会。类似的剧情一再上演。一小撮欧洲探险家来了，就像詹姆斯·库克船长（Captain James Cook）到了塔希提和新西兰，法国航海家马利翁·杜·弗莱（Marion du Fresne）到了塔斯马尼亚岛和澳大利亚。第一次相遇总是带着万花筒般令人目眩神迷而转瞬即逝的好奇，有时这种着迷甚至到了惊人的地步，并经常饱含充满浪漫色彩的刺激和兴奋。有时也会动武，一方掷矛枪，一方开火枪。但有时则是友好的物质交换，用皮毛换取一些廉价的玻璃珠或者其他什么小玩意儿。尽管如此，就双方来说，几乎可以说是完全陌生的。

有时，当地人会认为这些神秘的访客是神，就像赫尔南·科尔蒂斯站在特诺奇蒂特兰城门前阿兹特克统治者蒙特苏马（Moctezuma）所认为的那样。新西兰一位年长的**毛利**（Maori）酋长曾对19世纪一位官员说，祭司告诉他这些远道而来的白人实际上是眼睛长在后脑勺上的灵魂，这显然与库克船长的划桨人面向船尾有关。但是很快，不管这些陌生人出现在哪儿，事实都证明他们不仅不是神，还是百分之百的人——富于侵略性、好战，而且贪得无厌。

最初的接触总是短暂的。但是很快，大批的欧洲人涌入进来，从事兽皮贸易，整修补给他们的船只，或者寻找黄金。然后传教士来了，试图为异教徒改宗换教，拯救他们的灵魂。澳大利亚成为囚犯的流放地，其中大多数脱逃后四处虐杀澳大利亚原住民。在许多地方，继第一批探险者之后，殖民者潮水般涌入。他们通常是一无所有而渴望土地的欧洲农民，希望在非洲内陆，在不列颠哥伦比亚，在新西兰或者塔斯马尼亚肥沃的土地上寻求更好的生活。

这些人都是些永久居民，他们带着铁器和火器去寻找新的家园和草木繁盛的土地。

他们与当地人争夺良田,他们见人杀人、遇鬼杀鬼,有时甚至赶尽杀绝,或经常通过卑劣的手段——土地出售和非法贸易获得大型的农庄。当地人几乎不可避免地失去了他们的土地,那些即使没有千年,至少也在许多个世纪里为他们的家族合法拥有的地盘。他们并没有多少选择,只能撤退到偏远的边缘地带,在那里继续保持着先前文化和生活方式的一点点影子,如果他们能侥幸存活下来的话。唯一的选择是让自己接受新入侵者的同化,但即使这样他们也几乎还是生活在边缘,通常被雇佣做农工或家仆。

19世纪晚期的工业革命使得西方文明戏剧性地加速了其在世界范围内的传播。这次革命是人类历史上的又一催化剂,它创造了不仅靠人类的头脑驱动,同时也靠化石燃料推动的工业社会。它激发了对各种原材料的疯狂需求,创造出大轮船和铁路,并引发了史无前例的移民潮,人们从欧洲移民到北美,从亚洲移民到太平洋和北美。近年来大规模的人口变动为大大小小的非西方社会带来了灾难性的影响。

今天,世界上没有哪个地方还保留着完全未被现代文明染指的传统的生活方式。在亚马孙盆地深处,在新几内亚高地,还有一些族群尚未与工业文明形成持久的接触。这些社会处于被灭绝的危险当中,就像在工业文明的血盆大口之下,雨林遭到砍伐,环境被破坏得面目全非一样。但是,不管出于何种目的和企图,250万年前发祥于非洲的古代世界已经消失得几近被遗忘,以至于就目前这个程度而言,我们也只能从现代科学研究中对其窥探一二。

科技词汇

A

Accelerator Mass Spectrometry 加速器质谱

Adaptive radiation 适应辐射 伴随着某种进化性革新而出现的人类变种的繁衍，与此相伴通常会出现一种新的进化枝（clade），即包含共同祖先及其全部后代在内的同一类人种。

Agricultural Revolution 农业革命 一种由戈登·柴尔德首创的术语，指由于干旱以及动植物与人类之间密切关系所带来的食物生产的出现。

Andean 安第斯地区 考古学术语，用来指称包括秘鲁和出现国家组织型社会的毗邻国家在内的地区。

Anthropoid 类人猿 猿、人类和猴子的分类学亚目。

Arboreal [tree-living] 树栖 生活在树上的。

Archaeological culture 考古学文化 在若干考古遗址的特定时空中保存下来的某种人类文化的物质遗存。

Archaeology 考古学 一门借助人类行为的物质遗存来研究人类过去的学科。

Artifact 器物 经人类制造或修整的物体。

Atlatl 梭标 早期北美猎人（即掷矛者 [spear-thrower]）所使用的投掷棍。

B

Band 游团 通过紧密的社会关系纽带联系在一起的家庭之间的平等联合。

Bipedal 两足行走 靠两足直立行走。

Blade core technology 石叶型石核技术 一种需使用预先击打成形的石核和长方形石叶的石器制作技术，是许多旧石器时代早期文化的特征。

Burin 石凿 一种使用石叶制造而成的凿形石器，可用来给石料、鹿角、骨料和木头钻槽，也可用作石刻。

C

Chiefdom 酋邦制 一种由具备杰出的首创精神和政治及宗教权力的领导者统领的社会，这种社会仍然是以家族关系为基础的。

Civilization 文明 参见国家组织型社会（State-organized society）

Cladistics 遗传分类学 一种用来重建进化关系的分析系统，强调多样性而不是同质性。

Clan 宗族　一群世系不同，但共同生活在一起，并由此繁衍下同一群后代的群体。

Cognitive archaeology 认知考古学　即"思维的考古学"，使用考古学方法来研究人类的动机、意识形态和无形之物。

Composite tool 复合工具　由至少两种元件组合而成的器物，如石矛锥和矛柄。

Context 考古背景　指考古学中，某一遗址、器物等考古发现在时间与空间中的具体位置。

Cultural ecology 文化生态学　研究人类社会适应和改变自然环境的方式的学科。

Cultural process 文化进程　人类文化随时代演变的方式。

Cultural system 文化体系　由人类为适应其物质环境和社会环境而采用的各种方法所构成的适应机制。

Culture 文化　人类为适应其自然环境而采取的各种主要的非生物手段。

Culture as adaptation 文化作为适应　参见文化生态学（Cultural ecology）。

Culture history 文化史　关于由考古学证据衍生而来的人类文化类型的描述。

Cuneiform 楔形文字　一种美索不达米亚文字，使用楔形尖笔在泥版上刻写而成，在古代东地中海世界长期被用作国际外交文字。这一表述源于希腊语 cuneus，意为"楔形物"。

Dendrochronology 树木年代学　即年轮测年法。

Diffusion 传播　思想和观念的散播流传。

Ethnoarchaeology 民族考古学　为诠释各种古代社会而对现代社会所进行的研究。

Ethnographic analogy 民族学类比法　将现存社会的器物和其他文化特征与古代社会相比较。

Ethnographic present 民族志的现在　用来描述与欧洲人相遇时的诸史前社会。这一表述并非基于事实，因为没有哪个文化是永远静止不动的，而对一个文化进行这样静止的描摹实际上是一种误解。

Fertile Crescent 新月地带　从尼罗河谷地，穿越伊朗高原直达美索不达米亚的一片新月形区域，是农业和文明的发祥地。

Flotation 浮选法　一种借助筛网和水力来获得植物遗存的方法。

Fluting 刻槽技术　北美古印第安人使用击打法从石镞上打下的薄石片。底部变薄以后有利于将石镞嵌到木柄上。

Food production 食物生产　即农业和动物的驯养。

Groove-and-splinter technique 钻槽分裂技术　旧石器晚期和中石器时期的人们用

来制造矛镞、鱼叉等器物的一种技术，通过对鹿角和骨料进行纵向钻孔以产生长方形沟槽。

Ground stone 磨制石器 一种人工器物，通过琢磨石料的表面和边缘，然后将其研磨光滑以形成锋利的工作刃。这种技术通常用来制造砍伐树木和木工活所需的石斧和扁斧。

History 历史 使用文字记录来研究过去的学科。

Holocene 全新世 源于希腊语中的"recent"（意为"新近的、近来的"）一词，指称公元前约 10 000 年更新世（冰期）结束以后的一个千纪。

Hominoid 人科 一种包括猿和人科动物在内的灵长动物总科。

Hominins 人族动物 包括现代人、早期人类亚种及其直系祖先在内的人科灵长动物。

Inevitable variation 不可避免的变量 由于不同时代的行为学习之间的细微差别所造成的渐进式文化变迁。

Invention 创新 某个人类文化偶然或刻意产生的新的思想观念。

Knuckle walking 指关节拄地行走 一种专门依靠四肢四处活动的移动方式，以掌背来支撑身体的重量。

Loess 黄土地 在冰期的冰川运动时，尤其是冰期晚期分布于中欧和欧亚干草原广袤区域中颗粒细腻的粉砂质土状堆积物。

Mandala 曼陀罗 东南亚考古学中所使用的一种印度人的国家概念。

Matuyama/Brunhes 松山/布容古地磁界限 约 73 万年前的一段地球磁场颠倒时期。

Megalith 巨石建筑 源于希腊语中的"大石头"一词，指的是大体上在公元前第 5 个千纪的早期农耕时代广泛存在于西欧的一种石制墓葬。

Mesoamerica 美索美洲 被考古学家用来指称出现国家组织型社会的中美洲地区。

Microlith 细石器 源自希腊语中的"小的"（micros）和"石头"（lithos）两词，指的是使用小石核制成的非常小的石器，被用来为矛和后来的箭制作棘和镞，是冰期晚期和全新世早期诸社会的典型石器。

Migration 移民 人口在不同地区间的流动。

Mitochondrial DNA 线粒体 DNA 一种通过母系得以传承的 DNA,对古代进化关系的重建有着重要意义。

Monophyletic 单源 进化过程中从同一个单一祖先那儿繁衍下来的属于同一门（phylum）的生物。

Multilinear cultural evolution 多重线性文化进化 多种轨迹的文化演进。

Neolithic Revolution 新石器革命 参见农业革命（Agricultural Revolution）。

Obsidian 黑曜石 即火山玻璃。

Phytoliths 植物化石 植物一生中由植物细胞所产生的二氧化硅粒子,常被用来确认考古遗址中出土的植物物种。

Pleistocene 更新世 最后一个地质世,有时也叫冰期或第四纪（Quaternary）。

Pongidae 猩猩科 与人类最亲近的非人灵长类动物科。

Post-processual archaeology 后过程考古学 通过检视文化变迁的意识形态、动机和非环境性因素等诸方面来考察过去的一种研究路径。

Potassium-argon dating 钾氩测年法 一种通过火山岩来为地质地层和早期考古遗址测年的放射性测年法,可用来为约 10 万年前以至更久的史前时期测年。

Prehistory 史前史 文字发明以前的人类历史。

Preindustrial civilization 前工业文明 参见国家组织型社会（State-organized society）。也指尚未规模化使用化石燃料的文明。

Prestate societies 前国家社会 以社区、游团或村落为基础的小型社会。

Primordium 起源 即天地初开之时,一切创世神话的最初时刻。

Prosimian 原猴亚目灵长类动物 包括狐猴、眼镜猴和其他所谓前猴动物（pre-monkeys）在内的一种分类学上的亚目。

Quaternary 第四纪 参见更新世（Pleistocene）。

Rachis 叶轴 种子与植物之间的连接点。

Radiocarbon dating 放射性碳测年 一种绝对测年法,其基本原理在于将同位素碳-14 的衰变率与稳定氮同位素相比较。通过将测得的结果与年轮、冰核和热带冰核（tropical core）测年结果相校准,从而将放射性碳年代转变成历法中的纪年。

Settlement pattern 聚落形态 人类聚落在某一景观中和考古社区内的分布状况。

Shaman/spirit medium 萨满/灵媒 来源于西伯利亚通古斯语中的 saman 一词，意为"祭司"。

Sinodonty 中国型牙 西伯利亚人口和美洲印第安人所特有的一系列牙齿特征。

Spear-thrower 投矛器 用来投矛的一种带钩木棍或类似装置，有的投矛器很重。

State-organized society 国家组织型社会 一种有着强有力的中央政府的大型社会，以社会分层为特征。与前工业社会同义。

Sundadont 巽他型牙 古代欧亚大陆和欧洲居民所特有的典型牙齿特征。

Tribe 部落 以家族形式联系在一起的游团的集合。

Urban Revolution 城市革命 柴尔德提出的一项概念，其基础在于这一假定：金属的冶炼、分工以及食物盈余的出现为人类的生活和城市文明带来了革命。

World prehistory 世界史前史 以全球性视野，对从人类起源到文字诞生的整个人类史前历史所做的研究。

考古遗址和文化词汇

这份术语表涵盖了主要的文化术语和考古遗址,其中不包括统治者等个人词条。

Abri Pataud, France 阿布里·帕唐,法国 位于法国西南部的一处旧石器早期觅食者使用的冰期晚期岩窟遗址,以猎鹿遗迹闻名。

Abu Hureyra, Syria 阿布·胡赖拉,叙利亚 位于幼发拉底河的一处村落遗址,先后为公元前 10 500 年前的觅食者集团和之后的早期农民占据。以大量有关农业起源的重要植物学证据闻名。

Abydos, Egypt 阿比多斯,埃及 埃及历史上最早的法老墓葬遗址,被视为通往地下世界的神圣入口。

Acheulian stone technology 阿舍利石器技术 一种以手斧、宽刃手斧和石片为基础的石器制作技术,距今大约 180 万年前—20 万年前流行于非洲、欧洲、亚洲西南部以及东南亚部分地区。以法国南部小镇阿舍尔命名。

Adena culture 阿登纳文化 出现于公元前 500 年—公元 400 年间,以俄亥俄河谷为中心的文化,以其复杂的土木工事闻名。

Adulis, Ethiopia 阿杜利斯,埃塞俄比亚 与阿克苏姆文明相关的一处红海港口。

Aguateca, Guatemala 瓜得卡,危地马拉 公元 9 世纪的一处玛雅文明古典晚期聚落遗址。

Ain Ghazal, Syria 艾因·格扎尔,叙利亚 公元前第 8 个千纪的一处早期农耕村落遗址。

Aksum, Ethiopia 阿克苏姆,埃塞俄比亚 公元第 1 个千纪的一处曾与地中海和印度洋世界开展贸易的埃塞俄比亚高地文明。

Ali Kosh, Iran 阿里·库什,伊朗 位于胡泽斯坦平原上的一处公元前 9000 年—前 6000 年间的农业聚落遗址。

Allia Bay, Kenya 埃里亚湾,肯尼亚 位于图尔卡纳湖畔的一处早期人族遗址,距今大约 400 万年前的南方古猿湖畔种的发现地。

Altamira, Spain 奥尔塔米拉岩窟,西班牙 距今 15 000 年前的一处马格德林洞穴壁画遗址,以色彩亮丽的野牛壁画闻名。

Ambrona, Spain 安布罗纳,西班牙 距今 20—40 万年前的一处阿舍利屠宰遗址。

Ancestral Pueblo（Anasazi） 史前普韦布洛印第安文化（阿纳萨奇文化） 以四州交界处为中心的一项西南地区主要文化传统,于公元 1000—1200 年间达到其全盛期。

Angkor Thom and Angkor Wat, Cambodia 大吴哥和吴哥窟,柬埔寨 公元 11—13 世纪

柬埔寨的高棉统治者兴建的皇都和圣地。

Anyang, China 安阳，中国 公元前1400年—前1122年间中国北方商文明的中央核心区域。

Ao, China 隞都，中国 公元前1560年左右的商朝首都。

Aramis, Ethiopia 阿拉米斯，埃塞俄比亚 阿瓦什河畔遗址，450万年前拉密达猿人的栖息地。

Archaic 古风时期 公元前6000年直至近代时期的一系列美洲晚期觅食文化的统称，这些文化具有高度的多样性和复杂性。也指埃及王朝文明的最初几个世纪。

Aspero, Peru 阿斯佩罗，秘鲁 位于苏沛河河口地区的一座带有平台式土墩的大型聚落遗址，年代约在公元前3055年左右。

Assur, Iraq 亚述古城，伊拉克 位于底格里斯河上的亚述王国首都，崛起于公元前10世纪以后。

Atapuerca, Spain 阿塔普埃尔卡，西班牙 该洞穴遗址出土有距今30万年的人类化石，很可能是尼安德特人的祖先。

Avebury, England 埃夫伯里怪石圈，英格兰 位于一处石器时代遗址中心的巨大圆形石圈，最终建成于公元前2500年左右。

Ayllu 阿伊鲁 安第斯地区的家族群宣称拥有一个共同的祖先。

Babylon, Iraq 巴比伦，伊拉克 早期的主要城邦国家，公元前6世纪在尼布甲尼撒治下成为巴比伦帝国的首都。

Bandkeramik complex 斑纹陶文化 大约在公元前6000年由欧洲中部和西北部地区的农民所创造的文化，以其陶器上的线条纹纹饰著称。

Benin, Nigeria 贝宁王国，尼日利亚 拥有同名首都的西非森林王国，从公元14世纪繁盛至近代。

Boghazkoy, Turkey 玻哈兹邱，土耳其 公元前第2个千纪的赫梯帝国首都。

Boxgrove, England 博克斯格罗夫，英格兰 位于英格兰南部距今约50万年前的直立人狩猎遗址。

Broken Hill 布罗肯山 参见卡布韦（Kabwe）。

Buena Vista, Peru 布埃纳维斯塔，秘鲁 位于利马附近智伦河谷中一处重要的宗教中心，以其大约建成于公元前2200年的天体直线建筑（astronomical alignment）著称。

Cahokia, Illinois 卡霍基亚，（美国）伊利诺伊州 密西西比文化的主要仪式中心，建成于公元9世纪以后。

Calakmul, Guatemala 卡拉克穆尔，危地马拉 前古典时期至公元800年间玛雅文明的主要政治和宗教中心。

Calpulli 卡尔普伊 被用于组织农村和城市人口的阿兹特克族群。

Caracol, Belize 卡拉科尔，伯利兹 公元7世纪一座重要的玛雅中心城市，位于伯利兹中南部，是卡拉克穆尔的对手，也是矿石贸易的重要中心。

Caral, Peru 卡拉尔，秘鲁 位于秘鲁沿海地区一座早期仪式中心，兴建于公元前 2600 年左右，于公元前 2000 年—前 1500 年间被废弃。

çatalhöyük, Turkey 恰塔勒胡由克，土耳其 公元前 6000 年—前 5000 年间依靠黑曜石贸易兴盛起来的早期农业城镇。

çayönü Tepesi, Turkey 萨约吕，土耳其 约公元前 8600 年—前 7000 年间的早期农耕聚落，发掘出土有一些仪式性建筑和祖先崇拜遗存。

Cerén, San Salvador 赛伦，萨尔瓦多 位于圣萨尔瓦多附近的一座小型玛雅村落，公元 6 世纪毁灭于一场火山爆发当中。火山灰保存了当时家庭生活的很多细节。

Chaco Canyon, New Mexico 查科峡谷，(美国)新墨西哥州 参见查科现象 (Chaco phenomenon)。

Chaco phenomenon 查科现象 公元 11—12 世纪一系列史前普韦布洛印第安人遗址，及位于新墨西哥州查科河谷的相关现象的统称。

Chan Chan, Peru 昌昌，秘鲁 公元 10 世纪以后奇穆文明的首都。

Chauvet 肖维 参见肖维岩洞 (Grotte de Chauvet)。

Chavín de Huántar, Peru 查文·德·万塔尔，秘鲁 位于秘鲁安第斯山脚下的一处公元前 900 年—前 200 年间的仪式中心，是许多安第斯艺术和意识形态的来源。

Chichén Itzá, Mexico 奇琴·伊察，墨西哥 位于尤卡坦半岛北部的一座后古典时期玛雅中心城市，尤其兴盛于公元 13 世纪以后。

Chilca, Peru 奇尔卡，秘鲁 公元前 4000 年以后兴起于秘鲁沿海地带的一座半永久性觅食聚落。

Chimor, Peru 奇穆王国，秘鲁 奇穆文明覆盖之地。

Chimu civilization 奇穆文明 位于秘鲁兰巴耶克河谷的低地文明，兴盛于公元 1000—1476 年间。

Chiripa, Peru 奇里帕，秘鲁 位于的的喀喀湖附近的一座兴建于公元前 1000 年的仪式中心。

Cliff Palace, Mesa Verde, Colorado 峭壁宫，弗德台地，(美国) 科罗拉多州 一处重要的史前普韦布洛印第安遗址，于公元 1200 年以后达到最大范围。

Clovis tradition 克洛维斯传统 公元前第 11 个千纪普遍出现于北美洲的古印第安人传统和早期聚落。

Copán, Honduras 科潘，洪都拉斯 公元第 1 个千纪中期一座重要的玛雅中心城市。

Coxcatlán Cave, Mexico 科斯卡特兰洞穴，墨西哥 位于特瓦坎河谷中的一处岩窟遗址，出土有约公元前 2000 年左右的玉米棒子遗存。

Cro-Magnon, France 克鲁马努，法国 位于法国西南部莱埃齐斯镇附近的一处岩窟遗址，于 1868 年首次发现冰期晚期人类。西欧和中欧的旧石器时代早期人口通常也被称为克鲁马努人。

Cuello, Belize 奎略，伯利兹 最早在公元前 1500 年被使用的一处早期玛雅聚落和仪式中心，出土有公元前第 2 个千纪早期的圣坛。

Cuzco, Peru 库斯科，秘鲁 位于秘鲁高地上的印加帝国首都。

Dilmun, Bahrain 迪勒蒙, 巴林 公元前2500年以后位于美索不达米亚和波斯湾、印度河谷之间的一座重要的中转港。

Diuktai Cave, Siberia 杜克泰洞穴, 西伯利亚 广泛存在于西伯利亚东北部的冰期晚期文化的最典型遗址，年代在距今18 000年前，很可能是某些早期美洲印第安人的祖先。

Dmanisi, Georgia 德马尼西, 格鲁吉亚 一处距今170万年的遗址，出土有欧洲和欧亚大陆所知最早的直立人头盖骨化石。

Dos Pilas, Guatemala 多斯皮拉斯, 危地马拉 公元600年以后一处重要的古典时期玛雅中心城市。

East Turkana, Kenya 东图尔卡纳, 肯尼亚 曾出土有距今约250万年—160万年前的人族化石及其遗址。

El Mirador, Guatemala 埃尔·米拉多尔, 危地马拉 公元前250年—前50年间的前古典时期玛雅中心。

El Paraíso, Peru 埃尔·帕拉伊索, 秘鲁 位于智伦河谷中的一处公元前1800年的仪式中心。

El-Amarna, Egypt 埃尔·阿玛纳, 埃及 新王国法老埃赫纳吞的首都, 仅在公元前1340年前后使用了12年便被废弃了。

Erech, Iraq 以力, 伊拉克 公元前2800年左右的早期苏美尔城邦国家。

Eridu, Iraq 埃利都, 伊拉克 世界上最早的遗址之一，以其神殿闻名，年代约在公元前4000年左右或稍晚。

Fort Rock Cave, Oregon 福特岩洞,（美国）俄勒冈州 北美洲一处公元前12 000年的遗址，可能包含人类遗存。

Funan, Cambodia 扶南, 柬埔寨 公元3—6世纪东南亚一处繁盛的城邦国家。

Ganj Dareh, Iran 甘兹·达列赫, 伊朗 公元前10 500年位于扎格罗斯山脉上的一处季节性觅食营地遗址。

Ghana, Kingdom of 加纳王国 位于撒哈拉沙漠南部边界上的一个西非王国，早在公元8世纪便控制了大量的西非黄金贸易。

Giza, Egypt 吉萨区, 埃及 古王国时期埃及金字塔的主要集中区，年代可追溯至公元前2600年。

Göbekli Tepe, Turkey 哥贝克力山丘, 土耳其 公元前9500年左右的一处神殿遗址，以其半地下建筑和巨石雕刻闻名。

**Great Zimbabwe, Zimbabwe 大津巴布韦, 津

巴布韦 公元100—1500年间重要的宗教和贸易中心，卡朗加王国。

Grotte de Chauvet, France 肖维岩洞，法国 冰期晚期的一处洞穴壁画遗址，岩壁上绘有栩栩如生的狮、犀牛等动物，年代在公元前31 000年。

Guilá Naquitz, Mexico 古伊拉·纳奎兹，墨西哥 公元前8750年—前6670年间为一支小型觅食者游团占据的洞穴遗址，是研究早期豆类和南瓜种植的重要依据。

Hadar, Ethiopia 哈达尔，埃塞俄比亚 出土有许多距今约300万年前的阿法南方古猿化石。

Harappa, Pakistan 哈拉帕，巴基斯坦 哈拉帕文明的一座重要城市，年代约在公元前2500年。

Harappan civilization 哈拉帕文明 繁衍于现在的巴基斯坦印度河谷地区的一种本土印度文明，年代约在公元前2700年—前1700年间。

Hatti, Turkey 哈梯，土耳其 公元前第2个千纪以安纳托利亚为中心的赫梯人的王国。

Herto, Ethiopia 赫托，埃塞俄比亚 亚的斯亚贝巴附近一处遗址，出土有三个距今16万年前的属于解剖上的现代人的头骨。

Hidden Mammoth site, Alaska 隐藏猛犸象遗址，(美国)阿拉斯加州 位于阿拉斯加中部的一处公元前9700年前后的狩猎营地遗址。

Hittites 赫梯 参见哈梯(Hatti)。

Hohokam Culture 霍霍坎文化 以亚利桑那州南部为中心的一种广泛存在的沙漠农耕文化，存在于公元前约300年—公元1500年。

Hopewell tradition 霍普韦尔传统 一种以伊利诺伊州和美国东部地区为中心的宗教和丧葬崇拜，繁盛于公元前200年—公元400年间。

Huon Peninsula, New Guinea 休恩半岛，新几内亚 这里出土的距今4万年前的磨制石斧为当地人居提供了早期证据。

Jarmo, Iraq 雅尔莫，伊拉克 位于扎格罗斯山脉上的一处公元前5000年前的早期农耕村落。

Jericho, Palestine 杰里科，巴勒斯坦 《圣经》古城，也是著名的考古遗址。据出土物判断，这里在公元前第8个千纪曾筑有一座城镇，并发现有公元前7800年的一处农耕聚落。

Kabwe(Broken Hill), Zambia 卡布韦(布罗肯山)，赞比亚 位于中非的一处遗址，早期智人粗壮型的发现地，确切年代未知。

Kalambo Fall, Zambia 卡兰博瀑布，赞比亚 一处湖床遗址，曾发现有一处超过20万年之久的阿舍利文化层。

Kanapoi, Kenya 卡纳博，肯尼亚 参见埃里亚湾(Allia Bay)。

Kanesh, Turkey 坎内什，土耳其 兴建于公

元前 7 世纪的赫梯人聚落遗址，在其后的几个世纪里以其亚述贸易区闻名。

Karanga 卡朗加人 生活在津巴布韦的说绍纳语(Shona)的族群统称。

Karnak,Egypt 卡尔纳克神庙,埃及 埃及新王国时期的太阳神庙，年代在公元前 1500 年以后。

Kerma,Sudan 凯尔迈,苏丹 公元前第 3 个千纪的努比亚王国。

Khoe Khoe 科伊科伊人 生活在非洲最南端的牧牛民族，公元 15 世纪为葡萄牙探险家发现。

Kilwa,Tanzania 基尔瓦,坦桑尼亚 东非沿海贸易港口，公元 1200 年以后成为非洲黄金和象牙贸易的重要中转站。

Kish,Iraq 基什,伊拉克 始建于公元前2800 年的早期苏美尔城邦国家。

Kiva 大地穴 史前西南美洲的仪式建筑。

Knossos,Crete 克诺索斯,克里特 克诺索斯的米诺斯宫殿是米诺斯文明的重要中心。该遗址从公元前 2000 年以前起直至约公元 1400 年间被使用。

Koobi Fora,Kenya 库比·福勒,肯尼亚 世界上最早的有关石器制作的考古遗址，距今约 250 万年前。

Koster,Illinois 科斯特,(美国)伊利诺伊州 位于北美中西部伊利诺伊河谷的一处分层遗址，从公元前约 7500 年开始到公元 1200 年，先后为觅食者和种植玉米的农民所使用。

Koro Toro,Chad 科罗·托罗,乍得 位于撒哈拉中部以南的一处距今 300—350 万年前的遗址，阿法南方古猿的发现地。

Kush 库什 位于苏丹的一个东非国家，于公元前 900 年以后沿尼罗河发展起来(参见努比亚[Nubia])。

Laetoli,Tanzania 莱托里,坦桑尼亚 著名的人族脚印出土地，它们被完好地保存在了产生于 360 万年前的硬化的火山灰里。

La Ferrassie,France 费拉西,法国 位于法国西南部莱埃齐斯镇附近的一处岩窟遗址，出土了有关尼安德特人墓葬的考古资料。

Lagash,Iraq 拉旮什,伊拉克 公元前第 3 个千纪苏美尔文明的重要城邦国家。

La Madeleine,France 玛德莱娜岩洞遗址,法国 参见马格德林文化(Magdalenian culture)。

Langebaan Lagoon,South Africa 兰吉班湖地区,南非 在这处风化了的沙丘遗址中保存着 11.7 万年前属于解剖上的现代人的脚印。

Lapita culture 拉皮塔文化 位于西南太平洋上的一种文化传统，公元前 2000 年以后开始向太平洋沿岸很多地方殖民。

Lascaux,France 拉斯科洞穴,法国 位于法国西南部一处重要的马格德林洞穴壁画遗址，年代大约在 15 000 年前。

La Venta,Mexico 拉文塔,墨西哥 公元前 900 年以后的一座奥尔梅克仪式中心。

Le Tuc d'Audoubert,France 蒂多杜贝尔,法国 一处马格德林仪式遗址，以其黏土野牛雕塑闻名。

**Liang Bua Cave,Flores 利昂·布阿洞穴,弗

洛雷斯岛 距今约 13 000 年前为一种矮小人种弗洛雷斯人所占据的洞穴遗址。

Machu Picchu, Peru 马丘比丘, 秘鲁 位于安第斯高山上的一处印加聚落, 于西班牙人征服期间和之后被使用。

Magan, Persian Gulf 玛干岛, 波斯湾 位于美索不达米亚和印度河谷之间的中转港。

Magdalenian culture 马格德林文化 冰期晚期流行于法国西南部、欧洲中部部分地区和西班牙北部的一种文化, 拥有复杂成熟的工具制作技术和艺术传统, 繁盛于 15 000 年前到 12 000 年前, 以位于法国多尔多涅省莱埃齐斯镇的玛德莱娜岩洞命名。

Mali, Kingdom of 马里王国 公元 1200 年前后继加纳王国之后崛起的一个西非国家, 并在之后的一个世纪里以盛产黄金而赢得国际声誉。

Maori People 毛利人 新西兰原住民, 其祖先是最晚出现于公元 1000 年左右的波利尼西亚岛民。

Mauryan Empire, India 孔雀帝国, 印度 公元前第 1 个千纪中期以恒河流域为中心兴起的早期印度帝国。

Maya civilization 玛雅文明 重要的低地美索美洲文明, 从公元前 1000 年前延续至公元 15 世纪, 其古典期结束于公元 9 世纪。

Mayapan, Mexico 玛雅潘, 墨西哥 公元 13 世纪以后为 Cocom 家族所统治的后古典时期玛雅文明的中心。

Meadowcroft Rock Shelter, Pennsylvania 梅多克罗夫特岩窟, (美国)宾夕法尼亚州 一处长期使用的岩窟遗址, 出土的人类遗存可追溯至公元前 12 000 年。

Meer, Belgium 梅尔, 比利时 公元前 6000 年为石器制作者所使用的一处石器时代营地遗址。

Meluhha 麦鲁哈 印度文明一处重要的波斯湾中转港。确切位置未知。

Memphis, Egypt 孟菲斯, 埃及 古埃及首都。

Merimda Beni Salama, Egypt 莫林达·贝尼·萨拉玛, 埃及 位于埃及三角洲的一处农耕聚落遗址, 年代约在公元前 4500 年。

Meroe, Sudan 麦罗埃, 苏丹 约公元前 500 年—公元 400 年间位于尼罗河畔的麦罗埃王国的皇都, 也是主要的贸易中心。

Mesa Verde, Colorado 弗德台地, (美国)科罗拉多州 位于科罗拉多州的一系列峡谷, 以其公元 13—14 世纪的史前普韦布洛印第安人的普韦布洛房屋遗址闻名。

Mesa, Alaska 台地遗址, 阿拉斯加州 位于阿拉斯加北部布鲁克斯山脉(Brooks Ranges)的一处露天营地遗址, 约公元前 9700 年为觅食者占据。

Mezhirich, Ukraine 梅兹里克, 乌克兰 位于乌克兰第聂伯河畔的一处约 17 000 年前的冰期晚期觅食者露天营地遗址, 以其精巧的猛犸象牙房址闻名。

Minoan civilization 米诺斯文明 青铜时代一个以克里特为中心的王国, 于公元前 1900 年—前 1400 年间发展至顶峰。

Mississippian tradition 密西西比传统 公元 900—1500 年间流传于美国中西部和东南部地区的一种玉米和豆类农耕文化，以其巨大的仪式中心、复杂的宗教信仰和强大的酋邦制著称。

Mitanni, Syria 米坦尼，叙利亚 公元前第 2 千纪的青铜时代国家，位于幼发拉底河以东，与赫梯帝国属于同一时代。

Moche civilization 莫希文明 公元前 200 年—公元 600 年间以奇卡马河谷和莫希河谷为中心的一个秘鲁沿海文明。

Mogollon 莫戈隆文化 公元前 300 年—约公元 1100 年间的美国西南地区文化传统，是一个没有主要人口中心的高地农耕文化。

Mohenjodaro, Pakistan 摩亨佐达罗，巴基斯坦 哈拉帕文明的一座重要城市。参见哈拉帕文明（Harappan Civilization）。

Monte Albán, Mexico 阿尔班山，墨西哥 公元第 1 个千纪位于瓦哈卡河谷中的一座重要的城市和国家。

Monte Verde, Chile 蒙特沃德，智利 位于智利北部的一处河滨觅食者遗址，年代约在公元前 10 000 年。

Mound City, Ohio 土墩城，（美国）俄亥俄州 位于俄亥俄河谷中的一处占地 5.26 公顷的霍普韦尔土墩建筑群。

Moundville, Alabama 芒德维尔，（美国）阿拉巴马州 公元 900 年以后的一座重要的密西西比城镇和仪式中心。

Mousterian technology 穆斯特技术 约 10 万年前以后为欧洲、欧亚大陆和近东地区的尼安德特人所使用的一种以圆形石核为基础的石器制作技术。以法国的穆斯特遗址命名。

Mycenae, Greece 迈锡尼，希腊 约公元前 1500 年迈锡尼诸王的城堡。

Mycenaean civilization 迈锡尼文明 青铜时代的希腊本土文明，于公元前 1500 年—前 1200 年间发展至其顶峰。

Nagada, Egypt 涅伽达，埃及 公元前第 4 个千纪位于上埃及的一座前王朝时期埃及王国。

Nakbé, Guatemala 纳克贝，危地马拉 公元前 600 年—前 400 年间的早期玛雅仪式中心，最早在公元前 1000 年左右开始使用。

Nekhen, Egypt 尼肯，埃及 古代埃及城镇，也是重要的前王朝时期王国尼肯的中心。

Nevali Çori, Turkey 奈瓦里·科里，土耳其 约公元前 9600 年的一座聚落和宗教崇拜中心。

Nineveh, Iraq 尼尼微，伊拉克 约公元前 630 年，亚述巴尼拔国王统治下的亚述帝国的首都。

Nubia 努比亚 即"库什之地"，位于古埃及上游地区，即现在的苏丹。

Oldowan 奥杜韦文化 已知最早的人类石器制作技术，以简单的石片和砍砸器为基础，大约 250 万年前出现，之后持续使用了近 100 万年。以奥杜瓦伊峡谷命名。

Olduvai Gorge, Tanzania 奥杜瓦伊峡谷，坦桑尼亚 在峡谷中 175 万年前—10 万年前已干涸的更新世早期和中期湖床堆积层中发现有早期人族考古遗址。

Olmec 奥尔梅克 约公元前 1500 年—前 500 年间流行于低地的美索美洲艺术形式和文化系列，为该地区后期文明的基础之一。

Palenque, Guatemala 帕伦克, 危地马拉 玛雅城市和仪式中心，曾被盾牌王朝 (Shield Dynasty) 统治了数百年，并在公元 7 世纪强大起来。

Paleo–Indian 古印第安文化 北美洲最早的一批觅食者文化的统称，活跃于公元前 12 000 年前—前 6000 年。

Paloma, Peru 帕勒莫, 秘鲁 位于秘鲁沿岸一座巨大的觅食聚落遗址，年代在公元前 4000 年以后，出土有少量农业考古资料。

Panalauca Cave, Peru 帕纳罗卡洞穴, 秘鲁 约公元前 2500 年的一座遗址，出土物中包含有关早期奎奴亚藜的耕种和美洲驼的蓄养的考古发现。

Phoenicians 腓尼基人 历史上有名的商业民族，曾在公元前 500 年以后控制了大量地中海贸易。作为北非迦太基城的创建者，他们很快与罗马人结成不共戴天之敌。

Preclassic 前古典时期 玛雅文明的早期阶段，从约公元前 1500 年持续至公元 250 年。有时也被称为形成期。

Pueblo Bonito, New Mexico 波尼托村落遗址, (美国) 新墨西哥州 位于查科峡谷中的一座大型古代印第安人的"大房子"，于公元 12 世纪被使用。

Pukara, Peru 皮卡拉, 秘鲁 公元第 1 个千纪早期位于的的喀喀湖盆地北部的一座小型王国的中心。

Pylos, Greece 皮洛斯, 希腊 始于约公元前 1500 年的一处迈锡尼宫殿，以其泥版文书著称。

Quirigua, Honduras 基里瓜, 洪都拉斯 从属于科潘的玛雅城市，于公元 738 年征服了其宗主国。

Sahul 莎湖 由澳大利亚、新几内亚及冰期晚期大陆架周围区域组成。

San Andrés, Mexico 圣安德列斯, 墨西哥 约公元前 5000 年的一处早期玉米农业遗址。

San Bartolo, Guatemala 圣巴托洛, 危地马拉 约公元前 400 年—前 200 年间的一处前古典时期玛雅中心，以其玛雅创世神话壁画闻名。

San José Mogote, Mexico 圣何塞丘, 墨西哥 公元前第 2 个千纪位于瓦哈卡河谷中的一处重要的农耕村落遗址。

San Lorenzo, Mexico 圣洛伦佐, 墨西哥 奥尔梅克人的一处重要中心，年代可追溯至约公元前 1250 年。

San Marcos Caves, Mexico 圣马科斯洞穴, 墨西哥 一处关于玉米农业早期历史的重要遗址，位于特瓦坎河谷。

Santorini, Greece 圣托里尼，希腊 位于克里特岛以北约113千米处的一处遗址，形成于公元前15世纪的一场火山爆发。（具体数据存在争议，可能还要早一个半世纪。）

Saqqara, Egypt 萨卡拉，埃及 位于下埃及尼罗河西岸的一处仪式建筑群，古王国时期许多法老坟墓的所在地。始建于约公元前2600年的卓瑟法老的阶梯金字塔就位于萨卡拉。这里还是晚期流行起来的圣牛崇拜（Apis bull cult）的重要中心。

Schoningen, Germany 舒宁根，德国 约40万年前的一处石器时代考古遗址，曾出土已知最早的木矛。

Sea Peoples 海上民族 在公元前1200年以后的300年里控制着东地中海世界大片地区的商人和海盗群体。

Shang civilization 商文明 约公元前1766年—前1122年，以中国北方黄河流域为中心的一个早期文明。

Sicán, Peru 西坎，秘鲁 约公元700—1375年安第斯沿海地区文化。

Sipán, Peru 西潘，秘鲁 莫希人的一个重要仪式中心，以其宏伟的皇室墓葬群著称。年代可追溯至约公元400年。

Snaketown, Arizona 斯内克敦，（美国）亚利桑那州 位于希拉河附近的一处重要的霍霍坎文化聚落，也是一处重要的仪式中心。

Songhay, Kingdom of 桑海王国 公元1450年之后继马里王国而起的一个西非王国，1500年以后衰落下去，部分由于欧洲出现了来自美洲的黄金供应。

Southern Cult 南方异教 对广泛存在于美国中西部和东南部地区的密西西比文化的一系列艺术母题和相关宗教信仰的统称。

Stonehenge, England 巨石阵，英格兰 可追溯至新石器时期和青铜时代的一座圆形巨石建筑，最早出现于公元前2950年，并在约公元前1600年达到顶峰。

Sunda 巽他 冰期晚期亚洲东南部的大陆架。

Swanscombe, England 斯旺斯科姆，英格兰 位于泰晤士河谷中的一处距今约23万年的遗址，出土有阿舍利文化的手斧以及一个古人族头骨化石。

Taima Taima, Venezuela 塔玛塔玛遗址，委内瑞拉 该遗址很可能出土有公元前12 000年前后的早期人类遗存。

Tamrindo, Guatemala 塔玛林多，危地马拉 玛雅文明的中心城市之一，约在公元760年对邻近的多斯皮拉斯展开进攻。

Tawantinsuyu 塔万廷苏尤 即印加帝国，在印加语中即"四方帝国"之意。

Tehuacán, Mexico 特瓦坎河谷，墨西哥 墨西哥一条环境干燥的河谷，在这里发现了有关玉米耕作的年代最早的证据。

Tenochtitlán, Mexico 特诺奇蒂特兰，墨西哥 约公元1325—1521年间曾是阿兹特克帝国的首都，据估计人口最多大约为25万。

Teotihuacán, Mexico 特奥蒂瓦坎，墨西哥 一处位于墨西哥河谷的重要城市，在约公元前200年—公元750年繁盛。

Thebes, Egypt 底比斯，埃及 公元前 1520 年以后的中王国和新王国时期埃及的首都，太阳神（阿蒙）崇拜的主要中心，被埃及人称为瓦塞。

This, Egypt 惹斯，埃及 公元前第 4 个千纪位于上埃及的前王朝时期埃及王国。

Tikal, Guatemala 蒂卡尔，危地马拉 古典时期的玛雅城市，于公元 200—600 年间发展至鼎盛时期。

Tiwanaku, Bolivia 蒂亚瓦纳科，玻利维亚 的的喀喀湖附近一座高地安第斯国家，与广大的地区开展贸易，年代在公元 200—1000 年间。

Toro-Menalla, Chad 托罗-梅奈拉，乍得 六七百万年前的乍得沙赫人头盖骨化石的发现地，该遗址地层中富含大量化石。

Torralba, Spain 托拉尔瓦，西班牙 参见安布罗纳（Ambrona）。

Trinil, Java, Indonesia 特里尼尔，爪哇，印度尼西亚 180 万年前的一处砾石沉积遗址，出土有直立人化石遗存。

Trois Frères, France 三兄弟洞穴，法国 马格德林洞穴壁画，以其巫师形象著称。

Tula, Mexico 图拉，墨西哥 约公元 900—1160 年间托尔特克文明的首都。

Uaxactún 乌科克滕 位于美索美洲低地上的古典时期玛雅城市，于公元 378 年为其邻国蒂卡尔所征服。

Ubaid culture 欧贝德文化 公元前 5000 年前后伊拉克南部的早期农耕文化。

Ugarit, Syria 乌加利，叙利亚 青铜时代位于黎凡特地区的一座重要的港口和商业王国，年代约在公元前 1200 年以后。

Uluburun, Turkey 乌鲁布伦，土耳其 位于土耳其南部的一处青铜时代的沉船遗址，年代可追溯至公元前 14 世纪。

Ur (Ur-of-the-Chaldees), Iraq 乌尔城（迦勒底的乌尔），伊拉克 即《圣经》中提及的迦拉（Calah），公元前第 3 个千纪苏美尔文明的一座重要城市。

Uruk, Iraq 乌鲁克，伊拉克 世界上最早的城市，从公元前 4500 年起持续发展了 2000 多年。

Valsequillo, Mexico 瓦尔斯齐洛，墨西哥 这里出土的乳齿象骨骼化石可追溯至约公元前 12 000 年。

Verkhene-Trotiskaya, Siberia 维克海-特洛蒂斯卡亚遗址，西伯利亚 西伯利亚所知最早的杜克泰遗址，时间约在 18 000 年前。

Wallacea 华莱士区 冰期晚期位于亚洲东南部的一片陆地，由现在的苏拉威西岛和帝汶岛组成。

Wangdong, China 王洞，中国 参见仙人洞

（Xianrendong）。

Wari, Peru 瓦里，秘鲁　约公元 800 年以仪式中心瓦里城为核心的一座重要的高地安第斯王国。

Willandra Lakes, Australia 威兰德拉湖区，澳大利亚　距今 37 000 年—约 26 000 年前的一系列贝壳类灰坑和营地遗址。

Xia 夏朝　中国北方的一个早期王朝，始建于公元前 1700 年前，其研究以考古发现和传说为基础。

Xianrendong, China 仙人洞，中国　约公元前 9220 年—前 7550 年的一处早期稻作农业遗址。稻作农业出现的确切时间尚不明确。

Xiao-tun, China 小屯，中国　公元前 1400 年—前 1122 年间的商王朝首都，位于中国河南安阳。

Yangshao, China 仰韶，中国　公元前 5000 年以后中国北方黄河流域普遍存在的一种农业文化。

Zhou, China 周朝，中国　公元前 1122 年以后统治了中国北方大片区域的一个重要王朝。

Zhoukoudian, China 周口店，中国　一处洞穴遗址，出土有 60 万年前的直立人化石。

Zimbabwe 津巴布韦　参见大津巴布韦（Great Zimbabwe）。

延伸阅读

关于世界史前史的作品浩如烟海，涉及多种语言。下面的参考书目将为读者细究本书所涵盖的主题提供一条捷径。我将主要介绍一些综论性作品，它们各自都有全面的参考书目，总结了各具体方向的专门文献。欲做进一步阅读，可查阅这里给出的摘要，或向有关方面的专家请教。这里给出的书目基本围绕英语文献展开，这主要是因为本书的读者大多讲英语。尽管互联网在全球都有不计其数的拥趸，但印刷品始终是世界史前史相关信息的主要来源。但是人们也能从互联网上收集到有关正在研究中的某些具体遗址的珍贵信息。

两部重要的大学教科书为世界史前史领域进行了最为全面综合的总结和概括：拙著 *People of the Earth*, 13th ed.(Upper Saddle River, NJ: Prentice Hall, 2010) 是本书的扩展版；T. Douglas Price 和 Gary Feinman, *Images of the Past*, 5th ed.(New York: McGraw Hill, 2009) 是一部以遗址个案研究为基础的世界史前史作品。Chris Scarre, ed., *The Human Past*(London: Thames and Hudson, 2nd ed., 2009) 由多位作者通力完成，是一部更适合高阶读者的综论著作。适合大众读者阅读的最佳考古地图集当属 Chris Scarre, ed., *Past Worlds: The Times Atlas of Archaeology* (London: Times Books, 1988)。同作者的 *Timelines*(London:Dorling Kindersley, 1993) 针对公元 1500 年以前的人类历史给出了一部绝佳的插图指南。如果你想了解有关考古学的一切，那么由我本人编辑的 *The Oxford Companion to Archaeology*(New York: Oxford University Press, 1996) 将能额外满足你的这一愿望。Paul Bahn, *The Penguin Archaeology Guide*(London: Penguin Books, 2000) 是一部功能强大的词典，尤其着重介绍了各具体遗址。Brian Fagan, ed., *Eyewitness to Discovery* (New York: Oxford University Press, 1997) 收集了各种考古发现的第一手资料。Tim Murray, ed., *The Great Archaeologists*, 2 vols.(Santa Barbara, CA: ABC-CLIO, 1999) 为田野考古学界多位重要角色提供了一部精彩的传记集。

本书所讨论的主题，在多种地方性、全国性和国际性期刊中都有相关文章，其中大多是以专门从业者为目标读者的，但其中也有部分期刊会刊载一些科普性文章，如 *Discovery*, *National Geographic*, *Natural History*, *Smithsonian* 和 *Scientific American*。而

Archaeology 则是一部同时面向考古学爱好者和专业考古学家的大众刊物。Antiquity, The Journal of World Prehistory 和 World Archaeology 这几部刊物以专业考古学工作者和有一定知识面的非专业读者为对象，刊载的文章内容广泛。American Antiquity 和 American Anthropologist 两部期刊堪称美国考古学家的左右手。Proceedings of the Prehistoric Society 是研究旧大陆的考古学家的主阵地，而最新的人族研究方面的发现则大多刊载于 Nature 或 Science 上。The Journal of Field Archaeology 科技价值很高，经常刊载最完整可靠的田野报告。Current Anthropology 上经常会刊登关于某些重大议题的含金量颇高的调查报告。

各章延伸阅读

第 1 章　世界史前史导论

人们可以从国家地理协会（National Geographic Society）的期刊 The Adventure of Archaeology（Washington, D.C.: National Geographic Society, 1985）以及 Paul Bahn, ed., The Cambridge Illustrated History of Archaeology（Cambridge, England: Cambridge University Press, 1996）中获得大量有关考古学史的作品。Brian Fagan 的 A Brief History of Archaeology（Upper Saddle River, NJ: Prentice Hall, 2005）是一部简短的大学教材。关于美国考古学，参见 Gordon Willey 和 Jeremy Sabloff 的 A History of American Archaeology, 2nd ed.（New York: W. H. Freeman, 1994）。介绍科学与考古学的通俗读物有 Brian Fagan 的 Time Detectives（New York: Simon & Schuster, 1995）和国家地理学会的 Into the Unknown（Washington, D. C.: National Geographic Society, 1997）。关于考古学理论的作品汗牛充栋：Bruce Trigger 的 History of Archaeological Interpretation, 2nd ed.（Cambridge, England: Cambridge University Press, 2006）完整可靠，Lewis Binford 的 In Pursuit of the Past, rev. ed.（Berkeley: University of California Press, 2001）和 Wendy Ashmore, Dorothy Lippert, and Barbara L. Mills, eds. Voices in American Archaeoloy（Washington, D. C.: Society for American Archaeology, 2010）作为评介性作品非常有用。

一系列广泛使用的教科书对考古学的方法和理论进行了全面介绍，其中包括与本书配套的一部手册，即我本人的 Archaeology: A Brief Introduction, 10th ed.（Upper Saddle River, NJ: Prentice Hall, 2009），以及 In the Beginning, 12th ed.（Upper Saddle River, NJ: Prentice Hall, 2009），后者论述更为全面综合。Robert Sharer 和 Wendy Ashmore 的 Archaeology: Discovering Our Past, 5th ed.（New York: McGraw Hill, 2009）也是一部实用性很强的作品。Paul Bahn 和 Colin Renfrew 的 Archaeology, 5th ed.（New York: Thames and Hudson, 2008)是一部有关考古学方法和理论的权威手册,多年来一直被热衷于考古和历史的读者视为一部重要参考书。Ian Hodder 的 The Archaeological Process(Oxford, England: Blackwell, 1999)是一部非常贴合读者需求的考古学评介作品。Robert Layton, ed., Who Needs the Past?, 2nd ed.(London: Routledge, 1994)中收录了有关原居民价值观与考古学之关系的若干篇论文。最后列出的这部作品对所有对世界史前史怀有严肃兴趣的学生来说都应是一部不可替代的原始资料,其中收录的一系列论文探讨了当前考古学各个方面的现状:Gary M. Feinman 和 T. Douglas Price, eds., Archaeology at the Millennium: A Sourcebook(New York: Plenum/Kluwer, 2000)。

第2章 人类的起源

关于人类起源的文献作品浩如烟海,并且时常充满了激烈的争辩。Roger Lewin 的 Bones of Contention(New York: Simon & Schuster, 1987)带领非专业读者做了一番精彩的历史回顾。同作者的 Principles of Human Evolution, 3rd ed.(Oxford, England: Blackwell, 2009)则对有关人类进化的知识做了绝佳的总结。Donald Johanson 和 Maitland Edey 的 Lucy: The Beginnings of Humankind(New York: Simon & Schuster, 1981)是一部有关哈达尔考古发现的流行读物。Chris Stringer 和 Peter Andrews 的 The Complete Book of Human Evolution(London: Thames and Hudson, 2005)提供了详尽的调查情况。Ian Tattersall 的 The Fossil Trail: How We Know What We Think We Know about Human Evolution(New York: Oxford University Press, 1996)以普通读者为对象,对人类起源进行了一番严密的论证。Robert Foley 的 Humans Before Humanity(Oxford, England: Blackwell, 1995)则在更技术性的层面上讨论了人类起源的生态学背景。Steven Mithen 的 Prehistory of the Mind(London: Thames and Hudson, 1997)面向大众读者写就,是一部有关人类智力进化的才华横溢的佳作。Kathy Schick 和 Nicholas Toth 的"Palaeoanthropology at the Millennium"收录在 Gary M. Feinman 和 T. Douglas Price, eds., Archaeology at the Millennium: A Sourcebook(New York: Plenum/Kluwer, 2000), pp. 39—108 中,是一篇有关史前史早期考古资料研究的有用综论,并附带有一份详细的参考书目。Richard Klein 的 The Human Career, 2nd ed.(Chicago: University of Chicago Press, 1999)是一部高级教科书。有关食腐行为的研究,参见 Robert Blumenschine 和 John Cavallo 的"Scavenging and Human Evolution", Scientific American 257(10)(1992): 90—96。

第3章 走出非洲

有关本章所讲述的这漫长的一千年的综论性作品少之又少。Richard Klein 和 Blake

Edgar, *The Dawn of Human Culture*(New York: John Wiley, 2002)是一部权威的总结性作品。相关论述可参考前引 Steven Mithen 的 *The Prehistory of the Mind* 和 Philip Lieberman 的 *Uniquely Human: The Evolution of Speech, Thought, and Selfless Behavior*(Cambridge, MA: Harvard University Press, 1991)。Gamble 的 *The Palaeolithic Societies of Europe* (Cambridge, England: Cambridge University Press, 2000)对第3章和第4章所论及的发展阶段做了精彩的全面总结。Richard W. Wrangham 的 *Catching Fire: How Cooking Made Us Human* (New York: Basic Books, 2009) 涵盖了这一重要发展。Robert Foley 的 "Hominid Species and Stone-Tool Assemblages: How Are They Related?", in *Antiquity* 61 (1987): 380—392 对石器与生物进化之间的关系所做的论述极具煽动性。关于竹器与古人，参见 Geoffrey Pope 的 "Bamboo and Human Evolution", *Natural History* 10(89) (1989): 49—56。Christopher Stringer 和 Robin McKie 的 *African Exodus: The Origins of Modern Humanity*（New York: Henry Holt, 1997）是一部有关现代人类起源的流行作品。Chris Stringer 和 Paul Mellars, eds., *The Human Revolution*, 2 vols.(Edinburgh: Edinburgh University Press, 1989, 1990)收录了关于这一主题的一系列意见相左的专业论文，其中包括 Gunter Braüer 关于非洲古智人的一篇重要论文。Paul Mellars et al., eds., *Rethinking the Human Revolution*(Cambridge: McDonald Institute for Archaeological Research, 2007)叙述了争论的最新进展。Chris Stringer 和 Clive Gamble 的 *The Search for the Neanderthals* (London:Thames and Hudson, 1993) 以及 Erik Trinkaus 和 Pat Shipman 的 *The Neanderthals: Changing the Image of Mankind*(New York: Alfred Knopf, 1992)都是介绍古人的非常出色的大众作品。

第4章 大流散

Brian Fagan 的 *The Journey from Eden*(New York: Thames and Hudson, 1990)一书中有关本章内容的总结稍嫌过时，因此可借助各种综论和专业性文献来进一步阐述。Derek Mulvaney 和 John Kamminga, *Prehistory of Australia*(Washington, D.C.: Smithsonian Institution Press, 1999)对澳大利亚和新几内亚的考古发现进行了总结。有关早期定居的发现，见 J. Allen 和 J. F. O'Connell, eds., *Getting from Sunda to Sahul*, 也可见 G. Clark, F. Leach 和 S. O'Connor 的 *Islands of Inquiry: Colonization, Seafaring and the Archaeology of Maritime Landscapes*(Canberra: ANU E Press, Australian National University, 2008), pp. 31—46。还有 David Frankel 的 *Remains to Be Seen: Archaeological Insights into Australian Prehistory*(Melbourne: Longman Cheshire, 1991)。许多畅销书作家都曾以克鲁马努人为主题开展创作。本人的 *Cro-Magnon*(New York: Bloomsbury Press, 2010)讲述了一种观点和

相关背景。Randall White 的 *Dark Caves and Bright Visions*（New York: American Museum of Natural History, 1986）本身就是一部有用的概述，Paul Bahn 和 Jean Vertut 在此基础上加以扩充完善，著成 *Images of the Ice Age*（New York: Viking, 1988），成为关于石器时代艺术的一部相当有分量的分析性作品。Jean Clottes 的 *Chauvet Cave: The Art of Earliest Times*, trans. Paul Bahn（Salt Lake City: University of Utah Press, 2003）对这处重要的洞穴遗址进行了一番文采飞扬的描述。Olga Soffer 的 *The Upper Palaeolithic of the Central Russian Plains*（New York: Academic Press, 1985）则详细介绍了梅兹里克遗址。有关欧亚大陆的总体情况，见 John Hoffecker 的 *Desolate Landscapes*（New Brunswick, NJ: Rutgers University Press, 2001）。关于围绕美洲最早的定居者和克洛维斯人所产生的争议，见 David Meltzer 的 *First Peoples in a New World: Colonizing Ice Age America*(Berkeley: University of California Press, 2009)。Tom Dillehay 的 *The Settlement of the Americas*（New York: Basic Books, 2000）是一部重要的纵览性作品。也见 James Adovasio 和 Jake Page 的 *The First Americans*（New York: Random House, 2002）。

第5章　食物生产的起源

有关觅食者及其社会复杂性问题的考古学研究，参见 R. L. Bettinger, "Archaeological Approaches to Hunter-Gatherers", *Annual Review of Archaeology* 16（1987）: 121—142。Paul Martin 和 Richard Klein 编撰的 *A Pleistocene Revolution*（Tucson: University of Arizona Press, 1984）罗列了世界各地大型猎物灭绝的相关证据。Douglas Price 和 James Brown 编撰的 *Complexity among Prehistoric Hunter-Gatherers*（Orlando, FL: Academic Press, 1985）收录了有关社会复杂性议题的一系列有价值的论文。Douglas Price 的 "The Mesolithic of Western Europe", in the *Journal of World Prehistory* 1（3）（1987）: 225—305 描述了欧洲复杂的狩猎-采集者社会，而 Stuart Struever 和 Felicia Holton 的 *Koster: Americans in Search of Their Past*（New York: Anchor Books, 1979）则为这一著名的遗址提供了一份流行读本。有关北美各古代文化及加利福尼亚丘马什印第安人的进一步描述，可参见本人的 *Ancient North America*, 4th ed.（New York: Thames and Hudson, 2005）。

Stuart Struever 的人类学著作 *Prehistoric Agriculture*（Garden City, NY: Natural History Press, 1971）讨论了有关农业起源的各种古典理论。Bruce D. Smith 的 *The Emergence of Agriculture*（New York: W. H. Freeman, 1999）对世界范围内已知的有关早期农业、动物驯养的研究，以及谷物遗存 AMS 放射性碳测年所得出的惊人结果进行了总结。Graeme Barker 的 *The Agricultural Revolution in Prehistory*（Oxford: Oxford University

Press, 2006)以深刻的理论洞察力对农业革命做了一番权威的全局性考察。Kent Flannery 的 *Guilá Naquitz*(Orlando, FL: Academic Press, 1986)是一部堪称典范的专著，别的不说，单凭其假设性对话中所包含的关于考古学和考古学家的智见，就足以成为一部不可错过的经典。

第 6 章　最初的农民

　　Andrew Moore 的 *Village on the Euphrates*(New York: Oxford University Press, 2000) 描述了阿布·胡赖拉遗址的发掘过程，是有史以来关于具体农耕聚落遗址的最完整详尽的专著。Ian Hodder 的 *The Leopard's Tale*(London and New York: Thames and Hudson, 2006)对土耳其恰塔勒胡由克早期农耕聚落的信仰研究引人入胜。关于欧洲，可参见 I. J. Thorpe, *The Origins of Agriculture in Europe*（London: Routledge, 1996）和 Barry Cunliffe, ed., *The Oxford Illustrated Prehistory of Europe*(Oxford: Oxford University Press, 1996)。关于亚洲的早期农业，参见 Li Liu, *The Chinese Neolithic*(Cambridge: Cambridge University Press, 2004)。Charles Higham 的 *The Archaeology of Mainland Southeast Asia*(Cambridge, England: Cambridge University Press, 1989)是一部广泛而全面的权威读本，而他与 Tracey L. D. Lu 合撰的 "The Origins and Dispersal of Rice Cultivation", *Antiquity* 72(1998): 867—877 是一篇有关早期稻作农业的极佳资料。关于美洲农业，参见前引 Bruce Smith, *The Emergence of Agriculture*。关于玉米的全面资料，则可参见 John Staller, Robert Tykot 和 Bruce Benz 编撰的 *Histories of Maize*（New York: Academic Press/Elvesier, 2006）。也见 S. H. Wills, *Early Prehistoric Agriculture in the Southwest*(Santa Fe, NM: School of American Research Press, 1989)，该书全面介绍了西南部地区的玉米农业。

第 7 章　酋长及酋邦

　　对于对太平洋上的交流史感兴趣的读者来说，最好的入门作品莫过于 Geoffrey Irwin 的 *The Prehistoric Exploration and Colonization of the Pacific*(Cambridge, England: Cambridge University Press, 1992)。这部精彩的作品不仅以考古学和计算机模拟为基础，还源自作者的亲身航海经历。Patrick Kirch, *On the Road of the Winds: An Archaeological History of the Pacific Islands Before European Contact*（Berkeley: University of California Press, 2002）概述了太平洋群岛上最初的殖民运动。Kirch 的 *The Evolution of the Polynesian Chiefdoms*(New York: Cambridge University Press, 1989)描绘了太平洋上的一些复杂社会。有关新西兰考古，见 Janet Davidson, *The Prehistory of New Zealand*

（Auckland: Longman Paul, 1984）。Linda Cordell, *The Prehistory of the Southwest*, 2nd ed.（Orlando, FL: Academic Press, 1999）对西南考古学进行了很好的分析。有关东部林地考古，参见 George R. Milner, *The Moundbuilders*（London: Thames and Hudson, 2004），及同作者的 *The Cahokia Chiefdom*（Washington, D. C.: Smithsonian Institution Press, 1998）。Timothy R. Pauketat 和 Thomas E. Emerson 编撰的 *Cahokia: Domination and Ideology in the Mississippian World*（Lincoln: University of Nebraska Press, 1997）一书对卡霍基亚和密西西比人的传统进行了详尽的观察。也可参见 Judith Bense, *Archaeology of the Southeastern United States*（San Diego: Academic Press, 1994）。最后，Susan Keech McIntosh, ed., *Beyond Chiefdoms: Pathways to Complexity in Africa*（New York: Cambridge University Press, 1999）中收录了一系列论文，任何对酋邦考古学感兴趣的读者都不可绕过。

第 8 章 国家组织型社会

关于这一领域的文献可谓汗牛充栋。Charles Redman 在 *The Rise of Civilization: From Early Farmers to Urban Society in the Ancient Near East*（San Francisco: W. H. Freeman, 1978）中批判了 20 世纪 70 年代以前的各种理论。Christopher Scarre 和 Brian Fagan 的 *Ancient Civilizations*, 3rd ed.（Upper Saddle River, NJ: Prentice Hall, 2008）为初学者概述了世界上一系列早期文明。也见 Kent Flannery 的 "The Cultural Evolution of Civilizations", in *Annual Review of Ecology and Systematics*（1972）: 399—426，该文很好地运用了生态和系统路径。Elizabeth Brumfiel 的 "Aztec State Making: Ecology, Structure, and the Origin of the State", *American Anthropologist* 85（2）(1983): 261—284 对社会路径进行了探讨。Bruce Trigger 的 *Understanding Early Civilizations: A Comparative Study*（Cambridge: Cambridge University Press, 2003）和 Norman Yoffee, *Myths of the Archaic State: Evolution of the Earliest Cities, States, and Civilizations*（Cambridge: Cambridge University Press, 2005）是两部最完整可靠的文献。关于文字的出现，可见 Andrew Robinson 的 *The Story of Writing*, rev. ed.（London: Thames and Hudson, 1995），这部插图丰富的作品非常适合初学者。

第 9 章 美索不达米亚和东地中海世界

有两部作品对苏美尔人的概述令人尊敬。Samuel Kramer 的 *The Sumerians*（Chicago: University of Chicago Press, 1963）是一部当之无愧的流行经典。Harriett Crawford 的 *Sumer and the Sumerians*, 2nd ed.（Cambridge, England: Cambridge University Press, 2004）

是一部最新著作。Nicholas Postgate 的 *Early Mesopotamia: Economy and Society at the Dawn of History*（London: Kegan Paul, 1992）论述也是相当详尽。也见 Seton Lloyd 的 *The Archaeology of Mesopotamia*, 2nd ed.（London: Thames and Hudson, 1983）和 Hans J. Nissen 的 *The Early History of the Ancient Near East*, 9000 to 2000 B. C.（Chicago: University of Chicago Press, 1990）。Susan Pollock 的 *Ancient Mesopotamia*（Cambridge, England: Cambridge University Press, 1999）以文明的起源为重心。关于赫梯人，参见 J. G. MacQueen, *The Hittites*, 3rd ed.（New York: Thames and Hudson, 1996）和 Trevor Bryce, *The Kingdom of the Hittites*（Oxford: Oxford University Press, 1998）。关于之后的历史，参见 Manuel Robbins, *Collapse of the Bronze Age: The Story of Greece, Troy, Israel, Egypt, and the Peoples of the Sea*（New York: Author's Choice Press, 2001），以及 Robert Drew, *The End of the Bronze Age*（Princeton: Princeton University Press, 1995）。Nicholas Postgate 的 *The First Empires*（Oxford: Phaidon, 1977）描述了亚述文明。有关米诺斯文明和迈锡尼文明，参见 Oliver Dickinson, *The Aegean Bronze Age*（Cambridge, England: Cambridge University Press, 1994），J. Lesley Fitton, *Minoans*（*Peoples of the Past*）（London: British Museum Press, 2002），以及 Robert Castleden, *Mycenaeans: Life in Bronze Age Greece*（London: Other, 2005）。

第 10 章 埃及和非洲

古埃及文明历来吸引了无数作者前仆后继地书写它的神奇和伟大。以下三部作品为我们提供了整体性的概述：Cyril Aldred 的 *The Egyptians*, 3rd ed.（New York: Thames and Hudson, 1998）简洁明了；Barry Kemp 的 *Ancient Egypt: The Anatomy of a Civilization*, 2nd ed.（London: Routledge, 2006）假以时日定能成为经典；而最新发现则可参见 Vivian Davies 和 Rene Freedman 的 *Egypt*（London: British Museum Press, 1998）。Nicholas Reeves 的 *The Complete Tutankhamun*（New York: Thames and Hudson, 1990）带领读者到黄金法老墓做了一番精彩绝伦的探险。专业以外的读者往往对努比亚不甚了解，但下列作品可被看作不错的入门选择：William Adams 的 *Nubia: Corridor to Africa*（London: Alan Lane, 1977）虽难免过时，但这部全面详尽的专著对读者来说依然不失其有用性。David O'Connor 的 *Ancient Nubia: Egypt's Rival in Africa*（Philadelphia: University of Pennsylvania Museum, 1993）提供了相关领域的最新进展。有关麦罗埃和库什，参见 Derek Aelsby, *The Kingdom of Kush: The Napatan and Meroitic Empires*（London: Marcus Weiner, 1999）。有关阿克苏姆，参见 David Phillipson, *Ancient Ethiopia: Aksum, Its Antecedents and Successors*（London: British Museum Press, 1998）。Graham Connah 的

African Civilizations, 2nd ed.(Cambridge, England: Cambridge University Press, 2001) 对包括努比亚、麦罗埃和阿克苏姆在内的早期非洲王国进行了精彩说明。Nehemiah Levetzion 的 *Ancient Ghana and Mali*（London: Methuen, 1971）和 Peter Garlake 的 *Great Zimbabwe*（New York: Thames and Hudson, 1973）则概述了这些王国的起源。

第 11 章　南亚、东南亚和东亚

　　Mortimer Wheeler 的 *The Indus Civilization*, 2nd ed.(Cambridge, England: Cambridge University Press, 1962) 尽管有些过时，但至今仍是有关哈拉帕文明的最主要资料来源。Gregory Possehl 的 *Indus Age: The Beginnings*（Philadelphia: University of Pennsylvania Press, 1999）是第一部有关哈拉帕文明论述完整可靠的作品。同作者的 *Harappan Civilization: A Recent Perspective*（New Delhi, India: Oxford and IBH Publishing, 1993）以及 Jean R. McIntosh, *A Peaceful Realm*（Boulder, CO: Westview Press, 2002）提供了该领域的最新进展。Raymond Allchin 的 *The Archaeology of Historic South Asia*（Cambridge, England: Cambridge University Press, 1995）介绍了孔雀帝国及其后的一系列社会。Sarah Allen 编撰的 *The Formation of Chinese Civilization: An Archaeological Perspective*（New Haven, CT: Yale University Press, 2005）详细介绍了中国史前史。张光直的 *Shang Civilization*（New Haven, CT: Yale University Press, 1980）仍是该领域的权威著作。也见 Li Liu, *State Formation in Early China*（London: Duckworth, 2003）。Gina Barnes 的 *China, Korea, and Japan*（London: Thames and Hudson, 1993）对这三国做了概括性介绍。有关东南亚概况，参见 Charles Higham, *Early Cultures of Mainland Southeast Asia*（London and New York: Thames and Hudson, 2002）；也见同作者与 Rachanie Thosarat 合著的 *Prehistoric Thailand*（Bangkok: River Books, 1998），该书对最新发掘状况进行了介绍。Charles Higham, *The Civilization of Angkor*（Berkeley: University of California Press, 2000）对吴哥窟这一重要遗址做了精彩的概述。

第 12 章和第 13 章　美索美洲文明

　　关于美索美洲文明最全面可靠的论述当属 Susan Toby Evans, *Ancient Mexico and Central America*（London and New York: Thames and Hudson, 2004）。由 Kent Flannery 编撰的 *The Early Mesoamerican Village*（New York: Academic Press, 1976）充满了考古学的智慧，并提供了有关瓦哈卡河谷早期社会复杂性的有效信息。关于奥尔梅克人，参见 Richard Diehl, *The Olmecs: America's First Civilization*（London and New York: Thames and Hudson, 2004）。Joyce Marcus 和 Kent Flannery 的 *The Zapotec Civilization*（London:

Thames and Hudson, 1996)以丰富的插图详细描述了阿尔班山遗址以及瓦哈卡文明的起源。René Millon, R. B. Drewitt 和 George Cowgill 的 *Urbanization at Teotihuacán*(Austin: University of Texas Press, 1974), 以及 Esther Pasztory, *Teotihuacán: An Experiment in Living* (Norman: University of Oklahoma Press, 1997) 详细描述了特奥蒂瓦坎。William Saunders, Jeffrey Parsons 和 Robert Santley 的 *The Basin of Mexico* (New York: Academic Press, 1979)介绍了这片高地上开展的几次综合考古调查。

有关玛雅文明的文献丰富且常常针锋相对: Michael Coe 的 *The Maya*, 7th ed.(New York: Thames and Hudson, 2005)拥有最广大的读者群。也参见 Arthur Demarest, *Ancient Maya: The Rise and Fall of a Rainforest Civilization* (Cambridge: Cambridge University Press, 2005)。Linda Schele 和 David Freidel 的 *A Forest of Kings* (New York: Morrow, 1990) 是一部以考古学和象形文字为基础的玛雅历史流行读本,尽管许多方面存在争议,但仍具有相当大的影响力。上述两位作者的 *Maya Cosmos*(New York: Morrow, 1993) 探讨了玛雅人的天文学和世界观。Jeremy A. Sabloff 的 *The Cities of Ancient Mexico* (New York: Thames and Hudson, 1989) 提供了有关美索美洲重要遗址的指南。David Webster, *The Fall of the Ancient Maya* (London and New York: Thames and Hudson, 2002) 是一部研究文明衰落的最新力作。关于气候变化和玛雅农业,参见 Vernon L. Scarborough, "Resilience, Resource Use, and Socioeconomic Organization: A Mesoamerican Pathway", in Garth Bawdon and Richard Martin Reycraft, eds., *Environmental Disaster and the Archaeology of Human Response* (Albuquerque: Maxwell Museum of Anthropology, 2000), pp. 195—212。关于湖泊和深海岩心的研究,参见 Gerald Haug 等, "Climate and the Collapse of Maya Civilization", *Science* 299(2003): 1731—1735。

Richard Diehl 在他的著作 *Tula, the Toltec Capital of Ancient Mexico* (New York: Thames and Hudson, 1983) 中介绍了托尔特克人的文化。关于阿兹特克文明,参见 Geoffrey W. Conrad 和 Arthur A. Demarest, *Religion and Empire* (Cambridge, England: Cambridge University Press, 1984)。这两个文明在 Michael Smith, *The Aztecs*(*The Peoples of America*), 2nd ed.(Oxford, England: Blackwell, 2002)中都有论述。也可参见 Dirk Van Tuerenhout 的 *The Aztecs: New Perspectives* (Santa Barbara, CA: ABC-CLIO, 2005)。Inga Clendinnon 的 *Aztecs: An Interpretation* (Cambridge, England: Cambridge University Press, 1991)对阿兹特克历史做了颇有价值的分析,在资料来源方面尤其出色。关于西班牙人的征服,参见 Charles Dibble 和 Arthur Anderson 的 *The Florentine Codex*(Salt Lake City: University of Utah Press, 12 vols., 1950—1975)。

第 14 章 安第斯诸文明

对普通读者来说，Michael Moseley 的 *The Incas and Their Ancestors*, 2nd ed.（New York: Thames and Hudson, 2000）对安第斯地区考古学做了巨细无遗的概述。Jonathan Haas, S. Pozorski 和 T. Pozorski 编撰的 *The Origins and Development of the Andean State*（Cambridge: Cambridge University Press, 1987）相比之下就更具专业性了。Christopher Donnan 编撰的 *Early Ceremonial Architecture in the Andes*（Washington, D. C.: Dumbarton Oaks, 1985）收录了有关沿海和高地地区早期建筑的论文。Richard Burger 的 *The Prehistoric Occupation of Chavín de Huántar*（Berkeley: University of California Publications in Anthropology, 1984）介绍了这一重要遗址的发掘情况。Lawrence Sullivan 关于拉丁美洲宗教传统的里程碑性质的著作 *Icanchu's Drum*（New York: Macmillan, 1988）对有志于安第斯考古的学子来说堪称是最重要的一部作品。Christopher Donnan 和 Donna McClelland 在 *The Burial Theme in Moche Iconography*（Washington, D. C.: Dumbarton Oaks, 1987）一书中详细描述了莫希文明。Christopher Donnan 和 Walter Alva 的 *Royal Tombs of Sipán*（Los Angeles: Fowler Museum of Cultural History, UCLA, 1994）对 20 世纪最重要的考古发现之一的西潘遗址进行了全面而可靠的介绍。关于蒂亚瓦纳科，参见 Alan Kolata, *Tiwanaku*（Oxford, England: Blackwell, 1993）。也可参见同作者的 "The Agricultural Foundations of the Tiwanaku State", *American Antiquity* 51 (4) (1986): 748—762。有关瓦里遗址的信息，参见 William Isbell 和 Katharina Schreiber, "Was Huari a State?" *American Antiquity* 43 (1978): 372—389。关于奇穆文化，则参见 Michael Moseley and C. Kent Day, eds. *Chan Chan: Andean Desert City*（Albuquerque: University of New Mexico Press, 1982）。

关于印加文明的最佳入门书是前引 Conrad 和 Demarest 的 *Religion and Empire*。Terence D'Altroy 的 *The Incas*(*The Peoples of America*)（Oxford, England: Blackwell, 2002）的概述对读者会很有帮助。John Rowe 的 *Inca Culture at the Time of the Spanish Conquest*（Washington, D.C.: Smithsonian Institution Handbook of South American Indians, Vol. 2, 1946）即使在今天仍是一部彻底而详尽的总结性作品。John Hemming 的 *The Conquest of the Incas*（Baltimore: Pelican Books, 1983）讲述了皮萨罗来犯的历史事件。

后 记

以下三部作品从三个不同的角度探讨了史前史结束前的最后几个世纪。John Bodley 的 *Victims of Progress*, 4th ed.(New York: McGraw Hill, 1998)，作为一部有关文化变革和现代化进程的高校教科书得到了广泛使用。我本人的 *Clash of Cultures*, 2nd ed.

（Walnut Creek, CA: Alta Mira Press, 1997）为广大普通读者描述了西方殖民者与一系列非西方社会进行接触的历史。Eric Wolf 的 *Europe and the People Without History*（Berkeley and Los Angeles: University of California Press, 1984）则是一部带有强烈人类学偏见的权威著作。

出版后记

人类源于何处？

人类真的起源于非洲吗？

古人与黑猩猩等非人灵长目动物到底有着怎样的亲缘关系？

史前人类是如何生活和行为的？

……

费根以其精彩的文字给这次穿越500万年的时空之旅增添了几分趣味性。书中不再是一次次考古发现的孤立呈现，也没有太多的记录可以依循，更多的是缜密的思路、科学的手段，再加上专业的考古学素养与洞察力，依托每一次人类足迹的发现，向现代人不断迈进，不断改写我们对自身的认识。

作者以全球性视角，虽不是面面俱到，但基本涉及史前时期各个地区的概貌，关注史前社会一系列热门的议题，尤其提到中国的考古发现为世界文明带来的革新性变化。他坦言，将在未来再版时，增加更多的中国认识与发现，并进一步预言，21世纪最精彩的考古发现必将出现于亚洲。同时，作者也认识到现有对人类的认识仅处于起步阶段，未来更多的考古发现、更科学手段的出现有可能使我们的既有认识发生颠覆性变化。这种开放性思维尤其难能可贵，费根教授也在践行着他的这一主旨。

我们将要看到的是一块块未被外界人力侵扰的飞地。在这片土地上，自我发展的需求决定一切。早期的人类，甚至包括一些还不能被称为真正人类的——人族，为生存而与大自然斗争。面对一定的风险——周期性的干旱、漫长的冬季、不可预测的洪水等，人们要么迁徙，要么发展出一套新的贮藏和保存食物的技巧。而这又催生了一连串的社会效应。接下来人口增加了，为解决食物短缺，原有的狩猎采集方式不再能满足需要，人类开始驯化动植物。而这又带来了生产工具的改进，同时面对自然，人类也有了新的态度。……最终人类建立起了更加紧密的联系，人类社会也越来越复杂了。当然，这里并不是没有权力的争夺、土地的争夺，但是这种争夺是发生在相对内部的地区的。

作者最终以地理大发现结束了这次旅行，想来也是极具深意的。这样的安排与作者所受的教育密切相关。费根教授早年进入英国剑桥大学学习，深受剑桥传统的影响，面对越来越工业化和商业化的社会,他们更向往古老文明的自由与纯洁。所以在现代化大门前,费根教授止步了。因为在他看来,这之后的世界是欲望决定一切的。曾经的主人被边缘化,西方现代文明染指之处无不发生着灾难性的变化,再也没有一块不受其影响的土地,古代世界渐行渐远,甚至不留痕迹,对他们的认识,也只有这零星散落着的一处处发现能够给现代人一些提示。

服务热线:133-6631-2326　188-1142-1266
读者服务:reader@hinabook.com

后浪出版公司
2017年2月

图书在版编目(CIP)数据

世界史前史:插图第 8 版 /(美)布赖恩·费根著;杨宁,周幸,冯国雄译. -- 北京:北京联合出版公司,2017.6(2022.2 重印)

(大学堂)

ISBN 978-7-5596-0544-3

Ⅰ.①世… Ⅱ.①布… ②杨… ③周… ④冯… Ⅲ.①原始社会—世界史 Ⅳ.①K11

中国版本图书馆 CIP 数据核字(2017)第 135287 号

World Prehistory: A Brief Introduction 8th Edition / by Brian M. Fagan
Copyright©2017 by Taylor & Francis Group LLC. All rights reserved.
Authorized translation from English language edition published by Routledge, an imprint of Taylor & Francis Group LLC. All rights reserved.本书原版由 Taylor & Francis Group LLC 出版公司出版,并经其授权翻译出版。版权所有,侵权必究。
POST WAVE PUBLISHING CONSULTING (Beijing) Co., Ltd is authorized to publish and distribute exclusively the Chinese (Simplified Characters) language edition. This edition is authorized for sale throughout Mainland of China.本书中文简体翻译版权授权由后浪出版咨询(北京)有限责任公司独家出版。限在中国大陆地区销售。
No part of the publication may be reproduced or distributed by any means or stored in a database or retrieval system without the prior written permission of the publisher.未经出版者书面许可,不得以任何方式复制或发行本书中的任何部分。
Copies of this book sold without a Taylor & Francis sticker on the cover are unauthorized and illegal. 本书封面贴有 Taylor & Francis 公司防伪标签,无标签者不得销售。

世界史前史(插图第 8 版)

作　　者:[美]布赖恩·费根
译　　者:杨　宁　周　幸　冯国雄
出 品 人:赵红仕
选题策划:后浪出版公司
出版统筹:吴兴元
特约编辑:沙芳洲
责任编辑:刘　恒　徐秀琴
营销推广:ONEBOOK
装帧制造:墨白空间·王斑

北京联合出版公司出版
(北京市西城区德外大街 83 号楼 9 层　100088)
华睿林(天津)印刷有限公司印刷　新华书店经销
字数 529 千字　787 毫米 × 1092 毫米　1/16　26.5 印张　插页 6
2017 年 9 月第 1 版　2022 年 2 月第 3 次印刷
ISBN 978-7-5596-0544-3
定价:72.00 元

后浪出版咨询(北京)有限责任公司　版权所有,侵权必究
投诉信箱:copyright@hinabook.com　fawu@hinabook.com
未经许可,不得以任何方式复制或抄袭本书部分或全部内容
本书若有印、装质量问题,请与本公司联系调换,电话:010-64072833